Robert Kriegel und David Brandt

DAS LETZTE MUH
DER HEILIGEN KUH

Robert Kriegel und David Brandt

DAS LETZTE MUH
DER HEILIGEN KUH

Aus dem Englischen von
Monika Stocker

Die Deutsche Bibliothek – CIP-Einheitsaufnahme

Kriegel, Robert:
Das letzte Muh der heiligen Kuh : von verzopften Traditionalismen
zu veränderungsbegeisterten Mitarbeitern und flexiblen Organisationen /
R. Kriegel/D. Brandt. [Aus dem Engl. von Monika Stocker]. – Wien :
Signum-Verl., 1996
Einheitssacht.: Sacred cows make the best burgers <dt.>
ISBN 3-85436-201-3

© der deutschen Ausgabe
Signum Verlag Ges.m.b.H. & Co. KG
A-1031 Wien, Reisnerstraße 40
Alle Rechte vorbehalten

Cover: Heinz Linhart
Umschlagfoto: © Tony Stone Bilderwelten / Renee Lynn
Grafik: B. Breiner
Druck: Druckerei ALWA, A-1140 Wien, Flachgasse 5
ISBN 3-85436-201-3

Für meinen Vater, Stanley Brandt, der verstanden hat, daß diejenigen,
die dem veränderungsbereiten Denken verpflichtet sind,
niemals alt werden.
Sein Leben war Inspiration für viele Ideen in diesem Buch.
– DB

Für Marilyn, meiner Frau, Geliebten, Coach, besten Freundin, Beraterin,
Geschäftspartnerin und Seelenverwandten,
ohne die ich selbst eine heilige Kuh wäre.
– RK

DANKE! DANKE! DANKE! DANKE! DANKE! DANKE!
für all Eure Hilfe, Inspiration und Intelligenz:

Laurie und Kate Brandt, Marilyn und Otis Kriegel, Jim Eaneman, Ken Jenny, Lynn Henriksen, Lisa Taunton, La Vonne Brooks, Bryce Browning, Susan Suffes, John und Katinka Brockman, Steven Ball, Bob Nye, Steven Cristol, Peller Marion, Doug Biederbeck, Art Gingold, David Smith, Ron Tilden und an all jene, die an unseren Seminaren und Workshops teilgenommen haben.

Inhalt

1

Kühe und

Weichensteller

Heilige Kuh, die; -, Kühe

1. Ein schwerfälliges, träges Säugetier mit mehreren Mägen und zweifelhafter Intelligenz, das in manchen Gegenden als heilig verehrt und deshalb vor jeder gewöhnlichen Behandlung geschützt wird.
2. Geschäftsleben: eine überholte Ansicht, Vermutung, Gewohnheit, Verfahrensweise, System oder Strategie, im allgemeinen unsichtbar, wodurch Veränderungen gebremst und die Empfänglichkeit für neue Möglichkeiten verhindert werden.

Da draußen sind sie. Massen von heiligen Kühen, die auf Ihren Gewinnen weiden und Ihre Produktivität stoppen. Alte, vermoderte und überholte Ideen, die in einem Wirtschaftsklima, das wettbewerbsorientiertes Denken und kühne, einfallsreiche Lösungen erfordert, nicht mehr funktionieren. Sogar Ideen, mit denen man noch vor wenigen Jahren Millionen verdient hat, schmecken heute wie abgestandenes Bier.

Kühe zertrampeln kreatives, innovatives Denken. Sie hemmen schnelle Reaktionen auf Veränderungen und kosten Zeit und Geld. Sie sind überall zu finden – in den Foyers, Sitzungssälen, Büros und in den Köpfen der Menschen. Manchmal erkennt man sie auf den ersten Blick, dann wiederum erkennt man sie kaum, so wie die Wand, an der ein Rembrandt hängt.

Und doch verehren viele Organisationen ihr heiliges Vieh weiter. Sie haben Angst, das aufzugeben, was sie einst erfolgreich machte, und sie fordern eine Buße von jenen Kuhjägern, die es „zur Schlachtbank führen".

Erinnern Sie sich an die klassischen „Kühe" der letzten Jahrzehnte: die 40-Stunden-Woche, sichere Arbeitsplätze und die goldene Uhr zur 25jährigen Betriebszugehörigkeit, Eintritt in die Pension mit 65, Management durch Zielvorgaben, Organisationen, die nur befehlen und kontrollieren, Treffen von Entscheidungen von oben nach unten, Haushalte mit nur einem Verdiener.

Wettervorhersage für Unternehmen

In einem stabilen Umfeld haben heilige Kühe eine lange Halbwertszeit. Was gestern funktionierte, wird heute noch funktionieren und wahrscheinlich auch morgen. Aber das ist es nicht, was draußen vor sich geht. In der Wirtschaft herrscht die Zeit der Hurricanes. Die Winde, die alles verändern, stürmen aus allen Richtungen auf uns zu. Die Konkurrenz ist stärker denn je und kommt immer aus der Richtung, aus der man es am wenigsten erwartet hat. Der Kunde ist anspruchsvoller und fordert mehr. Die Veränderungen in der Technologie nehmen kein Ende. Die gesetzlichen Auflagen werden strenger. Und jeder strukturiert um, reorganisiert, positioniert neu, schrumpft gesund, lagert aus – und alles mit Überschallgeschwindigkeit.

Suchen Sie keinen sicheren Hafen, um den Sturm abzuwarten, denn diese Winde sind unerbittlich. Sie werden höchstens noch stärker und kommen schneller, und sie blasen die Dächer von den Firmensitzen, ohne Rücksicht darauf, ob es sich um ein großes oder kleines Unternehmen handelt.

Die Wettervorhersage? Es wird noch stürmischer.

In der guten alten Zeit – vor drei Jahren

Um eine Vorstellung von der Geschwindigkeit der Veränderungen zu bekommen, versuchen Sie einmal folgende Übung: Denken Sie an Ihren Job, wie er vor drei Jahren war. Erinnern Sie sich, was Sie für Aufgaben hatten und wie Sie sie bewältigten? Für wen und mit wem arbeiteten Sie? Wer waren Ihre Konkurrenten? Welche Technologien verwendeten Sie? Wie war Ihre Organisation strukturiert? Wieviel Arbeit hatten Sie?

Wie würden Sie den Grad der Veränderung während dieser relativ kurzen Zeit auf einer Skala von 1 bis 10 bewerten? Mehr als 80 Prozent der von uns befragten Personen bewerten die Veränderungen am Arbeitsplatz zwischen 7 und 10. Und es sind immer ein paar 12er und 15er dabei!

Nun machen Sie eine Zeitreise drei Jahre in die Zukunft. Wie würden Sie die Veränderungen bewerten, die Sie für diesen Zeitraum erwarten?

Künftige Veränderungen werden größer sein und schneller kommen, weil das Ausmaß der Veränderungen exponentiell wächst. Machen Sie sich also für den Sturm Ihres Lebens bereit. Die Zeit der Hurricanes hat gerade erst begonnen ...

Die Mode des Monats

Die Wirtschaft schaut nicht einfach von der Schlafbaracke aus zu, wie der Sturm alles und jeden durchrüttelt. Neue Programme, Prozesse und Strategien sind eingeführt worden, um Ihnen dabei zu helfen, diesen Veränderungen voraus zu sein und heilige Kühe zu eliminieren. Tatsächlich tauchen diese Programme beinahe so schnell auf wie die Veränderungen selbst.

Überall, wo man hinkommt, hört man die neuesten Schlagworte: *Reengineering, Total Quality, virtuelle Teams, „horizontale" Unternehmensstrukturen* ...

Warum Veränderungen fehlschlagen

Die meisten dieser Strategien sehen gut aus, hören sich großartig an und machen Sinn – *auf dem Papier*. Das Problem liegt in der Implementierung. Wenn es an der Zeit ist, diese Ideen in die Tat umzusetzen, fängt der Ärger an.

Der Reengineering-Guru Mike Hammer sagt: „Mit neuen Ideen an jemanden heranzutreten ist einfach, diese Dinge dann aber auch umzusetzen, ist wesentlich schwieriger. Die Reformen sterben nicht in den Befehlszentralen, sondern an der Front."[1]

Das Ergebnis: Obwohl man voraussagt, daß amerikanische Unternehmen 34 Milliarden Dollar für Reengineering ausgeben,[2] werden die meisten Bemühungen mit einem Flop enden. „Reengineering ist kein Honiglecken ... Manche Statistiker behaupten, daß sieben von zehn Reengineering-Initiativen fehlschlagen", bemerkt Leo Lewis, Präsident der Tandy Computer Users Group.[3] Und eine vor kurzem vom Unternehmensberatungsgiganten McKinsey durchgeführte Studie ergab, daß eine Mehrheit der befragten Unternehmen auf Grund von Reengineering weniger als 5 Prozent an Veränderungen erreichten.[4]

Total Quality bringt's nicht

Man vermutete, TQM (Total Quality Management) sei das Elixier der 80er Jahre. Weit gefehlt! Umfragen zeigen, daß zwei Drittel der amerikanischen Manager glauben, daß TQM in ihren Unternehmen fehlschlug. Und die Zahl der Bewerber, die um den Malcom Baldrige Award, den Gral für Qualität, wetteifern, ist seit dem Höhepunkt im Jahr 1991 drastisch gesunken.[5]

„Das Wort mit „Q" ist billige Währung geworden", sagt David Snediker, Vizepräsident für Qualität am Battelle Memorial Institute. „Ich wünschte, ich könnte mir einen neuen Titel ausdenken, einen neuen Namen für mein Büro, und dann neu anfangen."[6]

Lippenbekenntnis

„Egal, was Sie sagen, wir haben es schon versucht: Total Quality, Reengineering, Empowerment, unabhängige Arbeitsteams. Wir haben alles gemacht, und zwar auf jeder Ebene", erzählte uns ein leitender Angestellter eines bedeutenden Chemieunternehmens. „Wenn man unsere Manager über diese Theorien einen Test machen ließe, würden sie mit glänzenden Noten bestehen."

„Aber sehen Sie sich in unserer Firma um, wir arbeiten immer noch auf fast die gleiche Art und Weise wie vor zehn Jahren. Die gleichen Strukturen, die gleiche Kultur von oben nach unten. Außer unserer Terminologie hat sich nicht sehr viel geändert. Können Sie mir oder den Arbeitern die zynischen Kommentare übelnehmen, wenn wieder irgendein neues Patentrezept erfunden wird?"

Der Unternehmensleiter einer kleinen Elektronikgroßhandlung, die bedeutende High-Tech-Hersteller beliefert, sagt: „Ich verkaufe an die Leute, die Gegenstand der Fallstudien sind, die in all den Büchern und Magazinen zu lesen sind. Sie sprechen immer über Teamwork mit den Lieferanten, über Zusammenarbeit und all das Zeug."

„Was für ein Blödsinn! Sie machen uns fertig, tadeln uns ständig, drohen uns, drängen uns und versuchen, uns auszupressen. Das nenne ich nicht Teamwork." Aber auf dem Papier sieht es sicher gut aus.

Wir haben das gleiche Phänomen in Hunderten Unternehmen beobachtet: Leute, die ein Lippenbekenntnis für Veränderungen abgeben, die all die richtigen Worte und Phrasen verwenden, es ist überall zu lesen, überall großes Getöse. Mit anderen Worten, viel Gerede.

Aber normalerweise ändert sich nicht viel.

Die Weichensteller für Veränderungen

Die Frage heißt: *Warum?* Wenn diese Prozesse so gut ausgetüftelt sind, warum funktionieren sie dann nicht wie versprochen? Worin liegt das Problem, diese Vorstellungen erfolgreich in die Tat umzusetzen? Die Antwort heißt: *die Menschen.*

Die Menschen sind die Weichensteller für Veränderungen. Die Menschen haben die Macht, Leben in ein neues Programm zu bringen oder es zu zerstören. Wenn sie begeistert und positiv eingestellt sind, bedeutet dies: Sesam, öffne dich. Wenn nicht – und das ist meistens der Fall – heißt es *Peng!* Das Tor wird Ihnen vor der Nase zugeknallt.

Der Widerstand der Menschen Veränderungen gegenüber, sagt Mike Hammer, ist „der am meisten perplexe, ärgerliche, quälende und verwirrende Teil" des Reengineering.[7]

Der Grund, daß drei Viertel aller Reengineeringbemühungen fehlschlagen, betont die Unternehmensberaterin für Führungskräfte, Joan Goldsmith, ist, daß sich die Veränderungen eher auf Arbeitsprozesse, neue Technologien und dezentralisierte Dienstleistungen als auf die Leute, die die Veränderungen umsetzen müssen, konzentrieren. Führungskräfte, Manager und Angestellte in die Lage zu versetzen, lang bewahrte Verhaltensmuster (heilige Kühe) auszutauschen, ist eine intensive und komplexe Aufgabe. Und die meisten Organisationen vermeiden oder ignorieren dies."[8]

Veränderung hat keine natürliche Stammkundschaft

Unternehmensberater, die mit Firmen in der Übergangsphase zu tun haben, wissen, daß der Anteil „Mensch" bei jeglicher Veränderung entscheidend ist. Und daß er meistens übersehen und unterbewertet wird.

„Die Fähigkeit und Bereitschaft eines einzelnen Angestellten zu Veränderungen ist der Schlüsselfaktor, der die Fähigkeit einer Organisation, sich neu zu positionieren, eingrenzt", sagt Erika Andersen, Vorsitzende von Proteus International, einer Firma für Organisationsentwicklung mit vielen Kunden aus den *Fortune 500*. „Veränderung ist etwas Persönliches ... dementsprechend viel kann überzeugende Führung bewirken. Der Übergang von der Maschinenzeitalter-Bürokratie zu flexiblen, sich selbst verwaltenden Teams erfordert, daß viele der Durchschnittsmanager und Arbeiter psychologisch vorbereitet werden ..."[9]

Terry Neill, ein Teilhaber von Andersen Consulting, der Nummer eins der amerikanischen Unternehmen in der Integration von Computersystemen, sagt: „Ein neues Computersystem verbreitet Verwirrung, Zweifel und Streß. Die Hardware mag funktionieren, die Software mag funktionieren, aber das System wird nicht funktionieren, wenn die Leute, die damit arbeiten sollen, nicht zusammenarbeiten."[10]

Der Leiter der für Veränderung zuständigen Abteilung einer anderen bedeutenden Unternehmensberatungsfirma pflichtet dem bei: „Veränderung wird selten bereitwillig akzeptiert. Wir haben großartige Systeme installiert, großartige Strategien, wettbewerbsfördernde Technologien. Wir haben Reengineering und TQM-Programme eingeführt. Sie konnten jedoch nie die Erwartungen erfüllen."

„Warum? Weil bei der Umsetzung der einzelnen Teilschritte die Menschen sich als das wahre Hindernis herausstellen. Der Schlüssel zum Erfolg eines jeden neuen Prozesses, Systems oder einer Strategie ist die Umsetzung. Und die steht oder fällt mit den Menschen. Sie haben es auszuführen. Sie müssen das neue System unterstützen oder es wird zu nichts führen. Die Prozesse sind leicht, die Leute sind zäh. Meiner Erfahrung nach leisten die Leute *von Natur aus Widerstand.*"

Dinosaurier tanzen nicht

Warum nehmen die Leute Veränderungen nicht bereitwillig an? Erstens sind Veränderungen *un*bequem, *un*vorhersagbar und anscheinend oft *un*sicher. Sie sind voller Ungewißheit, und es sieht immer schwieriger aus als es ist. Was, wenn es nicht funktioniert, fragen wir uns. Oder, was, wenn ich mir die erforderliche neue Fertigkeit nicht aneignen kann oder nicht in das neue Team an diesem neuen Ort für dieses neue Projekt hineinpasse?

Durch Veränderungen werden wir mit dem Unbekannten konfrontiert, und das ruft unsere schlimmsten Ängste hervor: Wir werden entlassen, gedemütigt, kritisiert. Also stellen wir uns auf die Hinterbeine.

Die Leute leisten Veränderungen gegenüber auf jede mögliche Art Widerstand. Sie leisten aktiv, passiv, bewußt und unbewußt Widerstand, durch Sabotage oder unter einem Vorwand. Sie leisten ihnen rational, emotional und manchmal spirituell Widerstand.

Eine interne Umfrage bei 1.200 Topmanagern von IBM, die durchgeführt wurde, als das Unternehmen bereits auf dem absteigenden Ast war, ergab, daß vierzig Prozent *noch immer nicht den Veränderungsbedarf akzeptierten.*[11] Wir wissen nicht, wo diese Leute bis jetzt gelebt haben, aber wir wissen, wohin sie gehen: Jurassic Park.

CEO Gerstner hat schwer gekämpft, um die Kosten zu senken, neue Strategien zu entwickeln und die Fokussierung auf den Kunden zu verbessern. Aber sein härtester Kampf ist der mit der tief verwurzelten patriarchischen Kultur. Es ist sehr hart, Dinosaurier zum Tanzen zu bringen.

Krank aus Mangel an Aufmerksamkeit

Management-Guru Tom Peters betont, daß in den letzten 25 Jahren die technologischen Fortschritte den Arbeitsplatz umgewandelt haben. Während der nächsten 25 Jahre müssen die Leute diese Veränderungen nachvollziehen.

Na ja, wenn sie die nachvollziehen wollen, werden sie Hilfe benötigen, und wie es aussieht, werden sie alles daransetzen müssen, um geeignete Hilfe zu finden. Eine Gallup-Umfrage ergab, daß 75 Prozent der amerikanischen CEOs nicht gut darauf vorbereitet sind, mit Veränderungen umzugehen.[12]

Hammer sagt, daß die meisten Reengineering-Versuche in Flammen aufgehen; sie werden abgeschmettert vom Widerstand der Leute, die so weitermachen wollen wie bisher, und von der Unfähigkeit und Angst des Managements – besonders des Topmanagements.[13]

Ein weiterer Grund: Bosse lieben den Lösungsansatz der „magischen Kugel" – nämlich einer neuen Mode nach der anderen nachzujagen, ohne sich für eine voll einzusetzen. „Manchmal frage ich mich, ob die Leute an der Spitze der meisten großen amerikanischen Unternehmen von der Erkrankung ‚Mangel an Aufmerksamkeit' befallen sind", bemerkt Barry Spiker, Berater für Veränderungen.[14]

Ein Hauch von Ja

Viele Organisationstheoretiker behaupten, wenn man klar skizzierte Veränderungen mit einem überzeugenden Grundprinzip und attraktiven Belohnungen einführe, würden die Leute am Ende mitmachen. Machen

Sie sich keine Sorgen über Gruppen, die Widerstand leisten. Feuern Sie die Unruhestifter, oder machen Sie ihnen das Leben zur Hölle.

Wir haben Arbeiter erlebt, die monate- und jahrelang gegen Veränderungen ankämpften, weil sie sie nicht verstanden, Angst davor hatten oder weil sie nicht sahen, daß sie in ihrem eigensten Interesse waren. Es ist naiv, anzunehmen, daß der Großteil der Arbeitskräfte mitmacht. Auch wenn der Widerstand zu schwinden scheint – oft ist er nur verborgen und schießt dann wieder an die Oberfläche, wenn man es am wenigsten erwartet.

„Die meisten Andersdenkenden werden nicht aufstehen und Ihnen ins Gesicht schreien, daß sie es hassen, was Sie ihnen und ihren bequemen alten Methoden antun", sagt Ann Fisher vom Magazin *Fortune*. „Statt dessen werden sie nicken und lächeln und allem, was Sie sagen, zustimmen – und sich dann so verhalten, wie sie es immer schon taten." Hammer nennt dies „die Einwilligung des Teufels oder der Hauch eines Ja."[15]

Unternehmen, die massenhaft Veränderungen durchführen, ohne das komplexe System von Gedanken, Gefühlen und Wünschen anzusprechen, das ein menschliches Wesen ausmacht, müssen damit rechnen, daß sich die Leute unendlich viel Zeit lassen und im verborgenen Sabotageakte verüben. „Wenn die Entscheidungsträger nicht bereit sind, alle Reaktionen auf Veränderungen anzuerkennen und anzusprechen, einschließlich derjenigen, die nicht rational sind, ist Reengineering eine interessante Theorie, aber nicht mehr", bemerkt Fisher.[16]

Vom Widerstand zur Bereitschaft

Wie können wir unsere Leute dazu bringen, mitzumachen, eine positive Einstellung Veränderungen gegenüber zu bekommen und aktiv mitzuarbeiten? Dies ist die Frage, die uns am häufigsten gestellt wird, von großen und kleinen Organisationen.

Es ist kein billiger Zaubertrick. Und es geht nicht mit FedEx, über Nacht geliefert. Veränderung ist ein Prozeß, der sowohl aufregend als auch schwierig ist. Widerstand dagegen ist natürlich und sollte erwartet werden. Im wesentlichen geht es darum, Widerstand in das zu verwandeln, was wir *Veränderungsbereitschaft* nennen.

Veränderungsbereitschaft ist eine Haltung,

- bei der man *offen* und empfänglich für neue Ideen ist;
- bei der man eher *aufgeregt* als ängstlich bezüglich Veränderungen ist;
- bei der man von Übergangssituationen *herausgefordert,* nicht bedroht wird;
- bei der man Veränderung als ständig fortschreitendem Prozeß *verpflichtet* ist.

Veränderungsbereitschaft heißt, Handlungen zu setzen, um

- Veränderung *vorauszuahnen* und zu initiieren;
- den Status quo *in Frage zu stellen;*
- Veränderung zu *schaffen,* anstatt darauf zu reagieren;
- eher *voranzugehen* als zu folgen (der Konkurrenz, dem Kunden und der Branche).

Einzelpersonen und Organisationen, die *gut* sind, reagieren schnell auf Veränderungen.

Einzelpersonen und Organisationen, die *großartig* sind, schaffen Veränderungen.

Fünf Schritte

Dieses Buch zeigt Ihnen, wie Sie sich selbst und Ihre Leute trainieren, um bereit für Veränderungen zu sein, so daß Ihre Organisation schnell auf die Herausforderungen und Möglichkeiten des einundzwanzigsten Jahrhunderts reagieren kann.

Dieser Prozeß besteht aus fünf Schritten:

1. *Heilige Kühe zusammentreiben*
Ihre veralteten Ansichten, Vermutungen und Gewohnheiten in Frage stellen und jene identifizieren, die ihre Nützlichkeit überdauert haben.

2. *Eine veränderungsbereite Umgebung fördern*
   Eine Umgebung schaffen, in der die Leute offener für Innovationen und neue Ideen sind.

3. *Widerstand in Bereitschaft umwandeln*
   Sich selbst und andere coachen, um die vier Arten von Widerstand gegenüber Veränderungen zu erkennen und zu überwinden.

4. *Die Leute zu Veränderungen motivieren*
   Die Leute dazu bringen, daß sie über Veränderungen freudig erregt und daher motiviert sind, zu handeln.

5. *Die sieben Charaktereigenschaften zur Veränderungsbereitschaft entwickeln*
   Die Charaktereigenschaften fördern, die nötig sind, um in einem sich ändernden Umfeld weiterzukommen.

Die Jagd nach heiligen Kühen

Im nächsten Kapitel haben wir eine Anzahl von veralteten Ansichten und Gewohnheiten aufgelistet, damit Sie mit dem ersten Schritt beginnen können: der Jagd auf heilige Kühe. Unsere Liste von Kühen ist nur ein Anfang, aber Sie wird Ihnen ein paar Denkanstöße geben, wie Sie Ihre eigene Herde verkleinern können. Fröhliches Jagen!

Die Papierflut-Kuh

2

Die Papierflut-Kuh

Ein heiliges Versprechen

Willkommen im Informationszeitalter! Erinnern Sie sich an dessen Versprechen? *Das papierlose Büro!* Kennen Sie irgend jemanden, der eines hat? Die Schreibtische der meisten Leute sehen so aus, als ob auf sie eine Papierlawine nach der anderen abgegangen wäre. Würden Sie glauben, daß seit dem Jahr 1983 der Papierverbrauch in den Büros um 51 Prozent gestiegen ist?[1]

Durch die Computertechnologie haben wir unverzüglichen und billigeren Zugang zu immer mehr Informationen. Natürlich glauben wir auch, daß wir genau das wollen. Aber was bekommen wir? Mehr Informationen als wir brauchen und sicherlich mehr als wir lesen. Wir ersticken in dieser Papierlawine, und viel davon wird einfach abgelegt ... *ungelesen*.

Die meisten dieser Berichte, Vorschläge, Ausdrucke und Entwürfe, deren Erstellung so viel Zeit erfordert, enden schließlich im Rundordner, und zwar in dem unter Ihrem Schreibtisch.

Eingehende Papiermassen

Die Vizepräsidentin eines bedeutenden Telekommunikationsunternehmens zeigte uns eine Studie, in der die Zahl der eingegangenen Nachrichten während eines bestimmten Zeitraumes aufgeführt war. Die Leute bekamen jede Woche Lesestoff für durchschnittlich *90 Stunden!* Und nur 20 Prozent davon waren elektronische Nachrichten. Der Rest war auf Papier. Aus der gleichen Studie ging hervor, daß trotz all der Fortschritte in der Informationstechnologie die Menge an Papier, die man heute erhält, im Vergleich zu vor 10 Jahren nicht verringert wurde. „Die Papierflut ist überhaupt nicht weniger geworden. Die Leute trauen der Technologie nicht. Sie drucken ihr E-Mail aus und legen es ab", sagte die Vizepräsidentin.

Neunzig Stunden? Das sind ungefähr 14 Stunden pro Tag, 7 Tage die Woche, nur um die Korrespondenz zu lesen. „Wie schaffen Sie das?" fragten wir sie.

„Ich habe ein System entwickelt", antwortete sie. „Ich habe drei Stapel. Auf dem ersten sind Dinge, die ich an meine Mitarbeiter weitergebe. Auf dem zweiten sind dringende Angelegenheiten, die ich sofort erledige. Auf dem dritten und größten Stapel sind Dinge, um die ich mich später kümmern kann, wenn ich Zeit habe."

Wohlwissend, daß keiner Zeit hat, so etwas aufzuarbeiten, fragten wir sie, was sie mit dem Stapel mache. Grinsend antwortete sie uns: „Wenn er zu groß wird, werfe ich ihn einfach in den Papierkorb! Wenn etwas wichtig genug ist, dann wird die Sache wieder als dringend bei mir landen, und dann lege ich sie auf meinen zweiten Stapel."

Ihre Strategie ist nicht atypisch. Die Leute lesen den größten Teil ihrer Post nicht. Der Betriebsleiter eines bedeutenden Chemieunternehmens teilte uns mit, daß er seine Post *nie* lese. „Zur Hölle, wenn etwas wichtig genug ist, wird mir die Nachricht auf meine Tür tapeziert. Dann lese ich sie."

Ein eiliger Bericht. Der Leiter der Abteilung Information in einer der fünf größten Wirtschaftsprüfungsgesellschaften erzählte uns, daß das Unternehmen 600.000 Dollar pro Jahr für einen wichtigen Bericht ausgebe, der alle zwei Monate an alle Geschäftspartner und Kunden versandt werde. Eine Suche nach heiligen Kühen ergab, daß ein Teil der darin enthaltenen Informationen unnötig war beziehungsweise daß man diese Informationen auf andere Art und Weise verbreiten könnte. Die Kosten für den Bericht wurden auf 75.000 Dollar reduziert.

Der Leiter der Abteilung Information war erfreut über die Einsparungen, aber immer noch beunruhigt über die Rechnung von FedEx über 45.000 Dollar. Der Bericht war dringlich, deshalb verschickte ihn das Unternehmen mit der Zustellungsgarantie für denselben Tag. Wir fragten ihn, ob die Leute den Bericht in derselben Minute lesen würden, in der sie ihn erhalten. Wäre das nicht der Fall, könnte man ihn doch per FedEx mit der Zustellungsgarantie für den nächsten Tag versenden und somit die Kosten um die Hälfte senken!

Er lachte. „Sie lesen diese Berichte nicht an dem Tag, an dem sie sie erhalten? Warten bis zum nächsten Tag? Offensichtlich kennen Sie das Geschäft nicht. Zum Teufel, ich wette, daß 90 Prozent dieser Dinge überhaupt nie gelesen werden."

Rote / grüne Zeit

„Ungefähr 40 Prozent meines Tages ist rote Zeit", sagte uns Chris Brown, regionaler Vertriebsleiter einer überregionalen Bank. *Rote Zeit* ist Browns Ausdruck für die Zeit, die er mit dem verbringt, was er Haushaltsführung und unangenehme Büroarbeiten nennt: Berichte über Kundengespräche, monatliche Prognosen, Berichte über Konteninformationen, Gebietspläne, Ausgaben etc. „Der Rest ist grüne Zeit – Zeit, die ich mit Kunden verbringe, denn dafür werden wir schließlich bezahlt. Grüne Zeit ist Zeit, in der etwas getan wird, was Geld hereinbringt." Wie viele andere Manager beklagt sich auch Brown darüber, daß aufgrund des übertriebenen Papierkrams seine Leute zu viel Zeit hinter dem Schreibtisch verbringen anstatt mit dem Kunden.

Eine Studie in mehreren Abteilungen der Bank bestätigte seine Bedenken. Sie zeigte, daß die Verkaufsmitarbeiter beinahe 35 Prozent ihres Tages mit nicht verrechenbaren Aktivitäten verbrachten.

Die Suche nach der Papierflut-Kuh verringerte die nicht verrechenbare Zeit auf 20 Prozent und führte nicht nur zu einer Steigerung der Umsätze, sondern auch der Moral.

Wir ließen die Bank drei Fragen stellen, um herauszufinden, ob der Papierkram ihre nicht verrechenbare Zeit erhöhte:

- Stellt das Papier für den Kunden einen *Wert* dar, was die Verbesserung der Qualität oder des Service anbelangt?
- Wird durch das Papier die *Produktivität* verbessert oder werden Kosten gesenkt?

● Liest jemand das verdammte Ding und, noch wichtiger, *handelt* jemand danach?

Wenn Sie nicht auf jede dieser Fragen ein Ja als Antwort bekommen, haben Sie eine Papierflut-Kuh in Ihren Reihen.

Nachfolgend sehen Sie ein paar Beispiele von anderen Papierflut-Kühen. Einige werden Ihnen vielleicht vertraut vorkommen. Bei unserer Jagd auf heilige Kühe finden wir meistens heraus, daß 50 Prozent der Schreibarbeiten eines Unternehmens gestrichen werden könnten, ohne daß dies auch nur zur geringsten Störung der Geschäfte führen würde.

Papierflut-Kühe aushungern. Eine Papierflut-Kuh fanden wir bei einer Suche bei einem unserer Kunden, einem Unternehmen der *Fortune High-Tech-Top-50*. Es handelte sich um einen zehnspaltigen monatlichen Finanzbericht, der erstellt wurde, solange man sich erinnern konnte. Dies ist ein erster Hinweis darauf, daß es sich um eine heilige Kuh oder um eine Papierflut-Kuh handelt. Je länger ein Verfahren angewandt wird, desto wahrscheinlicher ist es längst überholt.

Eine ganze Truppe von Leuten verbrachte sehr viel Zeit damit, den Bericht zu erstellen. Und da er dem Direktorium vorgelegt wurde, mußte er überprüft und auf seine Richtigkeit kontrolliert werden. Ebenfalls aus dem Grund, daß der Bericht an das Direktorium ging, wollte natürlich niemand seine Notwendigkeit in Frage stellen.

Bei der Jagd auf heilige Kühe schlug eine mutige Seele vor, zwei der Spalten, die wirklich nicht mehr länger gebraucht wurden, einfach wegzulassen. Die enthaltenen Informationen waren veraltet und vollkommen irrelevant. Alle stimmten zu. Mit mehr als nur ein bißchen Zittern versandte der Manager diesen nunmehr nur mehr achtspaltigen Bericht. Und wartete ...

Keine Reaktion.

Ermutigt, weil es keine Rüge gegeben hatte, entdeckten zwei andere Angestellte eine Anzahl von Wiederholungen. Der Manager holte tief Luft und schickte den Bericht mit sechs Spalten nach oben, und wartete...

Keine Reaktion.

„Vielleicht ist dort niemand", sagte ein Mitarbeiter. „Laßt es uns herausfinden!" meinte ein anderer. „Warum bereiten wir ihn nicht vor, versenden ihn aber diesen Monat nicht und warten ab, was geschieht?" Alle stimmten zu.

Wieder keine Reaktion.

Sie versandten den Bericht auch im folgenden Monat nicht. Auch nicht im darauffolgenden. Als sie das Ding schließlich freigaben, hatte es nur vier Spalten und trug den Titel „Quartalsbericht".

Diesmal erhielten sie eine Reaktion ... vom Betriebsdirektor. „Großartiger Bericht. Einfach, klar, auf den Punkt gebracht. Macht weiter mit der guten Arbeit!" Und das taten sie. In der Tat kündigte der Betriebsdirektor an, daß ihr neues Format Standard für jede andere Abteilung sein sollte.

All dies brachte die Abteilung dazu, eine Kuhglocke in ihrem Büro zu installieren. Diese wurde jedesmal geläutet, wenn jemand eine heilige Kuh entdeckte. Sie verteilten sogar jeden Monat Cowboy-Hüte. Die Betriebskosten in dieser Abteilung wurden um 18 Prozent gesenkt, die Moral schnellte in die Höhe.

Ärger – und das täglich. „Sehen Sie diesen Bericht?" fragte der Präsident eines großen, in der Gesundheitsvorsorge tätigen Unternehmens und hielt einen ungefähr zehn Zentimeter dicken Ausdruck in die Höhe. „Mit unserem neuen Computersystem bekommen wir diese Informationen jeden Tag", erklärte er strahlend.

„Wir wissen, was in jedem unserer Bereiche auf jeder Ebene vor sich geht, angefangen von den täglichen Ausgaben bis hin zur Höhe der Umsätze. Mit solchen Details können wir alles und jeden kontrollieren, und wir können ein Problem entdecken, bevor es eines wird. Oder wir können eine günstige Gelegenheit schnell ausnützen."

Wir waren beeindruckt. In den sechs Wochen, in denen wir mit dem Führungsgremium und dem höheren Management zusammenarbeiteten, sahen wir jedoch nie jemanden, der den Bericht las oder sich etwa darauf bezog. Einer Ahnung folgend, fragten wir eine der Sekretärinnen, was sie mit dem Bericht mache. „Oh", sie lachte und gestikulierte mit ihren Händen – „wir legen ihn einfach ab."

Jones hat es unterschrieben ... Ein Softwarehersteller verlangte von seinen Verkaufsmitarbeitern routinemäßig, dreizehn Genehmigungen einzuholen, bevor sie Kostenvoranschläge für Verträge mit der Regierung versandten. Jeder hatte es zu unterzeichnen: Die Technikabteilung, F&E, Produktion, Buchhaltung, Marketing, Rechtsabteilung, vielleicht sogar die Schwiegermutter des Leiters der Rechtsabteilung. Der Prozeß dauerte Wochen. Und wenn nur einer den Entwurf ablehnte, mußte die ganze Prozedur wieder von vorne beginnen.

Die Mitarbeiter des Verkaufs haßten das System von ganzem Herzen, nicht nur deshalb, weil eine Menge Zeit damit verbunden war, sondern auch, weil sie sich so total hilflos fühlten. Bei der Suche nach heiligen Kühen ergab sich, daß sieben von dreizehn Unterzeichnern den Papierkram nie lasen.

Ihre typische Antwort war: „Oh, Jones hat es unterschrieben. Er kennt das Projekt; ich vertraue ihm." Und wenn man Jones fragte, sagte er einem vielleicht: „Oh, Smith hat es unterschrieben. Er kennt das Projekt; ich vertraue ihm."

Wahrscheinlich war der einzige, der das Angebot gelesen hat, der Mann, der es geschrieben hatte. Innerhalb von drei Monaten konnten wir den Prozeß auf eine Unterschrift verkürzen, indem wir jedem der Verkaufsmitarbeiter die Haftung und Verantwortung für seine eigenen Verträge übertrugen. Die Umsätze stiegen um 18 Prozent.

Einkaufsprobleme

Lange und ermüdende Genehmigungsverfahren sind die Ursache für einen bedeutenden Teil der Papierlawine. Wir haben mit vielen Managern gesprochen, die Budgets in der Höhe von 500.000 Dollar zu verwalten hatten und für einen Einkauf im Wert von 150 Dollar drei Unterschriften benötigten. Es kostet mehr, die Genehmigung zu bekommen, als die benötigte Ausrüstung und die Vorräte zu kaufen. Viele der Manager, die sich mit solchen Dingen auseinandersetzen müssen, entscheiden sich einfach dafür, auf den Kauf zu verzichten. Und das Unternehmen geht den Bach runter, weil die Ausrüstung nicht verbessert wird.

Und was sagen all diese obligatorischen Genehmigungen über Vertrauen und Verantwortung am Arbeitsplatz aus? Welche Botschaft wird den Angestellten vermittelt?

Oft kommt der Bedarf nach einer Genehmigung nicht einmal von der Unternehmensspitze, sondern von irgend einem ängstlichen, entscheidungsschwachen Manager der mittleren Ebene. Bei einer Jagd auf heilige Kühe bei der Greyhound Financial Corporation brachte einer der Manager die Bedarfsmeldungen zur Sprache. Generaldirektor Samuel Eichenfield war schockiert. „Warum haben wir die überhaupt?" fragte er. „Von heute an sind sie gestorben." Das Publikum jubelte.[2]

Verbrennen Sie interne Mitteilungen

Ein anderes Papierproblem resultiert aus der zwanghaften Sorge eines Unternehmens bezüglich der Regeln und Vorgehensweisen. Manche Firmen verbringen mehr Zeit damit, sich darauf zu konzentrieren, wie eine Entscheidung getroffen werden sollte, anstatt darauf, sie tatsächlich zu treffen. Eine Verkaufsstelle eines bedeutenden Fast food-Unternehmens hatte ein 900 Seiten dickes Regelbuch mit genauen Angaben darüber, wie man mit jedem nur möglichen Problem umgehen sollte. „Oh, dieses Monsterwerk!" kommentierte es ein Manager. „Ich verwende es als Türstopper."

Ein finanzkräftiges Einzelhandelsunternehmen stellte eine ganze Bibliothek mit Mitteilungen zusammen, die Vorgehensweisen zur Problemlösung darlegten. „Man verbringt mehr Zeit damit, in den Mitteilungen nachzusehen, als es dauern würde, die verdammte Entscheidung zu treffen und weiterzumachen. Zum Teufel, man braucht einen akademischen Grad in Bibliothekswissenschaften, nur um die Vorschrift zu finden. Ich glaube, wir wären schneller und besser, wenn wir einfach all diese Mitteilungen verbrennen würden", sagt ein Lagerverwalter.

Formulare, Formulare, von der Wiege bis zur Bahre. Als IBM seine Lexington-Betriebe und den Rest der Bereiche Laserdrucker, Schreibmaschinen und Bürobedarf an Lexmark verkaufte, ging das neue Unternehmen Schublade um Schublade voll mit Formularen durch und wertete sie für eine künftige Verwendung aus. Greg Survant, Manager des Bereichs Druckerentwicklung, sagte, die für Änderungen im Bereich der Technik notwendige Checkliste wurde von 58 auf 24 Punkte zusammengekürzt.

Und dann forschten die Techniker nach, wer überhaupt all diese Informationen gebraucht hatte. „Man konnte nicht einmal jemanden finden, der das wußte", sagte Survant. „Das ist das Verrückte. Keiner erinnerte sich auch nur mehr daran."3

Versenden bis zur Vergessenheit

Beinahe genauso schlimm wie die endlosen Unterschriftsleistungen ist das endlose Versenden jedes Memos oder jedes Berichts. Auch wenn man noch so entfernt mit einer Sache zu tun hat oder nur zufällig neben jemandem sitzt, der damit zu tun hat, es wird einem geschickt.

Viele Unternehmen haben Standard-Versandlisten in ihrer Software. Nachdem man also etwas geschrieben hat, drückt man einfach auf einen Knopf und schon bekommt es jeder, der auf der Liste steht. Nachdenken ist nicht erforderlich.

Eine Freundin von mir ist Assistentin des Bürgermeisters einer großen amerikanischen Stadt. Sie erhielt ein Memo vom Bürgermeister, der um umgehende Antwort bat. Sie geriet in Panik. Sie hatte das Memo, das unten in ihrem Ablagekorb gelegen hatte, übersehen. Jetzt war es drei Wochen alt. Ihr Kopf ratterte, während sie nach einer vernünftigen Entschuldigung suchte, als ihr bewußt wurde, daß keiner sie angerufen hatte, um zu fragen, warum sie nicht geantwortet hatte. Also nahm sie es und warf es schnell und leise weg ... und hörte nie wieder etwas in bezug auf diese Angelegenheit.

Falsche Zeiteinteilung

Ein Leiter einer Finanzabteilung gab uns den folgenden rohen Zeitplan für sein Finanzunternehmen:

- ungefähr 15 Prozent für verschiedene Arten der vom Gesetz vorgesehenen Berichterstattung (Buchhaltung, Steuerangelegenheiten, Betriebsrentengesetz etc.);

- ungefähr 20 Prozent für laufende oder einmalige Projektanalysen, die deutlich substantiellen Wert zu den Bemühungen der Betriebsführung beitragen;
- ungefähr 65 Prozent für Erhaltung, Erweiterung und Handling von internen Finanzsystemen, die *wenig zum Wert (wenn überhaupt)* der Bemühungen der Betriebsführung beitragen.

Veränderungsbereites Denken

Wenn es

- **keinen zusätzlichen Wert für den Kunden bedeutet,**
- **die Produktivität nicht erhöht,**
- **die Moral nicht steigert,**

dann „muht" eine heilige Kuh.

3
Die Besprechungs-Kuh

Sind Sie einsam? Arbeiten Sie alleine? Hassen Sie es, Entscheidungen zu treffen? *Halten Sie eine Besprechung ab!* Sie können Menschen sehen, Ablaufdiagramme zeichnen, sich wichtig fühlen, Ihre Kollegen beeindrucken – alles während der Arbeitszeit.

Besprechungen sind die praktische Alternative zur Arbeit geworden. Die Leute sitzen nicht mehr hinter ihrem Schreibtisch, keiner nimmt das Telefon ab, niemand arbeitet wirklich, weil alle in Besprechungen sind. Besprechungen mit den Mitarbeitern, Besprechungen mit Kunden, Besprechungen, um sich Ziele zu setzen, Besprechungen, damit alle am gleichen Strang ziehen, Besprechungen, um das Projekt zu starten, Besprechungen, um das Projekt zu Ende zu bringen, Konferenzen, Komitees – Sie wissen, was ich meine. Manager verbringen 40 bis 60 Prozent ihrer Zeit damit, herumzusitzen und miteinander zu reden.

„Ich habe das Gefühl, daß ich zu überhaupt nichts mehr außer Besprechungen komme", erzählte uns ein leitender Angestellter einer Versicherung. „Richtig arbeiten kann ich nur nach 17 Uhr, wenn alle anderen nach Hause gegangen sind."

Marathon-Besprechungen und Riesenkonferenzen

Dann gibt es noch die Marathon-Besprechungen und Konferenzen, die außerhalb des Büros abgehalten werden. Der Weisheit letzter Schluß bei solchen Veranstaltungen lautet: „Je mehr Informationen, desto besser." Die Leute kleben von 8.00 Uhr morgens bis 17.00 Uhr nachmittags in ihren Stühlen und hören Verkaufsmanagern, Marketingdirektoren, Generaldirektoren, leitenden Angestellten in den Bereichen Organisation, Finanzen und EDV zu und werden mit allen möglichen Arten von Diagrammen, Overheadfolien und Videos bombardiert. Ein Vortrag über Motivation, der der Truppe wieder zu mehr Elan verhelfen soll, ist üblicherweise fixer Bestandteil des Affenzirkus.

Nach Cocktails und Dinner ist ein weiterer Vortrag dran. Zu diesem Zeitpunkt sind dann die Köpfe der Gruppe schon so überladen, daß sie nicht mehr zwischen Jack und Raquel Welch unterscheiden könnten.

Und das ist nur der erste Tag. Zehn Stunden später fängt alles wieder von vorne an, mit einem Zeitplan, der die Ausbildung der Marines auf Parris Island wie einen Aufenthalt im Club Med erscheinen läßt. Am Ende sind die Augen der Teilnehmer glasig und ihr Hirn ist stumpf von all den Informationen, von denen die meisten zum einen Ohr hinein und zum anderen wieder hinaus gehen.

Von jetzt bis in Ewigkeit

Erinnern Sie sich an Milton Berle's klassisches Zitat über Komitees? „Sie streiten sich um Minuten und verlieren dabei Stunden." Einer der Gründe, warum Besprechungen oft so lange dauern, ist, daß man sich auf eine Entscheidung einigen muß. In der Theorie ist ein Konsens großartig, aber in der Praxis hat er oft endlos lange Besprechungen, Gespräche und Komitees zur Folge, bevor er von allen mitgetragen wird.

Die Währung der neunziger Jahre heißt Zeit, und *ein Konsens braucht eine Ewigkeit.* Lange Besprechungen sind kostspielig, und die Mitarbeiter können sich nicht den Aktivitäten widmen, die man verrechnen kann und die Dienst am Kunden bedeuten. Heutzutage müssen Entscheidungen schnell und konsequent getroffen werden. Der Versuch, alle dazu zu bringen, mitzumachen, ist ein zeitaufwendiger Luxus, den sich viele Unternehmen nicht leisten können.

Big Blue in den roten Zahlen. In seinem vernichtenden Buch *Der Computerkrieg: IBM gegen Bill Gates Microsoft* vertritt Paul Carroll, Reporter des *Wall Street Journal* die Meinung, daß mindestens ein wichtiger

Grund für den Absturz von IBM dieses unbeirrbare Bestehen auf totalen Konsens war. Jedesmal, wenn ein Mitarbeiter „nicht zustimmte", um IBMs verdrehten Fachjargon zu verwenden, wurde die Entscheidung auf eine weitere Besprechung verschoben.

„Nichtzustimmung" stellte auch ein Problem für Digital Equipment dar, Amerikas zweitgrößten Computerhersteller, der jetzt darum kämpft, die Milliarden Dollarverluste der letzten Jahre auszugleichen. Digital nannte seine Art von Konsens „Matrix-Management".

Matrix-Management war eine Firmenpolitik, bei der einstimmige Entscheidungen getroffen werden mußten. Dies bedeutete endlose Besprechungen, Sitzungen, Konferenzen, Krisenkomitees und Arbeitsgruppen, kurz gesagt Entscheidungsverzögerungen, während neue Ideen aus den

Die Besprechungs-Kuh

Bereichen Technik, Marketing, Verkauf oder Produktion abgeschossen wurden. Es bedeutete auch, daß Digital nicht schnell oder flexibel auf neue Umstände reagieren konnte, und dies in einer Branche, die dafür bekannt ist, daß sich über Nacht alles verändern kann. Matrix-Management ist eine gute Alliteration, aber laut dem Präsidenten von Digital, Robert B. Palmer, eine schlechte Geschäftspraktik, und er erklärte die Matrix-Idee im Jahr 1994 für gestorben.

Organisationen, die mit Veränderung Erfolg haben, sind der Meinung, daß Entscheidungen, die von einem Komitee getroffen werden, ein Greuel sind. In der freien und ungezwungenen Kultur von PepsiCo wird ein Komitee definiert als eine düstere, schmale Gasse, in die neue Ideen gelockt ... und dann erdrosselt werden.

Der kleinste gemeinsame Nenner

Um all diesen endlosen, abstumpfenden „Zeitverschwendungen" zu entkommen, opfern viele Leute ihre besten Ideen, um eine schnelle Übereinkunft zu treffen. Und wer kann ihnen das schon übelnehmen? Sie sind schon müde und ausgelaugt. Rauszukommen, auch mit einer wenig begeisternden Lösung, ist einem ausgedehnten Kampf, eine durchschlagende Idee zu vertreten, vorzuziehen. Vor allem, wenn man noch an zwei weiteren Besprechungen an diesem Tag teilnehmen muß.

Wenn die Prioritäten so gesetzt sind, daß Sie an Ihren Schreibtisch zurück müssen, und nicht, daß die beste Lösung gefunden werden muß, dann leidet die Qualität des Denkens zwangsweise darunter, und Sie erhalten eine wäßrige Kartoffelsuppe anstatt Nouvelle cuisine.

Bill Gates' Zahlensystem. Vor seinem astronomischen Aufstieg, als Bill Gates ein gerade flügge gewordener Computerhacker war, arbeitete er mit James Cannavino, einem leitenden Angestellten von IBM zusammen, um ein Betriebssystem für den neuen PC des Unternehmens zu entwickeln. Offenbar redete Cannavino genauso gern wie er Besprechungen abhielt, und er verbrachte gewöhnlich einen bedeutenden Teil jedes Treffens damit, Smalltalk zu führen und IBMs Vorzüge herunterzuleiern.

Die Konsens-Kuh

Bill Gates machte das verrückt. Er stellte sich vor, wie er Cannavino vorschlug, anstatt ständig über IBMs großartigen Kundendienst zu sprechen, diesen nur mit der Nummer 13 zu kennzeichnen und die Nummer auszurufen, so würde Gates wissen, daß jetzt wieder diese Platte dran sei.

„Und für jeden dieser dummen Sprüche können wir ebenfalls kleine Nummern finden", sagte Gates in seiner Vorstellung. „Es stehen viele kleine Zahlen zur Verfügung. Wir werden diese Besprechungen einfach straffen. Wissen Sie, Cannavino, wenn Sie darüber sprechen wollen, wie Sie beim amerikanischen Bildungssystem sparen wollen, gut – wir haben diese Geschichte schon gehört, und sie dauert eine gute Viertelstunde. Wir können ihr die Nummer 11 geben."

Zeitlimits und vertikale Voraussetzungen

Gates ist nicht der einzige, der unproduktive Besprechungen haßt. Die meisten Leute erkennen, daß Besprechungen ein Problem darstellen, aber sie wissen nicht, wie sie dieser heiligen Kuh den Garaus machen können.

Wir fragten einen unserer Kunden, wie effizient die wöchentlichen, auf eineinhalb Stunden angesetzten Besprechungen der Mitarbeiter seien. Die Teilnehmer kamen normalerweise zu spät und verbrachten massenhaft Zeit damit, in der Halle herumzustehen und zu quasseln. Nach ungefähr fünfundvierzig Minuten wurden die meisten unruhig, und jeder gab zu, daß Produktivität und Klarheit nach Ablauf dieser Zeit merkbar nachließen.

Wir schlugen eine ganz offensichtliche Lösung vor: Fünfundvierzig-Minuten-Besprechungen. Nach ernstlichen Einwänden vom Manager, der überzeugt war, daß er nie die ganze Tagesordnung durchbringen würde, testeten sie die Idee. Es funktionierte fabelhaft. Die Leute kamen rechtzeitig, hörten mit dem Plaudern vor der Besprechung auf und hielten sich strenger an die Tagesordnung. Alle waren sich einig, daß sie in fünfundvierzig Minuten mehr erledigen konnten als in eineinhalb Stunden.

Besprechungen gleichen sehr der heißen Luft, die sie produzieren: Sie dehnen sich aus oder verkürzen sich, um die zur Verfügung stehende

Zeit auszufüllen. Wenn Besprechungen für eineinhalb Stunden angesetzt sind, werden die Leute exakt diese Zeit ausfüllen. Kürzen Sie die Besprechung – im allgemeinen wird das gleiche Arbeitspensum erledigt.

Vertikale Besprechungen

Unternehmen wie Corning Glass, Equitable Life Assurance und Johnson & Johnson bemerkten, daß die Leute es sich in den Besprechungen zu bequem machten und daß sie zu lange dauerten. Deshalb entfernten sie die Stühle! Jeder mußte stehen! Die durchschnittliche Dauer und Anzahl dieser *vertikalen* Besprechungen wurden drastisch gekürzt.

Besprechungsmeßgerät

Der ganze Besprechungsschlamassel ist so trostlos geworden, daß jemand tatsächlich eine Organisation gegründet hat, die sich *ausschließlich* damit befaßt. An Bernie DeKovens Institut für Bessere Besprechungen in Palo Alto, Kalifornien, hat man sich der Entwicklung neuer Technologien zur Verbesserung der Effizienz von Besprechungen verschrieben.

Unter anderem hat das Institut ein Programm für ein „Besprechungsmeßgerät" entwickelt, das die tatsächlichen Kosten einer Besprechung mißt, und zwar basierend auf den Gehältern der Teilnehmer, Mietkosten für Räume und Ausrüstung plus verschiedenen anfallenden Ausgaben. Es sieht aus wie ein Taxameter und kann sogar die gleichen klickenden Geräusche produzieren, wenn Dollar für Dollar sich in Luft auflöst. Die Zahlenverdreher im Hinterzimmer lieben es! Eine zusätzliche Option: Wenn die Kosten einer Besprechung die Summe übersteigen, die sie produzieren soll, ertönt eine Sirene. DeKoven berichtet, mit diesem Gerät gäbe es die kürzesten Besprechungen der Geschichte.

Ein Unternehmen verwendete das Meßgerät, um festzustellen, wieviel Zeit die Leute damit verbringen zu *warten*, bis alle auftauchen. Sie fanden heraus, daß zu spät beginnende Besprechungen die Kosten um 15 Prozent erhöhten.

Manchmal sind die Einsparungen sogar noch größer. Eine international tätige Unternehmensberatung schätzte, daß ihre Videokonferenzen, denen alle Teilhaber in allen Büros beiwohnten, pro Minute 6.500 Dollar kosteten bzw. mehr als 1,5 Millionen Dollar pro Monat. Selbstredend dauern diese Besprechungen heute nicht mehr so lange. DeKoven sagt: „Das ‚Besprechungsmeßgerät' ist die ideale Lösung. Es ist ein verrücktes Gerät, entstanden aufgrund einer sehr ernsthaften Zielsetzung: dazu beizutragen, daß Leute beginnen, über den Wert von Besprechungen nachzudenken."

Notizen auf dem großen Bildschirm

Eine weitere Technik, um Besprechungen zu verbessern, ist, einen Computerprojektor zu verwenden. Man tippt Informationen in einen Computer ein, der mit einem großen Bildschirm verbunden ist. Indem man sich regelmäßig vergewissert, daß die Teilnehmer den Aufzeichnungen zustimmen, bringt der Computerprojektor die Leute dazu, sich darauf konzentrieren, welches Pensum erledigt wurde, und ein Gefühl von Zusammenarbeit kommt auf.

DeKoven verweist auf eine Besprechung, die er für Time Warner und Sega leitete. „Es wäre wie immer eine Konferenz voller Unruhe gewesen." Aber da jeder auf den Bildschirm schaute und Kommentare dazu abgab, verschwand die ablehnende Haltung. Und als die Besprechung zu Ende war, erhielten die Teilnehmer sofort einen Ausdruck von dem, was besprochen wurde. Sie wußten sofort, ob sie den Nachmittag einfach nur verschwendet hatten.

Veränderungsbereites Denken

Halbieren Sie die Zeit Ihrer Besprechungen, und verdoppeln Sie so Ihre Produktivität.

4

Die Tempo-Kuh

Erinnern Sie sich an den weißen Hasen in dem Märchen *Alice im Wunderland?* Er rannte ständig hin und her und quasselte ohne Unterlaß darüber, wie spät dran er sei. Nun ja, wir befinden uns nun in den wilden neunziger Jahren, und wir sind alle zu weißen Hasen geworden, die umherjagen und versuchen, mehr in weniger Zeit zu erledigen. *Nur ist dies kein Märchen.*

Heutzutage laufen wir schnell, reden schnell, fahren schnell, denken schnell und machen sogar schnelle Diäten. Zeit ist Mangelware, und die meisten von uns hat die Hetzomanie befallen.

Doch trotz der Hast sind wir immer ein bißchen zu spät dran und daher gezwungen, das unerbittliche Spiel der Aufholjagd zu spielen.

Die Tempofalle

Im höchsten Gang wird das Tempo zur Falle. Wenn Sie die ganze Zeit über das Gaspedal durchdrücken, holen Sie sich das „Muß-Syndrom" – das neueste Streßleiden:

- Ich muß diese Frist einhalten.
- Ich muß mich auf diese Besprechung vorbereiten.
- Ich muß meine Quoten schaffen.
- Ich muß dies lesen, das schreiben und noch was anderes durchsehen.
- Ich muß mein Voice-Mail, E-Mail und sonstige Mails durchsehen.
- Ich muß Anrufe machen, Overheadfolien überprüfen, die Präsentation vorbereiten.

- Ich muß dies fixieren, das faxen, beides finalisieren.
- Ich muß die Kinder abholen, einkaufen, Abendessen kochen.
- Ich muß bei grün noch gerade über diese Kreuzung kommen.
- Ich muß .... (Ihnen fällt sicher noch mehr ein.)

Die Tempo-Kuh

Eine Studie, bei der der Lebensstil von mehr als 5.000 Personen untersucht wurde, ergab, daß 90 Prozent in die Tempofalle getappt sind. Die anderen 10 Prozent haben wahrscheinlich gelogen, oder sie arbeiten für den Staat.

Verdeckte Kosten

Es ist nicht überraschend, daß man leicht zum Streßopfer mutiert, wenn man ständig auf der Überholspur düst – Gesundheit und Produktivität können dabei leicht auf der Strecke bleiben. Streßbedingte Ansprüche an Krankenversicherungen von Angestellten schnellten in den 80er Jahren um 700 Prozent in die Höhe. Und doch sind anscheinend immer noch viele Leute bereit, den Preis zu bezahlen.

Durch Streß verursachte Erwerbsunfähigkeit und Unfälle aufgrund von Hetzerei kosteten die amerikanische Industrie bereits 100 Milliarden Dollar pro Jahr, schreibt Richard Riordan in seinem hoch bejubelten Buch *Stress and Strategies for a Lifestyle Management.*[1]

Aber da gibt es auch noch versteckte und weitreichendere Kosten. Streß hat eine nachhaltige Wirkung, denn er baut sich während des Tages auf. Er verschwindet nicht plötzlich, wenn man nach Hause kommt und es sich gemütlich macht. Sie können nicht wie ein Löwe oder eine Löwin arbeiten, den ganzen Tag umherjagen und toben und sich dann plötzlich in sanfte, treusorgende und sensible Eltern oder Ehepartner verwandeln. Sie werden wahrscheinlich eher Ihren Hund beißen, nach Ihrem Kind schnappen und Ihren Partner anknurren. Streß schadet nicht nur Ihrer Gesundheit, er ist auch schlecht für Ihre Beziehungen. Ist es verwunderlich, daß die Scheidungsrate bei ungefähr 50 Prozent liegt?

Qualitätssturzflüge

Und eine zusätzliche Wechselwirkung gilt es zu beachten: Wir rasen in diesem mörderischen Tempo, um unsere Produktivität und Gewinne zu steigern – und erreichen damit genau das Gegenteil.

Eines der am entschieden wichtigsten Schlagwörter im Geschäftsleben des letzten Jahrzehnts ist Qualität. Von uns wird stets das Beste erwartet. „Gut genug" reicht nicht aus. Programme wie TQM (Total Quality Management) sind genauso populär wie Elvis T-Shirts in Graceland.

Aber was wird aus Qualität, wenn man in Eile ist? Man macht mehr Fehler ... dumme Fehler und Flüchtigkeitsfehler. Wenn Sie rasen, um rechtzeitig zu einer Besprechung zu kommen, vergessen Sie garantiert ein paar Notizen in Ihrem Büro. Wenn Sie dringend ein Angebot fertigstellen möchten, schreiben Sie die Zahlen prompt in die falschen Spalten. Oder Sie entnehmen die Preise der alten Preisliste, vergessen, eine Besprechung in Ihren Kalender einzutragen, schreiben den Namen des Kunden falsch, oder, noch schlimmer, schicken irgendeine wichtige Nachricht an die falsche Person. Es ist nicht so, daß für diese Aufgaben eine hohe Intelligenz erforderlich wäre. Es ist nur so, daß man nachlässig wird, wenn man sich zu sehr beeilt. Und man hat keine Zeit, die Arbeit nochmals nachzuprüfen.

Bei einer Probe für eine wichtige Verkaufskonferenz bemerkte der Marketingdirektor, daß er in seiner Eile, alles rechtzeitig zu erledigen, die falschen Dias mitgebracht hatte. Kommt Ihnen das bekannt vor? In Panik rief er seine Sekretärin an und trug ihr auf, ihm die richtigen zu schicken, egal, was es koste. Er bekam sie ... 350 Dollar später. Nicht teuer, meinen Sie? ... die Summe macht's.

Bierparty. Kleine Fehler haben oft schwerwiegende indirekte Folgen. Im Zuge einer größeren Kampagne zur Kostenreduzierung einer amerikanischen Brauerei fand ein Ingenieur heraus, wie man einen Schwung Bier in der Hälfte der Zeit brauen konnte – eine große Kostenersparnis. Alle waren begeistert!

Also hißten sie die Fahne, um zu sehen, ob eine der anderen Abteilungen das Projekt abschießen würde. Keine tat es. Das neue Produkt fand allgemeine Zustimmung. Der nächste Schritt: eine teure Werbekampagne. Das Management sah die Chance, die Konkurrenz im heftigen Bierkrieg zu überlisten.

Lieferungen wurden auf den Markt gebracht, als die mächtige Werbekampagne gerade startete. Plakate in den Läden machten aufdringlich Werbung für die Qualität des Bieres zu einem vernünftigen Preis. Anfänglich reagierten die Leute, indem sie das Zeug kistenweise kauften. Erst dann bemerkte die Firma, daß sie in ihrer Eile, das Produkt auf den Markt zu werfen, eine der Grundregeln vergessen hatte: *zu kosten!* Hätten sie sich die Zeit genommen, sich hinzusetzen und ein paar Gläser zu trinken, wäre ihre Eile sicher nicht so groß gewesen.

Zerkochte Shrimps und klebriger Reis. General Mills ging bei seinen ehrgeizigen Bemühungen, die erste nationale Kette von chinesischen Restaurants aufzubauen, ebenfalls zu schnell vor. China Coast, das zuerst in Indianapolis auftauchte, zeigte all die verräterischen Anzeichen der Tempofalle. Der Eistee war trübe, die gebackenen Klöße wurden ohne Sauce serviert, die Shrimps wurden zu lange gekocht, und der gedünstete Reis war klebrig. Sogar die Rechnung stimmte nicht.[2] „Dies ist ein direktes Ergebnis von zu schnellem Wachstum und schwacher Betriebsführung", sagt Joe R. Lee, Vizepräsident des Unternehmens mit Sitz in Minneapolis, das auch die Ketten Red Lobster und Olive Garden besitzt. „Wir expandierten mit China Coast vier- bis fünfmal schneller als mit Olive Garden ... Wir versuchten, auf unserer Sachkenntnis aufzubauen." Aber sich zu schnell zu vergrößern bedeutet auch Desorganisation und nachlässige Vorbereitung. „Wir haben uns zu wenig um die Schulung gekümmert", gibt Lee zu. [3]

Das Service leidet

Ob wir es zugeben oder nicht, wir sind alle im Dienstleistungsgewerbe, und die meisten von uns haben zwei Arten von Kunden: die Verbraucher und die Leute innerhalb der eigenen Organisation, die wir brauchen, um abzusetzen und zufriedenzustellen. Die Art und Weise, wie wir mit diesen internen Kunden umgehen, beeinflußt die Art und Weise, wie sie den Endverbraucher behandeln.

Es gibt zahllose Vorstellungen und Theorien über gutes Service. Bei Unternehmensberatern klingt dies furchtbar kompliziert, aber in Wirklichkeit ist es sehr einfach: Beim Service geht es um Beziehungen. Es geht um das Herstellen einer Verständnisebene, der Menschen Sorgen, Herausforderungen, Interessen und Bedürfnisse zu verstehen, und ihnen etwas von Wert zu bieten, um ihnen zu helfen.

Wir wurden geschaffen, um perfekt darin zu sein, und sind gesegnet mit der richtigen Ausrüstung in den richtigen Proportionen: zwei Augen, zwei Ohren und *einem Mund*.

Wenn man jedoch in Eile ist, kommt es einem vor, als ob man neun Münder habe und weder Augen noch Ohren. Wir haben keine Zeit, zuzuhören oder zu antworten. Es gibt keine Gelegenheit, etwas klarzustellen, besser zu formulieren und zusammenzufassen. Befriedigende Kommunikation braucht Zeit. Vertrauen aufzubauen braucht Zeit. Und es braucht Zeit, sich in die Lage von jemand anderem zu versetzen.

Ein hart arbeitender leitender Angestellter einer national tätigen Wirtschaftsprüfungsgesellschaft beklagte sich bei uns darüber, daß seine Mitarbeiter in der Verwaltung ständig Fehler machten. „Ich sage ihnen, was sie tun sollen", sagte er, „aber sie scheinen es nie auf die Reihe zu bringen. So langsam glaube ich, daß das Absicht ist. Manchmal würde ich die Arbeit lieber selbst machen."

Als wir mit seinen Mitarbeitern sprachen, wurde uns die andere Seite präsentiert. „Er ist ständig in Eile", sagte eine Sekretärin. „Er wirft den Leuten Dinge an den Kopf und erklärt sie kaum. Er ist ungeduldig und vermittelt das Gefühl, seine Zeit sei zu kostbar, um weitschweifige Anweisungen zu geben. Dann erwartet er, daß man die Arbeit perfekt erledigt. Wir können nun mal keine Gedanken lesen. Wir können nicht wissen, was er will. Wenn wir Fehler machen, dann deshalb, weil er uns nicht gesagt hat, was wir wissen müssen, um die Arbeit zu erledigen."

Kreativität an der Quelle

„Wie viele von Ihnen können am Arbeitsplatz am besten denken und haben hier ihre kreativsten Einfälle?" Wenn wir den Leuten in unseren Gruppen diese Frage stellen, hebt nie jemand die Hand.

Unsere nächste Frage: „In welchem Raum Ihres Hauses können Sie am besten denken?" Die übliche Antwort: im Badezimmer. Warum? Kein Faxgerät, kein Telefon, keine Unterbrechungen. Keine Hetzerei. Ohne den Zeitdruck und die Störungen hat man Geistesblitze, und die großartigsten Ideen fliegen einem einfach zu.

Es ist schwierig, klar oder kreativ zu denken, wenn man in Eile ist. Es fehlt die Zeit, um etwas auszubrüten, durchzudenken oder auch nur zu beobachten. Was sehen Sie wirklich von einer Landschaft, wenn Sie in einem Auto auf der Autobahn mit 130 Stundenkilometer dahinrasen? Hetzerei zerstört:

- Qualität
- Service

- Innovation
- Sie – wenn Sie nicht aufpassen

„Kürzer treten! Sie machen wohl Witze! Ich kann es mir nicht leisten, kürzer zu treten. Die Konkurrenz sitzt mir im Nacken." Diese Antwort bekommen wir, wenn wir vorschlagen, etwas vom Gaspedal runterzugehen.

Aber in Wirklichkeit werden Sie besser und effizienter arbeiten, wenn Sie lernen, dann kürzer zu treten, wenn alle um Sie herum in Raserei verfallen. John Wooden, der große Basketball-Coach der UCLA, der – was es noch nie zuvor gegeben hatte – 10 nationale Meisterschaften gewann, bietet folgenden Rat an: „Seien Sie schnell, aber hetzen Sie nicht. Wenn Sie hetzen, machen Sie Fehler."[4]

Die 90-Prozent-Lösung

Im Sport sind leidenschaftliche 90prozentige Bemühungen effizienter als panische 110prozentige. Und eine leidenschaftliche 90prozentige Bemühung wird ein 110prozentiges Resultat einbringen.

Diese Regel gilt auch für die Arbeitswelt. Die herkömmliche Meinung beispielsweise im Verkauf geht dahin, daß man so viele Kundengespräche wie möglich führen sollte. Manche Organisationen bewerten ihre Verkäufer sogar aufgrund der Anzahl der geführten Kundengespräche.

Wir beschlossen, diese Annahme zu prüfen, indem wir eine Gruppe erfolgreicher Versicherungsvertreter in zwei Gruppen aufteilten. Die erste Gruppe sollte die Anzahl ihrer Gespräche um 10 Prozent reduzieren, während die zweite Gruppe ihre Arbeit wie üblich erledigen sollte. Am Ende der drei Monate hatte die Gruppe, die weniger Kundengespräche führte, mehr Umsätze – um 22 Prozent mehr.

Warum funktionierte die 90-Prozent-Lösung? Die Versicherungsvertreter sagten es uns selbst. Sie hatten mehr Zeit, um sich vorzubereiten, sie waren während des Gespräches nicht in Eile, und sie fühlten sich entspannter, so daß sie mehr auf die Belange der Kunden eingehen konnten.

Wir haben Variationen dieses Experiments in anderen Situationen angewandt. Wir haben die Fertigungsstraßen in der Lebensmittelproduktion verlangsamt, im Stahlbau und in chemischen Fabriken – und immer das gleiche Ergebnis erzielt: weniger Ausschuß und Ausfallzeit, mehr Produktivität und Gewinne.

Weniger ist manchmal mehr

Ein gestreßter Geschäftsführer einer bedeutenden Zeitung erklärte mir sein System, das es ihm ermöglichte, sein gesamtes Arbeitspensum zu bewältigen. Er erstellte jeden Abend eine Liste derjenigen Punkte, die er zu erledigen hatte und fügte am nächsten Morgen zwei oder drei Dinge hinzu. „Ich muß die Latte hoch halten", sagte er.

„Funktioniert das?" fragte ich.

„Lausig!" antwortete er. „Ich kann nie alle Punkte abhaken."

Ich erzählte ihm von der 90-Prozent-Lösung, und wie die meisten Leute war er skeptisch, wollte es aber versuchen. „Ich bin an dem Punkt angelangt, wo ich alles versuche", sagte er.

In den nächsten drei Wochen strich er eher Dinge von seiner Liste, als welche hinzuzufügen. Als wir uns das nächste Mal trafen, erzählte er mir: „Mir sind drei Dinge aufgefallen. Erstens, ich kann alle Punkte abhaken. Das habe ich erwartet, weil sie kürzer ist. Aber es geht mir trotzdem besser deswegen. Zweitens, die Qualität meiner Arbeit ist wirklich besser geworden, weil ich mehr Zeit mit meinem Redaktionsteam verbringen kann. Drittens, und das ist die Überraschung, ich kann nicht nur meine ganze Arbeit erledigen, sondern komme zu einigen Dingen, die ich ursprünglich von der Liste gestrichen hatte. Tatsächlich arbeite ich jetzt schneller."

Keine Zeit zum Denken. Als ein Angestellter der oberen Führungsebene eines High-Tech-Unternehmens durch die Büros von Microsoft in Seattle geführt wurde, entdeckte er einen Mitarbeiter, der seine Füße gemütlich auf dem Schreibtisch hochgelagert hatte und träumerisch aus dem Fenster starrte. „Wenn der Mann für mich arbeiten würde, würde ich ihn sofort kündigen", machte sich der leitende Angestellte wichtig.

„Wahrscheinlich macht er gerade das, wofür wir ihn bezahlen", antwortete der Microsoft-Manager. *„Denken."*

Ein voller Terminplan, jede Minute verplant, keine vergeudete Zeit – nach der herkömmlichen Meinung ist dies der Schlüssel zum Erfolg. Aber wann *denken* Sie? Sicher nicht während all der Besprechungen oder wenn Sie irgendeinen Brandherd bekämpfen oder Ihre täglichen E-Mails, Voice-Mails und Faxe durchsehen.

Überprüfen Sie Ihren Kalender. Der Unternehmensleiter eines bedeutenden Fast food-Unternehmens erzählte uns, daß er auf ungewöhnliche Weise von einer Beraterin in Verlegenheit gebracht wurde. Er hatte ihr erklärt, wie beschäftigt er sei, indem er ihr seinen Terminkalender zeigte, auf dem kein weißer Fleck mehr zu entdecken war. Anstatt beeindruckt zu sein, schaute sie ihn an und fragte: „Und wann *denken* Sie?"

„Mir wurde bewußt", erzählte er mir, „daß sie recht hatte. Das einzige, was ich tat, war, auf das zu reagieren, womit ich konfrontiert wurde – die finanziellen Auswertungen der verschiedenen Abteilungen überprüfen, mit den Filialleitern über Wirtschaftlichkeit oder Investitionen reden. Ich nahm mir nicht die Zeit, darüber nachzudenken, wie man unser Geschäft verbessern oder die Konkurrenz überflügeln könnte. Ich war wie einer, der wie verrückt Wasser ausschöpft, um das Boot über Wasser zu halten, ohne zu erkennen, daß es auf die Stromschnellen zutreibt."

„Arbeite den ganzen Tag, arbeite die ganze Nacht. Liefere rechtzeitig, nach Plan und im Rahmen des Budgets." Das war das Motto von George Shaheen, dem Vorsitzenden von Andersen Consulting, den das Magazin *Fortune* das „Perpetuum Mobile" nannte. Es geht das Gerücht um, daß Shaheen in bezug auf zurückgelegte Flugkilometer den heiligen Nikolaus herausforderte.

„Dieser dynamische Managementstil ist physisch jedoch enorm fordernd", sagt Shaheen. Er gibt zu, manchmal müsse er sich einfach an einen ruhigen Ort setzen und denken.

Und Shaheen ist nicht der einzige. Ein Bericht des Magazins *Fortune* ergab, daß die Mehrzahl der erfolgreichen Führungskräfte „sich immer mehr freie, nicht verplante Zeit während des Tages offenhält."[5]

„Ich trage freie Zeit für mich in den Kalender ein", erzählte uns ein leitender Angestellter einer Produktionsfirma. „Ich stelle sicher, daß ich viel Zeit in meinem Terminplan zur Verfügung habe, nur um im Gebäude herumzulaufen und mit den Leuten zu reden, oder ich mache draußen einen Spaziergang, oder fahre sogar ein Stück mit dem Auto herum. Ich brauche eine gewisse Zeit am Stück, um zu denken. Wenn ich diese Zeit nicht habe, reagiere ich nur noch und kann ausschließlich von einem Brandherd zum anderen rennen. So würden wir längst nicht mehr an der Spitze liegen."

George Bernard Shaw sagte einmal, der Durchschnittsmensch denke *einmal pro Jahr,* und die Ursache seiner eigenen Brillanz sei die Tatsache, daß er *einmal pro Woche* denke.

Zeit zum Lernen

Erfolg resultiert nicht daraus, wieviel man *weiß,* sondern daraus, wie gut man *lernt.* Die Basis des Wissens verändert sich ständig. Schauen Sie sich nur einmal eine „alte" Enzyklopädie an wie die meine, das *World Book* aus dem Jahr 1960. Als ich das Wort *Fabrikation* nachschlug, fand ich viele beeindruckende Abschnitte über Automation und andere interessante Themen. Diese Wörter sind alle aus dem Wirtschaftslexikon von heute verschwunden. Hören Sie heute noch jemanden über Lochkartenstanzer oder einen elektronischen Rechenautomaten sprechen?

Sich Wissen anzueignen ist weniger wichtig geworden als zu wissen, wo diese Informationen zu finden sind und wie man sie richtig verwendet. Und die Fähigkeit, schnell und gut zu lernen und vor allem *sein ganzes Leben* hindurch zu lernen, ist der Schlüssel zu allem. Wie kann man eine lernende Organisation schaffen, wenn jeder nur herumhetzt? Es kann sein, daß man eine Rekordzahl an Aufgaben erledigt oder furchtbar viele Telefongespräche führt, aber lernen – das ist unwahrscheinlich. Lernen erfordert Zeit zum Überlegen, zum Umsetzen und Üben. Sogar die Business Schools von Harvard bis USC nehmen dies ernst und bieten in ihren Kursen Übungen zur Reflexion an.

Forschungen haben ergeben, daß eintönige Aufgaben schnell erlernt und durchgeführt werden können, aber komplexes Denken erfordert den Luxus, sich Zeit zu nehmen. Um dies den Rasern auf der Überholspur zu demonstrieren, bitten wir Leute, einen umfassenden Abschnitt durchzulesen und eine Reihe von Fragen darüber zu beantworten. Dieses Prozedere wiederholen wir mit einem anderen Abschnitt, nur daß wir dieses Mal ein genaues Zeitlimit vorgeben. Wissen Sie, was mit der Lernfähigkeit geschieht? Sie plumpst in den Keller. Weniger Zeit, weniger Lernen.

Lernen Sie etwas über sich selbst

Seit der Veröffentlichung von Peter Senges Bestseller *Die fünfte Disziplin: Kunst und Praxis der lernenden Organisation* haben wettbewerbsorientierte Manager begonnen, die Bedeutung von Selbstbewußtsein bei der Arbeit zu erkennen. Senges Nachfolgewerk *Fieldbook* lehrt eine komplizierte Reihe von Übungen, die bei der Entwicklung der Persönlichkeit unterstützend helfen sollen. Seine Aussage ist einfach: eine Organisation zu ändern beginnt damit, die Leute zu ändern, und Leute zu verändern, erfordert eine reife Persönlichkeit.

Je mehr man über sich selbst weiß, desto mehr wird man die Art und Weise verstehen, wie man seiner Effizienz durch selbst auferlegte Hindernisse, dauernde Unterbrechungen des Denkprozesses und unproduktive Gewohnheiten Grenzen setzt. Das Wissen über sich selbst lehrt einen auch, wie man das meiste aus seinen Stärken macht.

„Die wichtigste Eigenschaft einer guten Führungskraft ist zu wissen, wer man ist", sagt George McCracken, CEO der Silicon Graphics mit einem Umsatz von 1,5 Milliarden Dollar. „Sie müssen all Ihre Hausaufgaben machen, dann aber Ihrer Intuition folgen – Ihr Verstand darf Ihnen dabei nicht im Weg stehen." Um seine Intuition und sein Wissen über sich selbst zu schärfen, meditiert McCracken seit Jahrzehnten täglich.[6]

Richard Abdoo, CEO von Wisconsin Energy, einem Versorgungsunternehmen mit einem Umsatz von 1,6 Milliarden Dollar, nimmt sich acht Stunden pro Woche Zeit zum ungestörten Nachdenken. Außerdem macht er Spaziergänge, arbeitet in seiner Werkstatt und fährt mit seiner Harley. „Man muß sich selbst zwingen, etwas Abstand von der Hektik des Jobs zu bekommen", sagt er. „Wenn man sich nicht genügend Zeit freihält, können einem die Zügel entgleiten, und man kann in allerlei Schwierigkeiten geraten."[7]

Große Unternehmen aller Bereiche, wie AT&T, PepsiCo, Hoechst Celanese und Aetna, haben verschiedene Arten von Introspektionstrainings in ihre Management-Entwicklungsprogramme aufgenommen. AT&T gibt ungefähr ein Fünftel seines jährlichen Budgets zur Schulung von Führungskräften – 3,5 Millionen Dollar – für Kurse aus, die Introspektion fördern.[8]

Etwas über sich selbst und seine eigene Situation zu lernen, steht laut John Kotter von der Harvard Business School in direktem Zusammenhang mit Erfolg. „Sie nehmen eine Herausforderung an, handeln danach, dann denken Sie ehrlich darüber nach, warum Ihre Maßnahmen funktionierten oder warum nicht. Sie lernen daraus und machen dann weiter. Dieser ständige Prozeß lebenslangen Lernens hilft enorm in einer sich schnell ändernden Wirtschaft."[9] Sie können nicht im Dauerlauf lernen. Sie müssen aus der Tempofalle herausfinden und sich selbst Zeit geben, Neues zu entdecken.

Nehmen Sie eine Auszeit

Wenn die Dinge beginnen, außer Kontrolle zu geraten, nehmen Sportmannschaften eine Auszeit, um sich zu beruhigen, die Fassung wiederzugewinnen und wieder klarer zu denken. Die meisten Leute tun genau das Gegenteil. Sie beeilen sich, hetzen herum, versuchen, Brandherde zu bekämpfen, und stecken dabei meistens mehr in Brand als sie löschen.

Um Managern zu helfen, kürzer zu treten, geben wir ihnen drei Auszeit-Karten im Wert von je 10 Minuten mit der Anweisung, alle drei jeden Tag zu verwenden. Die Leute machen Spaziergänge auf dem Gang oder um den Block, hören Musik und meditieren. Manche sammeln ihre Karten, so daß sie Zeit für einen Dauerlauf haben.

Ann McGee-Cooper, Autorin von *You Don't Have to Go Home from Work Exhausted,* schlägt vor, „Freudepausen" zu machen, wie zum Beispiel, einen Freund anzurufen, oder sich mit ein paar Dehnungsübungen oder Computerspielen zu entspannen – was immer „das Boot wieder flott macht."[10]

„Spaß verändert Ihre Neurochemie", sagt McGee-Cooper. „Die meisten Manager glauben, sie können so lange nichts genießen, bis ihre Arbeit erledigt ist. Eine problematische Einstellung – denn in der heutigen Zeit ist ihre Arbeit nie wirklich erledigt."

„Ohne Spaß in ihrem Leben geraten sie schließlich in einen Zustand der Erschöpfung und Depression. Spaß ist notwendig. Er tut Ihnen gut. Spaß ist nicht nur ein Jungbrunnen, sondern eine Aktivität der rechten Gehirnhälfte, durch die die kreativen Säfte in Fluß kommen."[11]

Einputten und Schundliteratur. Ein bekannter Kolumnist, der in mehren Zeitungen gleichzeitig veröffentlicht, erzählte mir, wenn ihm nichts mehr zu Schreiben einfiele, höre er auf und tue etwas, um sich abzulenken. „Ich erledige irgendeine hirnlose Routinearbeit oder verschlinge Schundliteratur. Schade, daß wir keine Duschen im Büro haben. Unter der Dusche fliegen mir immer die besten Ideen zu."

Ein leitender Angestellter beim Rundfunk meint: „Ich bin verrückt nach Golf. Wenn also meine Gedanken sich in alle Richtungen verlaufen, nehme ich meinen Schläger, werfe ein paar Bälle auf den Teppich und übe für ein paar Minuten das Einputten. Es nimmt meine ganze Aufmerksamkeit in Anspruch, den verdammten Ball in meine Kaffeetasse hineinzubekommen. Diese kleine Pause entspannt mich und bringt mir neue Energie."

Wir kennen auch Leute, die ihre eigene Turnmatte ins Büro mitbringen. Sie legen sich auf den Boden, direkt neben ihren Schreibtisch, und machen ein paar Liegestütze und Übungen für die Bauchmuskulatur. Manche haben Hanteln in ihren Aktenschränken, um sich mit ein bißchen Krafttraining aufzupushen.

Und selbstverständlich gibt es die Yoganarren. Sie beruhigen und entspannen sich mit Dehnungsübungen im Imbißraum oder im Besprechungszimmer. Jede Art von Dehnung wird funktionieren, solange man sie langsam betreibt, ohne Druck und Tempo.

Zen und die Kunst der Autoreparatur. Sofort nach der Arbeit ist die beste Zeit, eine Pause von der Hektik zu machen. Die Vizepräsidentin einer Bank erzählte uns, sobald sie nach Hause komme, gehe sie in die Küche, binde sich eine Schürze um und *gehe nach draußen in die Garage*. Sie haben richtig gelesen, sie arbeitet ungefähr 15 bis 20 Minuten an ihrem Auto, putzt die Zündkerzen, wechselt das Öl, was immer nötig ist. Das ist ihre Art von Meditation.

„Ich werde nie wissen, ob all die ganze Bastelei große Auswirkungen auf die Leistung des Autos hat, aber es hat sicherlich Auswirkungen auf meine eigene Leistung", sagt sie. „Nach ein paar Minuten unter der Motorhaube bin ich entspannter und ruhiger. Ich fange an, mehr ich selbst zu werden, anstatt jene ungeduldige und fordernde Vorgesetzte zu sein, zu der ich meistens am Ende eines Tages geworden bin."

„Meine besten Ideen bekomme ich tatsächlich, wenn ich an meinem Auto arbeite. Es ist eine ruhige Arbeit, und es ist einfach, darüber nachzudenken, was den Tag über passiert ist und was morgen geschehen muß."

Veränderungsbereites Denken

Tempo zerstört Qualität, Service, Kommunikation, Innovation ... und Sie.
Eine Leistung von 90 Prozent aus Leidenschaft ist produktiver als eine in Panik erbrachte Leistung von 110 Prozent.

5

Die Experten-Kuh

„Das Konzept ist interessant und gut ausgearbeitet, aber um es als herausragend zu bezeichnen, muß die Idee umsetzbar sein", bewertete ein Professor für Management der Universität Yale die Idee Fred Smiths, ein Über-Nacht-Service zu gründen. Smith startete Federal Express trotzdem.

„Ein Keksladen ist eine ganz schlechte Idee. Außerdem ergab ein Marktforschungsbericht, daß die Amerikaner nur knusprige Kekse mögen, keine weichen wie die, die Sie herstellen", sagten die Experten Debbie Fields, der Gründerin von Mrs. Field's Cookies.

„Nach Öl bohren? Sie meinen, in den Boden bohren und versuchen, Öl zu finden? Sie sind verrückt", sagten die Leute, als Edwin L. Drake im Jahr 1859 diese Idee hatte.[1]

So viel zu den Stimmen der Erfahrung. Wie oft werden diese Experten widerlegt? Das Verhältnis zwischen falsch und richtig liegt wahrscheinlich bei 50:50.

Es wird allgemein angenommen, daß Erfahrung die Grundlage für Weisheit ist, und daß Experten, die schon alles gesehen und gemacht haben, über das nötige Wissen verfügen, um ein Unternehmen in die Zukunft zu führen. Das mag für Perioden relativer Stabilität zutreffen, aber wenn sich das Umfeld im Wandel befindet, kann Erfahrung ein großes Hindernis für Veränderung und Innovation sein. Wenn man die Lösungen, Strategien und Systeme von gestern auf die Probleme von heute anwendet, wird man morgen aus dem Geschäft draußen sein. Und gerade darauf verlassen sich die Experten: auf die Vergangenheit.

Experten geben sich der Illusion hin, alles zu wissen. Sie glauben, sie kennen die Lage der Dinge, aber meistens arbeiten sie mit veralteten Methoden und Mitteln. Natürlich sind sie Experten, Experten nach altem Mu-

ster. Die Tatsache, daß sie sich im allgemeinen ihrer Grenzen nicht bewußt sind, kann für jene Firma, die sie beauftragt hat, schwerwiegende
Folgen haben.

Experten-Fehler

Wie wär's mit ein paar weiteren Fehlern, die Experten gemacht haben,
weil sie sich auf die alten Muster verlassen haben, um in die Zukunft zu
blicken?

● Im Jahre 1959 bot Haloid, eine kleine in der Forschung tätige Firma,
IBM die Verkaufsrechte für ihren „914"-Papierkopierer an. IBM beauftragte die bekannte Unternehmensberatung Arthur D. Little, die Marktchan-
cen dieses Produktes zu untersuchen. Drei Monate dauerte Littles Analyse, dann riet er von einem Erwerb ab. Er schätzte das weltweite Potential
für Kopierer von unliniertem Papier auf weniger als 5.000 Einheiten. Einer der Gründe war der günstige Preis von Kohlepapier – das hört sich
doch ganz nach einer heiligen Kuh an. IBM nahm den Ratschlag an und
lehnte das Angebot ab.

Zehn Jahre später erzielte Haloid – nun unter dem Namen Xerox bekannt – einen jährlichen Umsatz von mehr als 1 Milliarde Dollar aus ihren
Kopierern.

● Xerox fiel der gleichen Sorte von „Expertenratschlag" zum Opfer, als
seine Berater davon abrieten, kleine Kopierer auf den Markt zu bringen.
Den Japanern, die neu in diesem Bereich waren, entging der Vorteil einer
solchen Beratung. Sie brachten ihre Kopierer auf den Markt, und der Anteil von Xerox am Kopierermarkt fiel um ungefähr 50 Prozent.

● Mitte der 60er Jahre schätzten Experten von IBM, basierend auf
ihrem Wissen der damaligen Technologie, das weltweite Potential für
Textverarbeitungsgeräte auf 6.000 Einheiten. Im Jahr 1973 waren 100.000
Einheiten in Betrieb, im Jahre 1990 waren es mehr als 50 Millionen.

● Mitte der 70er Jahre teilten leitende Techniker und Marktforscher
dem Präsidenten von Sony, Akio Morito, mit, daß sie keine 10.000 Walkmans verkaufen könnten, weil man mit den Geräten nicht aufnehmen
kann. Morita, einer der großen Meister der Veränderungsbereitschaft, ig-

norierte ihren Ratschlag und bot an, zurückzutreten, falls das Produkt nicht so erfolgreich werde, wie er vorausgesagt hatte. Innerhalb von zehn Jahren hatte Sony mehr als 20 Millionen Walkmans verkauft.

„Ich hatte nie große Verwendung für Spezialisten", sagte Sony-Gründer Masura Ibuka. „Sie neigen dazu zu argumentieren, warum man etwas nicht tun kann, während wir uns immer darauf konzentrieren, aus nichts etwas zu machen."[2]

Mit den Augen eines Anfängers

Grundvoraussetzung, um in einem sich ändernden Umfeld an der Spitze zu bleiben, ist, nicht wie ein Experte zu denken, sondern wie ein Anfänger.

Anfänger stellen peinliche Fragen. Sie kennen nicht alle Regeln und Grundprinzipien, nach denen bestimmte Dinge geschehen. Und das ist genau das, was sie so wertvoll macht. Sie sind offen und sehen die Dinge aus einer erfrischend anderen Perspektive, ohne vorgefaßte Meinung. Sie bemerken das Offensichtliche und akzeptieren die Möglichkeit der Unmöglichkeit einfach nicht. Während Experten Ihnen mit totaler Hingabe detailliert schildern, warum etwas nicht möglich ist, sehen Anfänger prinzipiell nur eine Welt voller Möglichkeiten.

Wenn Sie ein Dutzend Mal auf einen Apfel geschaut haben, wenn Sie ihn einmal als Apfel tituliert haben, dann werden Sie beim nächsten Mal, wenn Sie ihn ansehen, wahrscheinlich nicht auf seine runde Form achten, seine Konsistenz, seine ihm ganz eigene Art. Sie sehen ihn nicht mehr mit den Augen eines Anfängers.

Das gleiche gilt für alles, was Sie tun. Was am Anfang besonders auffällt, wird nebensächlich, je mehr Erfahrung man gewinnt. Denken Sie an Ihre Fahrt zur Arbeit jeden Morgen. Am Anfang haben Sie wahrscheinlich alles bemerkt – alles, was an Ihre Augen, Ohren und an Ihre Nase drang. Nun ist all das zweitrangig, und Sie achten kaum mehr darauf. Sie sehen nicht mehr, was da ist. Sie nehmen es als selbstverständlich hin.

Rettung durch
Außenstehende

Als IBM, Kodak, ConAgra, GM, Compaq, Allied Signal, Tenneco, Mellon Bank, Goodyear und Wang einen neuen CEO brauchten, haben sie nicht auf ihrer Liste der Nachfolgekandidaten nachgesehen. Sie suchten nach einem Außenstehenden, nach jemandem, der den Vorteil hat, wie ein Anfänger zu denken. In der Tat suchte beinahe ein Drittel aller *Fortune 500 Unternehmen,* die während der ersten neun Monate des Jahres 1993 neue CEOs einstellten, diese außerhalb der eigenen Organisation. Das ist die höchste Zahl seit beinahe 50 Jahren.

Diese Unternehmen erkannten, daß sie sich für die Vergangenheit entscheiden würden, fiele die Wahl für einen solchen Posten auf jemanden aus den eigenen Reihen. Insider, innerhalb der Firmenkultur groß geworden, sind alles andere als Anfänger. Im allgemeinen vertreten sie die alten Vorstellungen und Geschäftspraktiken, die sie so gut kennen, und es liegt in ihrem persönlichen Interesse, so weiterzuarbeiten. Schließlich handelt es sich dabei um Methoden, durch die sie an die Spitze gekommen sind. Wenn sie vielleicht auch Veränderung predigen, zögern sie normalerweise, mit den Gewohnheiten des Unternehmens zu brechen. Sogar John Akers, der ehemalige CEO von IBM, sagte: „Nur jemand, der nicht für die Geschichte und Fehler des Unternehmens mitverantwortlich ist, kann Veränderungen erfolgreich durchsetzen."[3]

Außenstehende werden Sie in den meisten Unternehmen an verantwortlicher Position finden, wo ein Umschwung bereits stattgefunden hat. Kodak CEO George Fisher drehte den Niedergang der Firma erfolgreich um und konnte während der ersten neun Monate des Jahres 1993 Gewinne in der Höhe von 452 Millionen Dollar verzeichnen. Fisher kam von Motorola, also eigentlich nicht aus dem Filmgeschäft. Jack Smith, dem GM die Wende zu verdanken hat und durch den ein Umsatz von 11 Milliarden Dollar erzielt wurde, kam von der europäischen Filiale, nicht von Mo-Town Towers. Das gleiche gilt für Paul Allaire, der die Kultur von Xerox revolutionierte. Und Jack Welch, der GE umformte, wurde aus dem Bereich Kunststoff weggeholt, der jungen bilderstürmerischen Abteilung des Unternehmens.

Was hat es mit den Außenstehenden auf sich, daß sie Veränderungen besser durchführen können? „Eine Antwort", sagt John Kotter, Professor an der Harvard Business School, „liegt in ihrer intuitiven Fähigkeit, ständig die Probleme mit anderen Augen zu sehen und ineffiziente Betriebspraktiken und Traditionen zu lokalisieren."[4] Wenn Außenstehende eine heilige Kuh sehen, haben sie keine Skrupel, diese zur Schlachtbank zu führen.

Neulinge. „Wenn Sie etwas Neues entwerfen, das zu einem höheren Preis verkauft werden und jede Menge Extras aufweisen soll, dann vertrauen Sie das Projekt einem Neuling an", sagt Kozo Ohsone, geschäftsführender Direktor von Sonys Audiogruppe, die den Walkman und den Discman CD entwickelte.[5]

Sony sucht Leute, die *neyaka* sind: optimistisch, offen und mit weitreichenden Interessen. Das Unternehmen ist der Meinung, daß die besten Ergebnisse von Leuten kommen, die in verschiedenen Produktgruppen tätig waren und es mit einer Technologie versuchen möchten, die sie nicht von der Pieke auf gelernt haben.

Jobrotation. Arbeiter entwickeln eine gewisse Routine, wenn sie eine Zeitlang immer die gleiche Arbeit verrichten. Sie verlieren ihre Aufmerksamkeit, verfallen in Gewohnheiten, und zwar nicht nur bei dem, was sie tun, sondern auch in ihrer Denkweise. Gewohnheiten werden zur Routine. Routine wird zu Trott. Und wenn die Leute in einen gewissen Trott fallen, neigen sie dazu, sich in diesem Trott wohlzufühlen – sie kaufen einen Teppich, eine Couch oder einen Fernseher für das Büro. Wenn es einmal so weit ist, wird die Innovation gestoppt, und die Produktivität und die Gewinne sinken drastisch.

Keystone Ski Resort ist bekannt für sein großartiges Service, aber der leitende Vizepräsident John Rutter meinte, er könne es noch verbessern, indem er den Touch eines Neulings in das Topmanagement einbrachte. Er ließ seine Spitzenmanager die Verantwortungsbereiche wechseln. Der für den Skibetrieb zuständige Manager übernahm den Einzelhandel, der Leiter der Skischule übernahm die Produktion des Kunstschnees und die Wartung der Lifte und so weiter ...

Das Ergebnis? Chaos. Was haben Sie denn erwartet? Aber nicht so, wie Sie denken. Es war ein positives, kreatives Chaos, ein Aufrütteln der alten Gepflogenheiten.

Die neuen Manager bei Keystone betrachteten ihre Arbeit aus einer anderen Perspektive. Sie sahen *Probleme,* die aus Versehen versteckt worden waren und neue *Chancen,* die an ihnen vorübergegangen waren.

Da sie keine „Erfahrung" hatten, waren sie gezwungen, sich bezüglich des Betriebsalltags auf ihre Mitarbeiter zu verlassen, und sie erkannten, daß ihre Leute mit der neuen Verantwortung umgehen konnten. Angestellte, die bisher nur Anweisungen befolgt hatten, kamen plötzlich auf großartige Ideen. Und allen gefiel dieses Aufrütteln, weil die Moral steigt, wenn man den Leuten mehr Verantwortung gibt.

Rutter fand heraus, daß die Jobrotation ihre Perspektive erweiterte und ihnen ein besseres Gefühl für das gesamte Unternehmen vermittelte. Gordon Briner, ein ehemaliger Skirennläufer und Leiter der Skischule, des Einzelhandels und des Vermietungsgeschäftes in Keystone, war einer der ersten Spitzenmanager von Rutter, der den Job wechselte. Seine Umsatzsteigerung war so gigantisch, daß er zum Betriebsleiter im Skigebiet von Breckenridge, einem der Partner von Keystone, befördert wurde.

Stellen Sie „dumme" Fragen

In einer Reifenproduktion bemerkte ein junger Mann aus dem Verkauf zufällig, daß die Reifen in Papier und Folie eingepackt wurden, um sie für den Versand fertigzumachen. Er stellte eine naive Frage: „Warum packen wir die Reifen ein?"

„Um die Weißwandreifen vor Beschädigung und Schmutz zu schützen", sagte der Betriebsleiter und konnte seine Verachtung kaum verbergen. Vielleicht war die Frage aber gar nicht so dumm. Wieviele Leute fahren Autos mit Weißwandreifen? Nur ungefähr 3 bis 5 Prozent der produzierten Reifen haben Streifen. Und wie dick sind diese weißen Streifen? Sie haben ungefähr die Dicke eines Fingernagels. Und der Gummi ist widerstandsfähig.

Vor vierzig Jahren, als Weißwandreifen der letzte Schrei waren, waren die Streifen dick und deutlich sichtbar. Man konnte sie leichter beschädigen, deshalb gab es einen guten Grund, die Reifen einzupacken. Aber jetzt ist das nicht mehr so. Und doch dachte niemand daran, diese Praxis in Frage zu stellen, bis ein Außenstehender – von dessen Wochenlohn man keine Stunde eines teuren Beraters bezahlen könnte – zufällig vorbeikam. Jemand hörte ihm zu, und das Unternehmen sparte 22 Millionen Dollar ein.

Ein bedeutendes Bekleidungsunternehmen produzierte den größten Teil seiner Kleidung im Südosten, versandte sie dann zur Vertriebsabteilung des Unternehmens an die Westküste, wo sich auch der Hauptsitz des Unternehmens befindet.

Bis ein Anfänger in Sachen „Kuhjagd" die peinliche Frage stellte: „Warum schicken wir die Bekleidung vom Südosten in den Westen, wenn die meisten unserer wichtigen Märkte im Osten sind?" Sechsstellige Einsparungen waren das Ergebnis dieser Frage.

John Calley, CEO von United Artists, fing in der Poststelle von NBC an. Harte Arbeit brachte ihm eine Beförderung zum Büroangestellten ein – seine Aufgabe war es, nachts der TV-Bühnenbild-Crew zu assistieren.

Eines Tages bemerkte er, daß die Kulissen mit dem Lageraufzug auf einem Transportwagen nach unten transportiert und dann auf einen anderen verladen wurden, weil der erste Transportwagen zu groß für den Aufzug im RCA-Gebäude war. Calley sandte ein Memo an seinen Vorgesetzten, in dem er auf dies hinwies und vorschlug, das Unternehmen solle einen Transportwagen bauen lassen, der in beide Aufzüge passe.

„Jeder Blinde konnte erkennen, daß das, was sie taten, falsch war", erinnert sich Calley. „Aber vorher hatte noch nie jemand daran gedacht. Die Änderung wurde umgehend durchgeführt, die Einsparungen betrugen mehrere hunderttausend Dollar im Jahr."[6]

Unerwartete Heilmittel

Fachwissen ist kein Garant für Erfolg – nicht einmal in der Wissenschaft, wie zum Beispiel in der Medizin. In seinem bahnbrechenden Buch über Tuberkulose, *The Forgotten Plague*, schreibt Frank Ryan, daß beinahe jeder bedeutende Fortschritt gegen diese Seuche von Einzelpersonen erzielt wurde, die in verwandten Gebieten arbeiteten und nicht spezifisch in der Tuberkulose-Forschung. Tatsächlich waren diejenigen Mediziner, die sich ausschließlich mit diesem Fachgebiet auseinandersetzten, weitgehend immun gegenüber neuen Ideen, jene Experten also, die man sogar als „TB-Päpste" bezeichnete.

Ryan betont, daß die Heilmittel oft an unerwarteten Orten zu finden sind, wo sich nur Anfänger die Mühe machen zu suchen. Zum Beispiel wurde Isoniazid, ein „neues" Wundermittel gegen Tuberkulose, eigentlich in Prag von zwei Chemiestudenten entdeckt, die nicht nach einer medizinischen Therapie forschten, sondern nur versuchten, ihre Noten zu verbessern. Das Jahr der Entdeckung war 1912.

Ein neuer Schlachtplan

Sie sind vielleicht kein Anfänger, aber Sie können lernen, wie einer zu denken. Nehmen wir zum Beispiel den Immobilienvertreter Michael Young. Er war der erfolgreichste Vertreter seines Unternehmens in Nordkalifornien, schaffte aber den Sprung vom Verkauf von Häusern in der Kategorie von 100.000 bis 200.000 Dollar zu der in der Höhe von 500.000 Dollar und mehr nicht.

„Ich verstehe das nicht", sagte er. „Ich verwende die gleichen Such-Strategien, ich rufe die Leute am Abend zu Hause an, berate sie und erzähle ihnen etwas über den Markt, und ich bearbeite den gleichen Markt. Aber es funktioniert nicht."

„Denken Sie wie ein Anfänger, vergessen Sie Ihre alten Strategien, und fangen Sie von vorne an", rieten wir ihm. „Betrachten Sie das Geschäft, als ob Sie ein Neuling wären. Was können Sie tun, um sich diesen Markt zu erschließen?"

Anstatt mit anderen Maklern zu konkurrieren, entdeckte Young eine ungenützte Möglichkeit im Bereich des Marktes mit den teureren Objekten. Er fand heraus, daß viele Listings (Beauftragungen eines Maklers, Grundbesitz zu verkaufen), ablaufen, bevor das Haus verkauft ist. Also entwickelte er eine Strategie, die alten Listings zu kaufen und die Provisionen aufzuteilen. Durch diese Technik hatte er so viel Arbeit, daß er die Michael Young Company in San Francisco gründete. Nun rufen die Makler ihn an.

Soll ich Ihnen etwas sagen? Wir sind alle in der gleichen Situation wie Young. Sie denken vielleicht, Ihr Markt ist der gleiche wie im letzten Jahr, aber das ist nicht der Fall. Alles verändert sich: der Lebens- und Arbeitsstil der Menschen, ihre Jobs, ihre Erwartungen, ihre Einstellungen, ihre Familiensituation – alles. Und der technologische Fortschritt hat diese Entwicklung nur beschleunigt.

Da sich das Geschäftsleben in einem ständigen Wandel befindet, müssen wir unseren Spielplan alle sechs Monate neu erstellen. Um dies zu tun, müssen wir die Dinge aus einer erfrischenden, neuen Perspektive betrachten.

Anfängertraining

Eine Methode, die Denkweise eines Anfängers zu üben, ist, ein einfaches Objekt wie eine Untertasse in die Hand zu nehmen und sich vorzustellen, man hätte es noch nie gesehen. Und jetzt, total unbefangen, schreiben Sie so viele Verwendungsmöglichkeiten dafür auf, wie Sie können. Es ist erstaunlich, was den Leuten alles einfällt. Vorgeschlagene Einsatzmöglichkeiten: Briefbeschwerer, Türstopper, Sonnenblende, Aufbewahrungsmöglichkeit für Büroklammern, Hut.

Versuchen Sie es gleich. Nehmen Sie irgendein Objekt wie zum Beispiel einen Bleistift und überlegen Sie sich wie ein Anfänger fünf Verwendungsarten dafür.

Wenn ich einen Dauerlauf mache oder mit dem Fahrrad fahre, stelle ich mir oft vor, daß ich mich zum ersten Mal auf diesem Weg befinde. Ich bin immer erstaunt darüber, wie es mir diese Perspektive ermöglicht, Dinge wahrzunehmen, die ich vorher nicht bemerkt hatte: ein Falkennest, einen süßen Duft, den Klang des Windes, der durch das Tal weht.

Beginnen Sie Ihren Job neu

Reengineering, das heiße neue Managementwerkzeug, das auf die Umgestaltung von Kernprozessen abzielt, basiert vor allem auf dem Blickwinkel des Anfängers. Eines der Hauptwerkzeuge ist ein leeres Blatt Papier. Man beginnt mit solch grundlegenden Fragen wie: „Wie möchten die Kunden mit uns verhandeln?" und: „Wie würde das Unternehmen aussehen, wenn es heute gegründet werden würde?"

Sie können heute Ihr Geschäft neu beginnen, indem Sie sich diese letzte Frage stellen. Welche Regeln und Strategien würden Sie anwenden, wenn Sie von neuem beginnen würden? Schreiben Sie auf, was Sie über Ihre Ziele wissen, die Konkurrenz, die Branche, den Kunden ... alles. Schließen Sie die gegenwärtigen Umstände ebenso ein wie alles, was sie über die Zukunft wissen oder erahnen. Dann erstellen Sie, basierend auf dem, was sie geschrieben haben, einen Spielplan. Passen Sie auf, welche heiligen Kühe wieder angekrochen kommen.

Veränderungsbereites Denken

Denken Sie wie ein Anfänger, nicht wie ein Experte.
Seien Sie klug: stellen Sie dumme Fragen.

6
Die Cash-Kuh

Haben Sie sich auch vor kurzem aus Ihrem Briefkasten den neuesten Versandhauskatalog geholt? Kennen Sie jemanden, der weniger als vier Kataloge pro Tag erhält, und das meistens von Unternehmen, von denen er noch nie zuvor gehört hat und mit Produkten, die er nicht möchte?

Die Cash-Kuh

Na ja, von Sears bekommen diese Leute keine dicken Umschläge mehr. Das Unternehmen, mit dem praktisch das Versandgeschäft angefangen hat und das es jahrelang dominierte, hat Pleite gemacht. Der Katalog ist nur noch im Lesesaal der örtlichen Bibliothek erhältlich.

Was geschehen ist? Oberflächlich gesehen hatte es Sears geschafft. Immer mehr Leute mit immer weniger Zeit kauften per Versand ein. Aber während viele neue Konkurrenten Hochglanzformate herausgaben und mit modernen Produkten eine bestimmte Zielgruppe besser ansprechen wollten, hielt Sears stur an seiner alten Formel fest – dem Katalog, der sich wie Webster's Dictionary nicht veränderte, immer die gleichen alten Produkte anpries und das gleiche langweilige Format hatte.

Und als alle von Patagonia über Victoria's Secret bis hin zu Nordic-Track taten, was sie konnten, um das Einkaufen zu erleichtern – Fax-Service, 24-Stunden-Service, Frei-Haus-Lieferung – hatte Sears nicht einmal eine gebührenfreie Nummer, und man mußte in ihr Lager fahren, um die Bestellung abzuholen. Sie spielten nach den alten Regeln, obwohl sich das Spiel geändert hatte, und dadurch wurde das einst höchst profitable Kataloggeschäft von Sears zu einer Cash-Kuh, deren Milch versiegt war.

Cash-Kühe geben saure Milch

Sears ist nicht das einzige Unternehmen, dem es so erging. Viele andere Giganten haben ihre Cash-Kühe abgewirtschaftet oder so lange gemolken, bis sie keine Milch mehr gaben. Wenn man vor Jahren Neuigkeiten schnell weiterleiten mußte oder man wirklich einen Eindruck hinterlassen wollte, war das Telegramm nicht nur *eine* Möglichkeit, es war die *einzige* Möglichkeit. Diese zu klein geratenen gelben Formulare mit ihren aufgekleisterten Sätzen waren das Ende jeglicher Konversation. Sie waren die Ursache dafür, daß mehr als nur ein Herz wie wild schlug, und zwar schon bevor die Nachricht gelesen wurde.

Western Union schuf eine ganze Industrie und machte ein Vermögen damit, Telegramme zuzustellen. Heute überbringen Clowns und Pantomimen Kindern zu ihrem Geburtstag Telegramme. Wenn eine Nachricht schnell übermittelt werden muß, faxt man sie.

Western Union hat seine Cash-Kuh weitergemolken, während die Telekommunikationsindustrie vorwärtsdrängte. Einst der branchenbestimmende Marktführer, blieb Western Union mit Eimern voll saurer Milch sitzen.

Ausgestanzt. Jeder weiß, daß IBM einen ähnlichen Fehler gemacht hat, indem es seinen Großcomputer weiterentwickelte, lange nachdem der PC ihn schon in bezug auf Popularität in den Schatten gestellt hatte. Es kostete Big Blue Milliarden. Aber wenige erinnern sich daran, wie sich IBM bereits Jahre zuvor mit dem gleichen veralteten Denken beinahe in die Frühpension gezwungen hätte.

Der Gründer Thomas Watson hatte das Unternehmen mit der Lochkartentechnologie zum Erfolg gebracht. Als schließlich der Computer entwickelt wurde, versuchte Watson weiterhin, seine Cash-Kuh zu melken, indem er darauf bestand, die Lochkarte als Zubehör zu der neuen Erfindung zu verkaufen. Er gab seinen Verkaufskräften die strenge Anweisung, keinen Computer zu verkaufen, wenn dadurch auch nur ein *einziger* Lochkartenauftrag gefährdet würde. Wenn eine Kartellklage das Unternehmen nicht aus dem Lochkartengeschäft gezwungen hätte, würden sie sich wahrscheinlich bis zu Kapitel elf auf ihren Lorbeeren ausruhen.

Spielen Sie nicht mit dem Erfolg

Viele Organisationen, seien es kleine Firmen oder große Unternehmen, werden vom Erfolg geblendet. Haben sie die Gewinnformel erst einmal gefunden, so werden sie sicher nicht mehr von diesem erfolgbringenden Zug abspringen. Das ist absolut verständlich. Sie haben all die Zeit und Mühe investiert, um herauszufinden, was funktioniert. Warum sollten sie die Früchte nicht eine Zeitlang ernten? Außerdem ist die Gewinnformel eine sichere Sache. Bis jetzt waren ihre Gewinne dadurch gesund und die Aktionäre glücklich. Warum sollte man mit etwas Neuem ein Risiko eingehen und alle Pläne über den Haufen werfen?

Diese Art zu denken war in der ehemaligen UdSSR absolut sinnvoll und im Mittelalter äußerst erfolgreich – Flexibilität war in jenen Zeiten nicht erforderlich, da Tag für Tag immer der gleiche Trott durchlebt wurde. Aber das funktioniert nicht in einem unruhigen und unbeständigen Umfeld, in dem Veränderungen so konstant sind wie ein Washingtoner Skandal, und in dem das Boot am Kippen ist.

In der Diskettenlaufwerkindustrie zum Beispiel wurde das kleinere Format hauptsächlich von ehrgeizigen Herausforderern eingeführt und nicht von den etablierten Marktführern, die zu sehr damit beschäftigt waren, Gewinne aus ihren früheren Produkten einzufahren. Seagate Technology, der König der 5,25 Zoll-Laufwerke, wurde vom Markt verdrängt, als der Aufsteiger Connor Peripherals die Umstellung auf 3,5 Zoll-Laufwerke vorantrieb.[1]

„Wen die Götter zu Fall bringen wollen, dem schenken sie 40 Jahre Erfolg", lautet ein altes Sprichwort. Und so ist es auch mit Cash-Kühen. Durch sie wird man blind in Hinblick auf die Zukunft und träge in der Denkungsweise.

„Keine gegenwärtig funktionierende Busineß-Theorie wird in 10 Jahren noch gültig sein", behauptet Peter Drucker. „Die Jahre, die vor uns liegen, werden geprägt sein von schnellen Veränderungen – betroffen sind folgende Gebiete: Technologie, Absatzmärkte, Konsumverhalten, Finanzen, Politik, geographische Gegebenheiten, Wirtschaft und Handelspolitik ... fast jedes größere Unternehmen wird die ihm zugrundeliegende Busineß-Theorie überdenken müssen."[2]

Ändern Sie etwas, solange es noch geht

In einem sich ändernden Markt kann man sich nicht auf seinen Lorbeeren ausruhen. Die Entwicklungen gehen so schnell voran, daß bei der Einführung eines neuen Produktes sicher schon irgendwer irgendwo in einer Garage in der Stadt, im Land oder irgendwo auf dem Globus einen Nachfolger entwickelt. Unsere Faustregel: Wenn ein Produkt oder eine Idee schon seit einem Jahr ohne Veränderungen auf dem Markt ist, ist es bereits veraltet.

Wenn Sie nicht der Meinung sind, daß es veraltet ist, und wenn Sie es nicht ändern, werden Sie bald nichts mehr haben, das zu ändern sich lohnen würde ... Sie werden nämlich pleite sein.

Selbstzufriedenheit erzeugt Fehlschläge

Nicht nur Unternehmen ruhen sich auf ihren Lorbeeren aus. Wenn sie erst einmal das große Geld machen, neigen viele Leute dazu, selbstgefällig zu werden. Sie kümmern sich nicht mehr um grundlegende Dinge, verlieren ihren inneren Antrieb und schalten auf Autopilot. Ein Verkäufer erzählte uns, daß er, als er gerade mit seinem Geschäft angefangen hatte, intensiv nach neuen Kunden suchte und sich immer auf jedes Kundengespräch „vorbereitete, vorbereitete und nochmals vorbereitete".

„Ich bin im Morgengrauen aufgestanden und habe potentielle Kunden angerufen. Und vor jedem Gespräch habe ich die Informationen über den potentiellen Kunden, die Konkurrenz, den Markt, einfach alles überprüft. Dann habe ich meine Präsentation einstudiert und hatte meine Antworten parat."

„Als ich jedoch sechsstellige Umsätze machte, wurde ich faul und tat diese Dinge nicht mehr. Ich glaubte auch ohne die zusätzlichen Bemühungen Erfolg haben zu können. Ich hörte auch auf, mich vorzubereiten, und begann, das Verfahren abzukürzen. Ich hörte auf zu suchen und verließ mich auf die Kundeninformationen, die ich bereits hatte. Auf einmal verschlechterten sich meine Zahlen, und ich wußte nicht warum. Am Anfang dachte ich, es sei einfach nur Pech oder schlechtes Timing. Jetzt erkenne ich, daß ich vergessen hatte, das zu tun, was mich dorthin gebracht hatte. Ich muß wieder wie ein Anfänger denken."

Bonds fataler Fehler. Das gleiche passierte dem Australier Alan Bond beim America Cup. Als Australien die Vereinigten Staaten im Jahr 1983 herausforderte, hatte Amerika den Cup schon seit 134 Jahren in Händen. Das war die bemerkenswerteste Gewinnsträhne in der Geschichte des modernen Sports. Um diese Gewinnsträhne zu durchbrechen, stellte Bond jedes Detail der Konstruktion des Bootes in Frage, vom Kiel bis zum Fall.

Von diesem kompromißlosen Lösungsansatz aus entwickelte Bond eine innovative und revolutionäre Doppel-Kiel-Konstruktion, die den Australiern einen entscheidenden Vorteil einräumte. Das Ergebnis war eine große Überraschung: Bonds Boot, die Australia III, schlug das der Vereinigten Staaten in vier klaren Rennen.

Als er sich für das Gegenrennen vorbereitete, machte Bond jedoch einen fatalen Fehler. Er verzichtete auf den innovativen Lösungsansatz, welcher das Boot, das gewonnen hatte, auszeichnete, ruhte sich auf seinen Lorbeeren aus und verwendete im wesentlichen die gleiche Konstruktion. Er erreichte nicht einmal das Finale.

Wenn Sie sich auf Ihren Lorbeeren ausruhen, können Sie sicher sein, daß Sie zu den Verlierern gehören werden.

Marktnischen werden zum Trott

Die herkömmliche Meinung tendiert zu der Auffassung, daß man Erfolg hat, wenn man seine spezielle Nische findet und dadurch den Markt beherrscht. Kurzfristig kann nichts diesen Wettbewerbsvorteil schlagen. Aber in einer Nische wird alles schnell zum Trott, und wenn man zu lange in diesem Trott bleibt, wird der Trott zum Grab.

Betrachten Sie ein paar der großen amerikanischen Institutionen. Greyhound hatte seine Marktnische. Sie waren die Könige der Straße. Sie *waren* das Busgeschäft. Erinnern Sie sich daran: „Nehmen Sie den Bus, und überlassen Sie das Fahren uns." Kennen Sie jemanden, der das in der letzten Zeit gemacht hat?

Das Schubladendenken

Greyhound ist ein klassisches Opfer des Nischen- oder Schubladendenkens. Der fatale Fehler des Unternehmens, war zu glauben, sie seien im Busgeschäft. Die Denkungsweise des Unternehmens war so eindimensional, daß es nicht schnell genug auf den Trend weg vom Bus, hin zu Autos, Flugzeugen und Eisenbahnen reagieren konnte. Hätten Sie erkannt, daß sie eigentlich im Transportgeschäft waren und Leute von einem Ort zum anderen brachten, hätten sie auf andere Fahrzeuge umsteigen können.

Opfer des Nischendenkens wurden auch viele andere Institutionen, mit denen wir aufgewachsen sind, wie das Telegramm, der Pullmannwagen und der Drugstore an der Ecke.

Ganz zu schweigen von den Doppelvergasern, das Herz von Detroits starken Geschwindigkeitsmaschinen, die durch ruhige Wohngebiete dröhnten und kleine Kinder und ältere Leute in Angst und Schrecken versetzten. Haben Sie in der letzten Zeit welche davon gesehen? Nicht, wenn sie nicht in ihren 57er Mercedes oder irgendeinen anderen Oldtimer eingebaut sind. Das Benzin-Einspritzsystem hat sie ersetzt.

Die alte Kuhglocke ist tot. Wir sagen nicht, daß es wertlos ist, eine Cash-Kuh oder eine Nische zu haben. Es ist ein gutes Geschäft, vorausgesetzt, Sie halten ständig Ihre Augen und Ohren für die Zukunft offen und sind bereit, Ihr Unternehmen neu zu gestalten, wenn die Zeit dafür gekommen ist.

Sehen Sie sich nur an, was AT&T und die Baby Bells machen. Was würden Sie sagen, in welcher Branche sie tätig sind? Wenn Sie antworten, im Telefongeschäft, dann arbeiten Sie entweder für AT&T's Erzrivalen MCI (Microwave Communications Incorporated) oder Sie haben bisher in einer Höhle im hintersten Peru gelebt.

Diese ehemals de facto-Monopole erfinden jeden Tag eine neue Branche, nachdem sie von der amerikanischen Bundesbehörde für das Fernmeldewesen aus ihrem Trott gezwungen wurden. Sie haben ihre Nische ausgeweitet von Telefongesprächen hin zur Telekommunikation und haben sich zusammengetan mit Unternehmen die in den Bereichen Satelliten, Unterhaltung, Bildung und Computer operieren, um den Informationssuperhighway aufzubauen. Die Spanne der vor ihnen liegenden Möglichkeiten ist beinahe grenzenlos. In der Tat, man könnte sagen, ihre Cash-Kuh gibt bald nicht mehr nur Milch, sondern feinste Sahne.

Wäre diese Art von Neupositionierung nicht etwas Selbstverständliches für Western Union gewesen, wenn sie bereit gewesen wären, ihre sichere, bequeme Marktnische aufzugeben? Eine veränderungsbereite Organisation wie AT&T weiß, daß man nicht wie ein Adler fliegen kann, wenn man die Welt aus einer Schublade heraus betrachtet.

Ein Einkaufszentrum auf Skates. Profisport ist eine weitere Branche, die ihren Trott aufgibt. Vor nicht allzu langer Zeit war ein Sportstadion ein Ort, an den man ging, um ein Match zu sehen, einen Hotdog zu essen, ein Bier zu trinken und ein bißchen Dampf abzulassen.

Heute ist in diesen Arenen Sport beinahe Nebensache. Der Toronto Superdome ist wie eine Einkaufsmeile mit einem 5-Stern-Hotel, Restaurants und Dutzenden von Einzelhandelsgeschäften. Man kann dem Spiel vom Hotelzimmer oder von einem schicken Restaurant aus zusehen, vielleicht sogar von der Kasse einer der Läden.

Stadion ist wohl die falsche Bezeichnung für Chicagos prächtigen neuen Comiskey Park. Es gibt dort 85 private Suiten, die mittels Aufzug erreichbar sind, mit Catering- und Portier-Service. Es gibt dort auch ein Clubrestaurant auf zwei Ebenen, das so eingerichtet ist, daß man sogar die streßgeplagtesten Manager bewirten kann. Es gibt private Telefonzellen, Faxgeräte und vieles mehr. Und ein paar Mal in der Woche kann man sogar ein Match dort sehen.

Viele Sportanlagen betrachten sich heute als Unterhaltungsunternehmen. Dies hat Einfluß auf das, was sie tun und wie sie dem Fan, oder vielmehr Verbraucher, dienen. Richard Evans, CEO des Madison Square Garden und Besitzer der New York Knicks und Rangers, definiert sein Geschäft wie folgt: Live-Unterhaltung zu produzieren und Menschen dazu zu bringen, diese Events zu konsumieren. Mit diesem Gedanken im Hinterkopf präsentiert sein Unternehmen 420 Veranstaltungen im Jahr, die *nichts* mit Sport zu tun haben.

Sogar Verlierer sind Gewinner. Es ist egal, ob Ihr Team gewinnt oder verliert. Die Mannschaftsbosse haben ihr Spiel so erweitert, daß sie nur gewinnen können – wenn nicht auf dem Spielfeld, dann an der Kasse des Einzelhandelsgeschäftes. Das große Geld kommt von schicken Logos und coolen Farben. Man muß nicht ins Baseballstadion gehen, um das Logo zu sehen. Man findet es auf Hüten, T-Shirts, Jacken – praktisch auf allem, was man trägt, außer auf dem Smoking.

Das neue NFL-Team in Charlotte, North Carolina, fing sofort an, haufenweise den Verkauf von Panther T-Shirts anzukurbeln, nachdem es ihre Konzession erhalten hatte. Sie bedruckten 120.000 Stück in den ersten 26 Stunden, und verkauften sie beinahe genauso schnell, wie sie sie herstellen konnten. Und es dauerte noch mehr als zwei Jahre, bis sie ihr erstes Spiel hatten.[3]

Das Hockey-Team mit dem zweitgrößten Umsatz aus Fan-Outfits ist ein relativ neuer Club, die San Jose Sharks. Und dann gibt es noch Anaheim's Mighty Ducks, deren Besitzer – wer sonst – Disney ist, und zwar mit einem Logo im Disney-Stil, das sich vielleicht bald besser verkauft als Mickey Mouse.

Die Milch muß fließen

Andere Beispiele für Unternehmen, die ihre Marktnischen erweitert haben, damit ihre Cash-Kühe weiterhin frische Milch geben:

● Hallmark ist nicht mehr länger nur exklusiv im Grußkartengeschäft. Sie definierten sich selbst neu als Lieferanten von Produkten zur Förderung menschlicher Beziehungen und verkaufen Geschenkartikel, Geschenkpapier, Briefpapier, Glückwunsch-Software und Partyzubehör.

● Viele Supermärkte durchliefen eine Metamorphose vom Lebensmittelgeschäft zum Megamarkt. Eine Großkette nahm Küchenchefs einer nahegelegenen Hauswirtschaftsschule in die Lehre, die Delikatessen für die Kunden zauberten. Während die Kunden warten, können sie einen Cappuccino an der Espressobar trinken oder sich der internen Poststelle, des Faxgerätes, Paketdienstes oder der zweigeschossigen Bank inklusive eigener Handelskreditabteilung bedienen. Es gibt auch einen Restaurantbereich im Stil einer Einkaufszeile mit einem japanischen Restaurant und einer Sushi-Bar.[4]

● Zoos erweitern ihre Käfige, indem dort Besprechungen von Unternehmen, Hochzeiten, Cocktailparties, Banketts und Tagungen direkt auf dem Gelände abgehalten werden. Überlegen Sie sich, ein tolles Mittagessen in der Nähe des Tigerkäfigs einzunehmen oder ein großartiges Geschäft abzuschließen, während Sie einem Seehund zuschauen.

● Städte erweitern ihre Grenzen. San Diego hat Geschenkeläden eröffnet, in denen man nicht nur T-Shirts als Souvenirs kaufen kann, sondern auch überschüssigen Besitz der Stadt, wie zum Beispiel Parkuhren, Feuerwehrstiefel, Hydranten und Schilder, wie zum Beispiel eines mit der Aufschrift: „FKK erlaubt".[5]

● Magazine gehen weg vom reinen Publikationsgeschäft und hin zu Information und Unterhaltung. „Wir müssen unsere Publikationsgeschäfte neu überdenken und sie nicht als reine Veröffentlichungen, sondern als Ressourcen sehen", sagt John Beni, leitender Vizepräsident und Generaldirektor von *Variety*.[6] Viele Wirtschaftszeitschriften, einschließlich *Fortune* und *Success,* veranstalten Seminare und verkaufen Schulungsvideos.

● Kanadische Banken sind nicht länger nur Banken. Seit der Deregulierung sind sie in der Branche „Finanzdienstleistungen" und kontrollieren einen Großteil von Kanadas Wertpapieren, Treuhandvermögen und Investmentfonds. Und im letzten Jahr erhielten sie das Recht, Versicherungen zu übernehmen. Der nächste Schritt: sie auch zu verkaufen.[7]

Sloanes Service-Station für Auto und Fahrer. Als ich vor der Internationalen Vereinigung der Autowäscher sprach, traf ich Devin Sloane, den Inhaber einer Autowaschanlage, der jedoch nicht in der Autowaschbranche tätig ist. Da er erkannte, daß das Autowaschen zum Trott geworden war, besonders in Südkalifornien, entschied sich Sloane, seine Marktnische zu erweitern.

„Ich erkannte, daß ich in Wirklichkeit im Autoservice-Geschäft war", erzählte er mir. „Also fügte ich ein paar Zapfsäulen hinzu und schließlich noch eine Stelle zum Ölwechseln, um ein vollständigeres Service bei den Autos durchführen zu können."

Aber er war noch nicht fertig. Er eröffnete ein Geschäft für Autozubehör und begann, Autotelefone zu verkaufen und einzubauen. Und da seinen Kunden die langen Wartezeiten lästig waren, erkannte Sloane, daß er auch ihnen zu Diensten sein konnte, nicht nur ihren Autos. Seine Service-Station für Auto und Fahrer hat nun ein Delikatessengeschäft, eine Joghurtbar und ein kleines Geschäft für Lebensmittel des täglichen Bedarfs.

Seien wir gespannt auf den nächsten Ausbau: Sloane hat das angrenzende Stück Land gekauft. Und nichts davon wäre geschehen, wenn er in seiner bequemen Autowasch-Nische geblieben wäre.

Verwenden Sie Erfolg als Katapult

PepsiCo, stolzer Besitzer erfolgreicher „Cash-Kuh"-Marken auf den Gebieten Softdrinks und Chips, stellt das Musterbeispiel eines Unternehmens dar, das sich selbst nie zu Tode melken würde.

„Manche werden vielleicht argumentieren, daß wir nicht an diesen Marken herumpfuschen sollten, weder was Image noch was Inhalt anbelangt", sagt Präsident Wayne Calloway. „Wir sind anderer Meinung. Wir wissen, daß in dieser schnellebigen Welt beliebte Marken von heute die Verlierer von morgen sein können."[8]

Der zur Debatte stehende Fall: ihre Marke Doritos, der meistverkaufte Snack des Landes. Die Umsätze und Verkaufszahlen sind Spitze, der Marktanteil der Chips ist gestiegen. Warum etwas ändern, das noch funktioniert, richtig? Falsch!

Pepsi gibt 50 Millionen Dollar aus, um seine Kornchips zu puschen. Brock Leach, Vizepräsident der Abteilung Markenmarketing bei Frito-Lay, einem Unternehmen der PepsiCo-Gruppe, betet die Ansichten von Calloway nach und sagt: „Wir versuchen nicht, ein Problem zu korrigieren, sondern *das Wachstum unserer größten Marke zu beschleunigen*. Wir versuchen, es anderen Unternehmen schwerer zu machen, gegen uns zu konkurrieren."[9]

Veränderungsbereite Unternehmen wie Pepsi nützen Erfolg als Sprungbrett, um sich in noch größere Höhen zu katapultieren.

Essen Sie Ihr eigenes Mittagessen

Gefährliche Konkurrenten schnappen den Lunch der Konkurrenz. Veränderungsbereite Konkurrenten essen ihr eigenes Mittagessen, bevor es ein anderer tut. Mit anderen Worten, Sie müssen wie ein Kannibale auf Ihre eigenen Produkte losgehen, um vorne zu bleiben.

Hewlett-Packard weiß dies. Das Unternehmen dominierte das Laserdrucker-Geschäft in den 80er Jahren, aber das hielt sie nicht davon ab, Tintenstrahldrucker, die weit billiger sind, zu entwickeln und zu verkaufen. Nun setzt das Unternehmen mehr Tintenstrahldrucker als Laserdrucker ab.

Auch Sportausrüstungshersteller müssen um ihr Territorium kämpfen. Jede Skisaison ist gespickt mit Innovationen und neuen Designs für Skier, Bindungen und Beschaffenheit der Skistiefel. Sogar die Form und Funktion der Stöcke wird überdacht.

Ein Teil des jeweils neuen Designs ist natürlich nur technische Spielerei. Wieviele Neuerungen kann es bei einem Turnschuh der Größe 12 schon geben? Der Effekt, der erzielt werden kann, spricht allerdings für sich: bessere und sicherere Ausrüstung für den Konsumenten, höhere Gewinne für den Hersteller.

Um Ihre eigene Marktnische zu erweitern, sollten Sie eine sorgfältige Analyse des Wettbewerbsvorteils und der Hauptkompetenzen Ihres Unternehmens durchführen und sich die Frage stellen, wie die gleichen Fertigkeiten in einem anderen Kontext erfolgbringend angewandt werden könnten. Ein Unternehmen, das zum Beispiel Hypotheken verkauft, könnte seine Geschäfte ganz problemlos auf allgemeine Finanzdienstleistungen erweitern.

Definieren Sie in den allgemeinsten Worten neu, was Sie tun. Wenn Sie Lampenschirme verkaufen, betrachten Sie sich als Vertreter der Elektroindustrie. Wenn Sie Bleistifte herstellen, dann sind Sie im Bereich Kommunikation tätig. Durch eine weiter gefaßte Definition bekommen Sie vollkommen neue Ideen, wie Sie in andere Bereiche expandieren können, es bringt Sie von Vergasern zu Kraftstoffsystemen, von Sportstadien zu Unterhaltungszentren, von der Autowäsche zu Service-Stationen für Auto und Fahrer.

Eine andere Art und Weise, aus den Kinderschuhen hinauszuwachsen, ist, Ihre Tätigkeit aus dem Blickwinkel des Kunden zu betrachten. Beschreiben Sie sich nicht basierend auf dem Produkt, das Sie verkaufen oder der Dienstleistung, die Sie liefern. Definieren Sie sich danach, wie der Kunde das, was er kauft, wahrnimmt.

Dies bringt sie von Telegrammen hin zu Telekommunikation, von Bussen zu Reisen und von Lebensmittelmärkten zu Erlebnis-Einkaufszentren.

Geben Sie sich nie zufrieden

Als Tony Gwynn, der fünffache Baseball-Champion und künftiges Mitglied der Hall of Fame, von einem Reporter gefragt wurde, ob er zufrieden sei mit dem, was er erreicht habe, antwortete er: „Nein. Ich bin glücklich und stolz auf das, was ich getan habe. Aber ich bin nicht zufrieden. In dem Moment, in dem Sie zufrieden sind mit dem, was Sie haben, gehört es Ihnen nicht mehr."

Kein schlechter Ratschlag für Spieler, egal in welcher Liga, gleich in welchem Spiel er spielt.

Veränderungsbereites Denken

Wenn Sie Ihre Goldkühe ständig melken, versiegt ihre Milch.
Erweitern Sie Ihre Marktnischen, bevor sie zum Trott werden.
Ändern Sie etwas, solange es noch geht.

7

Die Konkurrenz-Kuh

Bockspringen und Nachahmungstäter

Erinnern Sie sich noch an Rose Ruiz? Sie war die Frau, die vor ein paar Jahren als erste beim New York-Marathon einlief. Bis man herausfand, daß ihr Tempo nicht das Ergebnis großartigen Trainings oder ihrer superleichten Nikes war, sondern das des New Yorker U-Bahn-Systems. Obwohl sie disqualifiziert wurde, sind wir der Meinung, daß Rosie etwas Besonderes getan hat.

Verstehen Sie uns nicht falsch. Wir sagen nicht, Sie sollen mogeln oder irgend etwas Illegales tun. Wir *sagen* lediglich, daß Sie nicht nach den herkömmlichen Regeln spielen, sondern sie verändern sollen. Kippen Sie das Spielfeld zu Ihren Gunsten. Ob Sie im Bereich Software, Hardware oder „Sonst-Ware" tätig sind, ein Kopf-an-Kopf-Rennen wird Sie nicht dorthin bringen, wohin Sie wollen. Jedesmal, wenn Sie Ihr Produkt oder Ihre Dienstleistung verbessern, wird Ihre Konkurrenz Sie kopieren und Ihnen schließlich um einen Schritt voraus sein.

Sie können die Konkurrenz nicht aus dem Rennen drängen. Wenn Sie mit einer Drei-Jahres-Garantie über 50.000 Kilometer herauskommen, werden sie Sie übertrumpfen mit fünf Jahren und 80.000 Kilometer. Wenn Sie kostenlose Überprüfung und vierteljährliche Auswertungen anbieten, werden sie das Foto des Kunden am Kontrollabschnitt anbringen und monatliche Auswertungen verschicken. Wenn Sie 24 Stunden geöffnet haben, werden sie 25 Stunden geöffnet haben. Und so weiter.

Das Problem, wenn Sie sich auf einem ebenen Spielfeld mit anderen messen, liegt darin, daß niemand jemals wirklich einen Vorsprung hat. Es mag sein, daß Sie eine oder zwei Minuten lang vorne liegen, aber das ist nur temporär. Wie in den Cola-Kriegen zwischen Coke und Pepsi sind Sie in einen Kampf verwickelt, in dem Sie keinen klaren Vorsprung erzielen werden.

Das einzige, was Sie sich von einem Kopf-an-Kopf-Rennen holen können, sind Kopfschmerzen. Ändern Sie die Spielregeln – das ist die einzig sichere Methode, um einen Vorsprung zu erzielen. Das ebene Spielfeld ist eine heilige Kuh. Um einen Wettbewerbsvorteil zu gewinnen, müssen wir die Spielregeln überdenken und das Spielfeld in unsere Richtung neigen.

Natürlich, sogar wenn Sie die Regeln ändern, um einen Vorteil zu erlangen, wird Sie die Konkurrenz am Ende einholen. Der Trick ist, das Spielfeld ständig zu kippen. Wenn also Ihr Gegner das Feld eben macht, neigen Sie es erneut.

Athleten, die die Spielregeln kippen, gewinnen Gold

Als Sportpsychologe, der mit vielen olympischen Athleten und Mannschaften zusammenarbeitete, bemerkte ich, daß viele Athleten den großen Durchbruch erzielten, wenn sie alte Regeln in Frage stellten:

• Dick Fosbury sprang mit dem Kopf voran, als jeder andere mit den Füßen voran sprang und gewann die Goldmedaille im Hochsprung im Jahr 1968 in Mexico City. Heute ist der belächelte „Fosbury Flop" der Standard für Weltklasse-Hochspringer.

• Sonja Henie führte das Ballett im Eiskunstlauf ein. Während die Konkurrenz die Achter-Figuren drehte, machte sie Pirouetten und Arabesken und bahnte sich so ihren Weg zur Goldmedaille bei den Olympischen Spielen im Jahr 1932 in Lake Placid.

• Stein Eriksen machte schnelle, knappe Bewegungen mit seinen Schultern vorwärts und hielt seine Skier parallel zusammen, während alle anderen weite, runde Bögen mit gespreizten Skiern fuhren, um die Balance zu halten. Experten sagten, seine Technik widerspreche allen Regeln, einschließlich denen der Schwerkraft. Aber sie brachte ihm eine goldene und eine bronzene Medaille bei den Olympischen Winterspielen im Jahr 1952 in Oslo ein.

Die Konkurrenz-Kuh

● Bill Walsh: andere Profi-Football-Coaches hielten sich brav an die Spielregeln – Walsh stellte alle Regeln auf den Kopf – drei Super Bowl Meisterschaften gingen auf sein Konto.

● Jean Vuarnet: Die meisten Abfahrer fuhren mit wollenen, vom Wind aufgeblasenen Jacken. Vuarnet zwängte seinen Körper in einen glatten, einteiligen, elastischen Anzug. Und während die anderen Männer bei den Olympischen Spielen in Squaw Valley unbekümmert die Pisten hinabsausten und ihre Abfahrtsjacken wie flatternde Segel im Fahrtwind schlugen, fuhr er in tiefer Hocke die Piste hinab. Sie haben es erraten: Er gewann die Goldmedaille.

Vuarnet brach auch auf einem anderen Gebiet mit den Regeln. Er entwickelte ein ganz neues Sonnenbrillen-Design, indem er Mode mit Funktion kombinierte. So wie mit seinem Skistil ging er über das traditionelle Denken hinaus und verdiente damit eine andere Art von Gold.

Regel Nr. 10

Seit der erste Höhlenmensch begann, Knüppel zu verkaufen, ist die erste und einzige Regel im Einzelhandel: Standort, Standort und nochmals

Standort. Wo also öffnete der König des Einzelhandels, Sam Walton, sein erstes großes Warenhaus? In Bentonville, Arkansas, dessen Gesamtbevölkerung nicht einen dieser Megaläden füllen konnte.

Walton hatte 10 Erfolgsregeln. Die meisten davon drehten sich darum, großartiges Service und Produkte von hervorragender Qualität zu bieten und die Leute gut zu behandeln. Seine 10. Regel aber unterscheidet ihn von seinen Konkurrenten. Walton bezeichnete sie als die wichtigste: *Brechen Sie die Regeln.*

Wenn alle Ihre Konkurrenten etwas auf eine Art tun, pflegte Mr. Sam zu sagen, „dann machen Sie es genau umgekehrt", und so haben Sie die Nase vorn.

Mehr Teig. Während der 80er Jahre war Domino König aller Pizzas mit mehr als 90 Prozent des Wachstums in diesem Marktsegment. Der Grund? Er gab den Regeln, nicht der Pizza, eine besondere Würze. Während seine Konkurrenten alles taten, um die Leute in ihre Restaurants zu bringen, ging Domino den anderen Weg.

Er erkannte, daß Bequemlichkeit so wichtig war wie der Teig. Da in Familien, in denen jeder arbeitet, keiner Zeit zum Kochen hat, brachte er das Restaurant zu den Kunden. Und er schaffte dies in weniger als 30 Minuten.

Motelmogul. „Quälen Sie sich nicht mit kleinen Motels. Sie werden Ihr letztes Hemd verlieren." Das ist die herkömmliche Meinung im Motelgeschäft. Die Erfolgsformel war schon immer, Anlagen mit mindestens 100 Zimmern zu bauen und nur in der Nähe großer Städte, weil man dort mehr Geld verlangen kann.

Dies war zumindest die Formel, bevor Gary Tharaldson auftauchte. Tharaldson wurde der größte Motelplaner des Landes, indem er das Spiel umdrehte. Er baut kleine, familienorientierte Motels in kleinen Städten, wohin sich kein anderer Motelier wagt.

Und er beherrscht den Markt, indem er Konzessionen von Motelketten besitzt. In Topeka zum Beispiel besitzt er das Comfort Inn, Days Inn und Fairfield Inn. Die Vorteile dieser Kontra-Strategie liegen auf der Hand: statt ein großes Motel zu errichten, ist der Bau von zwei kleineren, sagen wir ein Comfort Inn und ein Fairfield Inn, möglich. Auf diese Weise profitiert man von zwei verschiedenen Marktnischen und zwei nationalen Reservierungssystemen.[1]

Gerichtscoaching. Wenn man Rechtsanwälte anruft, kann man meistens das Ticken der Uhr hören. Jeder Satz, jedes Schweigen, jedes Husten kostet eine Menge Geld. Barbara Shea ist eine Rechtsanwältin, die ihren Erfolg auf die entgegengesetzte Art mißt: nämlich danach, wie wenig, anstatt wieviel Stunden sie verrechnet.

Shea lehrt Nicht-Juristen, wie sie viel ihrer juristischen Arbeit selbst durchführen können. Sie genießen zwar alle Vorteile, die das Engagement eines Rechtsanwalts mit sich bringt, können aber eine Menge Geld dadurch sparen, daß sie eine Unmenge von Behördenwegen und Kleinkram selbst erledigen. Sheas drei Jahre alte Dienstleistung nennt sich Gerichtscoaching. Obwohl sie jedes Dokument durchsieht und juristische Ratschläge gibt, wird viel der zeitaufwendigen Plackerei wie Fotokopieren oder das Einreichen von Papieren bei Gericht vom Klienten erledigt.

Als Robert Matulonis Shea beauftragte, ihm bei einem Gebührenstreit zu helfen, hatte sich der Fall schon zwei Jahre lang hingeschleppt. Nachdem sie sich den Fall angesehen und ihn beraten hatte, entwarf Matulonis den größten Teil der Korrespondenz und reichte den Antrag bei Gericht ein. Shea überprüfte seine Arbeit. Als der Fall beigelegt war, schätzte Matulonis, daß er durch die Beauftragung des Gerichtscoaches ungefähr 5.000 Dollar gespart hatte.[2]

Dienstleistungen wie die von Shea geben Rechtsanwälten die Möglichkeit, mit billigen Dienstleistungen von juristischen Hilfskräften und juristischen Büchern mit dem Titel „Wie mache ich was?" zu konkurrieren. Aufgrund steigender Kosten für juristische Tätigkeiten haben sich diese Ratgeber und Berater verbreitet.

„Immer mehr unternehmerisch denkende Rechtsanwälte werden erkennen, daß es einen riesigen Markt gibt, Leuten zur Seite zu stehen, die nicht für eine anwaltliche Vertretung von A bis Z bezahlen können und sie auch nicht brauchen", sagt S. Determan, Präsidentin des Komitees der amerikanischen Rechtsanwaltskammer für alternative juristische Dienstleistungen.[3]

Sportschuhe von Swiss. Haben Sie schon das Neueste auf dem Gebiet der Sportschuhe gesehen: Laufschuhe mit Lichtern, Turnschuhe, die durch eine Flüssigkeit gepolstert sind, mit Pumpen, um die Bodenhaftung zu erhöhen? Bald wird wohl ein Schuh erfunden, der auch das Laufen und

Springen für Sie übernimmt. Und sie werden alle auf übertriebene Art und Weise beworben von Shaquille O'Neal, Magic Johnson und anderen 2-Meter-großen-Stars der NBA mit siebenstelligen Werbedeals mit Nike und Reebok – zwei Unternehmen, die das Geschäft beherrschen.

Der Markt, der sich auf dem Gebiet Sportschuh-Design auf die Kids konzentriert, ändert sich genauso rasant wie Michael Jordan auf's Spielfeld stürmt. Bis zu dem Zeitpunkt, wo ein Unternehmen die Kinderkrankheiten eines Modells beseitigt hat, bringt es ein anderes mit irgendeiner anderen Innovation heraus. Die durchschnittliche Lebensdauer eines Modells beträgt ungefähr vier Monate.

Steve Nichols erkannte, daß er auf einem ebenen Spielfeld nicht mit diesen schwerreichen Giganten konkurrieren konnte und änderte das Spiel. Er kaufte die K-Swiss Sneakers Company und beschloß, einer anderen Zielgruppe einfache, „klassische" – sprich „langweilige" – Turnschuhe anzubieten: erwachsenen Wochenendsportlern und Tennisbegeisterten.

Nichols änderte die Regeln ein weiteres Mal und sagte nein zu den Einzelhändlern, die nach den üblichen Preisnachlässen und den übertriebenen Werbekampagnen, die so typisch für diese Branche sind, fragten. „Unmöglich", sagte jeder. „Die Großen im Geschäft werden Sie mit Haut und Haar verschlingen und zum Mittagessen wieder ausspucken."

Aber Nichols blieb hartnäckig und bald schon war K-Swiss die Nummer drei der Hersteller von Tennisschuhen und gewann Qualitätsauszeichnungen, gestiftet von den Einzelhändlern. Nichols bringt nun bei K-Swiss auch Wander- und Bergschuhe heraus – also die „klassischen Versionen". Dies ist das am schnellsten wachsende Segment des Schuhmarktes. Und er expandiert nach Europa, wo das Unternehmen in den nächsten Jahren einen riesigen Zuwachs erwartet.

Nichols hat bereits einen großen Fan in Europa. Während seines letzten Besuches in den Vereinigten Staaten kaufte Papst Johannes Paul I. ein Paar. Vielleicht startet der Papst ja einen Modetrend. Können Sie sich vorstellen, wie Tausende von freundlichen alten Priestern in ihren Kirchen herumlaufen und dabei Tennisschuhe unter ihren Gewändern tragen? Nichols Schuhe mögen vielleicht einfach und langweilig sein, aber seine Strategie ist mutig. Dadurch wurden die Umsätze von K-Swiss von nur 20 Millionen Dollar im Jahr 1986 auf 150 Millionen Dollar im Jahr 1993 angekurbelt.[4]

Barbies, nein danke. Pleasant Rowland, Autorin von Lesebüchern für die Grundschule, kam zur gleichen Erkenntnis wie Nichols: Man kann kein Kopf-an-Kopf-Rennen mit Giganten führen. Man muß sie umgehen. Und man muß sich außerhalb des Spielfelds bewegen.

Als sie mit ihren Nichten Puppen einkaufen wollte, waren das einzige, was sie finden konnten, Barbies und Barbie-ähnliche Puppen. Es gab Astronauten, Ärzte, Ballerinen und Geschäftsfrauen, das stimmt, und sie hatten unterschiedliche Hautfarben und kamen aus unterschiedlichen Kulturen, aber es waren immer noch Barbies mit der Figur eines Pin-up-Girls und dem leeren Blick. Rowland glaubte, sie könne eine Alternative schaffen, die jungen Mädchen eine andere Art von Vorbild und gleichzeitig eine Lektion in Geschichte vermitteln würde. Sie gründete die Pleasant Company. Das Unternehmen stellt Puppen her, die Kindern etwas über die amerikanische Geschichte beibringen, über Familienwerte und Selbstvertrauen.

Jede ihrer Puppen stellt ein anderes Zeitalter der amerikanischen Geschichte dar. Samantha Parkington kämpft für das Wahlrecht der Frauen, Addy Walker entkommt der Sklaverei, Kirsten Larson baut sich ein Leben an der Grenze auf. Und für jede gibt es genaue Nachbildungen der Kleidung, der Möbel und Denkwürdigkeiten wie zum Beispiel die *Chicago Daily Tribune* vom 6. Juni 1944 mit der Schlagzeile: „ALLIIERTE MARSCHIEREN IN FRANKREICH EIN", die für Molly McIntire gemacht wurde, der Puppe der 40er Jahre.

Die Puppen haben sogar ihre eigenen Romanreihen, in denen die Heldinnen Abenteuer erleben und in einen moralischen Zwiespalt geraten. Felicity Merriman, ein Mädchen der Kolonialzeit, muß entscheiden, ob sie zu einer Teeparty im Haus des Gouverneurs geht, während ihr Vater gegen die von König George III. auferlegte Teesteuer kämpft – dies unterscheidet sie etwas von der Barbie, die versucht, sich zu entscheiden, welches Paar Stöckelschuhe besser zu ihrem Chiffonkleid paßt.

Und noch ein Gebiet, auf dem die Pleasant Company das Spiel änderte: Sie verkauft ihre Puppen über den Versandhandel. Sie kosten auch mehr als Barbie, aber Rowland spekulierte damit, daß Eltern mehr für eine Puppe bezahlen würden, wenn sie sowohl Spaß als auch Bildung vermittelt. Die Umsätze von Pleasant reichen nicht an die Milliarden-Dollar-

Barbie-Umsätze von Mattel heran, aber wir würden sagen, mit einem Umsatz von etwas mehr als 100 Millionen Dollar schlagen sich ihre Heldinnen recht heldenhaft.[5]

Das verträumte Venice Beach. Hochragende Atrien, Aufzüge aus Glas in schwindelnder Höhe mit einer umwerfenden Aussicht, weitläufige Empfangshallen mit atemberaubendem Marmor und Bronze, Kunstwerke, die aussehen, als ob sie von einem Raubüberfall im Louvre stammten. Das hört sich an wie der luxuriös ausgestattete Vergnügungspalast eines arabischen Prinzen. Nicht wirklich. Es ist nur die berechnende Antwort der großen Hotelketten auf die Frage, wie man Zimmer mit Touristen so füllt, daß „freie Betten" aus dem Vokabular gestrichen werden können.

Der Trend der 80er Jahre war, extrem verschwenderisch zu bauen, wie Hyatts Hawaiian Resort auf der großen Insel, wo ein Boot Sie auf Ihr Zimmer bringt. Alles nach dem Motto: das verträumte Venice Beach.

William Kimpton hatte nicht das Kapital, um dagegen zu konkurrieren, aber er hatte eine andere blendende Idee, die sich vorteilhaft für ihn erwies: Er vergaß verschwenderische Eingangshallen und großartige Springbrunnen, kaufte kleine, ältere Gebäude im Geschäftsviertel von San Francisco zu günstigen Preisen und schuf in jedem eine intime Atmosphäre nach europäischem Stil.

Es gibt keine Räumlichkeiten für Banketts oder Swimmigpools im siebten Stock, die die meisten Leute nie benützen. „Wir checken Sie ein, bringen Ihr Gepäck auf Ihr Zimmer und sorgen dafür, daß es ruhig ist", sagt Kimpton. „Wir verkaufen Schlaf."[6]

Und anstatt eher mittelmäßige Speisen in der Empfangshalle anzubieten, hat Kimpton seine kleinen Hotels mit von den Kritikern bejubelten Restaurants berühmter Küchenchefs verbunden. Einige seiner B&D (Bett und Dinner) Kombinationen beinhalten Wolfgang Pucks Postrio im Prescott Hotel und Masa's, das international bekannte französische Restaurant im Vintage Court Hotel.

Kimptons Unternehmen betreibt 18 Hotels und 212 Restaurants. Allein in San Francisco kontrolliert es mehr als 2.000 Zimmer – mehr als alle anderen Hoteliers außer Hyatt, der vier Hotels besitzt.

Veränderungsbereites Denken

Kippen Sie das Spielfeld in Ihre Richtung.
Spielen Sie nicht nach den Regeln anderer. Erstellen Sie Ihre
eigenen Regeln.
Ein Kopf-an-Kopf-Rennen wird Ihnen Kopfschmerzen
bereiten.

8
Die Kunden-Kuh

Vor kurzem wollte ich ein neues Auto kaufen, aber es wurde mir wieder ausgeredet – *vom Verkäufer!* Ich suchte nach einem zuverlässigen Allradfahrzeug, das stabil genug war, die gewundene Küstenstraße zu meinem Haus zu bewältigen, und ich hatte meine Wahl auf zwei Autotypen eingeschränkt.

Als der Autoverkäufer beim Händler hörte, was ich brauchte, brachte er mich zu einem phantastisch aussehenden 4-x-4 und führte mir vor, wie dieser sechs Stufen *rückwärts* von einer Betonplattform hinunterfuhr. Das ist vielleicht ein raffinierter Trick bei einem riesigen Wettbewerb für Trucks, aber es ist nicht unbedingt die Art von Demonstration, die mich beeindruckt. Ich war besonders mißtrauisch wegen der extrahohen Reifen und der höhergesetzten Federung des Autos. Es sah nicht so aus, als ob es eine sichere Kurvenlage hätte. Wußte dieser Mann etwas, das ich nicht wußte?

Nicht wirklich. Als wir den Wagen auf einer Landstraße ausprobierten, schüttelte und wackelte er so sehr, daß ich keinen Airbag, sondern einen Airsicknessbag brauchte.

Als ich erkannte, daß ich mich nicht richtig mitgeteilt hatte, oder, genauer gesagt, daß der Verkäufer nicht verstanden hatte, was ich ihm mitteilen wollte, räumte ich das Feld und ging zum nächsten Händler. Hier schienen die Dinge besser zu laufen. Ich entspannte mich sofort und beruhigte mich, weil der Verkäufer im richtigen Moment lächelte und mit dem Kopf nickte.

Er ist aufmerksam, dachte ich, obwohl ich etwas mißtrauisch wurde, als er mich ein paar Minuten, nachdem ich ihm erzählt hatte, daß ich an einer kurvenreichen Straße in Muir Beach lebte, fragte, ob ich aus San Rafael käme.

Dann nahm er mich zu einer Probefahrt auf der Schnellstraße mit, die ungefähr so viele Kurven hat wie ein Lineal, während er die ganze Zeit darauf losredete, wie viele Extras das Auto doch hätte, wie zum Beispiel Sitze, die die Wirbelsäule besonders unterstützen, einen CD-Player und ein in der Neigung verstellbares Lenkrad.

Der Gnadenstoß? Er führte mich in eine Ecke seines Büros und flüsterte: „Sehen Sie, Sie sind mir wahrscheinlich sehr ähnlich und wollen etwas Geld sparen. Ich kann Ihnen *das Geschäft des Jahres anbieten,* weil gerade ein Verkaufswettbewerb läuft."

Die Kunden-Kuh

Großartig! Hier haben wir einen Mann, der überhaupt nicht zugehört hat, was ich sagte, der meine Zeit verschwendete und meine Bedürfnisse ignorierte, und er erwartete von mir, daß ich ihm half, einen Verkaufswettbewerb zu gewinnen. Wer schult diese Jungs denn?

Okay, Sie sagen, es ist nichts Neues, daß man dem Kunden zuhören muß. Wir alle wissen, daß auf einem von Konkurrenz geprägten Markt die Kunden nicht nur Könige sind, sondern Diktatoren. Sie möchten nicht von dem auswählen, was Sie anzubieten haben. Sie möchten bestimmen, was sie wollen, wann sie es wollen, wie sie es wollen und zu welchem Preis sie es wollen. Und sie erwarten, es zu bekommen, entweder von Ihnen oder von jemand anderem.

Und Sie sollten lieber lächeln, wenn Sie es ihnen geben.

Der Kundenhausierer

Den Kunden zufriedenzustellen ist nicht so furchtbar kompliziert, und es ist sicher nichts Neues. Es war schon immer ein Merkmal für erfolgreiche Geschäfte.

In Rußland und Osteuropa waren in armen Bauerndörfern Hausierer für ihre Kunden unterwegs, Männer, die zu den Märkten reisten und Vorräte für jene Dorfbewohner besorgten, die so lange auf den Feldern arbeiteten, daß sie keine Zeit zum Einkaufen hatten.

Einwanderer aus Osteuropa in die Vereinigten Staaten führten diesen Brauch dort fort. Kundenhausierer traf man in allen ethnischen Gegenden an, wo die Leute, die zwei oder drei Jobs gleichzeitig hatten, keine Zeit hatten, um auf die Märkte zu fahren. Und sie hielten sich nicht nur in den großen Städten auf. Sie wanderten durch das ganze Land, von den Bergregionen in West Virginia, Kentucky und Tennessee zu isolierten, vom regulären Verkehrsnetz abgeschnittenen, Gegenden in Montana und Wyoming.

Diese anspruchslosen Unternehmer setzten ihre Prioritäten richtig. Für sie stand der Kunde an erster Stelle. Um zu überleben, mußten sie zuhören. Bringen Sie jemandem ein Pfund Kartoffeln, wenn er Tomaten wollte, und Sie werden bald brotlos dastehen.

Kunden zufriedenstellen – na und – was ist daran schon neu?

Im heutigen Geschäftsleben ist das *Zufriedenstellen der Kunden* jedoch eine heilige Kuh. Sogar die meisten Autohändler tun dies. Verkaufsleiter und Betreiber von Geschäften flehen ihre Mitarbeiter überall an, den Kunden an die erste Stelle zu setzen. Aber sie versuchen alle nur aufzuholen. In der neuen Welt des Handels ist *Zufriedenstellen* nur der Anfang.

„Wir haben beschlossen, daß Zufriedenstellen einfach der Mindeststandard sein muß", sagt Skip LeFauve, CEO von Saturn Automobiles, dem Unternehmen, das eine der höchsten Quoten an zufriedenen Kunden in der Branche aufweisen kann.[1]

Sie glauben fest daran, daß es gut ist, den Kunden eine Freude zu machen und tun dies auf vielerlei Art und Weise, angefangen mit einem Beifall spendenden Spalier, wenn der Kunde sein neues Auto abholt, bis hin zu riesigen Barbecues in der Fabrik in Tennessee für jeden, der jemals einen Saturn gekauft hat.

Im Northstar Ski Resort glaubt man ebenfalls daran, daß es richtig ist, den Kunden eine Freude zu machen. Als das Management müde Skifahrer entdeckte, die in der Kälte an Bushaltestellen auf den Rücktransport zu ihren Wohnungen warteten, begann man, kostenlos heiße Schokolade auszuschenken. Und jeder, der kommt, wenn der Parkplatz schon voll ist, bekommt eine kostenlose Liftkarte für einen anderen Tag.

Überraschung, Überraschung. Ich kaufte schließlich einen 4-x-4, aber von einem anderen Händler. Als ich anrief, um einen Termin für ein 8.000-km-Service zu vereinbaren, hörte ich folgendes: „Mittwoch morgen, 8.30 Uhr. Wir holen das Auto ab und bringen einen Leihwagen mit."

„Sie holen ihn ab!" Ich konnte es nicht glauben.

Das bedeutete, daß ich nicht zum Händler fahren, mich dreißig Minuten lang anstellen und irgend etwas arrangieren mußte, damit ich zur Arbeit kam. Und das gleiche noch mal am Abend. Ich schätzte, ich konnte fast zwei Stunden sparen, ganz zu schweigen von den ganzen anderen Umständen. Und all dies für eine geringe Mietgebühr.

Ich war so erfreut über dieses Service, daß ich den Geschäftsführer anrief, der diese Politik eingeführt hatte. Er war neu in seinem Job, und er erzählte mir: „Ich habe versucht, einen Vorteil zu erlangen, indem ich mich auf unsere Werte konzentrierte – die Qualität unserer Autos, hervorragendes Service und gute Preise."

„Aber ich erkannte, daß auch die anderen das tun. Alle machen und sagen das gleiche, und deswegen hat niemand wirklich einen Vorsprung."

„Deshalb fing ich an, mich in die Lage der Kunden zu versetzen. Was würde für sie einen Unterschied machen? Eines morgens ging ich in die Werkstätte. Es war wie in einer Klappsmühle. Leute rannten hin und her, redeten ungeduldig in ihre Handys, versandten und erhielten Faxe. Die Gemüter waren sehr erregt, und es war erst 8.00 Uhr morgens."

„Ich überlegte mir, daß ich vielleicht etwas gegen dieses Durcheinander tun und somit auch meinen Leuten das Leben erleichtern könnte. Ich fing an, billige Leihwagen auf unsere Kosten anzubieten. Dann stiegen wir auf teurere Modelle um, weil jeder es genießt, einen luxuriösen Wagen zu fahren. Wir hatten die Idee, die Verkäufer am Ende des Tages die Autos zurückbringen zu lassen, und es ist kein Zufall, daß sie zusammen mit den Autoschlüsseln Informationen über das Leasing von Fahrzeugen mitbringen."

Mein Händler machte es mir so einfach, das Service für mein Auto durchzuführen, daß ich, als ich wieder ein neues Auto brauchte, mich nicht einmal bei anderen Händlern umschaute. Vielleicht hätte ich etwas Geld gespart, wenn ich herumgesucht hätte, aber hier stimmte ganz einfach alles.

Andere Kunden müssen das gleiche empfunden haben, denn mein Autohändler ist mittlerweile der Größte an der Westküste. Und nun kopieren alle seine Ideen. Chevrolet hat sogar einen „Kundenbegeisterungsmanager" eingestellt, der dafür verantwortlich ist, auf die Bedürfnisse der Kunden einzugehen.

Anders als die Konkurrenz verstand mein Autohändler, daß Zeit und Bequemlichkeit ebenso kostbar sind wie gut erledigte Arbeit. Er gab den Leuten nicht nur das, was sie wollten, sondern er gab ihnen etwas, was sie nicht erwarteten.

Also, stellen Sie Kunden nicht nur zufrieden. Das macht jeder. Überraschen Sie sie. Bieten Sie ihnen etwas, das sie nicht erwarten.

Das Spiel mit der Marktforschung

„Überraschen Sie sie" hört sich gut an, aber wie macht man das? Die übliche Lösung: Marktforschung. In der Tat rückten amerikanische Unternehmen einen Rekordbetrag von 3,5 Milliarden Dollar an die 50 größten Marktforschungsinstitute heraus, um mehr über ihre Kunden zu erfahren.[2] Aber laut einem Bericht des Magazins *Fortune* „verschwendeten die Unternehmen eine Menge Geld, gemessen an dem bißchen Glück, das sie bei der Einführung neuer Produkte gehabt haben." Ein leitender Angestellter am Zentrum für strategische Forschung in Cambridge nahm kein Blatt vor den Mund: *„Der größte Teil von dem, was zur Zeit gemacht wird, ist so schlecht, daß es schon nach Betrug riecht."*

Das Problem liegt darin, daß die traditionellen Forschungsmethoden in einem sich schnell ändernden Umfeld nicht effektiv sind. Umfragen zum Beispiel bringen durchschnittlich 20 Prozent an Antworten hervor.[3] Die Leute haben einfach nicht die Zeit oder das Interesse, sie zu beantworten. Jene, die es doch tun, stellen zu kleine oder atypische Muster dar, um irgendeine durchdachte Entscheidung darauf aufbauen zu können.

„Die Umfragen liefern nicht genügend aussagekräftige Informationen, um die Bedürfnisse des Kunden richtig zu erkennen", sagt Jennifer Brotman vom Forum Corp. „Es ist wichtig, die Stimme der Kunden zu hören, jedes ihrer Worte festzuhalten, um wirklich zu verstehen, was sie wollen."[4]

Henry Fonda und politisch korrekte Focus Groups

Focus Groups werden als die Antwort auf dieses Problem angesehen. Sie haben wirkliche Vorteile gegenüber Meinungsumfragen, weil sie relativ kostengünstig und leicht durchzuführen sind und sich daraus mehr Informationen ergeben. Aber wenn man nicht Tausende davon veranstaltet, ist die Anzahl der Meinungen viel zu gering, um statistisch von Bedeutung zu sein. Und sie neigen auch dazu, Vorurteile darzustellen. Manchmal bekommt man das Syndrom der „Zwölf Geschworenen", wo eine überzeugende Person – wie Henry Fonda in dem gleichnamigen Filmklassiker – die anderen dazu bringt, so zu denken wie er.

Es ist nicht ungewöhnlich, daß Mitglieder von Focus Groups ihre Antworten aus Angst davor verschleiern, daß sie politisch unkorrekt oder gesellschaftlich inakzeptabel sind. Ohne ein Kontrollieren dieser Antworten besteht die Gefahr, daß die Marktforschung ziemlich am Markt vorbeiforscht.

Forschung mit Gefühl

Der Medienexperte Barry Diller, der den Rundfunksender von Fox durchsetzte, obwohl Umfragen zeigten, daß die Öffentlichkeit nicht an einem weiteren Sender interessiert war, sagte: „Wir werden zu Sklaven der Demographie, der Marktforschung, der Focus Groups. Wir produzieren das, was uns die Zahlen zu produzieren befehlen. Und allmählich verlieren unsere Sinne in dieser konfusen Jagd das Gefühl, und unser Instinkt wird stumpf, eingerostet durch abgesichertes Handeln."[5]

Ein Tip, den wir Führungskräften, die uns mit offenem Mund zuhören, geben, ist, ihrem Gefühl genauso zu vertrauen wie Focus Groups.

Essen ohne Schuldgefühle. Als sich in Focus Groups ergab, daß die Werbung für Kartoffelchips, die mit Canola-Öl hergestellt werden, herausstreichen sollte, wie gut sie einem tun, war Jeffrey Jury skeptisch.[6] Als Marketingdirektor von Intermountain, einem Hersteller des pflanzlichen Canola-Öls, hatte er den Verdacht, daß „der gesunde Kartoffelchip" ein Oxymoron sei wie etwa der „riesige Knirps".

Jury erkannte plötzlich, daß das, was die Kunden am meisten an Chips aus Canola-Öl mochten, die Illusion war, ein weniger schlechtes Gewissen beim Genuß dieser Köstlichkeiten haben zu müssen. Und dies war ein Gefühl, das sie in Focus Groups nur widerwillig direkt äußern wollten.[7] Auf Jurys Gefühl vertrauend, führte Intermountain eine tiefergehende Forschung durch und entdeckte, daß seine Intuition richtig war. Das Unternehmen änderte den Slogan von „Entscheiden Sie sich für Ihre Gesundheit" auf „Ein Geschmack, bei dem Sie sich gut fühlen können", und für den für die Finanzen verantwortlichen Manager sind die Chips seitdem ein „gesunder" Hit.

Die gleiche Geschichte spielte sich beim Outback Steakhouse ab. Marktforschungen ergaben, daß die Menschen ihre Ernährung änderten und weniger rohes Fleisch aßen. „Aber wir sahen, wie sich vor den Steakhäusern Schlangen bildeten", sagte CEO Chris Sullivan. Er folgte seinem Instinkt und leitet heute eine schnellwachsende Kette von 117 Steakhäusern nach australischem Muster.[8]

Und nicht zu vergessen Chrysler, der den Mini-Van zum Erfolg machte, obwohl Marktforschungen ergaben, daß die Leute vor solch einem fremd aussehenden Fahrzeug zurückschrecken. Und all diese Fast food-Restaurants, die den Marktforschern in die Versenkung folgten mit Produkten wie McDonald's McLean, die gebackenen Hühnchen ohne Haut von Kentucky Fried Chicken und die kalorienarmen Pasteten von Pizza Hut.

Passen Sie sich dem Gang des Kunden an

Um Ihre Kunden zu überraschen, müssen Sie über die herkömmliche Forschung hinausgehen. Wichtig ist der Erfahrungshorizont Ihrer Konsumenten! Das bedeutet, Sie müssen sich dem Gang des Kunden anpassen. Im folgenden ein Beispiel für das, was wir meinen.

Der Präsident eines Unternehmens mit einem Umsatz von 100 Millionen Dollar, das Ferienwohnungen per Time-sharing anbietet, engagierte uns, um ihm bei der Lösung von zwei Problemen zu helfen. Nur 10 Prozent der potentiellen Kunden, die kamen, um sich die Immobilien anzusehen, kauften tatsächlich, und der Wechsel innerhalb des Verkaufspersonals war groß. Es kostete das Unternehmen 5 Millionen Dollar pro Jahr, neues Personal einzustellen und zu schulen.

„Wir haben alles versucht, um die Zahl der Kaufabschlüsse zu erhöhen und unsere Verkäufer zu halten", berichtete er uns. „Wir haben ein großartiges Schulungsprogramm, phantastische Anreize und phantastische Projekte. Was Sie auch vorschlagen, wir haben es schon versucht, aber nichts scheint zu funktionieren.

„Lassen Sie uns einen Spaziergang machen," sagte ich und nahm seinen Arm. „Lassen Sie uns Kunden sein."

Als wir vor dem Hotel auf den Bus warteten, der uns abholen und zu den Immobilien bringen sollte, bekamen wir einen ersten Vorgeschmack der Erfahrungen des Kunden – einen bitteren. Es waren ausschließlich Paare als Interessenten anwesend. Die meisten erschienen uns etwas nervös. Sie wußten nicht, was sie erwartete, wohin sie gehen und was sie zu sehen bekommen würden. Sie hatten alle zugestimmt, zwei Stunden lang den Werbesprüchen eines Immobilienmaklers zuzuhören und dafür ein ansehnliches Werbegeschenk zu bekommen. Das war's.

Als der kleine Napoleon, der den Bus fuhr, ausstieg und sie aufforderte, sich in einer Reihe aufzustellen, ging ein leises Gemurmel durch die Menge. Als er sich weigerte, irgend jemanden einsteigen zu lassen, bevor er jeden Namen auf seiner Liste aufgerufen hatte, wurde das Murren lauter. Die Leute schienen sich zu fragen, warum sie sich auf so etwas eingelassen hatten für ein lausiges Geschenk, das sie wahrscheinlich nie verwenden würden. Während der Fahrt plärrte ein Videorecorder, aber keiner achtete darauf.

Als der Bus anhielt, stiegen alle etwas zu schnell aus, und wir wurden in einen großen Raum geführt, in dem sich runde Tische mit großen Zahlen darauf befanden. Alle Paare mußten sich wieder in einer Reihe aufstellen. Jedes bekam eine Nummer und wurde angewiesen, zu dem entsprechenden Tisch zu gehen. Angewiesen, nicht eingeladen, nicht ersucht oder gebeten.

Nach einer überraschend unterhaltsamen Videopräsentation wurde jedes Paar einem Verkäufer zugeteilt, der sie durch ein paar der Modellhäuser führte. Als wir zurückkamen, fing die Verkaufsmasche an. Ein Time-share kostete 12.000 Dollar. Ich vergaß, für welche Dauer, weil ich darüber nachdachte, daß ich jetzt und hier entscheiden mußte, ob ich das Geschäft machen sollte oder nicht. Sie wollten, daß ich die ganzen 12 Riesen hinknallte und auf der gepunkteten Linie unterzeichnete.

Als ich ihnen ganz naiv sagte, ich müsse noch darüber nachdenken und daß ich nicht darauf vorbereitet sei, jetzt sofort zu kaufen, erlebte ich das, was man – glaube ich – einen Rausschmiß nennt. Ich konnte richtig fühlen, wie der Druck immer größer wurde, und als ich mich weiterhin weigerte, rief mein Verkäufer seinen Vorgesetzten. Es handelte sich hier nicht um die übliche Methode, bei der auf einen aufdringlichen Verkäufer ein freundlicher folgt. Der neue Mann setzte mich sogar noch mehr unter Druck.

Als es klar war, daß ich nicht kaufen würde, wurde der Verkäufer geradezu unangenehm. Er warf seine Bücher hin und bezeichnete mich als dumm, weil ich die Chance meines Lebens nicht am Schopf packte. Später erzählten mir andere, daß sie auf die gleiche Art und Weise behandelt worden seien.

Der Präsident konnte sich anschließend kaum fassen. „Es ist ein Wunder, daß wir mit einer Verkaufstaktik wie dieser überhaupt jemanden dazu bringen, etwas zu kaufen", sagte er. „Ich weiß nicht, wir haben unsere Verkaufsverfahren auf der Grundlage von Praktiken in der Industrie entwickelt, und die meisten Rückmeldungen stammten von Leuten, die Immobilien gekauft hatten. Ich habe mich nicht mehr so bedrängt gefühlt, seit ich das letzte Mal ein Auto kaufen wollte. Wir versuchen, einen Cadillac zu verkaufen, so als ob es sich um einen Gebrauchtwagen handeln würde."

Ich konnte nur zustimmen: „Ich fühlte mich wie eine Kuh, die umhergetrieben wird, und ich muß sagen, nicht gerade wie eine heilige Kuh."

Versetzen Sie sich in die Lage des Kunden

Direkte Erfahrung aus erster Hand ist die beste Art und Weise, Ihre Kunden zu verstehen. Lernen Sie sie als Menschen kennen, nicht nur als Statistiken. Lernen Sie zu denken, wie sie denken, zu fühlen, was sie fühlen. Nachdem Sie ihren Gang angenommen haben, schlüpfen Sie in ihre Haut. Seien Sie ein Kunde.

„Ich sehe in meinen Schrank, und wenn ich etwas brauche, entwerfe ich es", erklärt Donna Karan, die ein Modeunternehmen mit einem Umsatz von 250 Millionen Dollar leitet. Als hart arbeitende Ehefrau, Mutter und Geschäftsfrau ist Karan in mancher Hinsicht den Frauen ähnlich, für die sie Mode entwirft.

Ihre Kleider sind großzügig geschnitten, weil sie weiß, daß die meisten Frauen, wie sie selbst, keine Figur wie Twiggy haben. Und Sie können wetten, bevor ein Entwurf in die Produktion geht, hat sie ihn anprobiert und geändert, bis er stimmt.[9]

Praktisch zu ihnen ziehen. Die zweitbeste Möglichkeit, sich wie ein Kunde zu verhalten, ist, mit ihnen zu leben. Nein, Sie brauchen sie nicht zu heiraten, ziehen sie einfach nur ein. Das ist praktisch das, was die medizinsche und chirurgische Produktionsabteilung von 3M tut. Alle 750 Angestellten, Mitarbeiter in der Produktion und höheren Führungskräfte treffen Ärzte und Krankenschwestern in drei regionalen Krankenhäusern von Angesicht zu Angesicht. Sie desinfizieren sich und gehen in Operationssäle, um ihre Produkte in Aktion zu sehen.

„Wir können den Puls unserer Kunden fühlen. Wir sehen ihre Probleme und Frustrationen ganz nah", sagt Gary Borgstadt von 3M.[10] Eine ihrer Kundinnen, Valerie Smidt vom Sioux Valley Hospital, beschreibt die Situation als für jeden positiv: „Die Leute von 3M geben uns gute Tips, wie man manche Teile besser nützen kann, und umgekehrt schlagen wir vor, wie man manche ihrer Produkte benutzerfreundlicher machen könnte."[11]

Sich bei ihnen aufhalten. Black & Decker geht einen Schritt weiter. Um Informationen für eine neue Werkzeugreihe zu bekommen, suchten sie 50 typische Heimwerker – alles männliche Hausbesitzer im Alter zwischen 25 und 54, die mehr als sechs verschiedene Werkzeuge besaßen – und schickten ihre Marketingmitarbeiter zu ihnen, damit sich diese bei ihnen aufhielten, *in deren eigenen vier Wänden und Werkstätten.*

Monatelang beobachteten die Angestellten, wie diese Männer die Werkzeuge einsetzten (und ebenso wie sie sie falsch einsetzten). Sie sprachen mit ihnen darüber, wie ihnen das Werkzeug gefiel, wie es in der Hand lag, und achteten sogar darauf, wie sie anschließend ihre Arbeitsplätze säuberten. Selbst bei den großen Einkäufen waren sie mit von der Partie, um sich anzusehen, was gekauft wurde und was man dafür ausgab.

Unter den Produkten, die das Ergebnis dieser „Forschung bei Freunden"-Aktion darstellten, war eine Akku-Bohrmaschine, deren Energie so lange ausreicht, bis die Arbeit erledigt ist, ein kleines Vakuum-Zubehörteil, um bei Sandstrahlgebläsen und Kreissägen das Sägemehl oder den

Sand aufzusaugen, und ein einzigartiger Sicherheitsmechanismus, durch den sich ein Sägeblatt sofort zu drehen aufhört, wenn die Säge ausgeschaltet wird.

Das Unternehmen erkannte auch, daß Heimwerker es lieben, über ihre Arbeit und über ihr Werkzeug zu sprechen. Deshalb richteten sie eine gebührenfreie Hotline ein, um den Dialog am Laufen zu halten. Das ist großartig für die Kunden und noch besser für das Unternehmen. Es stellt eine dauernde Quelle für neue Ideen für Forschung und Entwicklung dar.

Durch einen solch engen Kontakt mit den Kunden konnte Black & Decker vermeiden, neue Werkzeuge zu entwickeln, die einfach nur Neuheiten sind, aber wenig zusätzlichen Wert haben. Diese Art von Modeprodukten (haben Sie in der letzten Zeit die allerneueste Schnalle an ihren Skistiefeln überprüft?) sind wirklich nur Spielereien zu Werbezwecken mit beschränkter Lebensdauer.

Das Ergebnis: Die neue Produktlinie mit dem Namen Quantum von Black & Decker erwies sich als einer der Lieblinge der National Hardware Show 1994 und gewann den renommierten Retailers Choice Award. Das Unternehmen rechnete damit, seine Umsätze im Jahr 1994 um 30 bis 40 Millionen Dollar zu erhöhen.

Außergewöhnliche Überraschungen

Eine andere Art und Weise, Ihre Kunden zu überraschen und Ihrer Konkurrenz gegenüber einen Vorsprung zu erzielen, ist, über das Verkaufen hinaus, Ihren Kunden zu helfen, einfach für ihre Probleme und Sorgen ständig ein offenes Ohr zu haben. Sie sehen sich wahrscheinlich nicht als Berater, aber wenn Sie Ihren Kunden zeigen, daß Sie an ihrem Wohlergehen interessiert sind und ihnen dabei helfen, das Spiel zu gewinnen, ist dies ein wichtiger Schritt auf dem Weg, Ihr eigenes Spiel zu gewinnen. Langfristige Beziehungen werden gefestigt, indem man etwas Außergewöhnliches tut, um die benötigte Hilfe anzubieten. Hier sind ein paar Beispiele:

Technosprache

Ein größeres Softwareunternehmen, dessen bedeutendste Kunden Führungskräfte im EDV-Bereich von *Fortune 1000*-Firmen waren, erkannten, daß die schwierigste und im allgemeinen als geringbedeutend eingeschätzte Aufgabe ihrer Kunden nicht der Einkauf von Software war, sondern der Verkauf. Ganz richtig, die Angestellten mußten ihre Empfehlungen an Mitarbeiter im Finanzbereich und an die Leiter der Marketingabteilung oder der Produktion verkaufen. Verkaufen? Diese Idee war diesen „Technikern" fremd. Oft sprachen sie nicht einmal die gleiche Sprache wie ihre Kollegen, sondern verwendeten Jargon und Technosprache, die niemand anderer als ein in der EDV Tätiger verstehen konnte. Das Ergebnis davon war, daß einige ihrer besten Vorschlage für Software oft abgelehnt wurden.

Also planten wir eine Anwenderbesprechung für diejenigen leitenden Angestellten, die in der EDV tätig sind. Der Schwerpunkt dieser Besprechung sollten nicht die Software oder technische Aspekte sein, die übliche Tagesordnung bei solchen Versammlungen, sondern den Leuten beizubringen, wir man Präsentationen macht, die Fähigkeit zuzuhören entwickelt und wie man in einer Sprache kommuniziert, die auch für jene verständlich ist, die glauben, der PCI-Bus fährt von Chicago nach Des Moines.

Die Beteiligung bei dieser Konferenz war dreimal so hoch wie in der Branche üblich.

Wie behält man seine Kunden?

Haben Sie jemals einen dieser Umschläge erhalten – von Unternehmen wie Val-Pak –, gefüllt mit Rabattgutscheinen von Einzelhändlern am Ort? Sie sind großartig, um Verbraucher in den Laden zu locken. Aber wie stellt man es an, daß diese auch ein zweites und drittes Mal kommen?

Ich bekam einmal einen dieser Umschläge, der einen Gutschein für eine Kleiderreinigung zum halben Preis sowie einen Coupon von einem italienischen Restaurant für zwei Mahlzeiten zum Preis von einer enthielt. Ich beschloß, beides auszuprobieren. Obwohl ich dem Mitarbeiter der Reinigung: „Keine Stärke" einschärfte, waren die Hemden, die ich zurückbekam, so steif, daß sie alleine hätten nach Hause gehen können. Ich brachte sie zurück und versuchte es noch einmal. Das Resultat war das gleiche. Ergebnis: ein Kunde weniger.

Ich gab meinem Sohn und seiner Freundin den Gutschein für das italienische Restaurant, den sie vorzeigten, als sie das Lokal betraten. Ein großer Fehler. Es wurde ihnen ein Tisch direkt neben der Küche zugewiesen. Okay, vielleicht waren alle anderen Tische reserviert, aber als der Kellner ihnen sagte, daß die Gutscheine nicht für alle üblichen Spezialitäten gelten würden, wußten sie, daß sie Kunden zweiter Klasse waren. Sie bestellten etwas mit einem langen Namen, das nicht gerade so gut schmeckte, wie es der Name versprach, und man sagte ihnen, daß Wein, obwohl es klar und deutlich auf dem Gutschein angegeben war, nicht im Preis enthalten sei. Ergebnis: zwei Kunden weniger.

Eine einfallsreiche Verkäuferin von Val-Pak in Minneapolis erkannte, daß die Einzelhändler am Ort oft so in Eile sind und finanziell so ausgequetscht werden, daß sie weder Zeit noch Lust haben, die Art von Service zu gewährleisten, die neue Kunden dazu bringen würde, wiederzukommen. Die Verkäuferin tat etwas Außergewöhnliches, um die Erwartungen ihrer Kunden zu übertreffen. Sie bot ihnen eine Trainingsbibliothek an, mit Büchern und Kassetten darüber, wie man erstklassigen Service anbietet, Mitarbeiter motiviert und mit Kunden, die mit Gutscheinen kommen, umgeht. Eine andere Verkaufsmitarbeiterin ging noch einen Schritt weiter, indem sie sich selbst weiterbildete und Seminare für Einzelhändler am Ort anbot. Das Ergebnis dieser beiden Bemühungen: viele neue Kunden.

Die Senioren von Sizzler

Die Sizzler-Restaurants bewirten eine Menge älterer Einwohner, welche auch eine ihrer erklärten Zielgruppen sind. Ein Manager von Sizzler zählte eins und eins zusammen, um seine älteren Kunden zu erfreuen. Er wußte, daß viele ältere Menschen nicht mehr Auto fahren können. Er wußte auch, daß sie trotzdem essen mußten, und obwohl viele allein lebten, aßen die meisten nicht unbedingt gern alleine. So startete er ein Abholservice von dem nahegelegenen Hauskomplex, in dem Senioren lebten. Die Reaktionen waren so enorm, daß er einen Bus hätte mieten sollen.

Es ging aber noch weiter. Er begann, am späteren Nachmittag – sprich: zu einer Zeit, wo im Restaurant nicht viel los ist – Vorlesungen für Senioren anzubieten mit Themen, die für sie von besonderem Interesse waren. Er bekam sogar die Redner dazu, ihre Vorträge umsonst zu halten. Danach war es Zeit zu essen und sich miteinander zu unterhalten, und raten Sie mal, wo sie aßen und plauderten?

Diese Seniorennachmittage waren so erfolgreich, daß die Kunden auch an anderen Nachmittagen begannen, verschiedene Selbsthilfegruppen bei Sizzler abzuhalten. Und nach diesen Gesprächen gab es noch mehr zu essen. Die Geschichte geht weiter. Der Manager begann schließlich, nachmittags Busausflüge zu Shows und zu den nahegelegenen Spielkasinos anzubieten. Er wurde nicht nur für die Reisen bezahlt, sondern er lieferte auch Lunchpakete, raten Sie, woher? Und als der Ausflug vorbei war, war es wieder Zeit zum Abendessen.

Gegenleistung für Investitionen

Um neue Kunden anzulocken, bieten Banken viele traditionelle „übliche" Anreize an. Sogenannte Finanzsupermärkte, Dienstleistungen am Samstag, Zustimmung zu Krediten innerhalb von 24 Stunden – diese Anreize sind unauslöschlich in unseren Köpfen registriert wie schlechte Träume. Ein unternehmerisch denkender Bankier versuchte es mit einer anderen Lösung. Er erkannte, daß seine Hauptkunden – Unternehmen mit einem Umsatz von bis zu 10 Millionen Dollar – oft nicht genügend Personalressourcen und Geld hatten, um die Leute zu schulen, und so bot er jedem neuen Unternehmen, das ein Konto eröffnete, drei Beratungsstunden an.

Ein anderer leitender Bankangestellter beauftragte mich, eine Rede über heilige Kühe bei einem Mittagessen der örtlichen Handelskammer zu halten. Die Teilnehmer sahen ihn, als er sie begrüßte, und anschließend an die Rede gab er ihnen ein Formular zur Auswertung. Raten Sie mal, was ganz oben auf dem Papier war? Platz für ihre Namen und Adressen.

Nun konnte er mit 250 Menschen die Konzepte und Werkzeuge meines Programmes besprechen. „Die Kosten für dieses Mittagessen betrugen

20.000 Dollar", erzählte er mir. Dafür hatte ich aber ein sofortiges ausgezeichnetes Verhältnis zu meinen Gästen hergestellt und durfte mir große Chancen ausrechnen, zu 250 Leuten eine langfristige Beziehung aufbauen zu können! Ich wette, in drei Monaten hat sich das rentiert. Das ist eine Gegenleistung für Investitionen, die ich jederzeit tätigen würde."

Gedankenfutter

Für viele Unternehmen, die ihre Produkte über Supermärkte verkaufen, ist es frustrierend, wenn ihre Werbetafeln auf dem Boden an schlecht sichtbaren Orten stehen. Es gibt einfach zu viele Produkte und zu viel Werbung auf einem begrenzten Raum. Die Unternehmen bieten alle möglichen Anreize, legal und ... naja, um sich bei den Filialleitern einzuschmeicheln, aber nichts hat solchen Erfolg wie eine persönliche Beziehung.

Ein großes Lebensmittelunternehmen wußte, daß es für diese Manager sehr frustrierend ist, Angestellte einzustellen, zu schulen und zu halten, und schlug einen anderen Kurs ein. Es begann, örtliche Seminare zum Thema Beziehungen zu Angestellten anzubieten und zeigte so die Bereitwilligkeit, bei einem schwierigen Problem zu helfen.

Natürlich nahmen ihre örtlichen Verkaufsmitarbeiter und Vertreter teil und hatten so die Möglichkeit, zu den Managern eine persönliche Beziehung aufzubauen.

Andere Beispiele für außergewöhnliche Überraschungen:

- Käufer von Autos der Marke Lexus in Deutschland erhalten kostenlos eine Flasche Beaujolais des selben Jahres, *bevor ihn irgend jemand anderer in Deutschland kaufen kann.*[12]
- Besitzer eines Lexus erhalten auch eine Erinnerung an die Umstellung auf Sommerzeit, und zwar durch eine elegante und richtig eingestellte Uhr von Lexus.[13]
- Mehrere Hypothekenmakler, die sich auf Empfehlungen von Grundstücksmaklern verlassen, senden Zettel mit Tips − und zwar Verkaufs- und Präsentationstips − in zweimonatigen Intervallen an die Vertreter, um ihnen zu helfen, großartige Listingpräsentationen zu entwickeln.

- Der *Utne Reader,* ein zweimonatlich erscheinendes Magazin mit allgemeinen Themen, unterstützt die Bildung von Abonnenten-Diskussions-Gruppen, *Utne Neighbourhood Saloons* genannt. Diese hochgeistigen Versammlungen brachten die Zahl der beitragzahlenden Mitglieder auf 20.000.[14]

- Cal Comp, ein Hersteller von Druckern und Plottern für Architekten, erkannte, daß seine Kunden buchstäblich kein Training in bezug auf Marketing und Verkauf hatten. Tatsächlich schauen viele Architekten auf den Verkauf herunter, obwohl er ein entscheidender Teil ihrer Arbeit ist. So entwickelten einige Mitglieder des Verkaufsteams einen Trainingskurs für verkaufswillige Architekten, und die Anwesenheitszahl boomte.

- Der größte Kosmetikkonzern Japans, Shiseido, hat eine Kreditkarte mit einem 20seitigen monatlichen Rundbrief, ein Magazin mit einer Auflage von 400.000 für Anwender von Shiseido und einen Diskontklub, dem 10 Millionen Japanerinnen angehören.[15] Indem das Unternehmen zur Informationsquelle und zum Finanzpartner geworden ist, ist es heute mehr als nur ein Produktlieferant.

Veränderungsbereites Denken

Folgen Sie Ihren Kunden nicht, führen Sie sie.
Stellen Sie Kunden nicht nur zufrieden, überraschen Sie sie.
Lassen Sie sich nicht vom Markt antreiben, sondern treiben Sie ihn selbst an.

9

Die Kleine-Preise-Kuh

Keine Taschenrechner mehr

Frage: Wenn es zwei Marken von Erdnußbutter mit identischen Zutaten gibt, eine zum Preis von 2 Dollar, die andere um 2,35 Dollar. Welche würden Sie nehmen? Das ist keine Frage, oder? Sie würden das Glas mit der billigeren nehmen und schnell in Richtung Kasse gehen.

Nicht so eilig. Millionen Amerikaner denken längst nicht mehr so. Natürlich ist ein niedriger Preis immer noch wichtig. Davon leben Wal-Mart und Costco, aber der Preis ist nicht mehr vorrangig. Der Wert ist es.

In der heutigen Zeit wollen und erwarten die Konsumenten mehr als nur „günstige Produkte". Sie wollen die richtigen Inhalte, Service, Bequemlichkeit und Qualität. Die Tage, da Sie den Preis als Hauptverkaufsstrategie verwenden konnten, sind vorbei. Eine von Grey Advertising durchgeführte Studie ergab, daß es weniger wahrscheinlich ist als früher, daß Konsumenten die Preise vergleichen.

„Wir haben gelernt, daß die Leute mehr für ihr Geld wollen. Es geht nicht darum, Preise zu senken", behauptet Larry Flax von California Pizza Kitchen, der der Meinung ist, daß die Kunden „den Gegenwert für's Geld" gleichsetzen mit größeren Portionen. „Wenn ich die Pasta-Preise um ein Viertel verringern würde, würde dies keinen Unterschied machen."[1]

„Die Amerikaner sind sehr zielbewußte Käufer geworden. Sie denken genauso um wie es die amerikanischen Unternehmen tun", sagt Barbara Feigin, leitende Vizepräsidentin bei Grey. Feigins Bezeichnung für dieses neue, sachkundige Kaufverhalten: „Der präzise Einkauf". „Wir glauben, daß diese Einstellung sehr lange vorherrschen wird, wenn nicht gar für immer", sagt sie voraus.[2]

Die Kunden jagen nicht mehr den Tagesangeboten hinterher, wie sie es früher getan haben. Stattdessen stürmen sie die Läden, die ihrer Meinung nach das genze Jahr über günstige Preise anbieten. Die Erfahrung zeigt, daß das Einkaufen sehr viel weniger Mühe macht und sehr viel angenehmer ist, wenn man den Eindruck hat, daß alle Preise in dem Geschäft günstig sind. Es gibt keine Gedanken- oder Rechenakrobatik mehr zwischen den Regalreihen. Die Leute gehen in Läden, von denen sie wissen, daß sie dort günstig einkaufen können.

Die Kleine-Preise-Kuh

Lockartikel verlieren an Boden

Die herkömmliche Meinung ging schon immer dahin, daß Lockartikel die Leute in die Läden bringen. Aber mit nur einem wirklich günstigen Produkt funktioniert es nicht mehr. „Jeder hat diese Methode schon ausprobiert, aber ohne namhaften Erfolg, was das Anlocken von Kunden betrifft", sagt Rick Feidelman, ein Teilhaber von Deloitte & Touche, der Wirtschaftsprüfungs- und Unternehmensberatungsgesellschaft. „Oder der Kunde geht in den Laden, kauft den Lockartikel und geht wieder hinaus. Das war's", sagt Feidelman.[3] Ein weiteres Problem der Lockartikelstrategie ist, daß sich die Leute, haben sie einmal einen niedrigen Preis für etwas bezahlt, betrogen fühlen, wenn das Sonderangebot nicht mehr gilt. Und gehen dann woanders hin.

Fast food-Kriege. Sogar die Fast food-Ketten erkennen, daß niedrige Preise keinen Wettbewerbsvorteil mehr bieten.

„Nun hat jeder Angebote zu 99 Cent oder 2,99 Dollar. Man fährt an den meisten Fast food-Restaurants vorbei, und das ganze Gebäude steht zum Verkauf", sagt Allan Hickok, ein Restaurant-Analytiker bei Piper Jaffray in Minneapolis.

„Der Wert ist nicht das Entscheidende für den Preis; es ist das ganze Erlebnis. Im Fast food-Bereich fangen wir an, ein Auslesen zu erkennen, wer wirklich einen Wert anbietet und wer nicht", sagt er.[4] Das gleiche gilt für das Pizzageschäft mit einem Umsatz von 11 Milliarden Dollar pro Jahr, wo die acht größten Ketten, müde von einem langen, teuren, verzehrenden Diskontkrieg an die Grenzen der Billig-Preis-Strategie kommen.

„Der große Krieg um die Knete endete damit, daß der Kunde alles und die Unternehmen überhaupt nichts erhielten", sagt Malcom N. Knapp, Präsident einer New Yorker Unternehmensberatungsfirma im Lebensmittelbereich. „All diese großen Pasteten, kleinen Preise und zwei zum Preis von einem trieben das Geschäft an, brachten aber keine großen Gewinne."[5]

Kostenloses Reifenpannenservice. Bei Direct Tire Sales sind es nicht unbedingt die niedrigen Preise, sondern wertvolle Extras, die die Kunden in Massen hinströmen lassen. Der Einzelhändler mit Sitz in Massachusetts verleiht Autos an Kunden, übernimmt die Taxikosten, falls sie eines zur Heimfahrt benötigen, und bringt Reifenpannen kostenlos in Ordnung.

Außerdem gibt es noch eine Kundenlounge, die sehr viel mehr einer Hotellobby gleicht, wo Cappucino, Croissants und *Cosmopolitan* angeboten werden, um das Warten angenehmer zu gestalten. Sicher kosten diese Extras das Unternehmen Geld – allein die fünfzehn Leihautos kosten 500 Dollar pro Monat – aber man muß Geld ausgeben, um welches zu verdienen. Und Direct verdient es sicherlich.

Der Inhaber Barry Steinberg erklärt: „Die Leute rufen an und fragen: ‚Stimmt es, daß mich die Heimfahrt nichts kostet, wenn ich Ihnen mein Auto bringe, um die Bremsen reparieren zu lassen?' Bei uns ist der Preis nebensächlich."[6]

Loyalität gegenüber dem Preis? Wir kennen einen Hypothekenmakler, der die gleiche Idee hatte. Er vermittelt seinen Kunden einen Wert, indem er ihnen mehr als nur niedrige Zinssätze anbietet. Hausbesitzern, die umfinanzieren, gibt er finanzielle Ratschläge, wie sie das Geld investieren können, das sie mit ihrer neuen Hypothek sparen. An sein ständig wachsendes Netzwerk von Immobilienmaklern übersendet er monatlich ein Mailing mit Tips, wie sie die Umsätze erhöhen und einen Wettbewerbsvorteil erlangen können.

„Es geht nicht um den Preis, es geht darum, Beziehungen aufzubauen", sagt er. „Wenn man nur nach dem Preis verkauft, wird es immer jemanden geben, der einen unterbietet. Und der Kunde wird dem Preis gegenüber loyal sein, nicht Ihnen gegenüber."

„Wenn Sie erst einmal eine Beziehung aufgebaut haben, werden es Ihnen Ihre Kunden sagen, wenn sie irgendwo anders einen niedrigeren Preis bezahlen. Dann haben Sie die Chance, im Preis mitzuziehen. Und das nur, weil Sie sich die zusätzliche Mühe gemacht haben, den Kunden zuzuhören und auf ihre Bedürfnisse einzugehen."

Ein Familienvermächtnis. Als Junge habe ich meine Kleidung immer bei Robert Hall gekauft, einem preisgünstigen Herrenmodengeschäft, das seine eigene Kollektion von Niedrigpreisanzügen und Mänteln herausgab. Ich erinnere mich noch an die Wände aus Schlackenstein und die düstere Beleuchtung. Es war ein einzigartig unattraktiver Ort und die Auswahl beschränkt, aber der Preis war in Ordnung. Ich hoffte immer, daß mich niemand sah, wenn ich dort hineinging.

Robert Hall machte irgendwann einmal Pleite, aber nicht ohne ein Vermächtnis zu hinterlassen. Der Vater von George Zimmer, Unternehmensleiter des Men's Warehouse, arbeitete für jene Bekleidungskette. Auch Zimmers Unternehmen verkauft Kleidung 20 bis 30 Prozent unter dem Einzelhandelspreis. Aber da endet die Ähnlichkeit auch schon. Gehen Sie in einen seiner Läden, und George „garantiert", daß Sie aufmerksames Verkaufspersonal antreffen werden, das Sie zwei Wochen, nachdem Sie etwas gekauft haben, anruft, um sich zu vergewissern, ob Sie damit zufrieden sind. Er bietet eine große Auswahl an Markennamen sowie kostenloses Bügeln und Änderungen während der gesamten Lebensdauer des Kleidungsstückes.

Es wird Ihnen vielleicht schwer fallen, das zu glauben, aber einer der Hauptkonkurrenten in der guten alten Zeit von Robert Hall im Bereich von preisgünstiger Herrenbekleidung war Barney's. Offensichtlich hat der alte Barney jedoch gelernt, daß, wenn man nur nach dem Preis verkauft, *es immer jemanden gibt, der billiger verkaufen wird*. Er drehte seine Strategie um, und nun ist Barney's eine der erfolgreichsten Einzelhandelsketten mit hohen Preisen, hoher Qualität und gutem Ruf.

Veränderungsbereites Denken

Verkaufen Sie billig – und die Leute werden Sie für billig halten.

Lockartikel machen Sie zu Verlierern.

Die Kunden schauen gleichzeitig auf den Preis *und* den Wert *und* den Service *und* die Qualität *und* die Bequemlichkeit. Und Sie tun besser daran, ihnen all das zu bieten, sonst wird jemand anderer es tun.

10
Die Übereilte-Reaktionen-Kuh

Haben Sie jemals beobachtet, wie die Künstler unter den Surfern die großen Wellen in einiger Entfernung von der Küste erwischen? Sie wählen nicht die Welle aus, die genau über ihnen steht. Sie kommt zu schnell und zu heftig. Sie hätten keine Chance, rechtzeitig zu reagieren, und wenn sie es doch versuchen, stürzen sie schließlich in die Rückströmung oder können sich am Sand delektieren. Sogar wenn sie sie erwischen könnten, hätten sie keinen Platz zum Manövrieren. Irgendein anderer Surfer, der schon rechtzeitig vor der Welle angefangen hat zu paddeln, schwimmt bereits ganz oben.

Die erste Regel beim Surfen ist, nach draußen zu schauen, in Richtung des Horizonts, um seine Welle zu finden, und zu paddeln anzufangen, lange bevor sie sich einem nähert. Gute Surfer warten nicht, bis die Wellen da sind. Sie erwarten die Welle und handeln, bevor sie ankommt.

Der Markt von heute ist ein turbulenter Ozean, und wir alle sind Surfer, die sich in einem Meer von Veränderungen durchschlagen müssen. Riesige Wellen brechen über uns, die mit halsbrecherischer Geschwindigkeit herankommen. Um vorne zu bleiben, müssen wir wie die Surfer denken, die sich auf den Horizont konzentrieren. Wir müssen anfangen, etwas zu tun, bevor die Veränderung zuschlägt.

Reagieren – sogar schnelles Reagieren – funktioniert nicht. Anhänger der heiligen Kühe glauben, daß schnelles Reagieren auf Veränderungen möglich ist. Die Erfahrung zeigt, daß Leute, die schnell reagieren, gezwungen werden, eine Aufholjagd zu starten. Auch wenn es Ihnen gelingt gleichzuziehen, ist die Konkurrenz bereits auf der nächsten Welle, während Sie zurückbleiben und um Atem ringen. Heutzutage hat man keine Zeit mehr, auf Veränderungen zu reagieren – man muß ihnen voraus sein.

Hören Sie nicht auf
den Kunden

Der erste Schritt, um der Welle der Veränderung voraus zu sein, ist, bei den Kunden zu beginnen. Aber hören Sie nicht auf sie. Wenn Sie den Kunden zuhören, werden Sie dadurch nur erfahren, was sie *jetzt* wollen oder brauchen, nicht, was sie nächtes Jahr wollen werden. Und viele Unternehmen haben gemerkt, daß die Kunden bereits nach etwas anderem suchen, wenn sie ihr „neues Produkt" auf den Markt bringen.

Die Übereilte-Reaktionen-Kuh

„Es ist schwer, Marktführer zu sein, wenn Sie nicht mehr tun, als auf Ihre Kunden zu hören", schreiben Gary Hamel und C. K. Prahalad in der *Harvard Business Review*.[1]

Gehen wir ein Jahrzehnt zurück. Wie viele von uns haben nach einem Handy gefragt, nach CD-Playern, Heimfaxgeräten oder elektronischen Flipcharts?

Ein Autohersteller aus Detroit brachte vor kurzem einen neuen Kompaktwagen auf den Markt. Das Unternehmen hatte ausführliche Marktstudien durchgeführt und mit der Produktentwicklung Ende der 80er Jahre begonnen. Vier Jahre später führten sie das perfekte Auto ein, um mit den japanischen Modellen zu konkurrieren, die bereits drei Jahre alt waren. Das Unternehmen folgte seinen Kunden, stimmt. Aber seine Kunden folgten den Konkurrenten, die etwas mehr Phantasie hatten.[2]

Hellseher

Um sich von der Konkurrenz abzuheben, müssen Sie den Kunden führen. Genau das tun veränderungsbereite Unternehmen. Toshiba unterhält ein Lifestyle-Forschungsinstitut, um die künftigen Wünsche der Kunden vorhersagen zu können. Sony gibt eine beträchtliche Summe dafür aus, „die Humanwissenschaften" zu erforschen. Mazda hat unter der Leitung des Direktors der Abteilung Forschung & Entwicklung ein Tochterunternehmen gegründet, dessen Aufgabe es ist, neue Produkte basierend auf Lifestyle-Informationen zu entwickeln.

Manche Unternehmen nützen die grenzenlose Vorstellungskraft der Kunden, um „in die Zukunft" zu blicken. Yamaha unterhält einen eigenen „Zuhörerposten" in London, um Einblick in die bisher noch unausgesprochenen Vorstellungen und Ideen der Kunden zu bekommen. Ausgestattet mit den fortschrittlichsten elektronischen Zaubereien, lädt das Unternehmen Topmusiker aus ganz Europa ein, mit dem Musik-Equipment zu experimentieren, das vielleicht irgendwann in jedem Aufnahmestudio als fixer Bestandteil vorhanden sein wird. Das Feedback, das sie erhalten, erlaubt ihnen, ihre Technologie zu verfeinern und für künftige Produkte und Märkte gerüstet zu sein.

Yamahas Lösungsansatz ist brilliant. Er erlaubt dem Unternehmen nicht nur, die Beobachtungen und Kritiken der forderndsten und anspruchvollsten Kunden zu berücksichtigen, sondern liefert ihnen auch die neueste Technologie und fordert sie geradezu dazu heraus, sich Methoden zu überlegen, wie man diese Technologie nützt.

Toyota hat etwas Ähnliches gemacht. Sie geben potentiellen Käufern die Möglichkeit, ihre Traumautos zu entwerfen. Sie können die gleichen computerisierten Werkzeuge benützen, die die Ingenieure in den Labors verwenden. Das Unternehmen bekommt Einsicht in Produktmöglichkeiten, die vielleicht außerhalb des Vorstellungsbereichs seiner Designer liegen.

„Unternehmen, denen es gelingt, ihren Kunden zu zeigen, was möglich ist, entwickeln sowohl Marketingfachleute mit technologischer Vorstellungskraft als auch Technologen mit Vorstellungskraft im Bereich Marketing", sagen Hamel und Prahalad.[3]

„ V o r h e r s e h e n "

Aber man muß kein Zukunftsforscher oder Wissenschaftler sein, um Kundenwünsche „vorhersehen" zu können. Man muß keine ausgeklügelten Laboratorien bauen oder Zuhörerposten errichten. Durch auf Fachwissen basierende Vermutungen und sachlich gestützte Gefühle hat man ebenfalls schon unglaubliche Erträge erzielt. Erinnern Sie sich an Steve Jobs und Steve Wozniak?

Um der Welle der Veränderungen voraus zu sein, müssen Sie sich über drei Punkte Gedanken machen:

- die demographischen, soziographischen und psychographischen Trends Ihrer Kunden;
- die sich herauskristallisierenden sozialen und kulturellen Strömungen;
- und die Fortschritte in der Technologie.

Die Zukunft der Banken. Bei einer unserer Veranstaltungen baten wir Präsidenten und Generaldirektoren von Banken, „vorherzusehen", wie das Bankwesen in Hinblick auf unsere drei Bereiche in fünf Jahren aussehen könnte. Sie sagten folgendes: „Die Menschen werden noch weniger Zeit als jetzt haben, um sich um ihre persönlichen Geschäfte zu kümmern, deswegen werden sie ihre Bankgeschäfte von zu Hause aus erledigen. Und selbstverständlich werden sie dabei Kreditzusagen innerhalb von wenigen Minuten, nicht Wochen erwarten, ohne Formulare ausfüllen zu müssen. Der ganze Prozeß wird durch eine Datenbank erledigt, und zwar beinahe so schnell, wie man die Tasten drücken kann."

„Wir werden bis dahin eine ganze Reihe von verschiedenen Investitionsprodukten verkaufen, möglicherweise sogar Versicherungen. Aber die Leute werden es nicht mögen, wenn man ihnen etwas verkauft. Sie werden ihre eigenen Entscheidungen treffen wollen, so wie es für sie bequem ist. Wir werden wahrscheinlich einen Investitions-Fernsehkanal haben, der das Angebot an Produkten im Äther vorstellt, mit vernünftigen Verkaufsargumenten, die für sich sprechen. Dann werden sie in der Lage sein, die Produkte auf der Stelle zu kaufen, oder auf ihren Bildschirm zu klicken, um mehr Informationen zu erhalten. Die Bank von heute wird in fünf Jahren ein Dinosaurier sein. Wir werden keine Bürogebäude mehr brauchen. Es wird alles über Computer, Telefonnetze und interaktive Netzwerke erledigt werden."

Einer faßte es folgendermaßen zusammen: „Wir müssen beginnen, in diese Richtung zu denken und entweder mit irgendeiner High-Tech-Firma zusammenarbeiten oder sie engagieren, um unser Spiel zu ändern, bevor wir keines mehr haben, das wir ändern können.

Zu Hause einkaufen, wortwörtlich

Um die Leute dazu zu bringen, kreativ über die Zukunft nachzudenken, geben wir ihnen mit Hilfe eines Spiels, das wir „Überlasse deinen Fingern das Laufen" nennen, Denkanstöße. Gruppen von jeweils fünf Leuten erhalten drei zufällig ausgewählte Seiten des amtlichen Telefonbuches. Ihre Aufgabe ist es, ein Unternehmen zu entwerfen, indem sie einen Eintrag aus jeder der Seiten kombinieren. Zum Beispiel kombinierte eine Gruppe einen Juwelier, einen Hersteller von Golfbällen und einen Hersteller von persönlichen Namensschildern zu einem Unternehmen, das persönliche Golfbälle aus Juwelen herstellt. Eine andere kombinierte Tierhandlung, Verabredungsservice und Verkäufer von religiösen Artikeln zu einem Verabredungsservice für Tiere der gleichen Religion. Wir behaupten nicht, daß diese seltsamen Unternehmen Sinn ergeben oder Sie vielleicht darin investieren sollten. Das Ziel des Spieles ist einfach, die Beschränkungen der herkömmlichen Denkweise abzulegen und ein Denken zu ermutigen, das nicht aus der Schublade kommt. Wenn die Leute einmal aus sich herausgehen, bringen wir sie dazu, sich auf ihre eigene Branche zu konzentrieren. Wir forderten eine Gruppe von Prudential Realty Lizenznehmern auf, die Bereiche Immobilien, Telefongesellschaft und Einkaufen von zu Hause aus zu kombinieren. „Aber dies ist kein Spiel", sagten wir ihnen, „das ist Ihr Leben". Sie hatten folgenden Blick in die Zukunft parat: In fünf Jahren werden die Konsumenten nicht mehr *außer Haus* gehen, um sich ein neues Haus anzusehen. Von einer Datenbank mit mehrfachen Listings oder einem interaktiven Fernsehkanal wählen sie die Umgebung aus, die ihnen zusagt, und den Preis, den sie sich leisten können. Sie drücken ein paar Tasten und sehen das Haus von außen, von vorne und von hinten, dann von innen, Zimmer für Zimmer. Vielleicht können sie sogar einen Blick auf die Umgebung werfen, auf Schulen und Einkaufszentren. „Mit der virtuellen Wirklichkeit werden sie in der Lage sein, durch das Haus zu *laufen,* bevor sie es kaufen", witzelte einer der Vertreter.

„Aber wozu brauchen sie uns dann noch?" fragte ein Immobilienmakler. Programme wie dieses schaffen immer nicht zu beantwortende Fragen, wie: Wie schafft man per Computer vertrauensvolle Beziehungen? oder: Welche Rolle wird der Immobilienmakler oder Autoverkäufer oder Versicherungsvertreter spielen?

Niemand hatte eine gute Antwort parat, aber alle waren sich einig: Es wird anders sein, als es jetzt ist.

Riech-o-Vision. Verschiedene andere Fragen kamen an den Tag, als wir die „Vorhersehübung" mit Verkaufspersonal und leitenden Angestellten von Pet, Inc., einem riesigen Unternehmen in der Lebensmittelbranche, durchführten. Alle waren sich einig, daß in der Zukunft die Leute Lebensmittel auf die gleiche Art und Weise einkaufen würden wie alles andere auch – von zu Hause aus.

Aber was bleibt übrig vom spontanen Einkaufen und vom Schlendern durch die Gänge des Supermarktes, bis einem plötzlich etwas ins Auge springt? Und was ist mit den Sonderangeboten?

„Es wird wahrscheinlich Videos von ganzen Regalreihen geben", sagte ein Verkaufsleiter und erhielt zustimmendes Kopfnicken. „So könnte man die Gänge von zu Hause aus durchschlendern. Es gäbe Werbung am unteren Bildschirmrand für spezielle Angebote und neue Produkte."

„Es gibt vielleicht sogar Fernsehen zum Riechen", witzelte ein anderer. „Wo immer man das Bild anhält, erhält man eine Duftprobe des Produktes, das man gerade sieht." Wie wär's mit Fernsehen zum Berühren, so daß man das Obst angreifen kann?

Von der Heugabel zu Star Wars. „Sie sprechen über Star Wars, und meine Leute kämpfen noch mit der Mistgabel", sagte einer der leitenden Immobilienmakler. „Virtuelle Wirklichkeit! Die Hälfte von ihnen kann nicht einmal ihren Videorekorder programmieren." Und das ist keine Übertreibung. Eine von der Nationalen Vereinigung der Immobilienmakler durchgeführte Umfrage ergab, daß mehr als 80 Prozent der Immobilienmakler Analphabeten in bezug auf Computer sind.

Die Antwort des Mannes ist typisch. Die „vorhergesehene" Zukunft kann so weit von der gegenwärtigen Realität abgehoben sein, daß die Leute sie total ablehnen.

Um diesen Widerstand zu brechen, helfen wir ihnen, Schritt für Schritt in die Zukunft zu gehen. Kleine Schritte schaffen Vertrauen. Bevor man es auch nur merkt, hat man eine weitere Strecke zurückgelegt als man jemals für möglich gehalten hätte. Für einige der Immobilienmakler bedeuteten kleine Schritte einfach, sich einen Pager zuzulegen oder Voice-Mail zu verwenden. Wir schlagen sogar vor, daß man mit seinen Kindern Videospiele spielen sollte, um die Grundlagen der interaktiven Technologie zu erlernen.

Machen Sie sich auf den Weg

„Erinnern Sie sich an die „Vorhersehübungen", als wir die Idee eines interaktiven Multi-Listing-Heim-Services hatten?" fragte einer der Makler bei unserem Nachfolgetreffen sechs Monate später. „Die Zukunft ist nicht so weit entfernt wie wir dachten. In Dallas gibt es so etwas schon!"

Die Wahrheit über die Zukunft ist, daß alles, was man sich für den nächsten Tag vorstellt, vielleicht heute schon passiert. Ein paar Monate nach der Veranstaltung mit Pet, Inc. hörten wir, daß ein Unternehmen in Kanada bereits etwas Ähnliches in einer kleinen Stadt außerhalb von Quebec testete. Sie hatten zwar noch keine Riech-o-Vision oder Fernsehen zum Anfassen, aber vielleicht stehen wir schon kurz davor. In einer Welt, die sich so schnell ändert, weiß man nie, wann Phantasie und Wirklichkeit aufeinandertreffen.

Und es ist wie bei einer Welle: wenn die Veränderung einmal da ist, geht alles viel zu schnell, um Schritt halten zu können. „Wenn Sie einer der ersten auf einem neuen Gebiet sein möchten", sagt der Zukunftsforscher Joel Barker, Autor von *Future Edge,* „können Sie nicht auf eine Menge Beweise warten. Wenn Sie über Zahlen brüten, hilft Ihnen das nicht im Erkennen dessen, was vor Ihnen liegt."[4]

Seien Sie also der Welle voraus. Wenn Sie es nicht sind, werden Sie am Ende in ihrer Rückströmung landen.

Veränderungsbereites Denken

Gute Unternehmen reagieren schnell auf Veränderungen,
großartige Unternehmen schaffen Veränderungen.
Seien Sie der Welle voraus, verändern Sie etwas, schon bevor
Sie es tun müssen.

11

Die Keine-Fehler-Kuh

Die Gefahren der Perfektion

„Machen Sie es beim ersten Mal richtig." Das ist nicht nur das Credo der Qualitäts-Bewegung, es ist die Heilige Schrift für jeden, der darum kämpft, Quoten zu erfüllen oder das Budget einzuhalten. Niemand möchte Fehler machen. Sie kosten wertvolle Gewinne und Zeit. Macht man Fehler, steht man vor den anderen dumm da. Sie könnten Geld verlieren, Ihr Gesicht, Kunden, sogar den Job. Außerdem bekommen Sie keinen Orden dafür, wenn Sie etwas falsch machen – so funktioniert das Leben nun mal nicht.

Aber diese „Keine Fehler"-Ethik, die entworfen wurde, um die Arbeits-verfahren, die Produkte und das Service zu verbessern, schadet mehr, als sie Gutes tut. Durch sie wird eine Atmosphäre der Vorsicht geschaffen, und so haben die Leute Angst, Risiken einzugehen oder mit einer brillanten Idee zu spielen. Wenn die Leute vorsichtig werden, bedeutet dies das Ende von Innovation, Kreativität und Originalität, und damit auch von der Möglichkeit, einen Vorsprung gegenüber der Konkurrenz zu bekommen.

In einem aggressiv konkurrierenden Umfeld kann man es sich nicht leisten, *nicht* zu experimentieren, und Fehler sind da ein natürliches Ne-benprodukt. Sie können teuer sein, aber sie sind nicht annähernd so teu-er wie eine Organisation, in der keine Fehler erlaubt sind.

„In dem Moment, da Ihre Motivation darin besteht, Fehlschläge zu ver-meiden, treten Sie auf der Stelle", bemerkt der Generaldirektor von Coca-Cola, Roberto Goizueta. „Man kann nur stolpern, wenn man sich bewegt."[1]

Bill Gates scheut keine Mühe im Engagieren von Leuten, die Fehler gemacht haben. „Es zeigt, daß sie bereit sind, Risiken einzugehen", sagt er. „Die Art und Weise, wie Leute mit Dingen umgehen, die schiefgehen, ist ein Indikator dafür, wie sie mit Veränderungen umgehen."[2]

Entscheidungen, Entscheidungen, Entscheidungen!

Menschen, die sich davor fürchten, Fehler zu machen, haben panische Angst, Entscheidungen zu treffen. Das bedeutet zusätzliche Besprechungen, Memos, Genehmigungen und endlose Analysen. Wenn Sie sich endlich sicher sind – und das ist selten – ist die Hälfte der gesammelten Informationen veraltet. Und die großartige Gelegenheit ging den Bach hinunter, weil ein weniger vorsichtiger Konkurrent sie nützte.

Die Unternehmensberater Gary Hamel und C. K. Prahalad sagen: „Das Problem, wenn der persönliche Preis für Experimente hoch ist, liegt dar-

Die Keine-Fehler-Kuh

in, daß Manager auf die sichere Methode zurückgreifen, ‚etwas zu Tode zu testen' und auf das konservative ‚tu nur das, worum der Kunde bittet.'"

„In einem Umfeld, in dem Manager selten dafür bestraft werden, daß sie *nichts versuchen,* sondern dafür, daß sie etwas Neues ausprobieren und dabei Fehler machen, werden wenige mutig genug sein, ein Risiko einzugehen. Ohne Risiko kann man jedoch genausogut gleich aufgeben.

Testen, testen, testen. Diese „Keine-Fehler"-Ethik war in jeder noch so kleinen Abteilung eines großen Verpackungsherstellers zu finden. Seine Werbung richtete sich nach einer starren Formel, die keiner in Frage zu stellen wagte. Man mußte das Paket in den ersten fünf Sekunden zeigen, das Produkt vorführen und die bekannte Stimme des Unternehmens verwenden. Versuchen Sie einmal, unter solchen Einschränkungen kreativ zu sein. Und wenn die Werbung nicht funktionierte, konnte die Marketingmanagerin den Mißerfolg jemand anderem in die Schuhe schieben, weil sie ja nur die Anweisungen befolgt hatte.

Um Fehler zu vermeiden, erforschten sie jede Idee zu Tode. Sie verwendeten immer die gleichen Testmärkte, daher wußte die ganze Welt, wann und wo sie etwas testeten. Die Konkurrenz tat für gewöhnlich alles, was sie konnte – Blitzwerbung, Stichprobenerhebungen, spezielle Displays – um die Ergebnisse zu verdrehen. Und wenn die Konkurrenten eine gute Idee sahen, schnappten sie sie sich und brachten sie auf den Markt, bevor das Unternehmen reagieren konnte.

Das Mittagessen von gestern

Das Streben, Fehler zu vermeiden, führt dazu, daß alte Ideen wieder aufgewärmt werden. Wenn man es sich nicht leisten kann, Fehler zu machen, verläßt man sich auf das, was in der Vergangenheit funktioniert hat. Aber die Denkweisen von gestern bringen Ideen, Lösungen und Produkte hervor, die so frisch und appetitlich sind wie ein Mittagessen von gestern.

Die Schweizer Uhrmacher waren so damit beschäftigt, die Qualität ihrer Uhren zu perfektionieren und ihre Technik zu verfeinern, daß ihnen entging, daß ihre schönen Zeitmeßgeräte aufgrund der neuen Quartz- und Digitaltechnologie bereits veraltet waren. Hersteller von Großrechnern erweiterten ihre laue Produktpalette auch noch, als der Markt sich schon aufgrund der Bequemlichkeit und Leichtigkeit des PC aufheizte.

Ein Umfeld, das keine Fehler erlaubt, produziert Selbstzufriedenheit. Angestellte geben ihre Kreativität an der Tür ab. Sie verlieren das Gefühl der Aufregung, das so entscheidend für Höchstleistungen ist. Das Feuer geht aus, und mit ihm die Freude und der Spaß an neuen Ideen, Experimenten und Möglichkeiten.

Selbstzufriedenheit bringt auch genau das hervor, was ein Umfeld mit Fehlerphobie zu vermeiden versucht, nämlich Fehler. Mangel an Konzentration ist die Folge, wenn man ständig das gleiche macht. Es führt dazu, daß die Sinne träge werden, und dies bringt schließlich Fehler im Denken und in der Beurteilung mit sich.

Eins plus eins macht vier

Wenn Fehlschläge nicht bestraft werden, sind Menschen eher bereit, zu experimentieren, innovative neue Lösungen, Produkte, Verfahren und Methoden zu suchen, um den Kunden zu überraschen. Sie sind offener für's Lernen und haben weniger Angst vor Veränderungen. Die Moral ist viel höher, weil die Angst geringer ist.

Organisationen, die Fehlschläge bestrafen, erreichen genau das Gegenteil. Die Leute haben panische Angst. Manager werden zu Polizisten, die sicherstellen, daß jeder ihre Regeln befolgt, und die diejenigen bestrafen, die etwas vermasseln.

Ein Direktor einer Bank an der Westküste, mit dem wir zusammenarbeiteten, bekam von einem der Vizepräsidenten ein dringliches Spezialprojekt übertragen. Als er das Übergabedatum für einen wichtigen Bericht versäumte, wurde ihm das Projekt entzogen.

„Ich bin bei der Bank erledigt", erzählte er uns. „Wenn man einmal etwas vermasselt, ist man Geschichte. Ich bin nicht mehr würdig, befördert zu werden." Wir versicherten ihm, daß er übertreibe, aber es stellte sich heraus, daß er recht hatte. Die Bank fing an, ihm immer weniger Aufgaben zu übertragen, und acht Monate später entließ sie ihn. Er war mit diesem einen Fehler der zu späten Abgabe behaftet.

In manchen Unternehmen macht eins plus eins vier. Ein Fehler, und man ist unten durch, *vier*immer.

Watergate und andere Vertuschungen

Wenn Fehler als Katastrophe betrachtet werden, tun Angestellte alles, um sie zu verstecken und um zu vermeiden, daß man sie verantwortlich macht, wenn etwas schiefgeht. Ein Fehler ist wie ein Tumor: Entdeckt man ihn früh, kann er beseitigt werden, wartet man zu lange, dann ist es nicht mehr möglich, ihn einzudämmen.

Fehler passieren seltener, wenn man nicht hart dafür bestraft wird. In Organisationen, in denen man der menschlichen Fehlbarkeit gegenüber tolerant ist, ist die Notwendigkeit, Tarnmanöver und andere Ablenkungen zu schaffen, geringer.

Die Weigerung, ein Problem zuzugeben, hat schon oft dazu geführt, daß unter dem Strich knallrote Zahlen herauskamen. Und das führte zu Schwierigkeiten, die sehr viel größer waren als das ursprüngliche Problem.

Bedenken Sie, was in einem der berüchtigsten Vertuschungsskandale geschah: Watergate. Anfängliches Leugnen führte zu Vertuschungsmanövern, die das Problem verschlimmerten und schließlich den Rücktritt des Präsidenten der Vereinigten Staaten zur Folge hatten. Hätte man den Fehler früh zugegeben, wäre die politische Verwüstung vielleicht zu vermeiden gewesen.

Es erfordert Mut, Fehler zuzugeben, sogar in einem Umfeld, wo vergeben wird, aber wenn jemand, besonders der Vorgesetzte, einen Fehler zugibt, können auch die anderen eventuelle Fehler eingestehen. Als Intel endlich zugab, daß sein Pentium Chip einen Fehler hatte und zustimmte, diesen „ohne weitere Fragen" auszutauschen, sind ihre Aktien tatsächlich gestiegen.

Das Tadelkarussell

Nachdem Liz Claiborne, Inc. berufstätige Frauen jahrelang erfolgreich mit modischer, gutgefertigter Kleidung umworben hatte, liefen ihnen plötzlich nicht nur die Kunden, sondern auch die Gewinne davon. Die Gewinne rutschten 1993 tiefer als Madonnas Ausschnitt.

Die Einzelhändler sagten, die Spitzenmanager wären zu feige, zuzugeben, daß ihre neuen Entwürfe unbeliebt seien. Die Leute von Claiborne gaben die Schuld natürlich den Einzelhändlern und behaupteten, sie wüßten nicht, wie man die Ware richtig verkauft. Ein ehemaliger leitender Angestellter von Claiborne sagte: „Wenn sich das Produkt nicht verkaufte, war es immer der Fehler der anderen. Die Händler präsentierten es nicht richtig, oder es wurde nicht richtig geliefert. Es wollte ihnen einfach nicht in den Sinn kommen, daß sie vielleicht einfach nicht auf den Kunden hörten."[4]

Was bei Liz Claiborne passierte, ist typisch für einen Arbeitsplatz, an dem keine Fehler gemacht werden dürfen. Wenn man das Problem nicht verstecken oder leugnen kann, wetzt man die Messer und fängt an, damit auf andere zu werfen.

Wo immer wir Unternehmen beraten, die sich mit Veränderung schwer tun, ist immer jemand anderer das Problem. Das Spitzenmanagement gibt den Angestellten der mittleren Ebene die Schuld. Die Hauptabteilungsleiter machen den Abteilungsleiter dafür verantwortlich, und jeder gibt den Arbeitern die Schuld, die schwören, es sei der Fehler des Vorarbeiters. Oder in einer anderen Version: die Marketingabteilung beschuldigt die Produktion, das Design beschuldigt die Technik, und jeder beschuldigt den Verkauf, die Waren praktisch zu verschenken. Jeder, der einen Finger hat, zeigt damit auf jemand anderen ... nur nicht auf sich selbst.

In einem Umfeld, in dem keine Fehler gemacht werden dürfen, wird Fehlervermeidung wichtiger als die Problemlösung, und das ist eine todsichere Methode, um Erfolg zu vermeiden.

Nicht runterschauen

Wenn man Angst davor hat, Fehler zu machen, bringt es einen in der Tat dazu, noch mehr davon zu begehen. Der Golfspieler, der fürchtet, er könnte den Ball in den Teich schlagen, denkt: „Schlag' den Ball nicht in den Teich. Und wohin geht der Ball? Direkt ins Wasser. Und was passiert, wenn Sie sich vor einer problematischen Situation einreden: „Mach dir keine Sorgen"? Sie machen sich noch mehr Sorgen.

Wenn man darüber nachdenkt, was man nicht tun möchte, konzentriert man sich genau auf das, von dem man nicht möchte, daß es passiert. Wenn Ihnen jemand sagt, Sie sollen nicht an einen rosaroten Elefanten denken, ist das erste Bild in Ihrem Kopf ein errötender Dickhäuter. Sie haben sich selbst programmiert.

Haben Sie jemals eine wichtige Präsentation gemacht, und der Kunde in der ersten Reihe blickte Sie an, als ob Sie sein Gepäck verloren und seine Frau beleidigt hätten? „Sieh ihn nicht an", sagen Sie sich. Aber wohin wandern Ihre Augen die ganze Zeit?

Wenn Leute mit Höhenangst in unserer Schischule mit dem Sessellift fuhren, sagten wir immer zu ihnen: „Nicht runterschauen." Aber das funktionierte nie. Furcht fesselt die Aufmerksamkeit wie kaum etwas anderes. Obwohl wir unseren Anweisungen „nicht" voranstellten, hörten sie nur „runter", und genau dahin blickten sie.

Also änderten wir unsere Strategie und fingen an, ihnen etwas Positives zu bieten, auf das sie sich konzentrieren konnten. „Schauen Sie auf die Berge", schlugen wir vor. „Sehen Sie sich die Skifahrer auf der angrenzenden Piste an." „Sind das nicht schöne Wolken?" Alles, um sie davon abzubringen, nach unten zu blicken.

Die gleiche Strategie gilt auch für die Arbeit. Anstatt darüber nachzudenken, was für furchtbare Dinge geschehen *könnten,* denken Sie an das, wovon Sie *möchten,* daß es geschieht. Anstatt den barschen Kunden in der ersten Reihe *nicht* anzublicken, schauen Sie auf das lächelnde Gesicht neben ihm.

Verdoppeln Sie Ihre Fehlerquote

Egal, wieviel Mühe Sie in etwas investieren, egal, wie gut Sie sich vorbereiten, *Sie werden Fehler machen.* Irren ist menschlich. Nur so lernen wir.

Keiner lernt zu laufen, ohne hinzufallen, Ski zu fahren, ohne ein paar Bauchlandungen, zu surfen, ohne naß zu werden. Kein Schriftsteller, Verkäufer, Senator oder Verliebter entkommt der Zurückweisung. Wer lernt eine Sprache schneller? Jemand, der endlos paukt, bevor er eine Unterhaltung versucht, oder jemand, der sich hineinstürzt, unbeeindruckt von den Fehlern, die er macht?

Der ehemalige IBM-Präsident Tom Watson sagt: „Wenn Sie erfolgreich sein wollen, verdoppeln Sie Ihre Fehlerquote."

Der Fehler, nicht aus Fehlern zu lernen

Viele Leute sagen, man solle die Fehler vergessen, den Fehlschlag hinter sich lassen und nach vorn blicken. Das ist wie bei einem Golfspieler, der einen Slice schlägt, es verdrängt und dann einen weiteren Slice schlägt und wieder einen. Weitermachen hält einen zwar davon ab, von sich selbst enttäuscht zu sein – wenn man sich aber nicht lange genug Zeit läßt, um aus den Fehlern zu lernen, wird man sie ständig wiederholen. Das sind viele Doppel-Bogeys.

Wenn Fehler als Teil des Lernprozesses gesehen werden, können sie Ihnen helfen, etwas neu zu überdenken, neu zu erfassen und neue Strategien zurechtzulegen. Wenn man nochmals zum Zeichenbrett zurück geht, ist das Ergebnis meistens eine besser durchdachte Lösung. Aber nur, wenn Sie zurück zum Zeichenbrett gehen und aus Ihren Fehlern lernen.

„Ein Fehlschlag ist kein Verbrechen", sagte der Präsident von Citicorp, Walter Wriston. „Der Fehler, nicht aus Fehlern zu lernen, *das* ist ein Verbrechen."[5]

Charles Garfield, der bei der ersten Mondlandung der NASA mitarbeitete, sagte, daß die Rakete 80 Prozent der Zeit nicht auf ihr Ziel gerichtet war. Aber es wurden so lange Justierungen vorgenommen, bis sie es schließlich erreichte.

Zuerst Fehlschläge erleiden

Viele fabelhafte Erfolge gelangen nicht gleich *auf Anhieb*. Zuerst ging etwas schief. Die Football-Trainer Bill Walsh, Tom Landry und Chuck

Knoll zeichneten für den Gewinn von 9 der 15 Super Bowls in den Jahren 1974-1990 verantwortlich, hatten aber auch die *schlechtesten* erste-Saison-Ergebnisse, die es in der NFL je gegeben hat.

Der Trainer der San Francisco 49er, George Seifert, der die meisten Siege aller NFL-Trainer in den ersten sechs Jahren einspielte, wurde von seinem ersten Cheftrainerjob in Cornell gefeuert, nachdem er eine Erfolgsstatistik von nur 3 Siegen und 15 Niederlagen in zwei Jahren vorweisen konnte. Nachdem Jimmy Johnson und Jerry Jones die Dallas Cowboys übernommen hatten, lag die Quote des ersten Jahres bei 1 Sieg und 15 Niederlagen. Drei Jahre später gewannen sie den Super Bowl.

Die Liste von fabelhaften anfänglichen Fehlschlägen in der Wirtschaft beinhaltet solch unglaublich erfolgreiche Unternehmen wie L. L. Bean und Fidelity's Select Leisure Fund. *Sports Illustrated,* eines der Magazine von Time Life, die die höchsten Gewinne verzeichnen, machte die ersten *11 Jahre Verluste.*

Als Leiter der Abteilung „Neue Produkte" bei Johnson & Johnson erlitt John Burke einen miserablen Fehlschlag bei seinen ersten Innovationsversuchen. Aber anstatt ihm einen Verweis zu erteilen, gratulierte ihm sein Vorgesetzter General Johnson dazu, daß er ein Risiko eingegangen war und schwierige Entscheidungen getroffen hatte. Burke wurde Unternehmensleiter und Direktor von J & J.

Und vergessen Sie folgendes nicht: Wenn jeder alles beim ersten Mal richtig machte, würden wir in einer Welt ohne Post-its auf dem Schreibtisch leben, ohne Zuckerersatz im Kaffee, ohne den Walkman im Ohr und Scotchgard auf der Kleidung und den Möbeln. All dies waren Nebenprodukte menschlicher Fehlleistungen.

Wenn Erfolg Fehlschläge bedeutet

Tatsächlich ist ein perfektes Ergebnis nicht immer ein Zeichen für Erfolg, sondern für Versagen. Wenn Sie immer alles richtig machen, kann das bedeuten, daß Sie nichts Neues versuchen, den Status quo nicht in Frage stellen und nicht dazulernen.

Ein Spitzenergebnis zu erzielen, könnte bedeuten, daß Sie in einer Liga spielen, die unter Ihren Fähigkeiten liegt, und daß Sie keine Herausforderungen an sich stellen. Ein leitender Angestellter sagte: „Wenn man keine Fehler macht, macht man nichts, das irgend etwas wert ist."

Die richtige Art von Fehlern

Wir sagen nicht, daß Sie versuchen sollen, Fehler zu machen oder daß Sie sich freuen sollen, wenn Ihnen welche passieren. Wir schlagen Ihnen nicht vor, in einen tiefen Abgrund zu springen, ohne nachzudenken oder ohne ein starkes Seil bei sich zu haben.

Die Fehler, die für Erfolg wesentlich sind, sind nicht die nachlässigen, sorglosen, die daherrühren, daß man schlecht vorbereitet oder durcheinander ist. Es sind die Fehler, die daraus resultieren, daß man etwas Neues versucht hat, daß man fremdes Terrain betreten hat oder ein kalkuliertes Risiko eingegangen ist. Es ist unmöglich, jedesmal alles richtig zu machen, wenn man etwas Neues erfindet und alles um einen herum sich in einem Zustand dauernder Veränderung befindet.

Veränderungsbereites Denken

Bestrafen Sie Fehler nicht; belohnen Sie gute Ansätze.
Der größte Fehler: nicht aus Fehlern zu lernen.
Wenn Sie keine Fehler machen, versuchen Sie nichts Neues.

12

Die Downsizing-Kuh

Den Nachruf lesen

„Es ist deprimierend, den Wirtschaftsteil zu lesen", erzählte uns vor kurzem ein Vizepräsident der Bank of America. „Man weiß nie, wann man über seine eigene Todesanzeige stolpert. Das kann einem Angst machen."

Er hat recht. „Nachrufe" stehen gleich neben den Erfolgsmeldungen auf der Titelseite. Bei all dem Downsizing, das zur Zeit vor sich geht, vergeht selten eine Woche, ohne daß sich große Unternehmen zusammenschließen, umstrukturieren, downsizen, auf die richtige Größe schrumpfen oder rationalisieren. Wie man es auch nennen mag, das Ergebnis ist stets das gleiche: Millionen werden entlassen, wenn die amerikanische Wirtschaft ihr drastisches Diätprogramm weiterführt, um überschüssiges Fett loszuwerden.

In der Tat zeigen Umfragen der American Management Association, daß ein von vier Unternehmen für 1995 ein größeres „Downsizing" plante. Das ist die höchste Quote seit acht Jahren.[1]

Wenn Sie glauben, Sie könnten sich irgendwo unterstellen und warten, bis sich das Wirtschaftsklima verbessert, überlegen Sie nochmals. Umstrukturierung ist kein einmaliges Phänomen mehr, sondern eines, das in den Köpfen der Manager tief verwurzelt ist. Viele Unternehmen führen schon zum zweiten oder dritten Mal eine Umstrukturierung durch.[2]

„Downsizing ist keine Folge der Rezession", sagt Eric Greenberg, Direktor der AMA Management Studien. „Wenn Sie glauben, es handelt sich hierbei um ein außergewöhnliches Ereignis in einem Unternehmen, das gerade mit Schwierigkeiten auf dem Markt zu kämpfen hat, haben Sie nicht die richtige Vorstellung davon. Statt dessen ist Downsizing eine

Die Downsizing-Kuh

ständige Beschäftigung von Unternehmen geworden, ohne Rücksicht auf die derzeitige Wirtschaftslage oder die Erfordernisse des Marktes."[3]

Schlanker und ranker = kranker?

Mit Downsizing beabsichtigt man, ein schlankeres und rankeres Unternehmen zu schaffen – mit anderen Worten, ein profitableres Unternehmen. Aber ist das der erzielte Effekt? Die Ergebnisse hat man nun, und sie werden die Zahlenverdreher nicht glücklich machen.

Ranker und schlanker bedeutet manchmal auch kranker. Viele Unternehmen haben nun auf die richtige Größe abgespeckt, nur um herauszufinden, daß es ihnen um nichts besser geht als zu der Zeit, da sie ihr überschüssiges Fett noch mit sich herumtrugen.

Eine von der Unternehmensberatung Wyatt Co. durchgeführte Umfrage bei 531 großen Unternehmen zeigte, daß Umstrukturierung alleine kein Allheilmittel ist. Nur 46 Prozent der Unternehmen, die eine Umstrukturierung durchführten, konnten einen Anstieg der Gewinne innerhalb von zwei Finanzjahren verzeichnen. Und weniger als 34 Prozent erfuhren eine Produktivitätssteigerung aufgrund von Entlassungen. So befremdlich es auch klingen mag, mehr als die Hälfte der Unternehmen *besetzte* die wegrationalisierten Positionen wieder innerhalb eines Jahres nach dem Stellenabbau.[4]

Wenn Sie nicht die Frühpension als Anreiz verwenden, um Ihr Unternehmen zu verkleinern, reduziert die Entlassung von Arbeitnehmern die Arbeitskosten, zumindest am Anfang. Aber diese Ersparnisse „werden bedeutend verringert durch einen Rückgang der Produktivität und der Moral der verbleibenden Arbeitnehmer", sagt Joel Brockner, Professor für Management an der Columbia Business School.[5]

Köpfe müssen rollen

„Unternehmen sind immer noch der Meinung, daß sie ganz einfach Köpfe rollen lassen müssen. Aber das wird nicht zum erwünschten Ergebnis führen. Downsizing erfordert mehr Planung und Überlegung, damit es effektiv ist", folgert John J. Parkington, Direktor für Forschung und Entwicklung bei Wyatt in San Francisco.[6]

Kürzungen sind die automatische Antwort geworden, eine Strategie, die kein Nachdenken erfordert, um das Unternehmen aus den roten Zahlen zu führen. Es ist „in", zu kürzen. Aber es ist nicht immer das richtige.

Wenn wir Unternehmen beraten, die gerade umstrukturieren, bekommen wir manchmal das Gefühl, daß mehr als nur ein paar CEOs in einem

Machowettbewerb stehen, bei dem es darum geht, wer das längste Schwert hat. Für diese Männer, ist Skrupellosigkeit eine Tugend, ein Zeichen für wahre Führungskraft, das demonstriert, daß sie keine Angst haben, schwierige Entscheidungen zu treffen.

Die Art und Weise, wie viele dieser Manager das Unternehmen schlanker machen wollen, ist geradezu dumm. Sie ordnen einen Personalabbau von 10 Prozent für jede Abteilung an. So werden in Abteilungen und Unterabteilungen, die Gewinne machen und zu Gewinnen beitragen, rücksichtslos Kürzungen durchgeführt, ebenso wie bei jenen heiligen Kühen, die ihre Nützlichkeit längst überdauert haben. Das bedeutet, den Muskel einer Organisation zusammen mit dem Fett abzusaugen. Wenn man aber in der heutigen Zeit vorne dabeibleiben möchte, braucht man diesen Muskel, d. h. jene Leute, die zu Veränderungen bereit sind und die Organisation führen können.

Welche Botschaft wird dadurch dem Rest der Organisation vermittelt? Warum sich aufopfern, indem man versucht, etwas beizutragen, wenn der Kopf sowieso rollt, egal, ob man gut oder schlecht ist.

Dadurch reduziert sich der Spielraum, und die Überlebenden müssen die Arbeit derer, deren Stelle gekürzt wurde, zusätzlich zu ihrer eigenen übernehmen. Das Ergebnis ist, daß jeder rennt, rast und hetzt und versucht, aus weniger mehr zu machen. Menschen, die so fieberhaft arbeiten, machen mehr Fehler, denken nicht so klar und sicherlich nicht kreativ. Das Ergebnis ist, daß Qualität, Service und Innovation auf der Strecke bleiben, und früher oder später – wahrscheinlich früher – leidet auch das Endergebnis darunter. Und schon ist die Zeit für eine weitere Kürzung gekommen.

Im Kleinen sparsam, im Großen verschwenderisch

Marketing, Werbung, F&E, Personalwesen und Informationssysteme, also die sogenannten „nicht-wichtigen Bereiche", sind weitere gefundene Fressen für die Schlächter. In diesen Bereichen Kürzungen vorzunehmen spart vordergründig vielleicht etwas Geld ein, aber auf lange Sicht kann es das Wachstum des Unternehmens behindern. Die meisten Unternehmen konzentrieren sich darauf, vorwärts zu streben und entwickeln aggressiv neue Produkte und Dienstleistungen.

3M zum Beispiel arbeitet schon lange nach der Politik, daß 70 Prozent der Umsätze in fünf Jahren von Produkten kommen werden, die noch gar nicht existieren.[7] Für sie ist der Bereich Forschung und Entwicklung der Schlüssel für die Zukunft. Kürzungen in diesem Bereich würden bedeuten, im Kleinen sparsam und im Großen verschwenderisch zu agieren.

Gillette lebt nach der folgenden Regel: Man sollte Ausgaben in den Bereichen, die das Wachstum antreiben, wie Unternehmensausrüstung, Forschung & Entwicklung und Werbung zumindest in dem Ausmaß erhöhen wie die Einnahmen steigen.[8] Sie erfinden ständig Neues, um der Konkurrenz voraus zu sein.

Das National Science Board warnt, daß die amerikanische Industrie zu wenig Geld für Forschung & Entwicklung ausgebe. Vor einem Jahrzehnt war nur eine japanische Firma unter den Top 10 jener Firmen, die Patente erhielten. Heute sind mehr als die Hälfte Japaner, einschließlich der ersten drei. General Electrics, ehemals führend in den Vereinigten Staaten, fiel vom ersten auf den sechsten Platz zurück.[9] Peter Drucker berichtet, während er in Japan gewesen sei, habe ihm eine Führungskraft der zentralen Denkfabrik Mitsubishi folgendes erzählt: „In zwanzig Jahren wird dieses Forschungsinstitut der Mittelpunkt der gesamten Mitsubishi-Gruppe sein."[10] Die Japaner denken vielleicht auch an Downsizing, aber nie auf Kosten der Abteilungen, die Innovation und Umsätze bringen.

Auswirkungen auf die Mitarbeiter

Bedeutende Kosten, die durch Downsizing verursacht werden und die üblicherweise in der Kosten-Nutzen-Rechnung der Buchhalter nicht auftauchen, sind die Auswirkungen auf jene, die zurückgelassen werden. Nicht nur die Moral ist am Boden, sondern auch die Angst kann heldenhafte Ausmaße annehmen. Die Leute schauen sich ständig nervös um, kontaktieren Headhunter und arbeiten an ihrem Lebenslauf anstatt an der Aufgabe, die vor ihnen liegt.

„Die meisten Managements haben keine gute Hand bei den menschlichen Aspekten einer Umstrukturierung. Die Bereiche Finanzen und Technologie stellen für sie dagegen kein Problem dar", beobachtet der Guru für öffentliche Meinung, Daniel Yankelovic, der Angestellte der obersten Führungsebene zu diesem Thema befragte.[11]

Ein Manager, der das große Schlachten bei einer großen kalifornischen Bank überlebte, erzählte uns: „Ich konnte noch Monate, nachdem die Entlassungen begonnen hatten, nicht einschlafen. Jede Aktion meines Vorgesetzten wertete ich als Zeichen dafür, daß ich der Nächste bin. Der Druck war unerträglich."

Ein ängstlicher Mitarbeiter ist nicht produktiv und sicherlich nicht innovativ. Aufgrund ihrer Angst gehen sie auf Nummer Sicher, halten ihren Kopf bedeckt und probieren nichts Neues oder etwas, das mit einem Risiko verbunden ist, aus. Sie tun gerade das, was erforderlich ist, nicht mehr und nicht weniger. Und das ist genau das Gegenteil von dem, was man heutzutage braucht, um nach vorne zu kommen oder vorne zu bleiben.

Die Krankheit der Überlebenden

Als AT&T zum ersten Mal im Jahr 1986 Managerposten drastisch kürzte, stieg die Zahl der streßbedingten Krankheiten – von Schlaflosigkeit bis Bluthochdruck – stark an. Von 250 befragten Managern hatte beinahe die Hälfte nach den Kürzungen mehr Eheprobleme, berichtete das *Wall Street Journal*.[12] David Noer, Vizepräsident des Center for Creative Leadership nennt dies die „Krankheit der Überlebenden". Er schätzt, daß 75 Prozent der *Fortune 500* Firmen mit dieser Krankheit infiziert sind.[13]

Überlebende des Downsizing machen eine Art von psychischer Abstumpfung durch, die man mit dem Trauma nach einem Flugzeugabsturz vergleichen kann. Sie fühlen sich oft schuldig, weil sie Glück gehabt haben, und fragen sich, warum sie den Stellenabbau überlebt haben, während ihre Freunde und Kollegen es nicht geschafft haben, sagt Noer. Sie fühlen sich nicht wertvoller, sie hatten einfach nur Glück. Und sie wissen, daß Fortuna morgen zum Mittagessen vielleicht eine Verabredung hat.

Es erscheint beinahe unmoralisch, unter diesen Umständen Freude an der Arbeit zu haben; viele werden mürrisch und machen sich immer mehr Sorgen, während sie mit der Mehrarbeit kämpfen. Viele werden sehr aufgebracht dem Management gegenüber. Aufgebrachte Angestelle gehen sogar so weit, daß sie Computer im Büro demolieren, Firmeneigentum entwenden oder aus den Reifen der Firmenwagen die Luft herauslassen.

Peller Marion, eine Pionierin auf den Gebieten Outplacement und Executive Development sowie Autorin des Buches *Crisis Proof Your Career* hat die Nachwirkungen jener „Montagsmassaker" erlebt. „Die obere Führungsebene bekommt Angst", sagt sie. „Die Kommunikation wird zensuriert oder auf „Was man wissen muß" reduziert. Wenn unerwartete Situationen auftauchen, fängt die Paranoia an."

„In den meisten Unternehmenskulturen bleibt die emotionale Dimension zu Hause zurück. Am Arbeitsplatz sind nur sehr wenig Gefühle erlaubt. Während der Umstrukturierung fühlen sich viele Leute ängstlich, befangen, behindert und nicht frei, um darüber zu sprechen."

„Die Unternehmen betrachten die Überlebenden als die Glücklichen. Die vorherrschende Meinung ist: „Warum brauchen *sie* Hilfe?" Tatsächlich brauchen sie aber dringend Unterstützung, um ihre negativen Gefühle aufzuarbeiten, der Organisation wieder zu vertrauen und wieder Licht am Ende des Tunnels zu sehen", sagt Marion.[14]

Schmerz und Leiden. Als das Unternehmen Jostens Learning, das Software für mehr als 9.500 Schulen herstellt, die Anzahl der Mitarbeiter reduzierte, um den Einkommensverlusten durch die Ausgabenkürzungen der Schulen entgegenzuwirken, waren die Auswirkungen katastrophal. Trotz der Versuche, den Angestellten bei der Anpassung zu helfen, brach die Produktivität zusammen wie ein Nachtwächter um 5 Uhr morgens. „Die Leute stumpfen mental ab und laufen mit glasigen Augen herum", beobachtete Eduard Schwan, ein leitender Software-Ingenieur. „Die Leute distanzierten sich von einander und vom oberen Management."[15]

Eine interne Befragung ergab, daß 37 Prozent der Angestellten einen anderen Job suchten, und eine höhere Anzahl von Leuten als früher verließ die Firma. In den Monaten nach den Entlassungen verließen 16 Mitarbeiter den Bereich Produktentwicklung, der bereits 26 Prozent der Arbeitskräfte von ehemals 463 Mitarbeitern verloren hatte. Der normale

Wechsel liegt bei 10 bis 15 Angestellten pro Jahr. Die Produktivität ging ebenfalls zurück, besonders in den zwei Monaten unmittelbar nach der Veränderung.[16]

Adam Zak, ein leitender Personalmanager in Chicago, erinnert sich an die Zusammenarbeit mit einem Manager, der mehrere Runden an Entlassungen von ihm untergeordneten Mitarbeitern angeordnet hatte: „Er rauchte, hatte Gewicht verloren, konnte mir kaum in die Augen sehen und war extrem nervös. Es schien mir, als ob die paar Monate, in denen er Leuten mitteilte, daß sie gefeuert worden sind, seine Persönlichkeit völlig zerstört hatten.“[17]

Die falsche Frage

„Sehr viele Unternehmen stellen die falsche Frage", sagt Eric Greenberg. „Sie fragen: ‚Wieviele Leute sind unbedingt erforderlich, um in der Früh das Licht aufzudrehen, am Abend die Türen zuzusperren und den Betrieb aufrechtzuerhalten?' Die richtige Frage lautet: ‚Wie können wir die Art und Weise, wie wir arbeiten, ändern, so daß die Leute, die wir haben, besser in der Lage sind, zum Erfolg des Unternehmens beizutragen?'"

„Was die Leute bis jetzt getan haben, ist, ihre Kunden zu feuern", sagt er. „Die Leute, die ihren Job verlieren, geben ihr Geld nicht mehr aus und tragen somit nicht mehr dazu bei, daß der Industriezug fährt."[18]

Die meisten Unternehmen hungern den Muskel weg – die Leute – und lassen das Fett übrig – die veralteten Vorgangsweisen. Das ist keine sehr gesunde Diät. Wenn Sie Kürzungen vornehmen, fangen Sie damit an, die heiligen Kühe zusammenzutreiben, nicht die Jäger der Kühe. Reduzieren Sie zuerst die Anzahl der Kühe. Mit anderen Worten, kürzen Sie das Fett, nicht den Muskel.

Nochmaliges Hinschauen. Auch wenn Kürzungen der offensichtliche Weg aus der Krise zu sein scheinen, kann nochmaliges Hinschauen jedem viel Kummer ersparen. Als Schwester Carol Keehan die Position der Präsidentin des Providence Hospital in Washington, D.C., übernahm, dachte sie, daß der Verlust von 21 Prozent in dem Bericht des Prüfers ein Schreibfehler sei. Anstatt den üblichen Weg einzuschlagen, nämlich die

Zahl der Mitarbeiter und die Leistungen zu kürzen, begab sie sich auf einen weniger ausgetrampelten Pfad. Sie ging zu ihren Leuten und versicherte ihnen, daß niemand entlassen werden würde, außer es wäre dies der letzte Ausweg. Dann bat sie die Mitarbeiter um Rat, wie man die Situation umdrehen könnte.

Das Ergebnis war eine Ausweitung des Dienstleistungsangebots, keine Kürzung. Sie eröffnete das Center for Life, eine Einrichtung für mittellose schwangere Frauen. Sie kaufte drei Kleinbusse, um nach Washington zu fahren und sie dort aufzulesen, und sie verbrauchte ihr ganzes Werbebudget dafür, die Anlagen auf das Niveau der wohlhabenden Krankenhäuser der Stadt zu bringen.

Indem sie vernünftige Managementtechniken wie Großeinkäufe, von Vorräten bis hin zu Versicherungen, und Spendenaktions-Fahrten, um Spendengelder aufzutreiben, einführte, konnte Schwester Carol die trostlose Situation in eine Erfolgsstory verwandeln. Sie wählte nicht die billige Lösung, sondern dachte um, reorganisierte und baute auf die Stärken der Organisation: ihre Mitarbeiter und Weitblick.[19]

Auftanken. Als eine national tätige Kette für Autoersatzteile Verluste machte, verlangte der CEO eine Reduzierung des Personals in allen Abteilungen. Der für den Verkauf Verantwortliche, der etwas argwöhnisch bezüglich der negativen Auswirkungen eines solchen Massakers war, sowohl was Moral als auch Produktivität anbelangte, bot eine andere Lösung an: „Lassen wir den Leuten die Wahl. Wir können entweder das Personal um 10 Prozent reduzieren, oder jeder akzeptiert eine Gehaltsreduzierung von 10 Prozent."

Die Mitarbeiter stimmten der Gehaltskürzung zu. Ein Regionalmanager erhöhte jedoch den Einsatz. „Wir akzeptieren die Gehaltskürzung", sagte er. „Aber wenn wir im nächsten Jahr einen Gewinn erwirtschaften, können wir dann nicht nur unser Gehalt zurückbekommen, sondern auch noch einen Bonus?" Die Gruppe im Raum jubelte. Ihr Elan schnellte bei diesem Vorschlag in die Höhe. Nachdem man kurz die Köpfe zusammengesteckt hatte, war das Geschäft besiegelt.

Von nun an war das Unternehmen nicht mehr das alte. Die Telefone klingelten, Faxe flogen ein und die Lagerverwalter tauschten laufend Informationen darüber aus, was funktionierte und was nicht. Sie teilten sich ihre neuen Ideen gegenseitig mit und tauschten Geschichten über die heiligen Kühe aus, die sie schlachteten. Sie ließen ihre Teams andere Einzelhändler wie Nordstrom besuchen, um mehr über Service zu lernen.

Im darauffolgenden Jahr erzielten sie einen Rekordgewinn. Jeder bekam einen Bonus, und der CEO lernte eine wertvolle Lektion.

Die „Anstatt"-Politik

Downsizing ist eine abgenützte und unzweckmäßige Politik, um die finanziellen Nöte eines Unternehmens zu beseitigen. Wir nennen es eine „Anstatt"-Politik. Downsizing wird durchgeführt, *anstatt* die Ziele des Unternehmens neu ins Auge zu fassen, *anstatt* die Bedürfnisse der Kunden vorwegzunehmen, *anstatt* effizientere und billigere Methoden zu finden, um Dienstleistungen und Waren zu liefern, *anstatt* ein überlegenes Produkt anzubieten, *anstatt* die Unternehmensstruktur neu zu überdenken.

Die neu erdachten Taktiken von Schwester Carol sind die Alternative. Die Unternehmen müssen von Lösungen abkommen, die nur das Endergebnis im Auge haben, und hin zu einem Lösungsansatz kommen, bei dem auf Wachstum und Expansion Wert gelegt wird.

Veränderungsbereites Denken

Reduzieren Sie das Fett (Kühe), bevor Sie den Muskel (Menschen) kürzen.
Kosten des Downsizing: Moral, Motivation, Innovation.

13

Die Techno-Kuh

Als der 25jährige Joel Mack sich auf Arbeitssuche begab, waren die Stellenangebotsseiten diverser Zeitungen keine Informationsquelle für ihn. Er rief auch keinen Headhunter oder Karriereberater an. Statt dessen setzte er kurzerhand seinen Lebenslauf *on-line*. Innerhalb weniger Tage erhielt er 75 Antworten und 30 Jobangebote, ohne überhaupt das Haus verlassen zu haben.[1]

Ob es sich um Telekommunikation oder Telekonferenzen handelt, um virtuelle Teams oder virtuelle Büros, um Einkaufen oder Hotelreservierungen von zu Hause aus, die technologische Revolution verändert den Lebens- und Arbeitsstil der Menschen. All die Faszination und das Vertrauen auf den technologischen Fortschritt läßt die Menschen glauben, daß die Technologie der Zauberstab ist, mit dem man jedes Problem lösen kann.

Wenn Ihre Umsätze seit zwei Jahren im Keller sind, wenn Ihre Gewinne ausgequetscht wurden wie eine spritzige Zitrone, verlieren Sie bloß keinen Schlaf mehr darüber. Investieren Sie in ein neues Telekommunikationssystem. Kaufen Sie einen Schwung Computer für die Buchhaltung. Dann ist jeder glücklich und zufrieden. Richtig? Falsch.

Seit Jahren verehren Unternehmen die neue Technologie und glauben daran, daß sie die Lösung für alle Probleme ist. Und doch, trotz all der Milliarden, die im letzten Jahrzehnt für Technologie ausgegeben wurden, enthüllt eine Studie des MIT am renommierten Sloan Institute, daß kein entsprechender Anstieg der Produktivität zu verzeichnen ist. In der Tat ist die Produktivität in den Vereinigten Staaten von durchschnittlich 2,4 Prozent in den 50er Jahren auf 1,3 Prozent in den 80er Jahren gesunken.

Technomania

Ein Grund dafür ist die „Technomania", also die Tendenz, das neueste U-Mail, E-Mail oder A-Z-Mail als neues Spielzeug zu betrachten, mit dem man unbedingt spielen muß. Hingerissen von all den Bits und Bytes vergessen die Leute, was wirklich zählt: die Endanwendung und der Endanwender.

Bei einem kürzlichen Besuch in Chicago rief ich die Kino-Hotline an. Die Bandinfo beinhaltete nicht nur, was gespielt wurde, wo es gespielt wurde, wer darin spielte und wer Regie führte, sondern es gab auch noch Hörproben aus jedem Film. Nachdem ich mich mühsam durch all die unwesentlichen Informationen durchgebissen hatte, sagte man mir, daß ich, um die Anfangszeiten zu erfahren, eine *andere* Nummer anrufen müsse. An jenem Abend lieh ich mir ein Video aus.

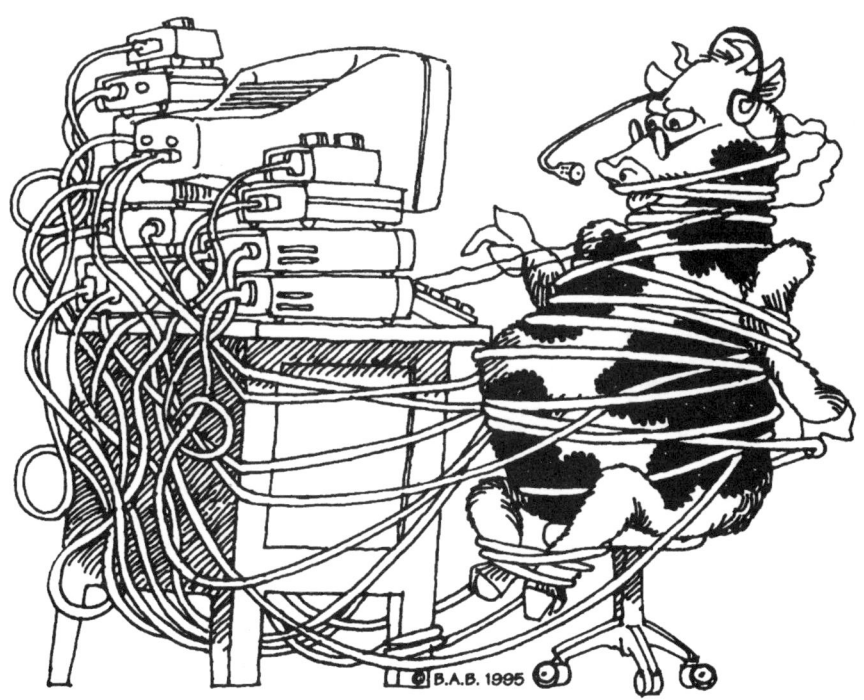

Die Techno-Kuh

„Es ist wichtig, in einer Branche, die voll von Leuten ist, die ständig irgendwelches neues Computerzubehör – schnellere und mehr Teile – ankündigen, nicht gleich auf jeden Zug aufzuspringen", sagt Lou Gertsner, IBM CEO. „Ich meine, es ist erschütternd. Von meinen Kunden höre ich, daß es da draußen ein Überangebot an Technologie gibt. Der eigentliche Druck ist, wie verwende ich dieses Zeug, um etwas Wichtiges für mein Geschäft zu erreichen? Brauche ich diese Software wirklich in meinem ganzen Unternehmen?"[2]

Die Büro-Kuh

Vor nicht allzu langer Zeit war das Statussymbol bei der Arbeit das Büro an der Ecke mit dem eigenen Namen an der Tür und dem Bigelow auf dem Fußboden. Jetzt nicht mehr. Die Bürosuite mit herumliegenden Kunst- und antiken Gegenständen und eigenem Badezimmer ist ersetzt worden durch ... überhaupt *kein Büro*. Wir meinen nicht keinen Job, wir meinen wörtlich kein Büro.

Mit all der neuen Technologie können die Leute von überall miteinander in Verbindung bleiben. Und da alle so viel Zeit auf der Straße verbringen, wird sehr viel Geld in Räume gesteckt, die öfters leer als voll sind. Wenn man bedenkt, daß Immobilien 25 Prozent der Aktiva einer *Fortune 500* Firma darstellen, ist das ein Haufen Kleingeld.

Bürokosten sind nicht so wichtig, wenn Ihre Firma gerade eine steil nach oben zeigende Wachstumskurve verzeichnen kann, aber in diesem weltweit konkurrierenden Umfeld müssen Sie unter jedem noch so kleinen Stein nach Einsparungen suchen, und das beinhaltet die Kosten für die Unterbringung Ihres Unternehmens, sagt Bruce Russel, Direktor der Abteilung Immobilien bei Kodak.[3]

AT&T beschäftigt derzeit ungefähr 8.000 Menschen, hauptsächlich im Verkauf, die in Büros arbeiten, die nur wenig größer als Kabinen mit Telefon und einem Anschluß für den Laptop sind. Das Ergebnis: Weniger Salonlöwen und 20 Prozent mehr Zeit, die sie mit den Kunden verbringen – wahrscheinlich mit denen, die ein Büro haben. Manager berichten über Produktivitätssteigerungen von bis zu 45 Prozent, seit dies eingeführt wurde.[4]

Für jeden Dollar, der ausgegeben wird, um diese virtuellen Büros ein-
zurichten, spart AT&T zwei Dollar bei den Raumkosten. (Aber wird sich
das in den Telefonkosten widerspiegeln?) AT&T hat auch weitere 20.000
Büromitarbeiter, die zumindest einen Teil der Woche per Telekommunikation miteinander in Verbindung treten, und man hofft, bis Ende des
Jahres 10.000 weitere Stellen dieser Art schaffen zu können.[5] IBM, das bei
diesem Trend, Geld zu sparen, auch dabei sein möchte, schätzt, daß das
Unternehmen die Raumkosten während der nächsten fünf bis sieben Jahre um *500 Millionen Dollar* verringern kann.[6]

Die Büro-Kuh

Mit dem Fortschritt in der Technologie ist dieser Trend überall zu beobachten. In der Tat arbeiten derzeit mehr als 43 Millionen Menschen oder 33 Prozent der Arbeitskräfte zumindest Teilzeit von einem Heimbüro aus. Vor fünf Jahren betrug die Zahl noch 24 Millionen, dies entspricht einer Steigerung von 83 Prozent! Die Prognosen gehen dahin, daß sich dieser Trend fortsetzen und die Zahl pro Jahr um 15 Prozent steigen wird. 1997 werden es somit 56 Millionen sein.[7]

Virtuelle Isolation

Bevor Sie nun anfangen, Ihren Küchentisch in einen Computerarbeitsplatz umzuwandeln, müssen Sie sich die folgende Frage stellen: Wie kann man Teamwork schaffen, wenn die Menschen an zwanzig verschiedenen Orten verstreut und nur durch ein Modem verbunden sind? Eines der größten Probleme mit dem Büro „ohne Büro" ist der Verlust des persönlichen Kontaktes untereinander.

„Nur wenige Mitarbeiter sind acht bis zehn Stunden pro Tag an ihren Schreibtisch gebunden. Viele verbringen ein paar Minuten damit, miteinander zu reden und voneinander zu lernen. Der Ratschlag am Getränkeautomaten oder der Tip bei einem Mittagessen sind Vorteile für die Angestellten, die oft nicht berücksichtigt werden, wenn Unternehmen über die Vorteile des virtuellen Büros sprechen"[8], schreibt die Kolumnistin Julianne Malveaux, die in mehreren Zeitungen veröffentlicht.

„Eine Menge Kommunikation und Lernprozesse der Mitarbeiter erfolgen eigentlich nicht, während sie ihre Arbeit erledigen, sondern einfach dadurch, daß sie sich mit Kollegen unterhalten", sagt John Tower, ein geschäftsführender Direktor beim Immobilienriesen Edward S. Gordon. „Wenn man abgeschnitten ist, kann es nicht diese Arten von informeller Kommunikation und Lernprozessen geben. Wie kann man dann die Unternehmenskultur vermitteln, und wie kann man Menschen motivieren, die zu Hause oder von ihren Autos aus arbeiten?"[9]

Es ist viel Wahres dran an dem alten Sprichwort: „Aus den Augen, aus dem Sinn." Während Sie in Ihrem virtuellen Büro arbeiten, vergessen die Leute Sie. Und ein neues großartiges Angebot, um das man sich sofort kümmern sollte, wird an jemand anderen weitergegeben. Wenn man zu Hause arbeitet, hört man vielleicht nichts über einen eventuellen neuen Job oder eine Möglichkeit, einen zusätzlichen Kunden zu gewinnen.

Kontaktverlust

Technologie im allgemeinen kann Menschen voneinander trennen, auch wenn sie sie scheinbar näher zusammenbringt. So mächtig die ausgefeilte, revolutionäre und effiziente elektronische Kommunikation auch sein mag, die „vertraute und persönliche" Erfahrung, die mit direktem Kontakt einhergeht, kann sie einfach nicht ersetzen. Man verlernt die Nuancen der Körpersprache und des Gesichtsausdrucks, die für gute Kommunikation wichtig sind.

„Unser Team ist über das ganze Land verteilt, also treffen wir uns regelmäßig einmal pro Woche per Videokonferenz", erzählte uns ein Produktmanager von Procter & Gamble. „Das Problem liegt darin, daß uns bei diesen Besprechungen nur eine begrenzte Zeit zur Verfügung steht. Alles ist ziemlich dicht gedrängt. Jeder ist darauf bedacht, sein Anliegen gehört zu sehen. Diese Konferenzen sind großartig, um Informationen auszutauschen, aber man kann nur begrenzt etwas Kreatives tun, wie Brainstorming oder innovative Ideen und Strategien entwickeln. Ich vermisse die alten Gespräche um den Kaffee- und Getränkeautomaten. Sie waren vielleicht nicht so effizient, aber ich glaube, auf diese Art und Weise hatten wir bessere und kreativere Ideen."

High-Tech-Kommunikation, wie Videokonferenzen oder E-Mails, ist eine großartige Methode, um Leute auf Touren zu bringen und Texte und Dokumente auszutauschen, aber sie bringt nicht sehr viel, wenn man ein Brainstorming machen oder innovative Strategien, Produkte oder Dienstleistungen entwickeln möchte. Unter dem Zeitdruck, Dinge zu erledigen, gibt es keine Gelegenheit, innezuhalten und nachzudenken, über eine Idee zu grübeln oder Feedback zu der „außergewöhnlichen" Inspiration zu bekommen, die Ihnen während der ganzen letzten Woche durch den Kopf ging.

Lampenfieber
vor der Konferenz

Ein Manager der oberen Führungsebene bei CSX, einem großen Frachtunternehmen, sieht ein anderes Problem. „Wir führen viele Videokonferenzen durch, weil unsere Leute an verschiedenen Orten verteilt sind", erzählte er uns. „Aber bevor wir beginnen, denkt niemand an die Tagesordnung. Sie sind alle im Badezimmer, kämmen ihr Haar, rücken ihre Krawatte zurecht und sind besorgt um ihr Aussehen. Manchmal kommt man sich vor wie beim Dreh eines Film. Es würde mich nicht überraschen, wenn sie eines Tages einen Maskenbildner mitbringen würden."

„Videokonferenzen sind besser als Konferenzen via Telefon, weil man sieht, mit wem man spricht. Aber sie sind sehr viel weniger effektiv als wenn man tatsächlich vor Ort ist. Was fehlt, sind die kleinen Dinge, die Nebensächlichkeiten, der Ausdruck in den Gesichtern der Menschen, wenn jemand sein Argument vorbringt, die Körpersprache. All das, was ein Techniker wie ich angeblich nicht bemerkt. Es gibt viele Dinge während einer Besprechung, die man einfach nicht auf Video bannen kann."

„Auf den Gängen"

Bei größeren Konferenzen und Versammlungen, wo wir regelmäßig Vorträge halten, erzählen uns die Organisatoren, daß trotz der nützlichen Informationen, die präsentiert werden, der wirkliche Wert darin liegt, was außerhalb der Sitzungen und auf den Gängen geschieht, wenn sich die Leute treffen, vernetzen und Informationen, neue Angebote und Ideen austauschen.

„Eine der wichtigsten Absichten unserer großen Konferenzen und Versammlungen ist der Aufbau eines Netzwerks", sagt Ken Jenny, leitender Vizepräsident bei Prudential Real Estate. „Wir haben herausgefunden, daß sich die Referenzen drastisch erhöhen, wenn unsere Vertreter sich persönlich gegenüberstehen. Der persönliche Kontakt erhöht das Vertrauen. Es ist sehr viel leichter, jemanden anzurufen, den man *kennt,* als eine unbekannte Stimme am anderen Ende der Leitung oder einer Datenbank."[10]

McDonald's steht für Besprechungen. Manche Unternehmen glauben immer noch an die Macht der persönlichen Besprechungen. Sie haben deshalb keine Technophobie, sie erkennen nur den individuellen Nutzen von persönlichem Kontakt. McDonald's, wo man fortschrittlichen Ideen gegenüber durchaus offen ist – sie waren Pioniere auf dem Gebiet des bargeldlosen Zahlungssystems –, hat im Hauptsitz des Unternehmens kein E-Mail. Und kein Unternehmen bringt seine Leute so oft und von so weit her zusammen.

Bob Kwan, geschäftsführender Direktor der Singapur Transaktionen, sagt: „Wir treffen uns ständig je nach Gebiet oder Ausbildung, wie zum Beispiel Einkauf, Konstruktion und Buchhaltung. Wir teilen Erfolge und Fehlschläge, und wir arbeiten zusammen, um die Kosten zu senken."[11]

Ein typischer Besprechungsmonat beinhaltet für ihn die Besprechung der Filialleiter in Sydney, eine Konferenz über weltweite Kommunikation in Chicago und eine Besprechung der europäischen Verkaufsleiter in London.

Reisemüde Kämpfer

„So langsam reicht es mir mit dem vielen Reisen", erzählte uns ein leitender Angestellter, der beruflich ständig unterwegs war, während eines Nachtfluges. „Ich habe Flughäfen satt, und ich habe es satt, daß ich nicht zusehen kann, wie meine Kinder erwachsen werden. Aber wir fangen gerade damit an, mehr Videokonferenzen durchzuführen, und so werde ich dann mehr Zeit zu Hause verbringen können."

Glauben Sie es nicht. Die Fortschritte in der Telekommunikation werden das Reisebudget Ihrer Firma nicht verringern, und Sie werden auch nicht mehr Zeit zu Hause verbringen. In der Tat wird genau das Gegenteil passieren.

„Reiseersatz' ist ein Kürzel für die Hoffnung, daß immer mehr mögliche Technologien in der Telekommunikation – darunter Videokonferenzen – es uns erlauben, die Meilen in der Luft und persönliche Besprechungen durch Elektronen und Videobildschirme zu ersetzen", schreibt Paul Saffo, Forscher am Institute of the Future.[12] Aber, sagt Saffo, obwohl Videokonferenzen in der Tat Anklang finden, bedeutet dies *mehr*, nicht weniger, Geschäftsreisen. „Beziehungen sind die Essenz des Geschäftslebens, und die Leute, die einander über eine Leitung kennenlernen, werden sich unweigerlich persönlich treffen wollen."[13]

Historisch gesehen haben Fortschritte in der Technologie immer zu mehr und nicht zu weniger Reisen geführt, und ebenso haben bessere Transportmöglichkeiten üblicherweise zu Fortschritten in der Telekommunikation geführt. Die Bahnlinien, zum Beispiel, wurden von den ersten Telegraphenleitungen begleitet. Und direkte Telefondienste haben die kommerzielle Luftfahrt angekurbelt, indem es möglich war, Geschäfte mit Unternehmen in einem anderen Teil des Landes zu machen.

Es ist interessant, daß die gereisten Kilometer in der Luft und das Ausmaß der Ferngespräche gleichmäßig und parallel angestiegen sind. Durch die Erfindung des Flugzeug- und Autotelefons ist es sogar möglich, gleichzeitig zu reisen und zu telefonieren.

Informationsgier

In einer On-line-Welt, in der eine Unmenge von Fakten auf Knopfdruck zur Verfügung steht, sammeln die Menschen Daten, wie ich als Kind Briefmarken gesammelt habe: je mehr, desto besser.

„Aber", schreibt Professor Gary Loveman von der Harvard Business School, „in den meisten Fällen wissen die Manager, daß die Arbeit früher mit weniger Informationen erledigt wurde, zum Beispiel wurden Entscheidungen bei Mitarbeiterbesprechungen anhand weniger ausgearbeiteter Analysen getroffen."[14] Das Problem liegt darin, daß die meisten leitenden Angestellten und Manager nicht wissen, wieviel Informationen genug sind. „Die Tendenz ist dahingehend", schreibt Loveman, „daß mehr Informationen und mehr Analysen immer besser sind ... Es ist gut möglich, daß die Einführung von günstigen Computern in einer Organisation zu enorm hohen Überinvestitionen im Bereich der kostspieligen Informationsbeschaffung und -verarbeitung führen kann, und am Ende kaum einen Einfluß auf die Geschäftsergebnisse hat."[15]

High-Tech ist heutzutage äußerst wichtig. Aber durch die Technologie allein wird die Arbeit nicht getan. High-Tech muß richtig dosiert werden. Und neue Technologien müssen sorgfältig ausgewählt und auf die richtige Art und Weise eingeführt werden. Ohne diesen Schutzmechanismus ist die Technologie nur eine weitere heilige Kuh, die Sie ebenso viel kostet, wie sie Ihnen erspart.

Veränderungsbereites Denken

High-Tech muß richtig dosiert werden.

14

Die Team-Kuh

Bürokratienirrsinn

Vor nicht allzu vielen Jahren war das einzige Team, das man in den amerikanischen Unternehmen fand, die Softball-Mannschaft der Firma. Die Aufgabegebiete wurden von den Abteilungen definiert. F&E entwickelte ein Produkt, „schnippte es über die Trennwand" zur Technik, dann ging es weiter über verschiedene Wände zur Produktion, zum Rechnungswesen, zum Marketing und schließlich zum Verkauf. Gott bewahre, es gab ein Problem, der ganze Prozeß wäre vom Anfang an neu aufgerollt worden.

Jeder arbeitete in seinem eigenen Silo, einer hermetisch abgeschlossenen, netten, sauberen Umgebung, die eher in ein Labor passen würde als in den Rahmen einer Firma. Und weil die Wände, die die Abteilungen trennten, so hoch waren, dauerte es unmöglich lange, bis man ein Produkt auf den Markt bringen konnte. Um diesen Bürokratienirrsinn zu rationalisieren, kam jemand auf die Idee, die Wände dieser Silos mit einem Holzhammer zusammenzuschlagen. Bereichsübergreifende Teams, ein Konzept, das von den englischen Kohleminen der 30er Jahre herrührt, haben sich nun so stark in den Unternehmen festgesetzt, wie ein Aal auf einem Gummihandschuh.

Eine Umfrage bei *Fortune 1000 Unternehmen* ergab, daß unheimliche 68 Prozent eigenverantwortliche oder Hochleistungsteams verwenden.[1] Es ist egal, ob es sich um Dienstleistungsunternehmen wie FedEx handelt oder um in der Produktion tätige Unternehmen wie Boeing; der Team-Lösungsansatz ist allgegenwärtig. Und das Tempo, bis das Produkt auf den Markt kommt, sowie die Produktivität sind dramatisch gestiegen.

Jubeln Sie nicht zu früh

Aber bevor Sie in Jubel ausbrechen, sollten Sie dieses hochfliegende Phänomen vielleicht von einer anderen Seite aus betrachten. Ist das Teamkonzept, einst die Lösung für eine Herde von heiligen „Silokühen", selbst ein Herdentier geworden?

Die Antwort lautet ja und nein. Laut den neuesten Forschungen funktionieren Teams in der Theorie besser als in der Praxis, und sie sind nicht das Allheilmittel, für das man sie einst hielt. Man könnte sagen, Teams sind drauf und dran, eine heilige Kuh zu werden.

Die Team-Kuh

„Teams sind die Ferraris der Arbeitsplanung", sagt Edward Lawler, Professor für Management, der eine Studie am USC Center for Effective Organizations beaufsichtigte. „Sie bringen eine hohe Leistung, aber sie erfordern viel Pflege und sind teuer."[2]

„Teamwork ist nicht einfach", sagt einer, der es wissen sollte – Pat Riley, der die Los Angeles Lakers zu vier Weltmeisterschaften in neun Jahren führte. „In der Tat kann es sogar sehr frustrierend und schwer zu erreichen sein ... Teamwork taucht nicht einfach magisch auf, nur weil jemand die Worte ausspricht. Es ist nicht erfolgreich, nur weil Talent oder Ehrgeiz vorhanden sind. Es gedeiht nicht einfach, weil ein Team am Erfolg gerochen hat."[3]

Team-Troubles

„Nur weil Sie eine Gruppe von Leuten in einem Raum zusammenbringen, heißt das noch lange nicht, daß sie ein Team sind", warnt Laura Hotzler, leitende Managerin des Unternehmensberatungsgiganten Deloitte & Touche.[4]

Im folgenden ein paar typische Team-Troubles.

Sie sind überbeansprucht

Nicht für jede Aufgabe ist ein Team erforderlich. „Bei Versicherungsverkäufern und Fahrern von langen Trucks verwendet man keine Teams", betont Henry Sims, Professor für Management und Autor des Buches *Unternehmen ohne Bosse*.[5]

Zu oft greifen Managements nach der Teamlösung, so wie ein Erkälteter nach Taschentüchern greift. Teams sind ein Reflexverhalten auf jedes Problem geworden. Das automatische Zusammenstellen eines Teams birgt Gefahren. Das Team-Burnout-Syndrom ist in vielen Organisationen anzutreffen.

„Ich spiele in zu vielen Ligen, und ich kann mit all den Spielern und meinen Verantwortungsbereichen nicht mehr mithalten", beklagte sich ein Manager, der Verpflichtungen in fünf Teams bei einem Gas- und Elektrizitätsunternehmen innehat. „Ich bin vollständig ausgeteamt."

„Sicherlich ist dieses Qualitäts-Programm wichtig", sagte ein leitender Angestellter eines Herstellers von Konfektionskleidung. „Aber es bedeutet ein weiteres Team, und das bedeutet mehr Besprechungen. Zum Teufel, ich habe schon nicht genügend Zeit für meine bisherigen Besprechungen."

Ein paar grundlegende Fragen, die man sich stellen sollte, bevor man ein Team bildet:

- Ist für die Arbeit ein hohes Maß an Zusammenarbeit unter den Mitarbeitern erforderlich?
- Sind Teams zu teuer oder zu zeitaufwendig in der Aufgabenbewältigung?
- Wird durch Teams die Arbeit ungebührend kompliziert anstatt vereinfacht?
- Ist es übertrieben, für dieses Projekt ein Team zu verwenden? Können Einzelpersonen die Arbeit leichter und effizienter erledigen?

Nichtübereinstimmung – Die falschen Teams werden gebildet

Es gibt viele verschiedene Arten von Teams. Manche sind für eine spezifische Arbeit besser geeignet als andere. Hier sind fünf Arten:

- Problemlösungsteams: Man stellt sie für die Lösung eines spezifischen Problems zusammen und löst sie dann wieder auf.
- Arbeitsgruppen: Wie der Name schon vermuten läßt, erledigen sie die tatsächliche Arbeit. Sie sind unten auf dem Spielfeld und produzieren das Produkt.
- Virtuelle Teams: Sie sitzen nicht in einem Raum zusammen, sondern kommunizieren über Telefon und Computer.
- Qualität-Teams: Sie treffen sich in periodischen Abständen, um Probleme zur Sprache zu bringen und Verfahren zu verbessern.

- Management-Teams: Sie koordinieren Managementfunktionen wie Verkauf und F&E.[6]

Was passiert, wenn das falsche Team ausgewählt wird? Virtuelle Teams sind großartig, wenn es darum geht, Prozesse zu beaufsichtigen und wichtige Informationen auszutauschen, aber sie sind eine schlechte Wahl, wenn es um das Kreieren neuer Produkte oder Dienstleistungen geht.

Qualität-Teams sind dazu geeignet, zusätzliche Verbesserungen auszuarbeiten, aber sie sind absolut ungeeignet, schnelle oder größere Verschiebungen innerhalb einer Organisation durchzuführen. Ohne ein klares Gespür dafür, welche Art von Team die jeweilige Situation erfordert, ist die Gruppe zum Scheitern verurteilt.

Nicht jeder ist dafür geeignet, in einem Team zu spielen

Manche Menschen sind einsame Wölfe oder rauhe Individualisten. Der aggressive Mitarbeiter im Verkauf, der Flöhe im Bauch hat und es liebt, dort zu sein, wo was los ist, wird vielleicht versuchen, Besprechungen zu dominieren. Der „Technikfreak", der es nur genießt, mit seinem Computer zu sprechen, sagt vielleicht während einer Besprechung überhaupt nichts oder sitzt einfach nur da und spielt Computerspiele. Solche Menschen in Gruppen zu zwingen kann sowohl auf ihre Produktivität als auch auf die des Teams negative Auswirkungen haben. Die Theorie des „einen schlechten Apfels" trifft auf Teams zu.

Einzelinitiativen können erdrückt werden

Zu viele Besprechungen und zu wenig konkretes Handeln – Probleme, die Teams eigen sind – können die Motivation und die Dynamik zerstören. Da die gesamte Gruppe, nicht die Einzelperson, zur Verantwortung gezogen wird, können sich manche Teammitglieder zurücklehnen und bleiben bis zu einem gewissen Grad ungestraft. Entscheidungen werden manchmal verzögert und Aktivitäten verschoben, weil alle Teammitglieder darauf warten, daß auch die Langsamen und Vorsichtigen mitmachen.

Innerhalb eines Teams ist es für einen Mitarbeiter leichter, Faulheit oder nachlässige Arbeit zu verstecken. Äußerst ehrgeizige Leute könnten auch das Gefühl haben, daß die Teamstrukturen ihr eigenes Weiterkommen blockieren. Ihre Reaktion könnte sein, daß sie damit aufhören, sich selbst weiterzuentwickeln. Wir kennen Teams, in denen die Mitglieder ihre Leistung reduziert haben, weil andere in der Gruppe nicht so schwer arbeiteten wie sie. Wir sind auch auf Teams gestoßen, in denen ein oder zwei Mitglieder für die Bemühungen der Gruppe verantwortlich waren, während andere sich zurücklehnten und Zuschauer spielten. Das Gefühl der Ungerechtigkeit und der daraus resultierende Unmut demotivierten schließlich die Erfolgstypen.

Wenig Unterstützung

Ohne Werkzeuge, Unterstützung und Training sind Teams zum Scheitern verurteilt. Und doch werden viele Teams ausgesandt, um mit ungenügenden Hintergrundinformationen, schlechtem Zugang zu den relevanten Daten, einem viel zu kleinen Budget und einem Kommunikationssystem, das weit unter dem normalen Standard liegt, eine Arbeit zu erledigen. Wenn sie dann ohne Ergebnisse zurückkommen, wer bekommt dann alles ab? Sie haben es erraten, obwohl ihre Probleme an der Struktur lagen.

Unklarheit über das Konzept

Jeder war schon mindestens einmal in einem Team, dessen erste und manchmal einzige Aufgabe es war, den Grund für seine Existenz herauszufinden. Erfolgreiche Teams haben klar erreichbare Ziele, einen bestimmten Zeitrahmen und eine Methode, um ihre Ergebnisse auszuwerten. Oberflächliche Teamarbeit, die nur den Anschein vermittelt, daß etwas unternommen wird, ist Zeit- und Geldverschwendung.

In einem Vakuum operieren

Wenn Teams zusammen mit anderen Änderungen innerhalb einer Organisation eingeführt werden, funktionieren sie. Wenn sie isoliert eingeführt werden, schlagen sie fehl. „Mein innerstes Gefühl sagt mir, daß sie meistens isoliert eingeführt werden", sagt Paul Ostermann, Professor an der MIT's Sloan School of Management.[7]

Bei Boeing, wo Arbeitsteams üblicherweise in den meisten Bereichen der Produktion verwendet werden, fand das Unternehmen heraus, daß die Kommunikation zwischen den verschiedenen Gruppen ziemlich schlecht war. Sie war sogar so schlecht, daß eines der Teams geplant hatte, das Sauerstoffsystem für die Passagiere am gleichen Ort zu installieren, an dem ein anderes Team die Frischluftdüsen eingeplant hatte.

Um das Problem zu bekämpfen, bildete das Unternehmen Flugzeug-Integrations-Teams mit Zugang zum Personal auf allen Ebenen der Organisation. Diese speziellen Gruppen von 12 bis 15 Personen tauschten die Informationen unter den verschiedenen Teams aus. Sie fanden heraus, wo das Problem lag, brachten die Teams für die Flügel und das Cockpit dazu, es zu lösen und vermieden so teure Änderungen in der Herstellung.

Boeings Lösung geht in die richtige Richtung. Teams sollten innerhalb eines gut ausgedachten Generalplans strukturiert sein. Dieser Plan soll die Aufgaben angleichen und spezifische Kommunikationsverbindungen skizzieren, sowohl zwischen Teammitgliedern als auch zwischen den einzelnen Teams. Ad hoc oder zufällig zusammengesetzte Teams sind ausgegrenzt oder arbeiten anderen Gruppen entgegen.

Frank Ostroff, ein Berater der McKinsey Organisations-Leistungs-Gruppe, sagt: „Führungskräfte wissen, was Teams leisten können. Aber sie brauchen ein Bild, das das Hochleistungsteam mit der ganzen Organisation verbindet und die Gewinne multipliziert."[8]

Persönlichkeitsprobleme

Wie kann man zwei Leute, die seit Beginn ihrer Karriere Rivalen sind, dazu bringen, sich zu verbrüdern? Was ist mit Mitarbeitern, die sich jahrelang am Getränkeautomat aus dem Weg gegangen sind? Gruppendynamik kann man nicht ignorieren. Mitarbeiter in unterschiedlichen Positionen, die in einem Team zusammenarbeiten, sind durch Manager oft eingeschüchtert und zögern, sich zu äußern. Wenn man ein Team zusammenstellt, bringt man die Geschichte aller zusammen: wie sie in ihrem „ursprünglichen" Team, ihrer Ursprungsfamilie, und in jeder Gruppe, in der sie seitdem waren, wirkten.

Manche Leute leben für den Konflikt. Andere leben dafür, ihn zu vermeiden. Manche Leute sind emotional und ausdrucksstark, andere sind rational und reserviert. Es gibt extrovertierte und introvertierte Menschen. Manche Teams schlagen fehl, weil das Management nicht darauf vorbereitet ist, in diesem Bereich zu vermitteln. Man kann das Teamkonzept vergessen, wenn man mit den Spielern und der Art und Weise, wie sie in die Gruppe passen (oder nicht passen), nicht richtig umgeht.

Fehden im Land der Mäuse. Das erfolgreichste Team in der Unterhaltungsbranche seit Rodgers und Hammerstein lief nicht deshalb auf Grund, weil die Leistungen so schlecht waren, sondern weil es persönliche Konflikte gab. Michael Eisner und Jeffrey Katzenberg waren das dynamische Duo, das dafür verantwortlich zeichnete, daß Disney die Gewinne in weniger als zehn Jahren von 1,4 Milliarden Dollar pro Jahr auf mehr als 8,5 Milliarden Dollar steigern konnte. Katzenberg leitete die Studios, Eisner die anderen Bereiche. Trotz ihres immensen individuellen Talents und Geschäftsverstandes zerstörten persönliche Konflikte ihre Partnerschaft.

Ken Auletta schreibt in *The New Yorker:* „Diese Geschichte aus Hollywood erinnert ein weiteres Mal daran, daß etwas Immaterielles oft mehr ausmacht als materielle Dinge wie Gewinn und Verlust oder eine Geschäftsstrategie oder sogenannte Synergien. Jeffrey Katzenberg gab einen tollen Job auf aus Gründen, die mehr mit Psychologie und Zwischenmenschlichkeit zu tun haben als mit Leistung."[9]

Verschiedene Sprachen

Unternehmen sind Schmelztiegel, die gefüllt sind mit Einzelpersonen unterschiedlicher Kulturen, die ihre ihnen eigenen Sprachen und Werte an den Arbeitsplatz mitbringen. Mitarbeiter aus verschiedenen Abteilungen innerhalb der Organisation bringen auch ihre eigenen ausgeprägten Perspektiven und sogar ihren eigenen Fachjargon mit. Die Mitarbeiter vom Marketing und die Mitarbeiter aus der Produktion werden eine unterschiedliche Sichtweise des gleichen Problems haben.

Mitglieder eines Teams „sprechen auch unterschiedliche Sprachen." Im Marketing spricht man die „Verkaufssprache", in der Fertigung die „Produktionssprache" und in der Technik die „Plansprache". Diese Unterschiede in der Sprache und in der Perspektive können für oder gegen uns arbeiten. Wenn man die mannigfaltigen Erfahrungen, das Fachwissen und die Betrachtungsweisen eines Teams nützt, ermöglicht ihm das, kreativ und effektiv zu sein. Dadurch wird eine Synergie geschaffen, wo das Ergebnis mehr ist als nur die Summe der einzelnen Teile.

Geht man aber mit unterschiedlichen Perspektiven nicht richtig um, wird dies Leute trennen, Konflikte und kleine Eifersüchteleien und einen Mangel an Flexibilität hervorrufen.

Teamtaktik

Nachfolgend haben wir ein paar Regeln aufgeführt, um eine Synergie zu schaffen und mehr aus einem Team herauszuholen:

- Stellen Sie gleich am Anfang klar, daß die Perspektive, die jeder Spieler an den Verhandlungstisch mitbringt, sehr viel bedeutet.
- Behandeln Sie jeden mit Respekt. Stellen Sie sicher, daß jede Person die Gelegenheit hat, etwas beizutragen. Vergessen Sie nicht, daß der Introvertierte aus der Abteilung F&E und der leicht eingeschüchterte junge Mitarbeiter vielleicht etwas Einzigartiges beitragen können. Ermutigen Sie sie zur Mitarbeit.
- Schätzen Sie den Beitrag jedes einzelnen, ohne Rücksicht darauf, wie er sich im ersten Moment anhören mag. Eine Zeitverschwendung? Überhaupt nicht. Der Samen der Brillanz könnte in einer Bemerkung enthalten sein, die zuerst lächerlich anmutet. Oder die Idee könnte jemand anderen stimulieren, der dann eine glänzende

Lösung vorschlägt. Manchmal wird durch etwas Polieren ein matter Gedanke zu einem Juwel. Suchen Sie zuerst das Positive in einer Idee, bevor Sie das Negative suchen. Das fordert alle Teilnehmer auf, nicht nur nach Fehlern zu suchen, sondern alles in ihre Überlegungen miteinzubeziehen.

- Bauen Sie Verständnisbrücken. Seien Sie offen für gegensätzliche Ansichten. Gehen Sie nicht über unterschiedliche Meinungen, Ansichten, Werte oder Ideen hinweg. Konflikte führen oft zu Kreativität. Verwenden Sie gegensätzliche Perspektiven, um einen größeren Rahmen zu schaffen.

- Zielen Sie auf die Ideen, nicht auf die Person. Bleiben Sie auf sicherem Terrain, indem Sie über Ideen diskutieren, nicht über Menschen. Bemerkungen wie „Überlassen Sie es einem Buchhalter, auf so etwas zu kommen", können auch, wenn sie im Scherz gesagt wurden, entmutigende Auswirkungen auf die Risikobereitschaft haben. Kreatives Denken kann nur in einem Umfeld gedeihen, in dem es akzeptiert wird und wo persönliche Angriffe oder Bezugnahmen unmöglich sind. Wenn nötig, stellen Sie ein Schild auf: PERSONALISIERUNG VERBOTEN.

- Manager sollten mit ihrem Verhalten als Beispiel vorangehen. Die Teammitglieder richten sich nach dem Anführer, wenn es um die richtige Reaktion oder Einstellung geht. Wenn der Manager andere respektiert, ihnen gut zuhört, Offenheit demonstriert und ehrlich handelt, werden es ihm die Leute gleichtun. (Mehr darüber in Kapitel 17: „Wie man ein veränderungsbereites Umfeld schafft".)

- Stellen Sie Teammitglieder, die nichts beitragen oder der Sache entgegenwirken, zur Rede, aber tun Sie es ohne zu tadeln oder feindselig zu sein.

Der Lebenszyklus eines Teams

Teams haben ihre eigene Dynamik. Genau wie Einzelpersonen machen sie Phasen des Wachstums und der Entwicklung durch. Neu gebildete Teams funktionieren anders als erprobte Teams, und auch das, was sie von ihrem Teamleiter brauchen, ändert sich mit der Zeit. Um den Beitrag eines Teams zu maximieren, ist es wichtig, daß Manager wissen, wie Gruppen entstehen und sich verändern. Es ist keine gute Idee, ein neues Team für eine Aufgabe einzusetzen, bei der sehr viel Vertrauen unter den Mitgliedern erforderlich ist. Es ergibt auch keinen Sinn, ein erprobtes Team für eine Aufgabe vorzusehen, wo alles bis ins kleinste Detail von oben vorgegeben wird.

Es gibt fünf Phasen in der Entwicklung eines Teams:

Orientierung

Im Anfangsstadium stellen sich die Mitglieder Fragen wie: „Wie passe ich hinein?" „Wie sind die Regeln und Erwartungen?" „Kann ich diesen Leuten vertrauen?" „Wie werden Entscheidungen getroffen?" „Ist es ungefährlich zu sagen, was ich denke?" Das ist die Phase, in der die Leute zögern und zaghaft sind. Die Leiter des Teams müssen sehr richtungsweisend handeln und den Auftrag des Teams, die Ziele, Regeln und das Klima vorbereiten. Sie müssen die Spieler motivieren, so daß sie von dem Projekt begeistert sind, und sie müssen die Standards für die Teilnahme vorgeben.

Konflikt

Die zweite Phase ist meistens eine Phase der Konflikte und der Unzufriedenheit, wenn die Leute sich gegenseitig kennenlernen. Es gibt oft Machtkämpfe, und die Teamleiter werden ausgetestet. Dies ist eine kritische Phase, in der das Team auseinanderbrechen oder der Auftrag sabotiert werden kann. Es ist oft eine Zeit der Frustration, wenn die Mitglieder verwirrt darüber sind, was man von ihnen erwartet und wie sie ihre Aufgaben angehen sollen. Die Teamleiter müssen ständig ihre Ziele wiederholen, Konflikte bewältigen, Teammitglieder beruhigen und Herausforderungen ohne Abwehrhaltung entgegentreten.

Harmonie

In Phase drei kristallisieren sich natürliche Anführer heraus, und Respekt, Vertrauen und Zusammenarbeit tauchen langsam auf. Die Mitglieder sind immer mehr darum besorgt, die Harmonie zu wahren und gegebene Differenzen sind versteckter, je mehr Zusammengehörigkeitsgefühl das Team entwickelt. In dieser Phase fängt das Team an, sich selbst zu leiten, und die formalen Leiter müssen sich aus ihrer aktiven Rolle zurückziehen und die Gruppe nur führen, wenn sie von der Spur abkommt oder wenn bedeutende Differenzen nicht zur Sprache kommen. Die Rolle des Managers wird durch Förderung, nicht Führung, definiert.

Reife

Das reife Team ist eine Gruppe, in der gut formulierte Aufgaben, über die sich alle einig sind, reibungslos erfüllt werden. Die Mitglieder verspüren ein Gefühl der Zusammengehörigkeit und Bindung untereinander und gegenüber den Zielen des Teams. Eine starke Gruppenidentität und das Vertrauen in die Fähigkeit der Gruppe, ihren Auftrag zu erfüllen, entstehen. In dieser Periode sollten die Teamleiter eine weitgehend unterstützende Rolle übernehmen und somit den Mitgliedern erlauben, die Arbeit zu planen und zu erfüllen sowie Probleme zu lösen.

Altersschwäche

In der letzten Phase wird das Team allmählich zu einer heiligen Kuh. Es hat seinen Zweck und seine Nützlichkeit überlebt. Die Mitglieder haben vertraute Rollen und Gewohnheiten angenommen, und das Team ist einfach zu bequem, um dynamisch und kreativ zu sein. Die Rolle des Teamleiters besteht darin, ein feierliches Abendessen zu planen und die Gruppe aufzulösen.

Teams sind eine heilige Kuh, die man nicht „auf die Schlachtbank führen" sollte. Man sollte ihre Verwendung intelligenter planen, dann werden sie zu Leitbullen.

Veränderungsbereites Denken

Eine Gruppe von Menschen zusammen in einem Raum
einzusperren, macht sie noch lange nicht zu einem Team.
Verwenden Sie keine Teams für Aufgaben, die Einzelpersonen besser erledigen können.
Bauen Sie Brücken zwischen den Teams.

15

Die Arbeiten-bis-zum-Umfallen-Kuh

„Das Geheimnis meines Erfolges ist nicht irgendeine ausgefallene Strategie. Ich arbeite ganz einfach mehr als jeder andere."

Diese Rednerin war die erste von fünf bei einer Podiumsdiskussion mit den Superstars unter den Hypothekenmaklern, die alle im vergangenen Jahr Darlehen von mehr als 30 Millionen Dollar abgeschlossen hatten. Ihr normaler Arbeitstag dauerte von 7 Uhr morgens bis 2 Uhr nachts und bestand darin, wöchentlich auf den neuesten Stand gebrachte Aussendungen an Immobilienmakler zu verschicken, Werbespots zusammenzustellen, Referenzlisten zu erstellen, gesellschaftliche Ereignisse und Veranstaltungen der Immobilienbranche zu besuchen, viele Hände zu schütteln und endlos Smalltalk zu führen.

Die nächsten drei Superstars – ebenfalls Marathonarbeiter – wiederholten ihre Worte beinahe exakt. Die meisten Zuhörer machten Notizen, nickten zustimmend, und schnürten in Gedanken schon ihre Laufschuhe.

Großartige Erfolgsstrategie, dachte ich, wenn Ihre Vorstellung von Erfolg die ist, *kein* Privatleben zu haben und in fünf Jahren ausgebrannt zu sein.

13 Monate pro Jahr

Erinnern Sie sich an das Versprechen der Technologie, daß wir mehr Freizeit haben würden? Die ganze neue Hardware sollte dazu führen, daß die Arbeiter weniger zu tun und mehr Zeit zum Spielen haben.

Kennen Sie jemanden, der spielt?

Trotz der Techno-Revolution hat die Downsizingepidemie den Überlebenden erweiterte Aufgaben und weniger Ressourcen hinterlassen. Ein typisches Beispiel hierfür ist die U.S. Bank of Washington (State), die im Jahr 1988 durch eine Fusion geschaffen wurde. Die Personalabteilung wurde von 70 Mitarbeitern auf 6 verkleinert, und doch erwartete man, daß die gleichen Dienstleistungen angeboten wurden. „Die Leute dachten, daß die Mehrarbeit nach der Fusion (alle arbeiteten bis spät in den Abend und an den Wochenenden) nur temporär sein würde", sagte Robert Kakiuchi, Vizepräsident der Personalabteilung. „Statt dessen ist es die neue Norm."[1]

In der heutigen Zeit arbeitet der/die durchschnittliche Amerikaner/in 20 Prozent mehr Stunden als vor nur fünf Jahren. Das ist ein ganzer Tag in der Woche. Für 57 Prozent ist es normal, 50 bis 65 Stunden pro Woche am Schreibtisch zu sitzen.[2] Manche Berichte sprechen sogar davon, daß die im Büro tätigen Amerikaner sich der japanischen Tradition mit 12-Stunden-Arbeitstagen und mit Arbeit ausgebuchten Abenden annähern.

Die Arbeiten-bis-zum-Umfallen-Kuh

Tatsächlich sagt die in Harvad tätige Wirtschaftswissenschaftlerin Juliet Schor in ihrem Buch *The overworked American,* daß die Leute das Äquivalent von 13 Monaten pro Jahr arbeiten im Vergleich zu vor zwanzig Jahren.[3]

Und das trifft nicht nur auf das Büropersonal zu. In der Fabrikanlage von GM, in Flint, Michigan, streikten die Arbeiter teilweise, um gegen die zwingenden Überstunden zu protestieren, die manchmal zu einer Arbeitszeit von 66 Stunden pro Woche ausarteten. Und Arbeiter des Allegheny Ludlum Corps Stahlunternehmens streikten, nachdem einige Arbeiter unglaubliche *174 Stunden in zwei Wochen* arbeiten mußten.[4] Urlaub? Sie machen Witze! Für die meisten Leute bedeutet Urlaub ein langes Wochenende. Und jene, die sich doch Urlaub nehmen, haben in ihrer Golftasche ein Faxgerät oder ein Telefon in ihrem Rucksack.

Arbeitende Mutter – ein redundanter Begriff

Sechs Millionen alleinstehende Mütter lassen ihre Kinder alleine, um zur Arbeit zu gehen. Das sind doppelt so viele wie vor 20 Jahren. Und berufstätige Mütter sind durchschnittlich *44 Stunden* bei der Arbeit, und 31 Stunden widmen sie sich ihren Familienpflichten.[5] Ist es ein Wunder, daß viele Menschen den Begriff *arbeitende Mutter* als Redundanz per se betrachten.

Erst Not, dann Gier

Wirtschaftliche Notwendigkeit ist nicht der einzige Grund, warum die Leute arbeiten, bis sie umfallen. Viele nehmen zusätzliche Beschäftigungen an, um sich ein frei verfügbares Einkommen zu verdienen. „Zuerst ist es Not, und dann ist es Gier", sagt Sylvia Johnson, die bei JC Penney im Vollzeitjob verkauft und zusätzlich 20 Stunden pro Woche für eine Computerfirma Daten eingibt. „Mein Ehemann und ich haben ein komfortables Zuhause und drei Autos. Aber ich glaube, man will immer mehr als Belohnung für die harte Arbeit, die man leistet."[6]

Amerikaner arbeiten zu viel

Dieser Meinung sind viele Europäer. Der Wunsch, die Anzahl der Stunden möglichst gering zu halten, ist eine Zwangsvorstellung in Deutschland, wo die durchschnittliche wöchentliche Arbeitszeit eines Fabrikarbeiters 30 Stunden beträgt, und die Zahl ist im Sinken. In Amerika beträgt die wöchentliche Arbeitszeit 38 Stunden – Tendenz steigend. Und in Deutschland wird den Arbeitern *per Gesetz* ein Minimum von fünf Wochen Urlaub garantiert.[7] „Die Deutschen stellen die Freizeit an die erste und die Arbeit an die zweite Stelle", sagt Angie Clark, eine für den Wareneinkauf zuständige Managerin bei JC Penney, die in Deutschland geboren ist. „In Amerika ist es genau umgekehrt."[8]

Als in Deutschland der lange Donnerstag eingeführt wurde, streikten die Angestellten des Einzelhandels, und für die Manager war es schwer, Verkaufspersonal zu finden, um die zusätzlichen Stunden abzudecken. „Logisch betrachtet, warum sollte irgend jemand um 20.30 Uhr ein Fahrrad kaufen wollen?" fragte Andreas Drauschke, ein Mitarbeiter eines Kaufhauses in Berlin.[9] Es ist für die Deutschen einfach unergründlich, warum die Amerikaner darauf fixiert sind, die Läden rund um die Uhr offen zu halten. In Deutschland ist es gesetzeswidrig – ja genau, *illegal* –, daß die Leute während ihres Urlaubs für jemand anderen arbeiten, weil diese Zeit „nur der Erholung dienen soll."[10]

Mentaler Muskelschrumpf

Marathon-Arbeitstage bezahlt man mit einem vorzeitigen Zusammenbruch. Jede Maschine, die ständig am Laufen ist, wird ausbrennen. Sogar Arnold Schwarzenegger, Terminator und fünfmaliger Mr. Universum, riet davon ab, die gleichen Muskelgruppen zwei Tage hintereinander zu trainieren. Sie brauchen eine Erholungspause.

Das gleiche gilt für das Gehirn. Wenn Sie Ihren „mentalen Muskel" überbeanspruchen, werden Sie Ihre Schärfe verlieren. Sie können sich auch nicht konzentrieren und machen mehr Fehler. Ihre Kreativität leidet, und Sie fühlen sich körperlich, geistig und spirituell erschöpft.

In einer Gallup-Umfrage im Jahre 1991 gaben 75 Prozent der Befragten an, ihr Privatleben leide wegen ihrer immer umfangreicher werdenden Arbeitszeit.[11]

Mogelei

Ein weiteres Risiko für Unternehmen, die ihre Leute für zu lange Zeit zu sehr beanspruchen, liegt im Mogeln. Wenn die Leute „zu viele Aufgaben" haben, wenn sie zu viel tun müssen und man von ihnen erwartet, daß sie unrealistische Vorgaben erfüllen, ist es sehr viel wahrscheinlicher, daß sie mogeln, damit ihre Zahlen gut aussehen, sagt Michael Josephson, Präsident des Josephson Institute on Research.

Josephson glaubt, daß der Skandal bei den Sears Autoreparaturwerkstätten Anfang der neunziger Jahre, wo Kunden zu viele nicht erbrachte Dienstleistungen verrechnet wurden, das Ergebnis der Forderung war, daß die Leiter der Werkstätten weit überzogene Umsatzziele erfüllen mußten.[12]

Weniger ist mehr

Es ist besser, Sie packen zusammen, wenn Sie müde sind, und kommen früh am nächsten Morgen wieder zurück. Sie werden schneller arbeiten, wenn Sie frisch sind und kreativer denken können. Und Ihre Stimmung und Einstellung werden weitaus besser sein. Studien zeigen, daß Effektivität und Produktivität steigen, wenn der Arbeitstag verkürzt wird. Um die Jahrhundertwende, als Fabrikarbeiter lang arbeiten mußten, führte die Verkürzung des Arbeitstages von 10 auf 8 Stunden zu einer bedeutenden Steigerung der Produktivität. Und die Kürzung der 40-Stunden-Woche um bis zu 5 Stunden in den Vereinigten Staaten und Großbritannien führte zu weniger Fehlzeiten, weniger Personalwechsel, zu weniger persönlichen Geschäften während der Arbeitszeit und zu niedrigeren Kosten.[13]

Ein halber Tag. Im Sommer 1992 gab New York Life seinen Mitarbeitern den Freitagnachmittag frei. Die Arbeit, die nicht erledigt wurde, wurde während der restlichen Woche eingearbeitet, berichtete der CEO.[14] Ein großes Verlagshaus führte den gleichen Zeitplan für Freitagnachmittag während des Sommers ein. Das erstrebte Ziel war, die Moral zu verbessern, aber überraschenderweise fanden die meisten Leute heraus, daß sie an jenen halben Tagen genauso viel erledigen konnten wie früher im Laufe eines ganzen Tages. „Ich achtete einfach darauf, was getan werden mußte", erzählte uns ein Redakteur. „Ich strich einfach all das kleine Zeug, um das ich mich eigentlich nicht kümmern mußte. Dadurch erkannte ich, wieviel Zeit ich verschwende, und das half mir, während der restlichen Woche produktiver zu sein."

Abkühlung im Ausbeutungsbetrieb

Manche Unternehmen legen die Mentalität des Ausbeutungsbetriebes ab und experimentieren mit neuen Arbeitszeitmodellen. In einer Fabrik von Xerox wurde den Mitarbeitern die Freiheit gegeben, ihre Anfangszeiten selbst zu wählen und ihre Arbeitswoche zu komprimieren. Die Manager gerieten in Panik! Aber 10 Monate später erledigten die Mitarbeiter ihre Aufgaben, ohne irgend etwas auszulassen. Die Fehlzeiten verringerten sich um ein Drittel, und Teamwork, Moral und Kundenzufriedenheit verbesserten sich. Bei Nachfolgegesprächen ergab sich, daß die Mitarbeiter das Gefühl hatten, sie hätten mehr Kontrolle über ihre Arbeit.[15]

Eine Umfrage bei den Angestellten der Harris Bank in Chicago zeigte auf, daß es den Leuten nicht um eine kürzere Arbeitszeit ging, sondern um mehr Flexibilität. Harris reagierte darauf mit einer durchschlagenden neuen Alternative, die mehr persönliche Kontrolle zuließ. In der Kreditkartenabteilung der Bank zum Beispiel erstellten vier Angestellte einen Zeitplan, der Arbeitstage von 11 und 4 Stunden kombinierte. Indem die Verantwortung für die Abendstunden, die keiner wollte, aufgeteilt wurde, erstellte jede Mitarbeiterin für sich eine Arbeitswoche, die für sie am besten war. Das Ergebnis: die frühen Abendstunden – die Spitzenzeit für das Inkasso – wurden besser abgedeckt, und die Angestellten waren motiviert und produktiv.[16]

„Wir haben folgendes bemerkt: Wenn wir den Leuten die Kontrolle über ihre Arbeitszeit ermöglichen, steigt die Produktivität ganz gewaltig", sagt Karen Leibold, verantwortliche Direktorin für das Familienprogramm von Stride Rite, in deren Abteilung Sperry Top-Sider es flexible Arbeitszeitmodelle gibt.[17] Und der Produktgruppenmanager Joe Hearn berichtet, er sei „ständig verblüfft über die Kreativität, die die Angestellten an den Tag legen, damit außergewöhnliche Arbeitszeitmodelle funktionieren."[18]

„Die Arbeitskräfte von heute schreien geradezu nach Flexibilität", sagt Robert Lambert, leitender Vizepräsident bei Carter Hawley Stores. „Wenn man dazu beitragen kann, daß die Mitarbeiter ihren privaten Verpflichtungen nachkommen können, hat man produktivere Arbeitskräfte, die mehr Begeisterung und Energie zeigen. Flexibilität ist ein wichtiger Beitrag zu einem besser funktionierenden Geschäft."[19]

Vier-Tage-Woche

Laut einem Bericht des *Wall Street Journal* bietet oder fordert ungefähr ein Viertel der großen Unternehmen in den Vereinigten Staaten eine Vier-Tage-Woche. Dies ist doppelt so viel wie vor fünf Jahren. Dadurch ist dies das Zeitmodell, das von immer mehr Unternehmen im ganzen Land angewandt wird.[20]

Die Idee hat in Europa Anklang gefunden, wo die Volkswagen AG erst kürzlich die Vier-Tage-Woche einführte. Viele Europäer sehen dies als Anwort auf die hohen Arbeitslosenzahlen.

„Die Vier-Tage-Woche kann zwei Millionen neue Arbeitsplätze schaffen, ohne dafür die Wettbewerbsfähigkeit zu opfern", sagt Pierre Larrouturou, ein französischer Unternehmensberater mit beträchtlichem Einfluß. Sein Plan sieht eine 33-Stunden-Woche und eine Lohnkürzung von 5 Prozent durch die Bank vor.[21]

Die Vier-Tage-Woche reduziert auch Fehlzeiten. Durch den zusätzlichen freien Tag haben die Leute Zeit für persönliche Dinge wie Arzttermine, Autoreparaturen und andere Verpflichtungen, deshalb ist es nicht nötig, der Arbeit so oft fernzubleiben.[22]

Mein eigenes Büro ist seit drei Jahren freitags geschlossen. Die Mitarbeiter bewältigen die gleiche Menge an Arbeit in vier anstatt in fünf Tagen, und alle im Büro sind glücklicher. Der Dienst am Kunden hat sich verbessert, die Leute sind nicht ausgebrannt, und sie haben Zeit für ein ausgeglicheneres Leben. Meine einzige Sorge war, nicht mehr erreichbar zu sein, da die herkömmliche Meinung dahin geht, „immer in Verbindung zu bleiben." Dann erkannte ich, daß die Leute meistens ein Voice-Mail bekommen und am nächsten Tag zurückrufen, also machte es keinen großen Unterschied, daß wir am Freitag geschlossen hatten.

Unerwarteterweise dient die Vier-Tage-Woche auch noch als Marketingwerkzeug. Dadurch gewinnen wir nämlich die Aufmerksamkeit der Kunden, und ich werde ständig gefragt, wie es funktioniert. Und die Leute nehmen an, daß man erfolgreich sein *muß,* wenn man nur vier Tage in der Woche arbeitet.

Berufsurlaub. Sogar Bobby Knight, der brillante und hart arbeitende Basketballtrainer an der University of Indiana sagt: „Ich sehe diese Trainer, die sagen, daß Coachen ihre Hauptbeschäftigung, Nebenbeschäftigung und Urlaubsbeschäftigung ist. Ich glaube nicht, daß mir das gefallen würde."

„Coachen ist nicht so kompliziert", sagt Knight, der während der Basketballsaison in seiner Freizeit zum Fischen und Jagen geht. Es ist wahrscheinlicher, daß er ein Buch über die Geschichte des Militärs liest als einen Bericht über Nachwuchsförderung.[23]

Alles ist vernetzt, und man kann nirgendwo mehr hin

Den langen Urlaub, den man dazu nützen kann, gemütlich mehrere Wochen lang in einer entlegenen Ecke der Welt abzuschalten, gibt es nicht mehr. Er wurde ersetzt durch den Kurzurlaub und das verlängerte Wochenende. Und so wie sich die Dinge entwickeln, werden diese bald durch den virtuellen Urlaub ersetzt sein, bei dem man den Schreibtisch nie verläßt – alles ist vernetzt, und man kann nirgendwo mehr hin.

Akzeptieren Sie keinen Ersatz. Diese Alternativen können den wahren Urlaub nicht ersetzen. Wenn Ihre Arbeitszeit einem Marathon gleichkommt, brauchen Sie eine *entsprechende* Zeit zum Ausruhen. Alle Untersuchungen zeigen, daß der Schlüssel zum richtigen Umgang mit Streß die anschließende Erholungsperiode ist. Ohne ausgedehnte Entspannung bricht der Körper zusammen.

Machen Sie etwas, das so weit wie möglich von der Arbeit entfernt ist, sowohl geistig als auch physisch. Begeben Sie sich an einen Ort, wo es keine Telefone oder Faxgeräte gibt. Bleiben Sie nicht in Verbindung. Rafting, Ausflüge mit dem Mountain Bike, Fischen an einem entlegenen Fluß; das Ziel dahinter ist, Ihre Gedanken so weit wie möglich vom Büro wegzubringen, indem Sie etwas ganz anderes tun. Und nehmen Sie das Telefon nicht mit.

Wir haben von einer Gruppe leitender Angestellter einer Versicherung gehört, die am Salmon zum Fischen gingen und eine Satellitenschüssel mitnahmen, so daß sie mit ihrem New Yorker Büro kommunizieren konnten. Sie haben das Wesentliche nicht begriffen. Zum Teufel, sie haben überhaupt nichts begriffen. Man kann die Zeit zur Erholung nicht einfach überspringen. Ihr Körper erkennt den Unterschied in dem Moment, in dem die Stimme Ihres Vorgesetzten durch den Telefonhörer kommt.

Von diesen Urlauben ohne jegliche Verbindung zum Büro komme ich total erfrischt zurück, ich freue mich wieder auf die Arbeit und sehe die Dinge klarer als zu dem Zeitpunkt, als ich wegfuhr. Und noch etwas: All diese Kleinigkeiten, über die Sie sich Sorgen gemacht haben, warten immer noch auf Sie, oder jemand anderer hat sich inzwischen darum gekümmert.

Die Hälfte der Zeit arbeiten (fast)

Übrigens, der letzte Redner auf dieser Veranstaltung der Superstars, die wir am Anfang des Kapitels erwähnten, war Duffy Gilligan, ein für Darlehen zuständiger Mitarbeiter von Mortgage Choice in Chapel Hill, North Carolina.[24] Duffy überraschte jeden. Er sagte: „Meine Strategie ist, volle *75 Prozent zu arbeiten!"*

Ich dachte, daß er sich einen Scherz erlaubte oder daß ich ihn falsch verstanden hatte, aber dann fuhr er fort: „Ich arbeite ungefähr sechs Stunden pro Tag fünf Tage pro Woche. Wenn Sie glauben, daß Sie die vielen Stunden arbeiten müssen, dann füllen Sie nur die Zeit aus. Meine Priorität ist, so viel Zeit wie möglich mit meinem Sohn zu verbringen. Deswegen kümmere ich mich ziemlich schnell um das Wesentliche. Die meisten Vertreter verbringen ihre Zeit damit, wie die Katze um den heißen Brei herumzuschleichen und Kunden für Darlehen zu suchen. Sie besuchen Immobilienvertreter, Ärzte, Zahnärzte und wohnen gesellschaftlichen Ereignissen und anderen örtlichen Veranstaltungen bei. Ich gehe direkt zu meinem potentiellen Kunden – der Person, die das Darlehen will – biete ihm ein großartiges Service und bitte ihn, meine Visitenkarte weiterzugeben, sollte er mit meinem Service zufrieden sein."

„Ich weiß, das hört sich einfach an, aber unser Geschäft ist nicht so kompliziert. Wir machen es uns nur so schwer. Wenn Sie glauben, es ist nötig, dies alles zu tun, nur um den Kunden zu gefallen, dann werden Sie es weiterhin tun. Vielleicht haben Sie sogar Erfolg damit. Aber zu welchem Preis? Was ich getan habe, ist, in Frage zu stellen, ob es wirklich nötig ist, all diese Hürden zu nehmen. Und außerdem bin ich im Hürdenlauf nicht sehr gut."

Das ist Duffy. Aber wir müssen ihm zustimmen. Sie können härter oder weniger hart arbeiten und wahrscheinlich in beiden Fällen das gleiche erledigen. Es liegt an Ihnen.

Veränderungsbereites Denken

Zu viel Arbeit ist zu viel.

16

Die Kuh-Jagd

Die Jagd

Bisher sprachen wir über einige typische heilige Kühe, aber es gibt sehr viel mehr Vieh, das auf Ihren Gewinnen, Ihrer Produktivität und Ihrer Geduld weidet. Heilige Kühe stürmen die Vorhallen, Büros und Konferenzräume der amerikanischen Unternehmen. Man kann sie in jedem Laden und in jedem Lager in den Kleinstädten Amerikas finden. Um sie zusammenzutreiben und zur Schlachtbank zu führen, müssen Sie ein Kuhjäger sein, der ständig nach veralteten Ansichten und Gewohnheiten Ausschau hält.

Der neue IBM CEO, Jerome York, hat den nötigen Instinkt eines großen Jägers. York holte Chrysler aus den roten Zahlen, indem er 4 Milliarden Dollar an überschüssigem Fett abspeckte, und er plant Einsparungen von 5 Milliarden Dollar pro Jahr bei Big Blue. Junge, das sind eine Menge Kühe! Seit er bei IBM ist, stellt er eine Kultur in Frage, die „in jahrzehntelangen schwer auszurottenden Gewohnheiten gefangen ist", und untersuchte die Grundvoraussetzungen und Vorgangsweisen von beinahe allen Vorgängen in dem Unternehmen.

„In diesem Unternehmen wuchert das Unkraut", betont York. „Wir werden es gründlich ausjäten und vernichten ... IBM lebt weit über seine Verhältnisse."[1]

Keine Kuh ist zu heilig, um von York nicht in Frage gestellt zu werden. Er arbeitet daran, IBMs einst bekannten, aber inzwischen veralteten Managementstil zu ändern, nach dem Entscheidungen im Konsens getroffen werden müssen, was sehr zeitaufwendig ist. Außerdem greift er solch hochgelobte Einrichtungen von IBM wie Country-Clubs für Angestellte und Feste an.

Schauen Sie sich einen Teil dessen an, was der grauhaarige, ehemalige leitende Angestellte aus der Automobilbranche in seinem ersten Jahr erreicht hat:

- Er kürzte die „Flugzeugflotte" von IBM von 13 auf 7 Jets.
- Er ersetzte telefonbuchdicke Instruktionshandbücher durch elektronische Anleitungen – und sparte somit *50 Millionen Dollar* an Druckkosten.
- Er sparte *1 Million Dollar,* indem er nicht mehr ganze Hoteletagen (gegenüber den Büros des Unternehmens in der Madison Avenue) mietete, um neue Produkte vorzustellen.
- Er verringerte die Zahl der Top-Konferenzen der besten Verkaufsleute von 11 auf 4. Auch mit den Übernachtungen in Fünf-Sterne-Hotels ist es vorbei.
- Er schaffte die jährliche Weihnachtsfeier für die Presse im New Yorker Plaza Hotel ab und sparte dadurch *10.000 Dollar.*[2]

Die Kuh-Jagd

Yorks Einstellung, alles in Frage zu stellen, ist das, was man braucht, um als Jäger der heiligen Kühe erfolgreich zu sein, aber man muß kein Angestellter der höheren Führungsebene sein, um heilige Kühe zu entdecken. Die besten Jäger sind oft im Fußvolk zu finden oder unter den Anfängern, die noch nicht in die Firmenkultur eingewiesen wurden und daher noch nicht alle Regeln und Grundprinzipien kennen. In der Tat ist York selbst ein Neuling in der High-Tech-Branche. Das erklärt, warum er eine solch neue Perspektive in den Job mitbringt. (Siehe Kapitel 5: „Die Experten-Kuh".)

Die Jagd auf heilige Kühe

Es hilft, wenn die Top-Führungskräfte des Unternehmens Jäger sind, aber wie bekommt man Leute auf allen Ebenen der Organisation dazu, sich an der Suche nach heiligen Kühen zu beteiligen? Unsere Antwort darauf ist die Jagd auf heilige Kühe, eine Technik, die wir nicht nur dazu verwenden, veraltete Ideen zu erkennen, sondern auch um die Mitarbeiter zu bewegen, mental für Veränderungen bereit zu sein.

Wir wissen nicht, ob die Leute es einfach genießen, eine Ikone zu Fall zu bringen oder ob sie sich nur an dem berauschenden Gefühl genüßlich erfreuen, den Status quo in Frage zu stellen, aber wenn wir erst einmal die Grundregeln dargelegt haben, stürzen sich alle in die Jagd und sind wirklich begeistert von dem Gedanken der Veränderung. In der Tat freuen sich manche Mitarbeiter geradezu hämisch darüber, Kühe zur Schlachtbank zu führen.

Aus diesem Grund ist die Jagd auf heilige Kühe ein großartiger erster Schritt, um die Mitarbeiter auf größere Umstellungen innerhalb der Organisation vorzubereiten. Durch die Jagden werden nicht nur ganze Herden von heiligem Vieh erkannt. Eine Jagd bedeutet auch Motivation für jeden, teilzunehmen. Und die Leute amüsieren sich, wenn sie mitmachen.

Bullen, nein danke

Für die Firma Tractor Supply Stores ist die Jagd auf Kühe so produktiv und erheiternd, daß man dort Kuhglocken an die Mitarbeiter verteilt. Jedesmal, wenn eine heilige Kuh gefunden wird, werden die grellen Glocken geläutet, und man kann das Echo des Lärms die Gänge hinunter hören. Mitarbeiter, die rostende Rinder entdecken, werden gelobt und gefeiert. Für die beste Kuh des Monats wird ein Preis vergeben, und Kuh-Motive und Accessoires werden deutlich sichtbar in den Büros ausgestellt.

Die Jagd auf Kühe in den 59 Betriebsanlagen des Arzneimittelherstellers Merck war so erfolgreich, daß das Unternehmen monatlich *Heilige-Kühe-Barbecues* veranstaltet.

Aber Williams Pipe Line Company, ein Unternehmen für Ölpipelines aus Tulsa, Oklahoma, gewinnt spielend die Trophäe in der Kuhjagd. Sie stecken schon mitten in ihrem zweiten „Bullen, nein danke"-Wettkampf („No Bull – Part Deux"). Wenn Sie bei ihnen eine heilige Kuh identifizieren, gibt es ein kostenloses Mittagessen – selbstverständlich Hamburger. Im zweiten Teil haben sie die Belohnung noch ausgeweitet. Nun bekommt man einen Geschenkgutschein über 10 Dollar, wenn die Idee tierisch gut ist, wenn der Vorschlag bullenstark ist, bekommen Sie einen Gutschein über 50 Dollar oder einen tragbaren Propangasgrill, um die besten aller Hamburger herzustellen. Sie können sogar mit allen Gebietsleitern zum Mittagessen gehen.

„Helfen Sie uns, veraltete und leidlich funktionierende Verfahrensweisen, die mehr Zeit und Geld kosten, als sie wert sind, einzupferchen. Wir verladen sie und bringen sie weg, um mehr Platz für eine Herde von erstklassigen, produktiven Kühen zu schaffen", steht auf einem Poster, das für die Kampagne „No Bull – Part Deux" wirbt.

Laut Steven Ball, dem leitenden Vizepräsidenten, haben die Ergebnisse alle Erwartungen übertroffen. In der ersten Runde erhielt das Unternehmen 533 Vorschläge zur Beseitigung von heiligen Kühen. Siebzig Prozent davon wurden zu einem Preis von ungefähr 41 Dollar pro Idee umgesetzt. Nicht schlecht, wenn man berücksichtigt, daß mehrere dieser Vorschläge, wie zum Beispiel die Rechnungsprüfung zu rationalisieren, jeweils mehr als 15.000 Dollar einsparten. Dies entspricht den Kosten für die ganze Kampagne. Und das Programm ist nicht nur gewinn-, sondern auch moralträchtig. In der ersten Runde steuerten mehr als 85 Prozent der Angestellten ihre Ideen bei.

„Diese Art von Programm ist weitaus besser als der Kummerkasten, der dadurch ersetzt wurde", sagt Ball. „Wissen Sie, was Sie in einem Kummerkasten finden? Zigarettenstummel und Kaffeebecher. Unser Heilige-Kühe-Wettbewerb funktioniert bis jetzt so gut, daß zwei unserer Leute seit ein paar Monaten nicht für ihr Mittagessen bezahlt haben!"

Eine ganze Organisation von Jägern

Die Mitarbeiter dazu zu bringen, daß sie zu Veränderungen bereit sind und die Organisation von veralteten Theorien und Gewohnheiten befreien, sind die unmittelbaren Ziele der Kuhjagd. Aber das hauptsächliche und wichtigste Ziel ist, eine *Organisation zu schaffen, die nur aus Jägern besteht.*

Ein Unternehmen, in dem die Leute ihren Job erledigen, während sie die Augen für veraltete Ideen und Verfahren offen halten, ist eine kreative, mächtige und veränderungsbereite Organisation, die in der Lage ist, sich selbst neu zu strukturieren, bevor die Not dazu drängt. Die besten Jäger sind oft die Leute, die den Kunden und dem Produktionsprozeß am nächsten sind. Wer weiß besser Bescheid über überflüssige, kontraproduktive oder unnötige Arbeit als diejenigen, die das Produkt verkaufen, die Dienstleistungen anbieten, die Formulare ausfüllen und am Fließband arbeiten?

Und doch haben die meisten Unternehmen so schlechte Mechanismen, um neue Ideen von Arbeitern zu bekommen und darauf zu *reagieren,* daß der Anreiz zu Innovationen auf der Mitarbeiterebene so gut wie nicht vorhanden ist. Wenn Firmen eine Jagd auf heilige Kühe veranstalten, begreifen die Mitarbeiter, daß ihnen jemand zuhört. Sie haben das Gefühl, ein wichtiger Teil des Teams zu sein und durch ihre Arbeit beeinflussen zu können. Die Jagden sind ein humaner Aktivposten, der ein Gefühl von Macht schafft, die Moral ankurbelt, Teamwork entwickeln hilft und die Motivation erhöht. Kein schlechtes Gewinnpaket.

„Ich habe bemerkt, daß alle ein viel größeres Interesse an der Arbeit haben, seit wir die Kuhjagden begonnen haben. Die Leute beteiligen sich mehr. Sie haben das Gefühl, daß ihre Meinung und ihre Ideen etwas zählen“, berichtet John Rutter, leitender Vizepräsident von Ralston Resorts, die die Skigebiete von Keystone, Breckenridge und Arapahoe Basin leiten. „Alle fühlen sich mehr verpflichtet, und es ist nun ein Gefühl von Nähe und Teamwork vorhanden, das es vorher nicht gab.“

Mannschaftsjagden

Obwohl an einer Solojagd nichts auszusetzen ist, konnten wir feststellen, daß die Suche nach heiligen Kühen im Team lustiger und produktiver ist. Je unterschiedlicher die Teammitglieder sind, desto besser. Wir bringen oft Mitarbeiter aus verschiedenen Bereichen des Unternehmens zusammen, die sich selten sehen, von einer Zusammenarbeit ganz zu schweigen. Ein typisches Team für die Jagd auf heilige Kühe könnte sich aus Fließbandarbeitern, Hilfspersonal, Buchhaltern, Technikern, Leuten vom Verkauf, Leuten aus der Personalabteilung und *Kunden* zusammensetzen.

Diese vielen unterschiedlichen Meinungen schaffen neue Perspektiven, die mit einer homogeneren Gruppe nie hätten entwickelt werden können. Und jemand aus einer anderen Abteilung hat vielleicht den nötigen Abstand, um die eher unsichtbaren Kühe zu entdecken.

Der Kunde als Jäger

Kunden sind großartige Jäger, weil sie andere Prioritäten setzen und andere Ansichten haben. Sie mit einzuschließen garantiert, daß die Jagd nicht in einem Vakuum erfolgt, isoliert von den wirklichen Bedürfnissen des Marktes. Da die Endverbraucher letzten Endes über den Erfolg oder Mißerfolg des Unternehmens bestimmen, ist ihre Meinung besonders wertvoll.

Die Herde zusammentreiben – Kühe in voller Pracht

Manche Kühe springen ins Auge. Sie stehen einfach nur da draußen auf dem offenen Feld und geben sich dem Widerkäuen hin. Wenn man den Leuten nur ungefähr die Richtung weist, erkennt sie jeder und stimmt ihrer Beseitigung zu.

Das geschah bei Ameritech, wo Rechnungsprüfer, eine Gruppe, die im allgemeinen nicht als wagemutig und leichtsinnig gilt und die man oft bezichtigt, als erste neue Kühe zu schaffen, sich als großartige Jäger erwiesen. Sie entdeckten 25 heilige Kühe in 15 Minuten!

Unsichtbare Kühe

Viele heilige Kühe sind nicht so leicht zu erkennen. Üblicherweise sind sie zu sehr in das Gefüge der Annahmen und Gewohnheiten einer Organisation verstrickt, um bemerkt zu werden. Oder sie sind schon so automatisch, daß man sie nicht mehr wahrnimmt. Unsichtbare Kühe werden oft durch eine Vielzahl von Hindernissen versteckt. Musterbeispiel dafür ist folgender Syllogismus – er ist einer unserer liebsten: „Wenn es immer noch da ist, muß es funktionieren, und es muß funktionieren, wenn es noch da ist."

Eine dieser versteckten heiligen Kühe war ein Bericht über Tätigkeiten, den ich während meiner Ausbildungszeit bei einer bedeutenden

Werbeagentur ausfüllen mußte. Der Bericht war von einem meiner Vorgesetzten entwickelt worden, der schon so lange in dem Unternehmen beschäftigt war, daß er begonnen hatte, Wurzeln zu schlagen. Er erzählte uns, der Zweck dieses Berichtes sei es, uns organisatorische Fertigkeiten beizubringen, beispielsweise, wie man Prioritäten setzt. Er verwendete den Bericht auch, um wöchentlich zu überprüfen, welche Aufgaben wir erledigten.

Der Bericht bestand darin, daß wir alles, was wir zu tun hatten, aufschreiben und mit „A", „B" oder „C" je nach Wichtigkeit einstufen mußten. Es gab auch separate Spalten für „zu erledigen" und „aufgewendete Zeit". Wir erledigten unsere „ABC's" wie ein allabendliches Gebet.

Einmal machte die Agentur mehrere wichtige Geschäftspräsentationen, und ein paar von uns waren ziemlich in Eile, um alles fertigzubekommen. Am Ende dieser hektischen zwei Wochen bemerkten mehrere der Auszubildenden, daß wir nicht die Zeit gehabt hatten, unsere „ABC's" zu erledigen. „Und mir ist gar nichts abgegangen", witzelte einer. „Nicht nur, daß mir nichts abgegangen ist", sagte ein anderer, ich konnte ohne diesen Bericht sogar mehr erledigen, und ich habe auch nichts vergessen. Die ‚ABC's' rangieren auf meiner Prioriätenliste mit einem ‚D' ganz hinten."

In diesem Moment erkannten wir alle, daß wir so viel Zeit für diesen Tätigkeitsbericht brauchten wie für die Erledigung von zwei „wirklichen" Aufgaben. Irgend jemand wies darauf hin, daß sich, falls wir nur die „A's" auf unserer Liste angaben, die „B's" und „C's" entweder von selbst erledigen oder schließlich zu „A's" werden würden. Sogar das Auflisten der „A's" war nicht wirklich notwendig, weil sie offensichtlich und unmittelbar zu erledigen waren. Also stürmten wir bis zu den Zähnen mit Grundprinzipien bewaffnet das Allerheiligste unseres Vorgesetzten und bekamen ihn trotz seiner Einwände dazu, diese Kuh zur Schlachtbank zu führen.

Unwissenheit schützt vor Schmerzen nicht

Unsichtbare Kühe sind besonders gefährlich, weil sie ganze Herden generieren. Wenn man nicht weiß, daß etwas existiert, kann (und wird) es ein Eigenleben bekommen. Bevor man es bemerkt, erfordert der Computerausdruck, der nicht mehr war als ein altes Relikt aus vergangener Zeit, eine besondere Besprechung, um darüber zu diskutieren, und zahlreiche Berichte, um ihn zu analysieren. Es sind nicht nur heilige Kühe, die Ihre Produktivität auffressen, es sind ebenso all die jungen Kälber, die sie hervorgebracht haben, wie logische Gewohnheiten und Verfahren, die dann zu einem größeren Problem werden.

Die Wirtschaft ankurbeln

Wenn die Leute Schwierigkeiten haben, die Jagd in Gang zu bringen, ist es notwendig, „die Wirtschaft anzukurbeln". Bei jeder Diskussion über Arbeit wird immer irgend jemand Einwände gegen irgend etwas haben: die wöchentliche Statusbesprechung, die eine Zeitverschwendung ist, Berichte, die niemals gelesen werden, Zeitpläne, die einfach nur abgelegt werden. Anstatt solche Klagen zu ignorieren, nützen wir ihre Energie, um die Leute in Schwung zu bringen.

Klagen bedeuten oft die Entdeckung von verkappten heiligen Kühen. Wenn mehrere Leute sich einig sind, daß etwas eine Zeitverschwendung ist, nicht funktioniert oder überflüssig ist ... *hören Sie auf sie.* Sie sind vielleicht etwas auf der Spur.

Bei einem Programm, das wir für PB&Z, einem Energieversorgungsunternehmen, durchführten, hatten Mitarbeiter Schwierigkeiten, auf den Geschmack des Jagens zu kommen. Alle hielten sich zurück, und wir hatten ein wirkliches Desaster vor uns. Aber inoffiziell hörte es sich ganz anders an. Die Leute äußerten lebhaft Klagen und Kritik. Um ihre Energie anzuspornen, initiierten wir eine Übung mit dem Motto „Piß auf PB& Z". Es handelte sich um eine Meckersitzung, wo jeder die Möglichkeit hatte, sich zu beklagen. Die Reaktionen waren heftig und kehrten die ganze Situation um.

Allein durch diese Sitzung fanden wir mehr als 30 heilige Kühe, zum Beispiel dreifache Formulare, Duplikationen im Inventar und „Kummerkästen", die spöttisch „Kästen der toten Briefe" genannt wurden, weil nie jemand eine Antwort erhielt.

Wenn man den Menschen erlaubt und sie ermutigt, sich zu beklagen, entsteht dadurch richtiger Jagdgeist. Lassen Sie sie Sätze wie die folgenden vervollständigen:

- Dieser Job wäre großartig, wenn ich nicht ... müßte.
- Es ist solch eine Mühe, ...
- Niemand liest diesen ..., warum also mache ich das?
- Es ist eine Zeitverschwendung, ...
- Ich könnte sehr viel produktiver sein, wenn ich nicht ... müßte.
- Wir könnten sehr viel Geld sparen, wenn wir aufhörten, ...

Vermutungen hinterfragen

Ein Detektiv, der nach einem Beweis sucht, folgt jeder möglichen Spur und sieht in jedem einen Verdächtigen. Kuhjäger sind nicht anders. Sie stellen alles, was sie tun, in Frage. Wenden Sie folgende Methode an, um unsichtbare Kühe zu identifizieren: Schreiben Sie die grundlegenden Vermutungen, die Sie über Ihren Kunden, Ihre Konkurrenz, ein Produkt oder eine Dienstleistung haben, auf. Beispiele: „Der Preis ist für den Kunden am wichtigsten." „Sie werden nicht extra für dieses Service bezahlen." „Der Konkurrenz fehlt die Technologie, um ein besseres Produkt zu entwickeln." „Wir können besser produzieren als unsere Konkurrenten."

Dann führen Sie eine Realitätsprüfung durch, um zu bestimmen, ob (immer noch) alles zutrifft. Manchmal ist dies nicht der Fall. Ein landesweit tätiges Unternehmen für Versandscheine ging davon aus, daß die Einzelhändler mehr für Top-Qualitätsdrucke bezahlen würden. Die Annahme des nationalen Verkaufsmanagers war: da diese Scheine der erste Kontakt sind, den die Einzelhändler mit ihren Kunden haben, möchten die Geschäftsbesitzer, daß sie von höchster Qualität sind.

„Wir verkaufen Qualität", sagte er. „Wir haben die beste Designabteilung. Unsere sechs Farbpressen und unsere überlegene Drucktechnologie ermöglichen es uns, mehr Farben anzubieten und besser zu drucken als unsere Konkurrenz. Und wir verwenden Papier von allerhöchster Qualität. Einzelhändler, die unsere Dienste in Anspruch nehmen, können sicher sein, ein Produkt von höchster Qualität zu erwerben, auf das sie stolz sein können."

Eine Realitätsprüfung, die mit den Händlern durchgeführt wurde, entblößte eine heilige Kuh. Während ihre Vermutung in der Vergangenheit zutraf, als die anderen noch „miese" Scheine angeboten hatten, waren sich nun die meisten Händler einig, daß der gegenwärtige Unterschied in Qualität und Design unbedeutend war. Die Kunden würden den Unterschied nicht erkennen.

Qualität und Design waren immer noch wichtig, aber noch bedeutender waren Faktoren wie die Fähigkeit, bestimmte Kundengruppen anzusprechen, Kosten pro Tausend, und die Aktualisierung der aktuellen Versandlisten.

Kühe brandmarken

Eine weitere Methode, um heilige Kühe zu finden, ist, eine tägliche Liste zu erstellen mit *allem,* was Sie in einer durchschnittlichen Woche erledigen. Das *„alles"* wird betont, weil es eine natürliche Tendenz gibt, sich nur auf die wesentlichen Aufgaben Ihres Jobs zu konzentrieren. Aber sogar unter jenen „als selbstverständlich angesehenen" allgemeinen Tätigkeiten, wie zum Beispiel das Erstellen von täglichen Zeitplänen, das Durchsehen der Post, das Überprüfen von Ausgaben und Budgets, die Teilnahme an Besprechungen und das Zurückrufen von Kunden, können sich heilige Kühe verbergen. Und die summieren sich und kosten Zeit und Geld.

Wenn Sie dann all Ihre Tätigkeiten aufgelistet haben, ist der nächste Schritt, sie zu *brandmarken.* Sind es Bullen oder heilige Kühe? Tragen sie dazu bei, daß Sie schnell und effektiv auf Veränderungen und neue Möglichkeiten reagieren können?

Nachfolgend haben wir ein paar Fragen angeführt, die Ihnen helfen werden, jede Aktivität auszuwerten. Weil Kühe in allen Arten und Größen auftreten, trifft nicht jede Frage auf jeden Umstand zu. Wählen Sie diejenigen aus, die auf Ihre Situation zutreffen und bedenken Sie: *Nichts ist heilig. Stellen Sie alles in Frage!*

1. Warum tun Sie es? Welche Begründung steckt dahinter? Bewerten Sie folgende Fragen auf einer Skala von 1 bis 5 (1 = definitiv nein; 5 = definitiv ja) : Wird durch diese Tätigkeit:

- *der **Wert** des Produkts für den Kunden erhöht?*
- *die **Qualität** verbessert?*
- *das **Service** verbessert, und kann man dadurch mehr auf den Kunden eingehen?*
- *die **Produktivität**, verbessert und werden dadurch die Kosten direkt verringert?*
- *die **Kommunikation** verbessert?*
- *die **Motivation** oder Moral der Mitarbeiter gesteigert?*
- ***Innovation** ermutigt?*
- *die **Entscheidungsfindung** beschleunigt?*

Wenn die zur Debatte stehende Tätigkeit nicht mindestens eine Vier bei einem dieser Faktoren erzielt, muht sie, und sie haben vielleicht eine heilige Färse gefunden, die geschlachtet werden sollte.

2. Was wäre, wenn die Tätigkeit gar nicht existierte? Stellen Sie sich vor, was geschehen würde, wenn Sie einfach nicht mehr an dieser Besprechung teilnähmen oder den Bericht nicht mehr schrieben. Was wären die <u>tatsächlichen</u> Folgen für das Unternehmen – sowohl in positiver als auch in negativer Hinsicht? Sind diese Folgen den Preis wert, das Verfahren weiterzuführen? Das Wort „tatsächlich" ist unterstrichen, weil die Menschen dazu neigen, Katastrophenszenarien zu zeichnen, wenn es darum geht, den Status quo zu verändern.

Unsere Erfahrung ist, daß viele heilige Kühe beseitigt werden können, ohne daß es auf die Effektivität der Organisation Auswirkungen hat. Es vergeht kaum eine Woche, in der wir nicht von Managern hören, wie sie versehentlich aufhörten, etwas *Wichtiges* zu tun, und niemand bemerkte es.

Manchmal steigern sich die Leute persönlich so in eine Gewohnheit hinein, daß sie deren Beseitigung geradezu bekämpfen. Es ist schwer für das Ego, sich selbst gegenüber zuzugeben, daß der wunderschön gefertigte monatliche Bericht nicht nur ungelesen bleibt, sondern abgelegt wird – in den Papierkorb. Und die Tatsache, daß die meisten Manager weniger als die Hälfte ihrer Post lesen, ist nur ein schwacher Trost. Deshalb ist es gut, sich daran zu erinnern, daß mehr Zeit, Energien und Ressourcen freigesetzt werden und man sich mit wertvollerer Arbeit beschäftigen kann, wenn man sich von einer heiligen Kuh befreit.

Wenn die „Kuh" Sie ernährt

„Der Bericht, den Sie loswerden möchten, ist ein wesentlicher Teil meiner Arbeit", informierte uns eine besorgte Managerin während einer Kuhjagd. „Wenn Sie ihn beseitigen, beseitigen Sie auch mich."

Ihre Besorgnis ist verständlich. Viele Leute haben Angst, eine heilige Kuh zur Schlachtbank zu führen, weil sie fürchten, Einfluß, Macht oder sogar ihre Arbeitsstelle zu verlieren. Sie bieten alle Arten von Rationalisierungen an, um diese Kuh gut genährt und zufrieden zu halten.

Es ist immer einfacher, Kühe auf der Weide eines anderen zusammenzutreiben – wenn sie sich auf Ihrer eigenen Weide befinden, sieht die Situation dagegen ganz anders aus. Deshalb brauchen Jäger eine positive Motivation, um ihre eigenen Kühe auf die Schlachtbank zu führen. Ohne diese Motivation verstecken sie sie wahrscheinlich hinter einem Baum oder irgend einem anderen Hindernis (siehe Kapitel 19, „Wie man Leute für Veränderungen motiviert")

Veränderungsbereite Organisationen motivieren Jäger, indem sie sie *besonders* dafür belohnen, wenn sie eine heilige Kuh in ihrem eigenen Bereich finden.

Eine Verwaltungsangestellte im Bereich Krankengeldansprüche einer größeren Papierfabrik agierte als Vermittler zwischen Angestellten, Personalabteilung und Versicherungsgesellschaft. Sie erkannte, daß ihre Arbeit im wesentlichen eine heilige Kuh war, die man beseitigen konnte, indem die Arbeiter die Informationen bezüglich der Ansprüche selbst in einen Computer eingaben, der mit dem System der Versicherungsgesellschaft verbunden war. Ihr Lösungsansatz verringerte die Zeit, bis ein Anspruch bezahlt wurde, von drei Wochen auf ungefähr vier Tage! Es war eine großartige Idee, der von allen Managern im Personalbereich viel Beifall gespendet wurde.

Aber die anderen hielten sich mit Beifall nervös zurück und warteten, welche „Belohnung" diese tapfere Jägerin dafür bekommen würde, daß sie ihren eigenen Job beseitigt hatte. Sie wurde befördert! Bedenken Sie, welche Botschaft dadurch dem Rest des Unternehmens vermittelt wurde!

3. Wird die Tätigkeit bereits von jemand anderem erledigt? Eine Jagd auf heilige Kühe bei einem bedeutenden Einzelhändler ergab, daß die gleiche Aufgabe von drei verschiedenen Abteilungen erledigt wurde. Wenn eine Lieferung kam, verglich die Abteilung, bei der die Sendung einging, die Paketkarte mit der tatsächlichen Lieferung, um zu sehen, ob sie mit der Bestellung übereinstimmte. Dann wurden die Waren nach oben zu der Abteilung gebracht, die sie bestellt hatte. Der für den Einkauf Zuständige in dieser Abteilung oder der Lagerarbeiter überprüfte die Lieferung nochmals und brachte die Inventarliste für die lagernden Waren auf den neuesten Stand. Die Buchhaltung verglich nochmals die Rechnung mit der Bestellung und mit den tatsächlich gelieferten Waren, um sicherzustellen, daß alles übereinstimmte.

Sie wären schockiert (oder vielleicht auch nicht), wie viel doppelte Arbeit durch die Jagd auf heilige Kühe aufgedeckt wird. In der Tat führen manche Unternehmen absichtlich zweimal das gleiche Verfahren durch. Im Zuge einer Jagd auf heilige Kühe bei einem Schuhhersteller sagte ein Manager des Unternehmens, daß die doppelte Arbeit notwendig sei, um Fehler zu vermeiden. Wenn zwei Abteilungen die gleiche Aufgabe erledigten, könnten sie immer sicher sein, daß alles stimme. Sein Argument hörte sich für die anderen Jäger nach vergeudeter Mühe an. Sie betonten, wenn man den Mitarbeitern nicht vertraue, daß sie die Arbeit richtig erledigen, dann stimme etwas nicht. Und zwar nicht mit den Mitarbeitern.

Eine Ursache für Doppelerledigungen ist, daß viele Unternehmen noch immer um bestimmte Abläufe herum organisiert sind. Jede Abteilung überblickt ihren eigenen Aufgabenbereich, kennt aber nicht die Tätigkeiten in der gesamten Firma. Wenn man zum Beispiel irgendein Computerteil produziert, setzt die Planungsabteilung den Schwerpunkt auf die Konstruktion, die Marketingabteilung konzentriert sich auf das Marketing, und niemand sieht den gesamten Prozeß vom Anfang bis zum Ende. In dieser Struktur gibt es keine Absicherung gegen doppelte Arbeit.

Die Jagd auf heilige Kühe, mit ihren bereichsübergreifenden Teams und ihrer gesunden Respektlosigkeit, liefert den nötigen Überblick, der zur Identifizierung von doppelten Arbeitsvorgängen und Wiederholungen nötig ist.

4. Wie und wann entstand dieses Verfahren, und wer hat damit begonnen? Irgendwann einmal waren die meisten heiligen Kühe sinnvoll. Es gab einen guten Grund für ihre Existenz. Aber wenn die Zeit vergeht und die Umstände sich ändern, existiert diese Berechtigung plötzlich nicht mehr. Das Problem ist, daß es niemand bemerkt hat.

Als Bismarck im Jahre 1860 Botschafter von Preußen am Hof von Alexander II. war, fragte er den Zar, warum eine bestimmte Wache in einem isolierten Bereich des Palastgartens ihren Dienst versah.

Der Zar fragte seinen Adjutanten. Der Adjutant wußte es nicht. Also fragte er den befehlsführenden Offizier, der es nicht wußte, und so weiter die Befehlskette hinunter. Schließlich wurde der kommandierende General gerufen und mit der Frage konfrontiert.

Die Antwort: „Ich bitte um Erlaubnis, Ihre Majestät informieren zu dürfen, daß es einem alten Brauch entspricht."

„Was ist der Ursprung dieses Brauches?" fragte der Zar.

„Ich kann mich dessen im Moment nicht entsinnen", antwortete der General verlegen.

„Forschen Sie nach, und berichten Sie mir über das Ergebnis", befahl Zar Alexander.

Die Nachforschungen dauerten drei Tage. Schließlich stellte sich heraus, daß die Wache aufgrund eines vor *80 Jahren* von Katharina der Großen ausgegebenen Befehles dort postiert war.

Anscheinend hatte sie nach einem langen, harten russischen Winter aus dem Fenster geblickt und die erste Frühlingsblume gesehen, die sich ihren Weg durch den frostigen Boden bahnte. Sie ordnete an, daß eine Wache dort stehen und jeden davon abhalten sollte, die Blüte zu pflücken.

Achtzig Jahre später war die Wache immer noch da – ein Andenken an eine einzige Blume und an einen nie in Frage gestellten Brauch, der heilig geworden war, ohne daß es jemand realisiert hatte.

Ähnliche Andenken sind in den meisten Organisationen, die bereits eine gewisse Zeitspanne existieren, gang und gäbe. Die Durchführung der archäologischen Untersuchungen – die Ausgrabung des Warum und Weshalb einer bestimmten Gewohnheit – kann erhellen, ob das ursprüngliche Grundprinzip immer noch sinnvoll ist.

Den Reifen und Kühen einen Tritt verpassen

Erinnern Sie sich an die Geschichte über die Reifenfirma, die ihre Reifen einpackte, damit die Weißwandreifen während des Versands nicht abgestoßen werden? Nur daß niemand mehr Weißwandreifen kaufte.

Die Frage nach dem Ursprung dieser Gewohnheit entblößte die heilige Kuh. Das Verfahren war mehr als 40 Jahre alt. Man hatte zu einer Zeit damit begonnen, als noch 75 Prozent aller Reifen Weißwandreifen waren. Kaufmuster hatten sich verändert, aber niemand hatte die Maßnahme in Frage gestellt. Sie wurde einfach als selbstverständlich hingenommen, und man konzentrierte sich statt dessen darauf, wie man die Reifen schneller und billiger verpacken konnte.

Überprüfen Sie Ihr Erbe

Wenn wir die Frage nach dem Ursprung einer bestimmten Tradition stellen, blicken uns die Leute meistens verwundert an und kratzen sich am Kopf, als ob sie Schuppenflechte hätten. „Das weiß ich eigentlich gar nicht", gab ein Manager eines Sportartikelunternehmens zu. Es ging um eine mutmaßliche heilige Kuh: ein langer Bericht, für den Daten über den Lagerbestand, Prognosen und zukünftiger Kaufbedarf erforderlich waren.

„Ich habe diesen Job seit sieben Jahren, und wir haben es schon immer so gemacht (ein verräterisches Zeichen dafür, daß es sich um eine heilige Kuh handelt)." Er lachte: „Ich nehme an, dieses Verfahren – wie viele andere auch – war Teil meines Erbes, als ich damals den Job übernommen habe."

Eine unserer Regeln im Umgang mit dem Erbe ist, daß Verfahren oder Prozesse wahrscheinlich schon veraltet sind, wenn Sie oder Ihre Abteilung sie zwei Jahre lang angewandt haben. Also überprüfen Sie Ihr Erbe. Es ist vielleicht nicht mehr so wertvoll wie es einst war.

5. Kann eine andere Person, eine andere Abteilung oder ein anderes Unternehmen es schneller, besser oder leichter machen? Eine Kuhjagd für einen Hersteller von Unterwäsche ergab, daß man, egal, was man kaufen wollte, vielleicht mit der Ausnahme von Büroklammern, ein Bestellformular ausfüllen und an die Mitarbeiterin im Einkauf schicken mußte. Nachdem sie die Bestellung überprüft hatte, verschickte die Einkaufsmitarbeiterin Aufforderungen zur Einreichung von Angeboten. Für gewöhnlich analysierte sie dann die Angebote und wählte den günstigsten Anbieter aus. Auf dem Papier hört sich das gut an, aber ...

„Wenn wir endlich das bekamen, was wir wollten, brauchten wir es nicht mehr", witzelte ein Vizepräsident. „Durch diese ganzen Prüfungen hatten wir nicht mehr den Vorteil, mit unseren Lieferanten sprechen zu können, die meistens gute Ideen haben, wie wir die Qualität verbessern und den Betrieb rationalisieren können. Wenn wir jetzt etwas wollen, kaufen wir es uns selbst. Wir schließen unsere Lieferanten in den Produktionskreislauf mit ein und involvieren sie in die Planung. Wir bezahlen vielleicht etwas mehr im voraus, aber das ist es wert. Es geht schneller, und wir bekommen, was wir wollen, und zwar dann, wann wir es wollen."

Interviewitis. Die gleiche Geschichte passierte bei einem Verpackungsunternehmen, nur war es in diesem Fall die Personalabteilung, nicht der Einkauf, die die Dinge verlangsamte. Wenn eine Abteilung jemanden einstellen wollte, benachrichtigte sie die Personalabteilung, die eine Zeitungsannonce schaltete oder einen Headhunter kontaktierte. Danach wurde das erste Auswahlverfahren durchgeführt. Der Leiter der Abteilung, die den Antrag gestellt hatte, führte dann mit den Bewerbern, die am Schluß übrig blieben, ein Gespräch.

„Es nahm ziemlich viel Zeit in Anspruch", erzählte uns ein Verkaufsmanager. „Und am Ende hatten wir nicht immer die richtigen Leute. Es ist schwer, jemandem begreiflich zu machen, was die Person verkörpern soll. Manchmal kommt jemand mit den „falschen" Qualifikationen, und doch weiß man sofort, daß er seinen Job großartig erledigen wird, also stellt man ihn ein. Auf diese Art und Weise habe ich einen meiner besten Verkaufsmitarbeiter bekommen. Er war Cartoonist, hatte keine Verkaufserfahrung, und er war älter, als wir es uns vorstellten. Aber er war wirklich motiviert und konnte unheimlich gut mit den Leuten umgehen. Er hat zwei unserer größten Kunden gebracht. Er hätte das Auswahlverfahren der Personalabteilung sicher nie bestanden."

Nun stellt jede Abteilung dieses Unternehmens ihre eigenen Leute ein – von Anfang bis zum Ende. Und in vielen Fällen ist es nicht der Manager, der die Einstellung durchführt, sondern das Arbeitsteam selbst, das die Befugnis hat, Leute einzustellen *und* zu feuern.

Wie man Macs macht

Es reicht nicht aus zu fragen, welche Abteilung eine Arbeit besser erledigen könnte. Fragen Sie, ob überhaupt jemand in dem Unternehmen die Arbeit tun sollte. Viele Firmen haben herausgefunden, daß externe Spezialisten die Arbeit oft schneller, besser und billiger erledigen können als sie selbst. In Kombination mit rechtzeitiger Lieferung werden durch die Weitervergabe der Lagerbestand verringert und Unkosten beseitigt, so daß Sie bei der Lagerung, bei den Löhnen, bei Schulungen und Sozialleistungen Geld sparen können – alles Dinge, die Kopfschmerzen bereiten.

Eine vor kurzem durchgeführte Studie der MIT Sloan School of Management ergab: „Um ihre Wettbewerbsfähigkeit sicherzustellen, legen die Unternehmen Wert auf das, was sie wirklich können und vergeben strategisch überlegt alles andere nach außen."[3]

Apple Computer vergibt 70 Prozent der Produktion an externe Unternehmen: das Design kommt von Frogdesign, die Drucker werden von Tokyo Electric hergestellt, ein großer Teil des Marketing wird durch Regis McKenna erledigt. Apple konzentriert sich auf seine eigenen Ressourcen – Betriebssysteme und unterstützende Software – zwei der Kernkompetenzen, die ihren Produkten ein einzigartiges Aussehen und Image geben.[4]

Eine der heiligen Kühe, die IBM beinahe zerstörten, war die Annahme, daß sie ganz alleine ihre Kunden von A bis Z beliefern müßten. Das Ergebnis waren minderwertige Produkte, die das Unternehmen wirklich nicht zu verkaufen brauchte.

York, der Unternehmensleiter, der von Chrysler kam, wo 70 Prozent der Produktion weitervergeben werden, sagt: „Man kann nicht jeden Nagel und jede Schraube, die für die Hardware benötigt werden, selbst herstellen, weil jemand anderer es besser kann als man selbst."[5]

Hungern Sie Ihre Kuh aus

Wenn die Kuh noch gar nicht fett ist, ist es vielleicht nicht die beste Wahl, sie zur Schlachtbank zu führen. Statt dessen sollten Sie den Teil der Kuh behalten, der Wert besitzt, und den Rest beseitigen. Mit anderen Worten, hungern Sie Ihre Kuh aus. Setzen Sie sie auf Diät oder verringern Sie die Anzahl der Mahlzeiten!

Beispiele:

Kuhjäger bei Hewlett-Packard verwandelten einen monatlichen Finanzbericht, der aus 10 Spalten bestand, in eine vierteljährliche Zusammenfassung, bestehend aus 4 Spalten.

Manager von AT&T beschlossen, daß eine bestimmte monatliche Strategiebesprechung nur begrenzten Wert hatte. Anstatt sie ganz zu streichen, findet sie jetzt nur noch einmal im Quartal statt.

Eine andere Rationalisierungstechnik ist, die Kuh darben zu lassen und über die Gewichtsverluste Buch zu führen.

Techniker eines High-Tech-Unternehmens waren sich einig, daß ihre wöchentlich stattfindende Mitarbeiterbesprechung mit 90 Minuten zu lang war. Sie dachten, sie könnten die gleiche Arbeit in ungefähr der Hälfte der Zeit erledigen. Der Vizepräsident erhob Einspruch. Er war besorgt, daß die heiklen Entscheidungen zu schnell getroffen werden würden und man mit wichtigen Angelegenheiten kurzen Prozeß machen würde. Oder überhaupt keinen Prozeß. Unter Druck stimmte er zu, es einen Monat lang zu versuchen. Es stellte sich heraus, daß die Techniker recht hatten. Nach unserem Kenntnisstand dauert die Besprechung immer noch nur 45 Minuten.

Rationalisierung unter regelmäßiger Evaluierung bietet eine Absicherung gegen schlechte Entscheidungen, die in der Hitze des Gefechtes getroffen wurden, und ermöglichen eine schnelle Korrektur, falls nötig. Da-

durch können auch Skeptiker und vorsichtige Vizepräsidenten be-
schwichtigt werden.

Lockende Hörner

Aber was geschieht, wenn man zu keinem Konsens kommt? Ihr Vorgesetzter möchte einen bestimmten monatlichen Bericht über die erzielten Fortschritte, Sie aber empfinden das als Zeitverschwendung, die Sie
von wichtigeren, gewinnbringenden Dingen abhält. Wir stellen oft fest,
daß die heilige Kuh des einen der preisgekrönte Bulle des anderen ist.

Die Verkaufsmitarbeiter eines Pharmazeutikaunternehmens, das Ärzte
belieferte, waren der Meinung, ihre Berichte über Kundenbesuche nähmen
zu viel Zeit in Anspruch. Ein Verkäufer stoppte sogar einmal, wie lang es
dauerte, den Bericht auszufüllen: „Eineinhalb Kundenbesuche", war seine
Schlußfolgerung. „Ich könnte täglich eineinhalb Ärzte mehr besuchen oder
drei mehr jeden zweiten Tag, wenn ich nicht diesen verdammten Bericht
erstellen müßte. Es verringert wirklich meine Produktivität."

Das Management bestand jedoch darauf, da man den Bericht für die
Planung und aufgrund von Auflagen der amerikanischen Nahrungsmittel-
und Medikamentenbehörde benötigte. Wer hatte recht? Nachdem wir die
Bedürfnisse jeder Gruppe untersucht hatten, fanden wir eine Lösung, die
beiden zusagte. Das Unternehmen verteilte Laptops, die es jedem ermöglichte, eine kurze interaktive Checkliste nach jedem Kundenbesuch auszufüllen. Dadurch wurden die benötigten Daten geliefert und die Zeit für die
Berichterstellung um zwei Drittel gekürzt. So bekam jeder, was er wollte.
Und die Verkaufsmitarbeiter hatten das Gefühl, daß ihnen jemand zuhörte.

Es gibt viele Wege, eine Kuh zu häuten.

Dem Boß etwas verkaufen

Eine der heiligen Kühe, die von einer Organisation im Finanzdienstlei-
stungsbereich gefunden wurde, waren Reiseanträge. Der Abteilungsleiter
und der Vizepräsident der Hauptabteilung sowie die Buchhaltung und

die Reiseabteilung mußten jeder Ausgabe über 100 Dollar zustimmen. Und das bei einem Unternehmen, wo einige Manager die Verantwortung für Darlehen in der Höhe von 50 Millionen Dollar hatten!

Das Verfahren wurde als heilige Kuh angesehen, weil es so lange dauerte und so große Umstände machte, einen Reiseantrag genehmigt zu bekommen. Und um dem zu entgehen, machten viele Mitarbeiter die Reise erst gar nicht. So sparte das Unternehmen an den Pfennigen verlor aber an Mark. Die Verkäufer trafen die Kunden nicht mehr persönlich, während ihre Konkurrenz das schon tat. Das schadete dem Geschäft. Die Statistiker machten ihre Forschungen per Telefon und Fax, anstatt sich die Informationen aus erster Hand zu holen.

Schwerwiegende Gründe, um die Kuh zur Schlachtbank zu führen? Nicht für den Vizepräsidenten der Hauptabteilung. Sein Vorgesetzter, der CEO, erklärte ständig, daß die Reisekosten gekürzt werden müßten. Er hatte sogar für jede Abteilung das Ziel gesetzt, sie um 33 Prozent zu kürzen, indem man nicht erster Klasse fliegen und nicht in erstklassigen Hotels übernachten durfte, genauso wie er es tat. Also war der Vizepräsident weniger daran interessiert, eine heilige Kuh loszuwerden, als daran, vor seinem Vorgesetzten gut dazustehen.

Wir hören die gleiche Geschichte bei den meisten Kuhjagden: „Ich habe all diese großartigen Ideen, um heilige Kühe zu beseitigen, aber ich kann meinen Vorgesetzten nicht dazu bringen, sie zu verwirklichen."

Betrachten Sie in dieser Situation Ihren Vorgesetzten als *Kunden* mit fixen Ansichten, Bedürfnissen und Agenden. Ihr Job ist es, ihm etwas zu verkaufen. Versetzen Sie sich in seine Lage, betrachten Sie die Welt durch seine Augen, verstehen Sie seine Sorgen, Herausforderungen und Interessen, und versichern Sie sich, daß Ihre Vorschläge sich an seine Erfahrung richten (siehe Kapitel 8: „Die Kunden-Kuh" und den Abschnitt „Fürsorge" in Kapitel 17 für weitere Ratschläge zu diesem Thema).

Wenn Sie in dem oben genannten Beispiel beim Vizepräsidenten nur vorbringen, daß der persönliche Kontakt zu den Kunden durch ein veraltetes Verfahren gefährdet wird und daß Reisen notwendig sind, um einen engen Kontakt zum Kunden zu halten, wird es nicht funktionieren. Auch wenn Ihre Argumente durchaus schlagkräftig sind, wird man sie abschmettern, weil sie nicht die Priorität des Vizepräsidenten sind.

Statt dessen könnten Sie vorschlagen, daß eine Rationalisierung des Reiseantragsprozesses – einschließlich neuer, klarer Richtlinien gegen übertriebene Forderungen – in allen Bereichen Geld sparen würde. Und betonen Sie unbedingt die Kostenreduzierung. Sie müssen zuerst auf die Prioritäten des Vorgesetzten eingehen, wenn Sie Ihre eigenen erreichen möchten.

Eine Jagd, die Spaß macht

Ein weiterer Punkt zur Jagd auf heilige Kühe: Gestalten Sie sie so, daß sie Spaß macht. Die meisten Leute lieben die köstliche Respektlosigkeit der Kuhjagden und das Teamwork und die Kameradschaft, die durch sie entstehen. Halten Sie diesen Geist am Leben. Wir können das gar nicht oft genug wiederholen. Es geht nicht um den Spaß um seiner selbst willen. Die besten Jagden machen Spaß, weil aus ihnen durch Spaß die besten Jagden werden. Durch Leichtigkeit und Humor entstehen Kreativität, Energie, Motivation, und ein Denken abseits aller Schubladen. Je mehr gelacht wird, desto weniger Hemmungen gibt es; je weniger Hemmungen es gibt, desto inspirierter ist das Denken. Die meisten von uns nehmen die Arbeit viel zu ernst. Haben Sie keine Angst davor, Ihre Arbeit zu genießen.

Denken Sie daran: der Schlüssel ist nicht, welche Kühe Sie zur Schlachtbank führen oder wie Sie die Jagd gestalten. Der Schlüssel ist, eine Organisation zu entwickeln, in der alle zu Jägern werden. Wenn es Ihnen gelingt, eine Jagdmentalität in Ihrem Unternehmen zu etablieren, ist das der erste Schritt auf dem Weg zu einer veränderungsbereiten Organisation.

17

Wie man ein veränderungsbereites Umfeld schafft

Setzen Sie keine Sämlinge in harten Boden

Gute Gärtner bereiten die Erde immer vor, bevor sie etwas einpflanzen. Sie graben den Boden um, düngen ihn und wässern ihn gut. Erst dann setzen sie die Pflanzen.

Das gleiche gilt, wenn Sie die Saat der Veränderung in Ihrer Organisation aussäen möchten. Sie müssen den Boden vorbereiten, wenn Sie wollen, daß die Veränderungen Wurzeln schlagen. Leider verzichten viele Unternehmen auf die Spatenarbeit. Sie kümmern sich erst *nach* der Einführung eines neuen Verfahrens oder Systems darum, wie es von den Mitarbeitern aufgenommen wird bzw. welche Auswirkungen es mit sich bringt. Das ist verkehrt. Und die Ergebnisse können katastrophal sein.

Wenn Sie zuerst ein veränderungsbereites Umfeld schaffen, wird der Widerstand minimiert. Die Mitarbeiter sind offener für Innovationen und eher bereit, Risiken einzugehen. In einem veränderungsbereiten Umfeld blühen überall neue Ideen, sogar an jenen Orten, wo Sie es am wenigsten erwarten.

Die Leute auf Veränderungen vorzubereiten, nachdem sie bereits eingeführt sind, ist *total kervehrt*.

Vom Cop zum Coach

Vor nur zehn Jahren konzentrierten sich Manager auf Prozesse, Produkte, Produktivität und Planung. Sie waren die Gesetzeshüter und Organisatoren, die Aufgaben zuteilten und darauf achteten, daß man die Regeln befolgte. Ihr Wort war Gesetz, sie regierten mit eiserner Faust. Wenn der Manager im Büro erschien, war das ähnlich einem Streifenwagen, der Sie auf offener Landstraße zum Anhalten zwingt, um Ihre Papiere zu prüfen. Das war einmal. Heute sind Manager keine Cops mehr, sondern Coachs.

Die Manager von heute wissen genau, daß, ganz gleich, welche Produkte und Dienstleistungen ihr Unternehmen auch produziert, ihre Hauptaufgabe das Kundengeschäft ist. Als Coach ist es ihre neue Aufgabe, veränderungsbereite Einzelpersonen und Organisationen zu schaffen. Dies bedeutet, Mitarbeiter so zu motivieren, daß sie Begeisterung für Veränderung zeigen, den Widerstand der Mitarbeiter gegenüber Veränderung zu überwinden und eine Kultur zu schaffen, in der Innovationen gedeihen.

„Ich muß über Menschen genausoviel wissen wie ich über Computer weiß, wenn ich in diesem Geschäft erfolgreich sein möchte", sagt ein Manager von Hewlett-Packard.

Nicht jeder stimmt dieser Ansicht zu. Wenn wir uns in den untersten Ebenen des Unternehmens bewegen, argumentieren Hardliner: „Veränderung ist nichts Besonderes. Sie bekommen schließlich ihren monatlichen Scheck, sie haben sich besser an die Regeln zu halten. An meine Regeln oder an die der Straße." Die Traditionalisten protestieren: „Wir haben genug zu tun. Wer hat schon genügend Zeit, sich mit nicht verrechenbaren Tätigkeiten abzugeben?" Und die Techniker zucken mit den Achseln und schwören, daß wir der ganzen Sache viel zu viel Bedeutung beimessen.

Wir bitten alle Beschäftigten, sich an die letzte größere Veränderung zu erinnern, die in ihrer Organisation durchgeführt wurde. Dann bitten wir sie, die Kosten für den Übergang, den Umsturz und die Moral zu kalkulieren. Üblicherweise reicht das aus, um sie zum Zuhören zu bewegen. Mitarbeiter zu Veränderungsbereitschaft zu trainieren ist ein langwieriger Prozeß. Aber der Gewinn ist enorm. Wir erinnern uns an die Entgegnung eines leitenden Angestellten auf die Standardantwort: „Wir haben keine Zeit". Er meinte: „Wir haben nicht die Zeit, es *nicht* zu tun."

Im folgenden also der Teil des Puzzles, von dem Ihnen all die Reengineering-Gurus und die Reorganisations-Experten nichts erzählen. Der Teil darüber, wie man mit Menschen umgeht, wenn man Veränderungen plant. Der Teil, wie man aus Managern Coachs macht, so daß jeder ein Jäger der heiligen Kühen werden kann.

Die richtige Beziehung

Unsere Nachforschungen zeigen, daß ein veränderungsbereites Umfeld zwei wesentliche Eigenschaften hat: Vertrauen und Fürsorge. Die Menschen müssen ihrem Vorgesetzten und ihrem Umfeld vertrauen, und sie müssen das Gefühl haben, daß man sich um sie Gedanken macht und sie anerkennt. In Organisationen, in denen das Management die Arbeitskräfte mit Respekt und Verständnis behandelt, ehrlich ist und sein Wort hält, haben die Mitarbeiter Veränderungen gegenüber eine positivere Einstellung. Sie sind offen für Innovationen und engagieren sich mehr im Veränderungsprozeß.

Vertrauen entspringt Beziehungen, die sich durch Ehrlichkeit, Integrität und Verläßlichkeit auszeichnen. In der Tat verwenden die Menschen genau diese Worte, um Personen zu beschreiben, die sie als vertrauenswürdig empfinden. Fürsorge rührt daher, daß man Menschen mit Respekt und Einfühlungsvermögen behandelt und ihre Bemühungen und Beiträge anerkennt.

Vertrauen

Eine „3". Mit einer „3" bewerteten Manager in einer Umfrage von *Industry Week* das Vertrauen am Arbeitsplatz von heute. Die Vorgesetzten schnitten kaum besser ab. Ihre Vertrauenswürdigkeit wurde mit 3+ bewertet, wobei weibliche Manager ihren Vorgesetzten schlechtere Noten gaben als ihre männlichen Kollegen. Das ist ein beschämendes Zeugnis für die amerikanischen Unternehmen, wenn man bedenkt, daß der Widerstand Veränderungen gegenüber im selben Maße steigt, wie das Vertrauen in die Führungsebene einer Organisation sinkt.

In seinem Buch *Credibility* behauptet James Kouzes, Präsident der Tom Peters Group Companies, daß Zuverlässigkeit und Vertrauenswürdigkeit die Voraussetzungen einer Führungspersönlichkeit sind. Ohne sie ist ein Manager unglaubwürdig.[1]

Und Roger Meade, CEO von Scitor Corporation, sagt, wenn man in einem Umfeld des Vertrauens arbeitet, gedeihe auch alles andere.

Wenn Sie jedoch in einer Organisation arbeiten, in der es an Vertrauen mangelt, und Sie Ihrem Vorgesetzten nicht zutrauen, daß er Sie unterstützt, wenn Sie einen Mißerfolg erleiden, wie gewillt sind Sie dann, Risiken zu übernehmen?

„In der Organisation, für die ich arbeite, fehlt es an Vertrauen", sagte einer der Befragten im Zuge der Umfrage von *Industry Week.* „Man kann sich nicht auf seine Mitarbeiter verlassen, weil das Unternehmen sie dazu zwingt, über ihre Grenzen hinaus Leistungen zu erbringen ... Jeder schaut nur auf sein eigenes Wohlbefinden und nicht auf das des Unternehmens." Ein anderer sagte: „Sie haben die Wahl, einander zu vertrauen, zusammenzuarbeiten, zu wachsen und erfolgreich zu sein oder aber den Weg der feindseligen Beziehungen zu gehen und einen Fehlschlag zu erleiden."[2]

Schrittweise Vertrauen aufbauen. „Vertrauen ist keine Einbahnstraße", beobachtete ein leitender Angestellter. „Wenn man den Mitarbeitern Freiheit und mehr Macht gibt und sie fair zur Rechenschaft zieht, werden sie umgekehrt auch fair sein. Wenn man ihnen zeigt, daß man Vertrauen in ihre neuen Ideen und Entscheidungen hat, sie hoch bewertet, und das ehrlich meint, wird man das Beste aus den Leuten herausholen."[3]

Vertrauen kann man nicht kaufen, man muß es schrittweise aufbauen. Und zwar nicht indem man die gerade passenden Worte oder Platitüden abläßt. Einzelpersonen und Organisationen verdienen sich Vertrauen, indem sie folgendes durch ihre *Taten* demonstrieren:

- *Ehrlichkeit* – Kann man ihnen glauben, was sie sagen?
- *Integrität* – Halten sie ihre Versprechen?
- *Offenheit* – Teilen sie ihr Wissen?

Lügen leben lange. Vertrauen ist etwas Heikles. Man braucht lange, um es aufzubauen, und nur den Bruchteil einer Sekunde, um es wieder zu zerstören. Eine geschäftliche Beziehung kann zugrundegehen, wenn man mit verdeckten Karten spielt oder wenn man bei einem Täuschungsmanöver erwischt wird. Und wenn das Vertrauen einmal verloren ist, ist es sehr viel schwerer, es wieder aufzubauen. Lügen leben lange. Vertrauenswürdigkeit ist wahrscheinlich das wichtigste Kapital des Managers. In Sitzungen, in denen Führungskräften Feedback gegeben wird, ist die Bezeichnung „nicht vertrauenswürdig" wahrscheinlich die vernichtendste Kritik, noch vor Mangel an Intelligenz und mangelndem Urteilsvermögen.

Es gibt viele Wege, Vertrauen zu untergraben. Nachfolgend haben wir ein paar typische vertrauenskillende Faktoren aufgelistet, mit Kommentaren, wie man sie in vertrauensbildende Maßnahmen verwandeln kann.

Vertrauenskiller #1: Worte ohne Taten

Die 95/5-Regel. „Ich glaube fest daran, daß man Mitarbeitern mehr Kompetenzen geben muß", sagte ein Manager von IBM seinen Leuten, „aber bevor Sie irgend etwas Neues versuchen, sprechen Sie zuerst mit mir darüber."

In einem Bericht des Magazins *Fortune* über Leiter von Unternehmen, die sich hypermoderne Managementkonzepte wie zum Beispiel Empowerment, TQM und Excellence zu eigen machten, war zu lesen: „Was sie tief in ihrem Innersten nicht taten, war, tatsächlich Kontrolle abzugeben oder ihre grundlegenden Ansichten über die Führung eines Unternehmens aufzugeben."[4]

Mit anderen Worten: sie predigten Wasser und tranken Wein. Es herrscht eine tiefe Kluft zwischen dem Wissen um eine nötige Handlung und der tatsächlichen Ausführung derselben.

James O'Toole, Professor für Management und Experte auf dem Bereich Unternehmensführung, stellt es so dar: „Fünfundneunzig Prozent der amerikanischen Manager von heute sagen das Richtige. Fünf Prozent tun es auch."[5]

Eine von der Unternehmensberatung Booz Allen & Hamilton durchgeführte Studie bestätigt O'Tooles Meinung: „Wir glauben, genau das ist der Grund, warum Programme wie Business Process Reengineering so oft enttäuschen."[6]

Nachdem sie mit Führungskräften der oberen Ebene von bedeutenden Unternehmen wie Ford, Merck, Procter & Gamble und General Mills gesprochen hatten, fand die Firma folgendes heraus:

„Während Unternehmen sehr viel über Kundenzufriedenheit, Qualität oder andere aktuelle Trends sprechen, messen sie diese Dinge selten. Für CEOs ist die Kostenkontrolle immer noch höchste Priorität vor Kundenzufriedenheit oder überlegener Technologie. Trotz all des Geredes über Empowerment für die Mitarbeiter mischt sich ein Viertel der CEOs immer noch in taktische Entscheidungen wie Preise und Verpackungsänderungen ein."[7]

Peter Scott Morgan, ein Direktor des Unternehmensberatungsriesen Arthur D. Little, sagt, daß viel zu wenig Manager „Maßnahmen ergreifen, die ungeschriebene Gesetze sowie ihre erklärten Absichten in Frage stellen. Sie predigen die Bedeutung von Teamwork, belohnen aber Einzelpersonen, die sich absondern ... Sie ermutigen dazu, Risiko auf sich zu nehmen – und bestrafen dann Mißerfolge, die durch Handlungen in gutem Glauben zustande gekommen sind ... Das ist wirklich fahrlässiges Management in Reinkultur."[8]

Dadurch, daß nur geredet, aber nicht danach gehandelt wird, wird das Mißtrauen gegenüber der Unternehmensleitung geschürt, und dies ist verantwortlich für einen großen Teil des Widerstandes am Arbeitsplatz Veränderungen gegenüber. Die Menschen glauben der Unternehmensleitung nicht, und es scheint, daß sie guten Grund dazu haben.

Vertrauensbildner #1: Gestalten Sie die Botschaft

Nicht nur zu reden, sondern auch danach zu handeln bedeutet, daß *Einstellung und Handeln der Führungskräfte mit dem übereinstimmen müssen, was sie von sich geben.*

Wolf Schmitt, CEO von Rubbermaid, der allgemein als einer der Top-Führungskräfte der Wirtschaft Amerikas gilt, nahm kürzlich zusammen mit anderen Mitarbeitern an einer 60 Stunden dauernden Schulung in einem der Qualitäts-Programme seines Unternehmens teil. „Ich mußte wirklich sichtbar ein Teil davon sein", sagt er. „Die Leute wollen sehen, ob man einfach nur darüber redet oder wirklich etwas tut." Er ist auch Mitglied von drei bereichsübergreifenden Teams, die sich mit solch grundlegenden Dingen wie PC-Unterstützung und Catering im Unternehmen beschäftigen.[9]

„Ich glaube an die Macht des persönlichen Vorbilds", sagt Frank Pacetta, der als Verkaufsmanager bei Xerox seinen Bezirk als beinahe schlechtesten übernahm und nun an erster Stelle der Region und landesweit auf dem vierten Platz liegt. „Sie brauchen kein Knute Rockne zu sein und dramatische Anfeuerungsreden in der Umkleidekabine vom Stapel lassen ... aber eine Führungskraft muß seinen Leuten zumindest die Marschroute und die Richtung weisen ...“[10]

Eine andere Art und Weise, Vertrauen zu schaffen, ist zu zeigen, daß Sie sich nicht zu schade sind, selbst mitanzupacken, wenn etwas erledigt werden muß. Mein Vater, Arthur Kriegel, besaß ein kleines Unternehmen, das Reiseaccessoires herstellte. Wie die meisten kleineren Geschäftsleute erledigte er alles alleine: er kümmerte sich um den Verkauf, entwarf die Produktlinie und kaufte die Rohmaterialien ein.

Obwohl er ein harter und fordernder Mann war, liebten und vertrauten die Arbeiter in der Fabrik meinem Vater und waren immer bereit, alles zu geben. Einer der Gründe dafür war, daß er sich für nichts zu schade war, wenn etwas erledigt werden mußte. Er arbeitete immer lange, packte Kisten, schnitt Muster, belud den Lastwagen. Was auch immer getan werden mußte, er war da und arbeitete so hart wie der Mann neben ihm. Durch sein Handeln, und nicht durch seine Worte, setzte mein Vater den Standard dafür, was erwartet wurde. Und er demonstrierte, daß dieser Standard für jeden galt.

Das gleiche trifft auf Jerry Richardson zu, dem CEO von TW Services, zu dem mehr als 2.000 Fast food-Restaurants gehören. Richardson, Besitzer der Carolina Panthers, einem der neuesten Aufsteiger der National Football League, fing mit dem Geschäft an, indem er Burger in einem Laden von Hardee herstellte. Deshalb ist er sich nicht zu schade, in einem seiner Restaurants während der Frühstückszeit, wenn viel los ist, zu helfen. Er besitzt eine Konzession der National Football League, aber man kann ihn Kuchen herstellen sehen, Kunden bedienen, Abfall wegräumen – eben alles, was gemacht werden muß.

Vertrauenskiller #2:
Nicht die Wahrheit zu sagen

Vor mehreren Jahren wurde in der McNeill/Lehrer Sendung der National Public Radio Sendeanstalt eine Enthüllungsstory über das Nationale Institut für Krebsforschung ausgestrahlt. Eines der Krankenhäuser, das an einer bedeutenden Studie über Brustkrebs beteiligt war, hatte Daten verfälscht. Das Institut hatte diese Informationen vor der Öffentlichkeit *drei Jahre lang* verheimlicht. Das Institut hatte einen berechtigten Grund dafür – natürlich. Es versuchte herauszufinden, ob die verfälschten Daten die Ergebnisse der Studie verdreht hatten. Und sie wollten die Leute nicht beunruhigen, bevor sie die ganze Geschichte kannten. Aber die Information sickerte wie immer durch, und die Patienten und Ärzte waren wütend. Es waren nicht die verfälschten Daten, die sie wütend machten, sondern die Tatsache, daß das Institut diese Informationen drei Jahre lang zurückgehalten hatte.

Es stellte sich heraus, daß die manipulierten Daten das Ergebnis nicht veränderten. Aber das war egal. Das Vertrauen war verloren. Die Patienten wußten nicht, was sie glauben sollten. Und viele Frauen im Lande waren verärgert und hatten kein Vertrauen mehr in die Medizin.

Etwas Ähnliches geschah in Vietnam, als General William Westmoreland die Wahrheit über die Stärke des Feindes und über Erfolge auf dem Schlachtfeld verschleierte. Als die Öffentlichkeit es herausfand, war das Vertrauen in das Militär zerstört und ist nie wieder vollkommen hergestellt worden.

Und selbstverständlich gibt es noch Watergate. Ein Mangel an Offenheit führte zum Sturz des Präsidenten der Vereinigten Staaten und fast seines ganzen Kabinetts. Mehr als das, das Vertrauen in die Regierung und die Politiker wurde aufs Spiel gesetzt. Es wird heute noch daran gearbeitet, den Schaden zu reparieren.

Gerüchte sind nicht zu bremsen. Ein bedeutendes Elektronikunternehmen plante, innerhalb von sechs Monaten eine Umstrukturierung durchzuführen. Viele Leute sollten gekündigt oder umgeschult werden. Als wir fragten, wie die Mitarbeiter mit der Veränderung umgingen, antwortete uns das Management: „Wir haben es ihnen noch nicht erzählt. Was würde das bringen? Es würde nur Panik auslösen."

Ihre Antwort machte teilweise Sinn. Es ist eine gute Politik, Veränderungen erst so kurz wie möglich vor deren Umsetzung anzukündigen. Die einzige Gefahr ist, daß es einfach nicht funktioniert, ein so großes Geheimnis zu hüten. Es gibt immer wieder undichte Stellen, und Gerüchte entstehen sehr schnell. Das einzige, das schneller durch eine Organisation läuft als ein E-Mail sind Gerüchte.

Irgend jemand in dem Unternehmen fand heraus, daß eine Umstrukturierung stattfinden sollte, und er erzählte es weiter. Aus der Umstrukturierung wurden schnell massive Entlassungen, und jeder wurde nervös. Das Management versuchte, die Leute zu beruhigen, und teilte mit, was wirklich vor sich ging. Aber niemand glaubte ihnen. Würden Sie es tun? Das Vertrauen war zerstört. Durch den Mangel an Offenheit gab es Differenzen, die die Moral zerstörten und die Produktivität in den Kellern sinken ließ.

Es ist mir zu Ohren gekommen. Etwas Ähnliches geschah bei AT&T in den 80er Jahren. Das Topmanagement vertraute Wertpapieranalytikern der Wall Street an, daß das Unternehmen plane, die Zahl der Stellen zu kürzen. Aber wie üblich nahmen die Gerüchte ihren Lauf. In der Tat lasen viele Mitarbeiter des Unternehmens in der Zeitung darüber. Sie können sich das Ergebnis vorstellen. Die Arbeit kam faktisch zum Stillstand, während die Leute sich mit Gedanken quälten, was auf sie zukommen würde. Mindestens zwei Arbeiter begingen Selbstmord.[11]

Als die Entlassungen dann begannen, lief der Klatsch wie wild durch die Firma, geschürt von Ängsten, die von der oberen Führungsebene auch nicht genommen wurden. „Keiner vom Topmanagement trat vor die Leute und sagte, die Gerüchte träfen nicht zu. Keiner erzählte uns überhaupt irgend etwas Offizielles", sagte ein ehemaliger Manager. „Und so liefen die Gerüchte Amok."[12]

Umfragen zeigen, je verstopfter Kommunikationsarterien im Inneren eines Unternehmens, desto wilder die Gerüchte. Wenn Kommunikationsebbe herrscht, sagen 80 Prozent der Manager der mittleren und oberen Führungsebene, daß die Gerüchteküche „sehr aktiv" ist.[13]

AT&T lernte seine Lektion auf die harte Tour. Ein Mangel an offenem und ständigem Informationsfluß provozierte einen Gerüchtegau – eine wesentlich ernstere Lage trat ein, die durch ein einfaches Instrument vermeidbar gewesen wäre: die Wahrheit. Es ist besser, sich von Anfang an jeder Situation zu stellen, statt die Gerüchteküche zu mobilisieren und mit den Ängsten der Leute zu spielen.

Vertrauensbildner #2: Offenheit und Ehrlichkeit

„Kommunikation und Vertrauen gehen Hand in Hand", schrieb ein leitender Angestellter in der Umfrage der *Industry Week*. „Wenn das Management offen zu seinen Mitarbeitern ist und mitteilt, was erwartet wird, zum Beispiel Zukunftspläne und Ziele, dann werden die Mitarbeiter normalerweise darauf reagieren ... Heimlichtuerisches Management führt dazu, daß die Mitarbeiter in jeder Beziehung unsicher werden: sowohl was ihre Stellung in der Firma als auch ihre Zukunft betrifft."[14]

Durch nichts wird so ein vertrauensvolles Umfeld geschaffen wie durch Offenheit in der Kommunikation. Es ist interessant, je weniger Manager ihren Mitarbeitern trauen, desto unwahrscheinlicher ist es, daß sie Informationen mit ihnen teilen.[15] „Noch immer glaubt eine große Mehrheit der Manager, es sei „wichtig" oder „einigermaßen wichtig", die Informationen zu kontrollieren und zu sieben. Warum?

Ein Grund dafür ist philosophisch bedingt, basierend auf dem autokratischen Managementstil: „Sag' ihnen nur, was sie wissen müssen." Ein weiterer Grund ist, daß Information Macht bedeutet. Dadurch hat man einen gewissen Status. Und wenn man von ihr Gebrauch macht, erlangt man Autorität.

„In einer Organisation, wo nur kommandiert und kontrolliert wird, schützen die Menschen ihr Wissen, weil sie sich dadurch von den anderen unterscheiden wollen", sagt der CEO von Levis, Robert Haas. „Aber wir geben in unserem Unternehmen so viele Informationen wie möglich weiter ... Man kann von Menschen nicht erwarten, auf einer breiteren Basis zu urteilen, wenn ihre Welt durch einen sehr engen Horizont begrenzt sind."[16]

Schenken Sie reinen Wein ein. Als Don Shula, der Coach in der Geschichte der National Football League, der am meisten gewonnen hat, gefragt wurde, mit welcher Tat er den Menschen in Erinnerung bleiben möchte, sagte er einfach, daß er immer die Wahrheit gesagt habe: „Ich habe nie jemanden angelogen."[17]

Jack Welch von General Electrics, einer der erfolgreichsten Führungskräfte der amerikanischen Wirtschaft, weiß, wie wichtig Offenheit und Ehrlichkeit sind. „Wie man Leute dazu bringt, am Veränderungsprozeß teilzunehmen?" fragt Welch. „Fangen sie mit der Realität an. Teilen Sie alle Fakten mit. Geben Sie den Menschen eine vernunftmäßige Erklärung für die Veränderung, legen Sie es in den klarsten und dramatischsten Begriffen dar. Wenn jeder die gleichen Fakten bekommt, kommen meistens alle zu dem gleichen Schluß. Erst nachdem alle einer Meinung in bezug auf die Realität sind ... können Sie damit beginnen, die Mitarbeiter für die Veränderungen zu gewinnen ..."[18]

Welch weiß, daß es nicht immer angenehm ist, die Wahrheit zu sagen. „Die Leute fragen immer ,Ist der Veränderungsprozessß vorbei? Können wir jetzt aufhören?' Man muß ihnen dann antworten: ,Nein, er hat gerade erst begonnen.' Führungskräfte müssen eine Atmosphäre schaffen, in der die Leute verstehen, daß Veränderungen ein kontinuierlicher Prozeß sind, nicht ein einzelnes Ereignis."[19]

Der Unternehmensleitungs-Guru Warren Bennis betont: „Topmanager müssen mit gutem Beispiel vorangehen, indem sie offen sind und sich mit ihren untergeordneten Mitarbeitern offen über Dinge auseinandersetzen ... Sie müssen Unstimmigkeiten ans Licht bringen und sich durch sie durcharbeiten. Nur so kann man eine Atmosphäre des Vertrauens schaffen, in der sich alle so sicher fühlen, daß sie ihre eigenen Gedanken einbringen."[20]

Konditionstraining. Andere Unternehmen erkennen die Bedeutung von Offenheit und Ehrlichkeit. Milliarden werden für Desktop Publishing ausgegeben, für Firmenzeitungen und für Videoprogramme für die Managementebene, um zu lernen, wie man mit Mitarbeitern kommuniziert.

Wie Vertrauen ist auch Offenheit wechselseitig. Kommunikation nach unten ist nur die halbe Miete. Die andere Hälfte ist, darauf zu hören, was zurückkommt, und entsprechend zu reagieren.

„Der Ärger fängt an, wenn die Leute Angst davor haben, mit dem Vorgesetzten zu sprechen, und die Ideen nicht bis nach oben gelangen", bemerkt Orit Gadiesh, Präsident der Bostoner Unternehmensberatung Bain & Company.[21]

„Wir setzen uns einmal pro Woche für eine halbe Stunde mit den Leuten zusammen, um sie darüber zu informieren, was passiert", sagt Ron Parks, Manager für Produktion und Personalplanung der Dana Corporation. „Auch wenn wir den Mitarbeitern die Informationen geben, möchten wir sicherstellen, daß sie sie auch verstehen ... Durch diese Sitzungen entstehen viele Fragen. Die Mitarbeiter fragen oft, warum eine bestimmte Entscheidung getroffen wurde. Und sie bekommen eine Antwort. Wenn sie nicht damit zufrieden sind, können sie Fragen bis zum obersten Hierarchiewipfel stellen – bis hin zum Präsidenten."[22]

Um die „Kommunikation nach oben" zu erleichtern, initiierte Jack Welch „Konditionstrainings" bei GE. Dies sind nicht die üblichen Sitzungen im Turnsaal, wo man sich bewegt und schwitzt, sondern Frage- und Antwort-Sitzungen, bei denen die Leute Welch oder andere leitende Angestellte auf dem heißen Stuhl alles fragen können, was sie wissen wollen, und sie tun dies auch. Das stimmt – sie können *alles* fragen! Die einzige Regel: Man darf keine ausweichenden Antworten geben. Diese „Konditionstrainings" sind so erfolgreich, daß Organisationen verschiedener Bereiche und Größen sie anwenden.

Das offene Buch bei Lipton. Lipton ist nicht nur die Nummer eins der Welt unter den Teeproduzenten, auch im Bereich Nahrungsmittel rangiert das Unternehmen unter den Besten des Landes. Eine vor kurzem geschlossene Partnerschaft mit Pepsi zur Herstellung neuer Getränkesorten brachte in den ersten acht Monaten einen Verbraucherumsatz von 700 Millionen Dollar.

„Der Grund für unseren anhaltenden Erfolg und unsere Rekorde liegt darin, daß unser Umfeld offen ist. Jeder weiß alles. Es gibt keine Geheimnisse. Und dadurch entstehen Moral und Teamgeist", sagt Richard Kundrat, Vizepräsident und Generaldirektor von Lipton.

Kundrat wendet eine spezielle von ihm geschaffene Technik an, um die Kommunikation zu fördern. Sie nennt sich „Offenes Buch mit Hauptzielen". Jeder, egal aus welcher Abteilung, sei es von der Postabteilung bis hin zur Unternehmensleitung, muß seine jährlichen Ziele eintragen. Am Ende des Jahres tragen alle ihre Ergebnisse ein und das, was erreicht wurde. Kundrat verschließt das Buch nicht in seinem Schreibtisch, sondern plaziert es ganz offen, so daß alle es einsehen können. Durch das offene Buch werden Geheimnistuerei, Gerüchte und falsche Vorstellungen beseitigt. Es gibt keine Bevorzugung. Alles ist offen.

Das offene Buch hat eine Kultur von Vertrauen und Offenheit geschaffen. Die Worte *hilf mir* sind überall zu hören.

„Dadurch, daß das Buch hier offen liegt und jeder es lesen kann, wurde eine Atmosphäre geschaffen, an der wir alle teilhaben. Wir sind Teil desselben Teams und spielen alle nach den gleichen Regeln", erzählte uns Kundrat. „Das Ergebnis ist, daß Teamwork, Teamgeist und Kommunikation der verschiedenen Teams untereinander gestiegen sind. Jeder scheint zu wollen, daß auch alle anderen es schaffen. Die Menschen stehen sich näher. Sie bekommen sogar neue Ideen, wenn sie in das Buch schauen und sehen, was andere tun."

Dieser kleine Teebeutel, den Lipton zillionenmal verkauft, ist die perfekte Metapher für Vertrauen. Je offener das Umfeld, desto besser funktioniert alles.

Vertrauenskiller #3: Anerkennung stehlen

„Warum sollte ich neue Ideen entwickeln, um Geld zu sparen oder das Geschäft aufzubauen?" beklagte sich ein Manager eines Telekommunikationsunternehmens bei uns. „Jedes Mal, wenn jemand in unserer Abteilung ein neues Konzept vorschlägt, präsentiert es der Boß so, als ob es seines sei. Zur Hölle mit ihm! Er soll sich selbst etwas einfallen lassen."

Nichts kann Vertrauen, Teamwork und Motivation schneller zerstören, als wenn ein Vorgesetzter eine Idee als seine eigene ausgibt. Ein Werbetexter, der mithalf, eine denkwürdige Werbekampagne für ein bekanntes Kopfschmerzmittel zu entwickeln, erzählte uns: „Jeder im Produktionsteam – Medien, Marketing und die Kreativabteilung – alle trugen ihren Teil zu der Idee bei, sogar eine der Sekretärinnen. Es war großartig. Wir waren alle aufgepuscht."

„Aber als unser Boß die Kampagne dem Klienten präsentierte, war das einzige Pronomen, das er verwendete, ‚ich'. Man hätte denken können, daß er alles selbst gemacht hatte. Junge, waren wir sauer. Ich kann Ihnen sagen, niemand vertraute ihm jemals wieder. Als wir das nächste Mal zusammenkamen, hätte man eine Stecknadel fallen hören können. Ich weiß, daß es kindisch war. Aber alle Werbeleute träumen von einer witzigen, wirkungsvollen und sehr erfolgreichen Kampagne – und dieser Mann hat uns die ganze Anerkennung gestohlen."

Wir alle kennen Menschen, die von der „Ich"-Seuche befallen sind. Sie nehmen – oder wörtlicher – stehlen die Anerkennung für alles, außer natürlich für die Idee, die nichts wert ist.

Wer einmal lügt, dem glaubt man nicht, auch wenn er dann die Wahrheit spricht – dies trifft auch zu, wenn die Anerkennung geklaut wurde. Wenn Vorgesetzte Ideen für ihre eigenen ausgeben, dann werden sie erkennen, daß die Kreativität ihrer Mitarbeiter plötzlich und unerklärlich versiegt. Und, wie in der Kampagne des Kopfschmerzmittels, beißen die Leute, die einmal gebissen wurden, zurück.

Vertrauensbildner #3: „Wir" nicht „Ich"

Manager, die die ganze Anerkennung für sich in Anspruch nehmen, erkennen vielleicht nicht, daß ihre Aktionen ihr Ansehen, das sie bei ihren Vorgesetzten genießen (von dem, das sie bei ihren Untergebenen genießen ganz zu schweigen) in höchste Gefahr bringen. Nur in der Einzahl anstatt in der Mehrzahl zu sprechen, und das zu einer Zeit, wo Teamwork in den Unternehmen so hoch bewertet wird, hinterläßt einen schlechten Eindruck. Und die meisten Leute sind intelligent genug, um den Ego-Trip zu erkennen.

Andererseits, wenn Sie sich auf die Bemühungen des Teams konzentrieren, hebt sie das von der Rolle des Managers in die Rolle des Führers. Anstatt jemand zu sein, der gute Einzelleistungen bringt, sind Sie jemand, der weiß, wie man ein Team leitet, führt und wie man ihm die richtige Richtung zeigt. Durch diese Fähigkeiten beweisen Sie Vielseitigkeit und Autorität. Wenn Sie sich auf das „wir" konzentrieren, ist das keine falsche Bescheidenheit, es ist ein wichtiger Schritt in Ihrer Karriere.

„Wir" ist ein Begriff, der alle miteinschließt, während „ich" alle anderen ausschließt. „Wir" vermittelt dem Team, daß Sie ihre Beiträge erkennen und schätzen, daß – wie Kundrat von Lipton es betonte – „sie alle in einem Boot sitzen." Durch Einbinden der Mitarbeiter wird Loyalität aufgebaut, Moral und Motivation werden erhöht. Und die Leute werden nichts unversucht lassen, um dazu beizutragen, daß *ihr* Team erfolgreich ist. Wenn Sie die Anerkennung mit dem Team teilen, macht Sie das nicht nur größer, sondern Ihr Team wird dadurch stärker.

Bei den meisten Arbeiten muß man ohnehin zusammenarbeiten. Wenige Ideen oder Projekte sind der exklusive Beitrag eines einzelnen. Zusammenarbeit entsteht auf unerwartete und oft nicht erkannte Art und Weise. Jemand gibt Ihnen einen Artikel oder erzählt Ihnen von einer Idee. Sie lesen ein Konzept von einem Kollegen und finden einen anderen Zugang zu dem Thema. Jemand stellt Ihnen eine Frage, die Sie zum Nachdenken anregt. An einem Projekt sind immer mehr Menschen beteiligt als jene, denen es übertragen wurde. Niemand arbeitet in einem Vakuum.

Große Führungskräfte haben den Mut, die Verantwortung für ihre Fehler zu übernehmen, und die Weisheit, den Ruhm mit ihrem Team zu teilen.

Vertrauenskiller #4:
Ein loses Mundwerk versenkt Schiffe

EIN LOSES MUNDWERK VERSENKT SCHIFFE warnte ein populäres Poster im 2. Weltkrieg. Es zeigte Uncle Sam, der seinen erhobenen Zeigefinger auf seine Lippen preßte. Während ich mir nicht vorstellen konnte, wie die Unterhaltungen innerhalb meiner Familie den Ausgang des Krieges beeinflussen konnten, macht diese Botschaft jedoch Sinn am Arbeitsplatz. Nichts kann Vertrauen so leicht zerstören wie fauler Klatsch und die Enthüllung privater Informationen.

Ein Manager für Telemarketing dachte, er könnte seinem Vorgesetzten ein persönliches Problem anvertrauen und in bezug auf seinen Sohn ein paar Ratschläge bekommen. Sein Sohn war wegen Drogenmißbrauchs von der Schule geworfen worden. Anscheinend hatte der Junge auch anderen Jugendlichen Drogen verkauft, und der Manager wußte nicht, wie er mit dieser Situation umgehen sollte. Da ihm das Verhalten seines Sohnes offensichtlich peinlich war, wollte er nicht, daß auch nur ein Wort des Zwischenfalls nach außen drang. Sein Vorgesetzter war der gleichen Meinung.

Erraten Sie, was passiert ist? Während sie bei einem Drink zusammensaßen, erzählte der Vorgesetzte ein paar Freunden von dem Problem des Managers. Zwei Tage später wußte jeder im Büro Bescheid. Jeder hatte Mitleid, und manche hatten sogar einen guten Rat parat. Aber der Manager fühlte sich beschämt und betrogen.

Vertrauensbildner #4:
Die Luken dicht machen

Die Menschen lieben Klatsch. Aber keiner traut jemandem, der Klatsch weiterträgt. Man hat immer die Angst, daß etwas, das man erzählt hat, weitererzählt wird und man es vielleicht in den Abendnachrichten hört. Egal, wie sehr Sie versucht sein sollten, jemandem davon zu erzählen, was Sie gerade im Vertrauen gehört haben, egal wie süß die Versuchung auch sein mag, lassen Sie sich nicht wider besseren Wissens dazu verleiten. Wenn die Leute nicht darauf vertrauen können, daß das, was sie Ihnen im Vertrauen gesagt haben, nicht weitergetragen wird, werden sie Ihnen nichts mehr erzählen.

Uncle Sam hatte recht: Ein loses Mundwerk versenkt Schiffe.

Fürsorge

Wie man mit etwas Sanftem hart durchgreift. Anderen das Gefühl zu vermitteln, daß man für sie da ist, ist eine „Kernkompetenz", sagt der Bestsellerautor und Managementberater Gifford Pinchot. Es ist ein wesentlicher Teil der Arbeit eines „Managers der neuen Generation", nicht nur ein nachträglicher Einfall. „Sie geben ihnen das Gefühl, daß sie von Bedeutung sind."[23]

Fürsorge ist ein sanftes Konzept, das viele in der harten Geschäftswelt für überflüssig oder naiv halten. Fürsorge gibt es bei den Lehrern und Sozialarbeitern, das ist nichts für schlanke, gewinnorientierte Unternehmensmaschinen. Und Fürsorge ist zu simpel, zu einfach, um intellektuell von großer Bedeutung zu sein. Aber in einer Welt, in der die Unternehmen ihre Mission Statements jährlich justieren, ist Fürsorge vielleicht das einzige beste sanfte Konzept, das Sie jemals benützt haben, um hart durchzugreifen.

Wenn Sie Ihre Leute darum bitten, eine Veränderung durchzuführen, bitten Sie sie, mit Ihnen ein Risiko zu übernehmen, an Sie zu glauben. Sie denken nach. Werde ich immer noch einen Job haben? Wird es ein Job sein, den ich will und den ich tun kann? Wird einer meiner Freunde zusammen mit mir überleben? Werde ich innerhalb der Organisation hochkommen oder an Boden verlieren?

In Unternehmen, die durch ein hohes Maß an Fürsorge gekennzeichnet sind, sind die Mitarbeiter eher bereit, diesen Vertrauenssprung ins Ungewisse zu wagen. Sie sind loyaler, eher bereit, sich anzupassen, reagieren mehr auf Herausforderungen, weil sie glauben, daß ihre Interessen berücksichtigt werden. Es ist so einfach: Ihre Mitarbeiter machen sich Gedanken um Sie, weil Sie sich Gedanken um Ihre Mitarbeiter machen.

Mitarbeiter kooperieren nicht, wenn sie nicht das Gefühl haben, daß man sich um sie Gedanken macht. Man steht Veränderungen im allgemeinen mißtrauisch gegenüber und befolgt sie halbherzig. Warum? Würden Sie sich für einen Freund in Schwierigkeiten stürzen, der sich keine Gedanken um Sie macht? Würden Sie sich Mühe geben für eine Firma, von der Sie das Gefühl haben, daß sie Sie benützt oder Sie als kleines Rädchen einer Maschine behandelt?

Unternehmen, die sich wenig um ihre Leute kümmern, können mit keinem Goodwillkonto rechnen, auf das sie zurückgreifen können, wenn es darum geht, ordentlich anzupacken. Die Mitarbeiter fühlen sich nicht dazugehörig oder sind aufgebracht und sabotieren oft die Bemühungen des Unternehmens. Organisationen, deren Arbeiter sich entfremdet fühlen, müssen damit rechnen, daß die Zahl der Fehlzeiten steigt und die Leute oft zu spät kommen.

In Menschen investieren. Eines der fürsorglichsten Unternehmen, die wir kennen ist eine Firma in Kalifornien mit 200 Mitarbeitern, die Produkte und Dienstleistungen im Bereich Programm-Management, System-Engineering und auf den Kunden zugeschnittene EDV-Systeme herstellt. Scitor unterscheidet sich von der breiten Masse auf zwei Arten: sie können seit 13 Jahren einen ständigen Gewinnzuwachs verzeichnen und haben einen Personalwechsel von 2,1 Prozent in einer Branche, in der der durchschnittliche Wert bei 16,5 Prozent liegt.[24]

Wie machen sie das? CEO Roger Meade nimmt sich kein Blatt vor den Mund. Er ist einer der Führungskräfte, die Beziehungen aufbauen, die dadurch gekennzeichnet sind, daß man sich um den anderen kümmert. Meade sagt: „Scitor sind unsere Leute. Unser Erfolg hängt von ihnen ab. Das Wissen lebt in ihren Köpfen. Zu viele Unternehmen begreifen nicht, daß gute Leute so einfach wieder weggehen können, wie sie gekommen sind."[25]

Scitor – aus dem Lateinischen „danach trachten, zu wissen" – geht weit über das übliche Maß hinaus, wenn es darum geht, die eigenen Leute an die erste Position zu rücken. Es gibt keine Beschränkungen oder Nachverfolgung von Krankheitstagen, es gibt keine Lohnabzüge bei Krankheit und drei Wochen Urlaub für Leute, die neu eingestellt werden. Das Unternehmen bietet ein Versorgungszentrum für leicht erkrankte Kinder und Notfallhilfe innerhalb des Unternehmens. Ebenfalls angeboten werden flexible Arbeitszeiten, Job-sharing und Sozialleistungen für Arbeiter, die mehr als 17,5 Stunden pro Woche arbeiten. Darüber hinaus gibt es verschiedene gesellschaftliche Veranstaltungen für die Mitarbeiter, darunter Chili-Gelage, Ski- und Angelausflüge, Straßenralleys und ein umfangreiches, kostenloses Wochenendprogramm in einem attraktiven Urlaubsgebiet.

Meade betrachtet solche Dinge nicht als Verschwendung. „Das sind Investitionen, die dem Unternehmen einen zusätzlichen Wert verleihen, keine Ausgaben oder Verschwendung – weil die Leute Ihre Ressourcen sind, nicht Ihre Produkte oder Ausrüstung. Sich um die Bedürfnisse der Mitarbeiter zu kümmern ist der Schlüssel zur Produktivität."[26] Es bringt sicherlich Loyalität. Die Mitarbeiter von Scitor sind durchschnittlich nur fünf Tage pro Jahr krank, und das Unternehmen behält 90 Prozent der Frauen, nachdem sie ein Kind bekommen haben.

Die Avonberaterin macht eine Wandlung durch. Im Gegensatz dazu ist Avon, der Kosmetikgigant, der beim Verkauf an der Haustür bahnbrechende Arbeit leistete, ein gutes Beispiel für ein Unternehmen, das in seinem Versuch, Marktanteile zu halten, seinen Schwerpunkt nicht mehr auf Fürsorge setzte. Das 108-Jahre-alte Unternehmen hatte sich immer sehr auf seine Verkaufsmitarbeiter verlassen und belohnte sie mit Geschenken und Reisen. Aber Ende 1992, als das Unternehmen auch einen neuen CEO erhielt, änderten sich diese Praktiken.

Das Unternehmen begann auf Direkt-Marketing Wert zu legen, aber, anders als der Konkurrent Mary Kay – dieses Unternehmen vergab Provisionen aus Katalogverkäufen an Kundenvertreter der betreffenden Region – nahm Avon seine Verkaufsleute aus dem Prozeß. Avon strich 600 Arbeitsplätze und strukturierte das Provisionssystem um, strich viele der traditionellen Anreize wie Geburtstagsgeschenke und Jahresnadeln. All dies erweckte den Eindruck von mangelnder Sorge um die Mitarbeiter. Trotz der Veränderungen „sank Avons Gewinn vor Steuern um 10 Prozent während des ersten Quartals 1993, um 7 Prozent im zweiten Quartal, 36 Prozent im dritten Quartal und 29 Prozent im vierten Quartal."[27]

„Ich weiß, es klingt, als ob ich meckern möchte, aber ich glaube, daß solche Dinge (Nadeln, Geburtstage etc.) uns das Gefühl gaben, daß wir beachtet wurden", berichtet Carmelita Caburet, eine Verkaufsmitarbeiterin in Detroit mit einem jährlichen Umsatz von 250.000 Dollar.[28]

Das Unternehmen hat die Probleme inzwischen erkannt und unternahm Versuche, sie zu beseitigen. CEO James E. Preston sagt: „Wir machen einen Balanceakt zwischen der Unterstützung des Kerngeschäfts – Verkauf durch Vertreter – und der Erprobung neuer Konzepte. 1993 verloren wir die Balance."[29]

Preston hat auch eine neue Leiterin für das USA-Geschäft engagiert. Christina Gold dient als Beispiel für die Art von fürsorglicher Führungskraft, über die wir sprechen. Sie erkannte, was für ihre Mitarbeiter wichtig war, und sie hat die Geburtstagsgeschenke wieder eingeführt, Jahresschilder und Jahresnadeln. „Meine höchste Priorität ist, die Beziehung von Avon zu den Mitarbeitern wiederherzustellen", betont sie. Sie macht es sich zur Aufgabe, in engem telefonischen Kontakt zu ihren Verkaufsvertretern zu stehen. „Wir haben ihnen erst unlängst gesagt, daß wir sie schätzen", sagt sie.[30]

Fürsorge, nicht Verhätscheln. Fürsorge bedeutet nicht, daß Sie Ihre Mitarbeiter verhätscheln oder jeden ihrer Wünsche erfüllen sollen. Es bedeutet nicht zu beschwichtigen oder sie zu behandeln wie Großmutters bestes Porzellan. Es bedeutet nicht, keine Forderungen an sie zu stellen oder ihre Arbeit nie zu kritisieren. Und es bedeutet nicht, daß Sie nicht ihr Bestes von ihnen erwarten. Es bedeutet, wenn Sie sie bitten, sich an die Erfordernisse des Unternehmens anpassen, Sie jeden Versuch unternehmen sollten, sich an deren Erfordernisse anzupassen.

Dies betont auch Meade: „Wie kann man Leute bitten, selbstlos die Bedürfnisse des Unternehmens zu unterstützen, wenn das Unternehmen nicht die Bedürfnisse der Leute unterstützt? Es ist ganz einfach nicht fair, von seinen Leuten zu erwarten, daß sie etwas für das Unternehmen tun, wenn Sie dies nicht erwidern und ihnen helfen, die Schocks in ihrem Leben zu verarbeiten."[31]

Fürsorge ist ein gutes Geschäft. Fürsorge ist nicht nur der Eckpfeiler eines veränderungsbereiten Umfelds, sie ist gut für das Geschäft. Arbeiter, die das Gefühl haben, daß man sich um sie Gedanken macht, werden sich umgekehrt Gedanken machen über die Produkte, die sie herstellen und über die Leute, für die sie arbeiten. Das war die Philosophie von Sam Walton. „Die Art und Weise, wie das Management die Mitarbeiter behandelt, ist genau die, wie die Mitarbeiter die Kunden behandeln werden", sagte Sam. „Zufriedene, loyale Stammkunden sind das Herz von Wal-Marts sensationellen Gewinnspannen, und die Kunden sind uns gegenüber loyal, weil unsere Mitarbeiter sie besser behandeln, als es andere Verkäufer in anderen Geschäften tun."[32]

Sam ist in guter Gesellschaft. Herb Kelleher, der dynamische Unternehmensleiter der Southwest Airlines, ist eine weitere Führungskraft, die weiß, wie wichtig Fürsorge ist. In einer Branche, in der die Gewinne ständig weniger werden, hat Southwest die höchste Rentabilitätsrate, und zwar mit Arbeitskräften, die für ihre Loyalität dem Unternehmen und der Führungsebene gegenüber bekannt sind.

Herb zeigt diese Fürsorge dadurch, daß er zu seinen Leuten engen Kontakt unterhält. „Er ist die Art von Manager, der mit einem Mechaniker bis um vier Uhr morgens in einer Bar sitzt, um herauszufinden, was los ist. Und dann wird er das, was nicht stimmt, wieder in Ordnung bringen", sagt Steve Lewins, Analytiker von Gruntal & Co., der Kelleher und Southwest seit 1971 begleitet.[33]

Herb sagt: „Ich bin der Meinung, daß man für seine Mitarbeiter da sein sollte, wenn sie Schwierigkeiten haben, und daß man an ihnen persönlich Interesse zeigen sollte. Es kann sein, daß sie sich in ihrem Land nicht wohl fühlen. Sogar in ihrer Familie kann etwas nicht so funktionieren, wie sie es gerne hätten. Aber ich möchte, daß sie wissen, daß Southwest immer für sie da ist."[34]

Dieses familiäre Gefühl durchdringt jeden Bereich des Unternehmens und findet schließlich den Weg zurück zum Kunden. Wenn man bei ihnen mitfliegt, hat man das Gefühl, man befinde sich im Wohnzimmer der Crew an einem Samstagabend. Die Flugbegleiter erzählen Witze, sie rappen ihre Durchsagen, und man hat das ehrliche Gefühl, daß sie froh sind, daß man an Bord ist.

Beziehungen, die durch Fürsorge gekennzeichnet sind, lassen sich durch drei Dinge charakterisieren: Respekt, Einfühlungsvermögen und Anerkennung.

Respekt

Leute zu respektieren hört sich auf dem Papier gut an, aber es in die Tat umzusetzen ist eine andere Sache, wenn es darum geht, einen Termin einzuhalten oder wenn eine Arbeit verpfuscht wurde. Versuchen Sie doch mal, den Mann zu respektieren, dessen falsche Zahlen der Grund dafür sind, daß Sie vor Ihrem Vorgesetzten schlecht dastehen. Und doch sind Schreien und Brüllen in dieser Situation am wenigsten effektiv. Der Mann weiß bereits, daß er etwas vermasselt hat. Ihm das noch unter die Nase zu reiben, würde ihn nur noch weiter fertigmachen. Zu diesem Zeitpunkt ist Ermutigung angebracht.

John Barbera, Präsident von Turner Broadcasting Sales, sagt: „Wenn jemand ganz unten ist, ist es an der Zeit, ihn wieder hochzubringen. Das ist der richtige Zeitpunkt, ihm auf die Schulter zu klopfen, und nicht, ihm einen Tritt in den Hintern zu verpassen."

Bei Respekt geht es darum, seine Leute wie menschliche Wesen zu behandeln, die Bedürfnisse, Ambitionen und Ängste haben – und nicht wie austauschbare Teile, die nach dem Gebrauch weggeworfen werden.

Respekt bedeutet nicht ein „ewig-lächelndes-Management". Wenn die Leute schlechte Arbeit leisten, sollen Sie das nicht ignorieren oder akzeptieren. Im Gegenteil, Respekt bedeutet, daß man die Leute für ihre Tätigkeit zur Rechenschaft zieht. Sie rufen sie zur Pflicht, Sie lassen sie wissen, daß sie etwas vermasselt haben, aber Sie greifen sie nie *als Person* an. Eine unserer Regeln ist: Kritisieren Sie das Verhalten, aber coachen Sie die Person. *Fordern Sie Leistung und unterstützen Sie die Person.*

Diese Unterscheidung ist alles. Wenn Sie Leute lächerlich machen, erniedrigen oder niedermachen, dann schaffen Sie dadurch drei Probleme:

- *Sie gefährden Ihre Beziehung zu ihnen* – üblicherweise fühlen sich die Mitarbeiter eingeschüchtert und sind verärgert.
- *Sie schaffen Selbstvertrauensprobleme* – die Leute werden sich im nachhinein selbst kritisieren.
- *Und Sie provozieren eine Abwehrhaltung* – wenn jemand gedemütigt wird, hört er nicht mehr zu, und nichts wird gelöst.

Das Ergebnis: Die Leistung leidet darunter, und die Leute nehmen keine Risiken mehr auf sich. Sie erhalten unterwürfige Mitarbeiter, denen jegliche Kreativität fehlt. Und niemand wird Ihnen sagen, wenn Sie falsch liegen. „Wer sagt schon einem Löwen, daß er aus dem Mund stinkt?" heißt ein arabisches Sprichwort.

Recht und Ordnung. Eine Teilhaberin eines Rechtsanwaltsbüros war aufgrund einer Menge administrativer und Schreibfehler so frustriert, daß sie kaum ihren Ärger verbergen konnte. Die Fehler waren größtenteils geringer Natur, man hatte beispielsweise Einreichungsfristen versäumt oder Dokumente an die falsche Adresse geschickt. Aber es waren genau die Fehler, durch die sie und die Firma einen schlechten Eindruck hinterließen.

Die Anwältin fing an, ihre Frustration zu zeigen, indem sie die ihr zuarbeitenden Mitarbeiter scharf tadelte und deren Arbeit bis ins kleinste Detail kontrollierte. Verbesserte sich die Situation? Nein, es wurde noch schlimmer. Jeder war nervös und hatte Angst davor, daß er Fehler machte und sie aufregte, so daß die Zahl der Fehler sich nur noch erhöhte. Dringende Arbeiten wurden verschoben, um ihre Ideen noch berücksichtigen zu können. Die Leute hatten Angst, selbst etwas in die Hand zu nehmen, das Arbeitstempo verlangsamte sich, und jeder schien seine Konzentration zu verlieren, wahrscheinlich weil sie sich immer gegenseitig über die Schulter blickten. Das Problem wurde nicht beseitigt, bis schließlich eine Büroleiterin eingestellt wurde, die als Puffer zwischen den Mitarbeitern und der frustrierten Anwältin agierte.

Wehklagende Warriors. Das Basketballteam Golden State Warriors lernte seine Lektion auf die harte Tour, als es seinen besten Spieler nach einer Saison verlor – der Grund war Respekt, oder besser gesagt, das Fehlen von Respekt. Chris Webber, die Nummer eins der Auswahl, den man nur unter großen Anstrengungen engagieren hatte können, weigerte sich, unter Trainer Don Nelson zu spielen, einem brillanten Taktiker, der dafür bekannt ist, daß er manchmal seine Spieler in der Öffentlichkeit lächerlich macht. Vierundsiebzig Millionen Dollar reichten nicht aus, um Webber davon abzuhalten, Nelsons Coachstil nicht mehr mitzumachen.

„Hören Sie, ich habe schon Trainer gehabt, die absolute Blödmänner waren, ich meine, sie schrien uns die ganze Zeit an", sagte Webber. „Aber man muß die Leute immer noch respektieren. Man schreit sie nicht an: ‚Warum haben wir dich bloß hierher geholt?', wenn kleine Kinder Zeugen sind."[35]

Wenn man sich kritisch über den Job, den jemand erledigt, äußert, aber nicht über den Betroffenen als Person, bleibt die berufliche Beziehung intakt, und die Abwehrhaltung wird verringert. Wenn man aber die Person angreift, wie dies Nelson mit Webber und seinem Kollegen Chris Mullen tat, als dieser es nicht in das Allstar-Team schaffte, entstehen dadurch tiefe Feindseligkeiten, die manchmal nicht repariert werden können.[36]

Zwei Möglichkeiten. Es gibt zwei Möglichkeiten, wie man eine mißlungene Präsentation kommentieren kann: „Sie haben Mist gebaut. Was ist passiert? Hatten Sie Streit mit Ihrer Frau oder was?" Oder die Alternative: „Die Präsentation war schlecht. Sie war zu weitschweifend, und ein überzeugendes Grundprinzip fehlte. Ich weiß, daß Sie es besser können."

Welches Feedback würden Sie bevorzugen? Durch welches können Sie die Würde wahren, während Sie gleichzeitig Ideen zur Verbesserung anbieten?

Dieser Niemand ist jemandens Mutter. „Behandeln Sie jeden, als ob er jemand sei, weil er jemand ist", sagt der erfahrene Baseballmanager Sparky Anderson, der schon immer etwas zu sagen hatte und sich nach 50 Jahren in diesem Sport auch das Recht erworben hat, etwas zu sagen. „Ich bin in einem Restaurant. Die Kellnerin könnte meine Mutter sein, sie könnte meine Schwester sein. Wenn das Essen miserabel ist, gehen Sie nicht wieder hin. Aber seien Sie nicht zu aufgebracht, und lassen Sie es nicht an der Kellnerin aus."

Sparky tritt dafür ein, jeden mit Würde zu behandeln, egal welche Position er/sie innehat oder unter welchen Umständen. Auf seinem Schreibtisch hat er ein Schild, das vielleicht erklärt, warum: DIE WELT DREHT SICH UM JEMANDEN, DER GERADE GANZ OBEN SITZT. Man weiß nie, wann man selbst an der Reihe ist zu fallen.[37]

Dünne Haut bei Oil of Olay. Procter & Gamble CEO Edwin Artzt befolgt das Diktum von Sparky nicht. Er ist beschuldigt worden, seine Mitarbeiter persönlich angegriffen zu haben, um sie einzuschüchtern. Als Manager in Taiwan Einwände dagegen hatten, nur ein Hautprodukt von Oil of Olay auf einmal auf den Markt zu bringen, habe Artzt geflucht und sie als „schwachsinnig" und „dumm" bezeichnet, wie ein ehemaliger Marketingmanager dem *Wall Street Journal* erzählte.[38]

Das *Wall Street Journal* berichtete auch, daß Manager von Procter & Gamble sagten, daß Besprechungen mit ihrem Vorgesetzten oft in „öffentliche Beleidigungen" ausarteten. Bei einer Besprechung der für Schönheitsprodukte verantwortlichen Manager beschimpfte Artzt sie eine halbe Stunde lang, weil sie eines ihrer Produkte, die Noxzema-Creme, falsch vermarktet hätten. Mit einem echten Unterton von Abscheu rief er aus: „Wie konnten Sie so dumm sein, in diesen Schlammassel hineinzugeraten?"[39]

„Ich sagte Ed, daß er eine Menge brillanter Leute verlieren würde, die zu ängstlich seien, sich gegen ihn aufzulehnen", sagt Louis Pritchett, ein für den Verkauf zuständiger Vizepräsident, der sich zur Ruhe setzte, kurz bevor Artzt CEO wurde. „Er denkt: ‚Solange diese Idioten Angst haben, ist alles in Ordnung.'"[40]

Aus dem gleichen Holz geschnitzt ist der ehemalige Leiter des Bereichs Verkauf und Marketing bei Digital, Edward E. Lucente, der 1994 entlassen wurde, und zwar teilweise aufgrund seines schroffen Managementstils. „Die Leute hatten Angst davor, ihm die schlechten Nachrichten mitzuteilen“, hörte man von Informanten des *Wall Street Journal*.

Ein Teilnehmer berichtete, auf einer Reise nach Dallas zur Förderung der Moral habe Lucente die Mitarbeiter aufgefordert, ihn alles zu fragen, aber als ein Verkäufer darum bat, daß die Software-Strategie des Unternehmens überarbeitet werden sollte, weil sie unklar sei, „redete Lucente wie ein Wasserfall und setzte ihn vor allen Leuten im Raum herunter. Es ist müßig zu sagen, daß ihm keiner mehr irgendeine Frage stellte.“[41]

Wenn man unter den Angestellten Angst erzeugt, hat das vielleicht begrenzten Wert in bestimmten Situationen (mehr darüber später), aber als allgemeine Managementmethode ist es äußerst ungeeignet für ein Unternehmen, das Veränderungen durchführen möchte. Die Mitarbeiter sollten nicht die Zielscheibe für Ihren Frust sein oder den Kopf für Ihre Fehler hinhalten müssen. Manager, die Einschüchterungstaktiken verwenden, fördern Abscheu, nicht Zusammenarbeit.

Und entschuldigen Sie Anschwärzen nicht mit der Ausrede: „Ich bin für klare Worte, jeder soll meine Meinung kennen.“ Wir haben diese Verteidigung oft gehört, und im allgemeinen möchte man damit nur sein verwerfliches Benehmen reinwaschen.

MacArthurs Regeln. General Douglas MacArthur hatte eine Reihe von Fragen, um wahres Führungsvermögen zu definieren. Der Kern dieses Ansatzes war der Respekt gegenüber seinen Untergebenen. MacArthur fragte:

- Setze ich meinen Untergebenen zu oder stärke und ermutige ich sie?
- Verliere ich bei einzelnen meine Fassung?
- Handle ich so, daß meine Untergebenen mir nachfolgen wollen?
- Bin ich am persönlichen Wohlbefinden von jedem meiner Untergebenen interessiert, als ob er ein Mitglied meiner Familie wäre?
- Korrigiere ich einen Untergebenen vor anderen?
- Neige ich dazu, nett zu meinen Vorgesetzten und gemein zu meinen Untergebenen zu sein?[42]

Sind Sie überrascht, daß ein Mann, der bekannt für seine Härte und Zähigkeit ist, so sensibel den Gefühlen seiner Untergebenen gegenüber ist? Der General war auch bekannt für die Loyalität derer, die unter ihm dienten.

Einfühlungsvermögen

Sich in die Rolle des anderen versetzen. Ein Manager im Bereich Controlling eines großen Versicherungsunternehmens hatte die nicht beneidenswerte Aufgabe, Probleme in der Fakturierung und im Rechnungswesen in den verschiedenen Abteilungen des Unternehmens zu korrigieren. Sein Job war es, in die Abteilungen zu gehen, Rundumschläge auszuteilen und so schnell wie möglich wieder hinauszukommen. Man begegnete ihm beinahe ohne Ausnahme mit Feindseligkeit und Mißtrauen. Obwohl er sich selbst als Gewinn für das Unternehmen sah, betrachteten ihn die meisten als „Vollzugsbeamten", als bösen Polizist, durch den sie in erster Linie entweder mehr Arbeit hatten oder der sie aufgrund von Fehlern schlecht aussehen ließ.

Wann immer er eine neue Aufgabe übernahm, fühlte er sich, als ob er in eine Schlacht zöge, und er schaltete auf einen höheren Gang, indem er verbissen und aggressiv wurde, ein Stil, der den ehemaligen Fußballspieler widerspiegelte. Natürlich wurde seinen Ideen Widerstand geleistet. Die Leute gingen in Abwehrstellung und beschuldigten schließlich die Buchhaltung oder andere Abteilungen, an den Problemen schuld zu sein. In manchen Fällen wurden überhaupt keine korrektiven Maßnahmen durchgeführt.

„Was für ein Job", vertraute er sich uns an. „Es ist, als ob man in ein Kriegsgebiet zöge, und das Befremdlichste daran ist, daß sie auf mich schießen, ihren Verbündeten. Ich bin dazu da, ihnen aus dem Schlamassel zu helfen. Wenn Sie nicht mit mir zusammenarbeiten, werden sie irgendwann große Schwierigkeiten bekommen. Aber das begreifen sie nicht."

Wir hörten genau zu und baten dann den Manager, für einen Moment seinen Frust zu vergessen und eine andere Strategie zu erwägen. Auf welche andere Art und Weise könnte er den Job noch angehen, anstatt dort hineinzugehen wie der Führer einer Gang mit einer langen Liste von Problemen und der Androhung schrecklicher Konsequenzen? Wir baten ihn, sich in die Lage der Abteilungsleiter zu versetzen. Was wußte er über deren Situation?

„Na ja, das Unternehmen befindet sich gerade in einer Umstrukturierungsphase, und eine Menge Leute wissen nicht, ob sie im nächsten Monat auf der Straße sitzen oder nicht", sagte er. „Und ein paar der Manager bekommen neue Aufgaben. Am Ende des Quartals werden sie nicht mehr in ihren Abteilungen sein."

„Was noch?" fragten wir.

„Viele von ihnen arbeiten sechzig Stunden pro Woche und mehr. Seit der letzten Reorganisation müssen sie mit weniger Personal mehr Leistung erbringen. Große Spannungen sind die Folge, und die Leute murren."

„Noch etwas?"

„Nur daß ein paar von ihnen mit dem Leiter des Controlling zusammengeraten sind, und ich würde sagen, daß sie nicht gerade eine freundliche Einstellung gegenüber der Controlling-Abteilung haben."

Bingo, die Lichter gingen an. Zeitdruck, Unsicherheit im Job, zu viel Arbeit, Entlassungen, eine lange Geschichte von bösem Blut – auf diese Dinge hatte er vorher kaum geachtet. Der Mangel an Kooperation, mit dem er konfrontiert wurde, machte nun Sinn. Indem er seinen eigenen Standpunkt außer acht ließ und die Dinge aus der Sicht der Manager betrachtete, konnte er erkennen, wie seine harte Methode die Ablehnung und den Widerstand vergrößert hatte.

Von diesem Zeitpunkt an begann sich die Situation zu ändern. Unser Manager begann, mehr zuzuhören als zu sprechen, und er beobachtete die Reaktionen und Antworten der Leute, denen er zu helfen versuchte. Seine Argumentationen änderten sich ebenfalls. Er erkannte, daß er überhaupt nichts erreichte, wenn er nicht auf das Mißtrauen und die Ängste der Abteilungsleiter einging. Die Idee war nicht, etwas zu beurteilen, sondern sich in die Rolle der anderen zu versetzen und dann zu fragen, wie diese behandelt werden wollen.

Nach sechs Wochen konnte man ein Feedback erkennen. Der Manager bekam mehr Zugang zu den Aufzeichnungen, und er bekam mehr Rückrufe. Die Abteilungsleiter waren sich einig, daß er sich um ihre Probleme kümmerte und empfänglicher für ihre Klagen war. In der Tat hatten sie eine hohe Meinung von dem Mann und wollten wissen, ob jemand mit ihm „arbeite". Wenn ja, welche Zauberformel habe ihn dazu gebracht, sich so zu verwandeln?

Die magischen Zutaten. Die Zauberformel heißt Einfühlungsvermögen, der zweite Bestandteil einer fürsorglichen Beziehung. Einfühlungsvermögen ist die Fähigkeit, sich in die Erfahrungen einer anderen Person hineinzuversetzen und so zu denken wie sie. Es ist das gleiche Talent, durch das eine Mutter weiß, warum ihr Neugeborenes schreit, oder ein Lehrer genau das Richtige sagt, um einem Schüler zu helfen, ein schwieriges Konzept zu begreifen.

Wenn Ihre erste Reaktion ist, den Standpunkt der anderen Person zu verstehen, anstatt ihn abzutun, zu kritisieren oder zu analysieren, geschehen dramatische Dinge. Die Leute haben das Gefühl, daß Sie auf ihrer Seite sind, daß Sie ihre Sorgen und Empfindungen verstehen und schätzen. Sogar wenn Sie später einen anderen Standpunkt vertreten, wenn Sie mit Einfühlungsvermögen ein Unternehmen oder eine Abteilung leiten, dann schaffen Sie mehr Empfänglichkeit für Ihre neuen Ideen. In der Tat schafft Einfühlungsvermögen ein Zusammengehörigkeitsgefühl, aus dem später eine unglaubliche Loyalität und Bindung wird. Wenn Sie Ihre Mitarbeiter darum bitten wollen, daß sie 70 Stunden pro Woche arbeiten oder einen Umstrukturierungsplan umsetzen, tun Sie gut daran, eine solche Verbindung zu schaffen.

Mit Einfühlungsvermögen meinen wir nicht, daß Sie Mitleid oder Mitgefühl empfinden sollen oder daß Sie erraten, was jemand gerade durchmachen könnte. In manchen Fällen ist Einfühlungsvermögen genau das Gegenteil. Als ein Mitarbeiter nach dem Tod seiner Mutter wieder ins Büro zurückkehrte, machten seine Kollegen solch ein Theater, daß er wieder hinauslaufen wollte. Nicht, daß hinter ihren „Erzähl-mir-alles"-Blicken nicht eine gute Absicht stand. Natürlich hatten sie die. Aber ihre Reaktionen waren nicht das, was er brauchte oder wollte. Sie brachten ihm Mitgefühl entgegen, Einfühlungsvermögen ist etwas anderes. Einfühlungsvermögen würde bedeuten, zuerst die Gefühle des anderen abzuschätzen und dann entsprechend zu reagieren – in diesem Fall sein Beileid auszudrücken und ihn dann in Ruhe zu lassen.

Einfühlungsvermögen ist der Prozeß, sich in die Situation eines anderen zu versetzen, so daß man nicht nur versteht, *warum* er oder sie so denkt und fühlt, sondern *wie* es dazu kam, der Druck, die Sorgen, die Werte und Perspektiven, die ihre oder seine Denkweise formen. Wenn Sie zum Beispiel abschätzen wollen, wie die Leiterin der Abteilung Finanzen auf Ihren neuen Marketingplan reagieren wird, müssen Sie sich in ihre Lage versetzen und den speziellen Druck und die Sorgen erkennen, die der Grund für ihre Reaktionen sind. Dieser Ausgangspunkt macht es möglich, effektiv zu kommunizieren und positive berufliche Beziehungen zu schaffen.

Etwas mit Einfühlungsvermögen anzupacken ist die perfekte Methode, um mächtige und unverwüstliche Beziehungen innerhalb einer Organisation zu schaffen. Während Sie durch einen autokratischen Managementstil vielleicht kurzfristig das bekommen, was Sie wollen, und weniger Zeit und Mühe erforderlich sind, entstehen dadurch aber nicht solche Beziehungen, die die Stürme der Veränderung überstehen.

Manchmal bitten wir Manager, an drei ihnen direkt untergeordnete Mitarbeiter zu denken, mit denen sie Schwierigkeiten haben, und an drei, mit denen sie keine Probleme haben. Dann bitten wir sie, alle sechs Leute eine Woche lang zu beobachten und auf einer Liste neben dem Namen jeder Person, Antworten auf folgende Fragen zu notieren: Wie reagieren sie, wenn man ihnen Hindernisse in den Weg legt? Wie reagieren sie auf Kritik? Was motiviert sie zu handeln? Welches sind ihre persönlichen Ambitionen für die Zukunft? Was ist für sie am wichtigsten?

In beinahe jedem Fall finden wir heraus, daß es für die Manager schwieriger ist, die Antworten für jene Mitarbeiter zu skizzieren mit denen sie Schwierigkeiten haben. Sie haben tiefergehende Antworten für jene, bei denen sie das Gefühl haben, daß sie besser mit ihnen umgehen können. Ist es schwerer, schwierige Angestellte besser kennenzulernen? Vielleicht, aber nur in wenigen Fällen. Wenn Sie Probleme haben, mit Leuten umzugehen, dann normalerweise deswegen, weil Sie sie nicht verstehen und folglich nicht wissen, wie Sie mit Ihnen reden sollen.

Ein Schnellkurs in Einfühlungsvermögen. Wir sind ganz offensichtlich nicht die ersten, die darüber sprechen, wie wichtig es ist, sich in die Rolle der Mitarbeiter oder sogar in die der Kunden zu versetzen (siehe Kapitel 8). Aber es ist ebenso wahrscheinlich, daß Ihnen noch keiner eine strukturierte Methode geboten hat, wie man das am besten anstellt. Normalerweise hört man nur: „Verlassen Sie sich nur auf Ihre Intuition." Was folgt, ist ein Paukkurs, wie man sich mit Einfühlungsvermögen in eine gute Ausgangssituation bringt.

Einfühlungsvermögen fängt damit an, aufzupassen: den Mitarbeitern zuzuhören, die Dinge zu bemerken, die sie aufregen oder motivieren, ihre Körpersprache zu beobachten, sich auf ihre Wortwahl zu konzentrieren. Denken Sie an die Leute in Ihrer Organisation, bei deren Führung Sie die größten Schwierigkeiten haben. Schreiben Sie auf, was Sie über die folgenden Punkte wissen:

- Ihre *allgemeine Situation im Unternehmen.* Zum Beispiel: ihrer Abteilung geht es schlecht; sie unterliegen einem enormen Druck, Kosten zu reduzieren; ihre Jobs sind durch Umstrukturierungen gefährdet.

- Ihre *Arbeitsweise.* Zum Beispiel: ihr letzer Leistungsbericht sah schlecht aus; sie wurden bei einer Beförderung übergangen; sie haben Schwierigkeiten, mit ihren Kollegen auszukommen.

- Ihre *persönliche Situation.* Zum Beispiel: sie haben eine Tochter, die eine großartige Sportlerin ist; sie haben Eheprobleme; sie gehen regelmäßig zur Kirche oder in die Synagoge.

- Ihre *Ausdrucksweise.* Zum Beispiel: sie verwenden oft Metaphern aus dem Sport, um geschäftliche Situationen zu beschreiben, oder sie verwenden oft Worte wie Sorge und Streß.

- Ihre *Werte.* Zum Beispiel: Ehrlichkeit ist äußerst wichtig; sie wollen viel Geld verdienen; es ist für sie am wichtigsten, daß sie mit den Leuten gut auskommen.

- Ihre *Ziele, Hoffnungen und Träume.* Zum Beispiel: sie möchten irgendwann einmal ihre eigene Firma haben; sie möchten eine größere Familie; sie peilen den Vorsitz des Unternehmens an.

Prüfen Sie Ihre Antworten. Haben Sie ein besseres Gefühl für die Person als vorher? In den meisten Fällen bekommen Sie neue Einblicke über die schwer zu führenden Mitarbeiter, wenn Sie sich darauf konzentrieren, sie zu verstehen, anstatt sie zu verurteilen. Und je länger und intensiver Sie sich darauf konzentrieren, desto wahrscheinlicher ist es, daß Sie verstehen können, wie es ist, sich in ihrer Lage zu befinden, wenn es auch nur für einen Moment ist. Wenn Sie sich erst einmal in ihre Lage versetzt haben, werden Sie sich sehr viel klarer darüber sein, wie Sie mit ihnen umgehen müssen.

Lobende Anerkennung

Haben Sie jemals wochenlang an einem Bericht gearbeitet, sind regelmäßig jeden Abend nach 21 Uhr nach Hause getrottet und haben nicht einmal einen Sonntag freigenommen? Jeder von uns hat das irgendwann einmal erlebt. Es ist eben ein Teil des Berufslebens, und wir alle überleben es. Ein paar von uns wollen es sogar. Aber was passiert, wenn der Bericht, in den Sie Ihr Herzblut gesteckt haben, von Ihrem Vorgesetzten nicht einmal erwähnt wird?

„Der Mann tat so, als ob er das Ding nie bekommen hätte", erzählte uns ein Manager im Rechnungswesen, der vor kurzem diese Erfahrung machte. „Zwei Wochen lang hat er mich deswegen unter Druck gesetzt. Ich legte den Bericht auf seinen Schreibtisch und nichts passierte. Nicht einmal ein danke. Zwei Wochen später hatte er ihn immer noch nicht erwähnt. Ich fühlte mich wie ein verdammter Dummkopf, und dann wurde ich langsam ärgerlich. Für diesen Mann werde ich mir nicht noch einmal den Hintern aufreißen."

Vielleicht war der Vorgesetzte beschäftigt. Vielleicht ist es ihm entfallen. Oder vielleicht wußte er gar nicht, was er an diesem Manager hatte! Was immer der Grund dafür war, es war schlechtes Coaching. Wenn Sie wollen, daß Ihre Leute hart für Sie arbeiten, müssen Sie sich um sie kümmern, und es gibt keinen sichereren Weg, diese Fürsorge zu untergraben, als ihre Bemühungen nicht lobend anzuerkennen.

Billig und preiswert. Der dritte Teil einer fürsorglichen Beziehung ist der einfachste: persönliche Anerkennung. Wir sprechen nicht über formelle Programme, wo außergewöhnliches Verhalten mit Plaketten und Zeitungsberichten belohnt wird. Wir sprechen von einfacher, täglicher Anerkennung, wie „Gute Arbeit", „Sie haben einen wirklichen Beitrag geleistet", „Großartige Ideen". Oder eine kurze Nachricht per E-Mail oder Voice-Mail.

Für diese Art von Fürsorge ist nicht viel Anstrengung erforderlich. Aber es erfordert Aufrichtigkeit. Loben Sie einfach jemand für den Beitrag, und sehen Sie zu, wie er zu strahlen beginnt.

Täglich, nicht jährlich. „Manager nehmen sich wahrscheinlich mehr Zeit zu kritisieren als zu loben. Viele heben sich das Lob für den jährlichen Leistungsrückblick auf. Wenn man nur eine Rückmeldung bekommt, wenn man etwas vermasselt hat, dann fordert das mit der Zeit seinen Tribut. Man muß einen Mitarbeiter jeden Tag loben, nicht nur einmal im Jahr", sagt Robert Nelson, Managementberater und Autor des Buches *1001 Ways to Reward Employees.*[43]

Viele Führungskräfte sind der Meinung, daß hohe Gehälter, Optionen für Aktien oder Leistungsprämien die einzig legitimen Arten sind, außergewöhnliche Leistungen anzuerkennen. So wichtig dies auch sein mag, es sollte gemeinsam mit ständiger Anerkennung und Zustimmung gegeben werden. Die Leute möchten, daß ihre Bemühungen etwas zählen und daß ihr Fortschritt vermerkt und gemessen wird. Das Schulterklopfen ist unmittelbar und persönlich.

Nelson sagt: „Die meisten Manager denken, es gehe nur ums Geld. Die meisten Leute ... möchten geschätzt werden. Sie möchten wissen, was in ihrem Job vor sich geht und wie ihre Arbeit beurteilt wird."[44]

„Die Leute verhalten sich Ihnen gegenüber loyal, wenn sie das Gefühl haben, daß man sie schätzt", beobachtet der Motivations-Guru Zig Ziglar. „Eine Studie ergab, daß 46 Prozent der Leute, die ihren Job aufgeben, es deshalb tun, weil sie das Gefühl haben, daß ihre Arbeit vom Management *nicht* geschätzt wird. Manchmal ist die erfolgreichste Motivation, einfach ‚danke' zu sagen."[45]

Das „Schulterklopf-Tagebuch". Der Besitzer einer Fabrik für spezialgefertigte Handwerkszeuge hatte Schwierigkeiten, die Bemühungen seiner Mitarbeiter lobend anzuerkennen. Er hatte genügend über modernes Management gelesen, um zu wissen, daß es wichtig war, aber er fand sich immer wieder in der Situation vor, daß er um Worte kämpfte und wegen seiner Unbeholfenheit deutlich verlegen war. Es stellte sich heraus, daß er Lob einfach nicht traute. Er meinte, dadurch würden die Leute manipuliert, es sei eine Methode, Leute dazu zu bringen, etwas zu tun, das sie nicht tun wollten. So war es in seiner Familie gewesen. Und er konnte nicht nur keine Anerkennung würdevoll weitergeben, er konnte sie auch nicht entgegennehmen. Er begegnete allen Komplimenten mit Mißtrauen.

„Man muß mir nicht sagen, daß ich gute Arbeit geleistet habe", argumentierte er. „Ich kenne die Qualität meiner Arbeit. Das reicht mir."

Aber seinen Mitarbeitern reichte das nicht. Abgesehen von Leistungsrückblicken fragten sie sich, welcher Art ihr Verhältnis zu ihm war. Sah er ihre Extrabemühungen? Wußte er oder machte er sich Gedanken darüber, daß sie sonntags arbeiteten, um einen Termin einzuhalten? Leichtes Murren und Unzufriedenheit waren in der Werkzeughalle ständig präsent. Aus der Sicht der Arbeiter gab es ein starkes Vorurteil bezüglich „wir und sie".

Wir ließen den Besitzer ein sogenanntes „Schulterklopf-Tagebuch" führen. Er mußte jedes Mal eintragen, wenn er die Bemühungen eines Arbeiters lobte. Am Ende des ersten Monats hatte das Tagebuch zwei Einträge.

„Nur zwei Leute taten etwas, das wert war, gelobt zu werden?" fragten wir.

„Na ja, es kann sein, daß ich ein paar vergessen habe", lautete die Antwort.

Als wir den Zeitraum von 30 Tagen Tag für Tag zurückverfolgten, fanden wir mindestens 22 Vorfälle, die Lob verdient hätten. Es gab darüber hinaus 11 Situationen, wo man so oder so hätte entscheiden können.

„Je geiziger Sie mit Ihren Komplimenten sind, desto geiziger werden Ihre Mitarbeiter Ihnen gegenüber sein", betonten wir. „Ihre Arbeit zu bewerten ist ein Weg, ihnen das Gefühl zu vermitteln, daß man sich um sie kümmert."

Im nächsten Monat hatte das Tagebuch 18 Einträge. Im folgenden Monat 25, und auf diesem Niveau hielt es sich dann. In der Firma passierte nichts Dramatisches. Objektive Messungen der Produktion oder der Fehlzeiten ließen auf keine Veränderung schließen, aber als wir mit den Arbeitern sprachen, erkannten wir, daß sie sich in bezug auf das Unternehmen sehr viel positiver äußerten. Es herrschte eine entschieden andere Haltung in den Produktionshallen.

Was den Besitzer anbelangt, fiel es ihm sehr viel weniger schwer, anderen auf die Schulter zu klopfen, und er konvertierte nun zu dem „Glauben der ständigen Anerkennung". Er betonte, daß seine Kinder die wirklichen Nutznießer seiner neuen Einstellung wären. Wie reagierten wir auf seine Bekehrung? Selbstverständlich lobten wir ihn.

Pitney klagt. Als Marc Breslawsky, Leiter der Abteilung Bürosysteme bei Pitney Bowes mit 800 Angestellten, sein Personal um Feedback bat, erlebte er eine Überraschung. Er entdeckte, daß sie ihn als harten Geschäftsmann sahen, der wenig Wärme hatte und selten gute Ansätze lobte.

„Ich klopfte den Leuten nicht auf die Schulter. Ich sagte nicht danke", gibt Breslawsky zu. „Das war nicht mein Stil. Wenn ich mit den Mitarbeitern etwas Schwieriges zu besprechen hatte, schwächte ich es nicht ab, indem ich über ihre guten Seiten sprach. Sie hatten das Gefühl, daß ich nichts für sie übrig hatte."

Seine Untergebenen ahmten seinen Stil nach. „Viele Leute sahen mich so, und sie behandelten ihre Leute ebenso", sagt er. Dann kam Breslawsky die Erleuchtung. Das Feedback, das er bekam, überzeugte ihn, daß man Anerkennung einfach braucht.

„Ich fing an, den Leuten zu sagen, was sie gut machen, und war offener in meinen Gesprächen. Die Ergebnisse waren erstaunlich." Das Teamwork verbesserte sich und die Zeit zur Entwicklung neuer Produkte nötig war, verringerte sich um die Hälfte, berichtet er.[46]

Es geht nicht darum, was Sie wissen. Fürsorge ist kein verschwommenes Konzept aus der New-Age-Bewegung. Es ist ein gutes Geschäft. Die Mitarbeiter behandeln die Kunden genau so, wie sie von ihren Vorgesetzten behandelt werden. Unternehmen, die sich um ihre Mitarbeiter kümmern, ziehen die größten Talente an und können diese Talente länger halten. Teams leisten bessere Arbeit, wenn sie von fürsorglichen Vorgesetzten geleitet werden.

Die Leute kümmern sich nicht darum, wieviel Sie wissen, bis sie wissen, wie sehr Sie bereit sind, sich um sie kümmern.

Bieten Sie Ihren Mitarbeitern Respekt, Verständnis und Lob, und Sie werden dadurch unglaubliche Loyalität schaffen, genug, um gemeinsam die tiefgreifendsten Veränderungen innerhalb Ihres Untenehmens zu meistern.

18

Wie man aus Widerstand Bereitschaft macht

Keiner mag Veränderungen, außer, so besagt ein alter Witz, ein Baby in nassen Windeln.

„Veränderung erzeugt Angst in etablierten Unternehmen und Paranoia in den Köpfen der Führungskräfte, die engagiert wurden, um den Status quo zu schützen", schreibt Gene Landrum. „Neues kann nur geschaffen werden, indem man Altes zerstört."[1]

Aber nicht nur Angst ist der Motor für Widerstand Veränderung gegenüber. Veränderung bedeutet zusätzliche Anstrengungen. Es bedeutet, die liebgewordene Bequemlichkeit abzustreifen und die Trägheit zu überwinden, die sich mit festetablierten Denk-und Handlungsweisen einstellen.

Nehmen wir an, Ihnen geht das Benzin aus, und das einen Häuserblock entfernt von der nächsten Tankstelle. Es bringt nichts, die Notrufnummer zu wählen, um es 500 Meter abzuschleppen. Mit aller Kraft stemmen Sie sich gegen das Vehikel, versuchen zu schieben, was geht, aber die Kiste rührt sich nicht vom Fleck. Wie Ihr Physik-Lehrer Ihnen schon in der Schule sagte: ein Körper in Ruhe möchte in Ruhe verharren.

Die Menschen verhalten sich ähnlich: Sie fühlen sich vom Status quo angezogen. Es erfordert viel Anstrengung, um sie in Schwung zu bringen. Sie neigen dazu zu jammern, sich zu beklagen, zu streiten, sich auf die Hinterbeine zu stellen – sie tun alles, um den Veränderungen Widerstand zu leisten. Aber wenn man sie erst einmal über den Berg gebracht hat, sind sie auf dem richtigen Weg.

Widerstand ist der Berg, der mitten im Weg steht, und von dem nur wenige Führungskräfte wissen, wie sie ihre Leute darüber bringen sollen. Die meisten Manager denken, Belohnung oder Drohung wäre das Wundermittel. Oder sie hoffen, daß der Widerstand einfach verschwindet, wenn sie die Veränderungen erst einmal durchgesetzt haben. Dies sind halbherzige Maßnahmen, es bringt ja nichts, sich ein frisches Hemd anzuziehen, wenn man eigentlich eine Dusche nötig hat.

Manche Maßnahmen funktionieren vielleicht, aber nur für kurze Zeit. Wenn man die wirkliche Ursache für den Widerstand nicht herausfindet, wird Ihnen die Rechnung dafür garantiert präsentiert werden – mit aller Wucht. Widerstand ist erstaunlich unverwüstlich, und obwohl die meisten Manager bestens in bezug auf Arbeitsprozesse trainiert sind, weisen sie einen Mangel auf dem Gebiet der Menschenführung auf.

Der nächste Schritt, veränderungsbereite Menschen und Teams zu entwickeln, ist, *Widerstand* in *Bereitschaft* umzuwandeln. Egal wie viele hei-

**Die Wie-man-aus-Widerstand-
Bereitschaft-macht-Kuh**

lige Kühe Sie zur Schlachtbank geführt haben, egal wie ausgeklügelt Ihre Pläne für Veränderungen sind, wenn Sie den Widerstand der Mitarbeiter (und Ihren eigenen) nicht überwinden können, enden Sie schließlich mit einer Menge an Ideen, von denen keine umgesetzt wird.

Katalysator für Veränderungen

Wenn man kein Verständnis für Widerstand hat und sich nicht direkt damit auseinandersetzt, wird das Problem verschärft, und dadurch wird es viel schwieriger, Veränderungen umzusetzen. In seiner klassischen Abhandlung „How to Deal with Resistance to Change" (1954) beschreibt Paul Lawrence, Professor an der Harvard Business School, wie die ganzen Anstrengungen sabotiert werden können, wenn man für den Widerstand der Arbeiter kein Verständnis aufbringt.

In einer Fabrik, in der Lawrence die Studien durchgeführt hatte, führten Ingenieure Veränderungen an der Fertigungsstraße ein. Die Arbeiter reagierten gereizt und sabotierten die neuen Methoden. Sie leisteten nicht den neuen Aufgaben Widerstand, sondern etwas ganz anderem. Früher hatten sie ihre Tagesleistung auf den Tisch neben sich gelegt, so daß ihre Kollegen sie genau sehen konnten. In dem neuen System wurden diese Produkte sofort weggebracht, und die Arbeiter wurden dadurch ihrer Chance auf Anerkennung beraubt.

Die Ingenieure interpretierten den Widerstand der Arbeiter fälschlicherweise als Widerstand den neuen Aufgaben gegenüber. Sie versuchten, sie zu überzeugen, „indem sie alle logischen Argumente wiederholten, warum die neuen Veränderungen vom Kostenstandpunkt aus Sinn machten." Das funktionierte selbstverständlich nicht. Die Kosten hatten für die Arbeiter keine wirkliche Bedeutung, es ging um die Anerkennung durch die Kollegen.

Als Folge davon, daß die Unternehmensleitung den wirklichen Widerstand nicht verstand und nicht damit umgehen konnte, gab es „ständige Ertragsengpässe und anhaltende Feindseligkeit auf der Seite der Arbeiter", berichtet Lawrence.[2]

Hätten die Ingenieure in der Fabrik erkannt, wie wichtig Anerkennung durch Kollegen für die Leute am Fließband war, hätten sie mit, und nicht gegen den Widerstand gearbeitet. Sie hätten zum Beispiel andere Methoden für das neue System einführen können, um die Bemühungen des einzelnen anzuerkennen. Widerstand zu verstehen ist der erste Schritt, um ihn in einen *Katalysator für Veränderungen* umzuwandeln.

Widerstand ist etwas Persönliches

Warum ist eine Mitarbeiterin von Umstrukturierungsplänen begeistert, während ihre beste Freundin sie energisch bekämpft? Warum ist eine Person durch eine ausführliche Erklärung eines Reorganisationsschemas beruhigt, während eine andere nächtelang nicht schlafen kann?

Um Widerstand zu verstehen und damit umzugehen, müssen Sie die *individuellen* Gründe betrachten, warum sich die Mitarbeiter Veränderungen widersetzen, wie zum Beispiel die Angst davor, unter den neuen Bedingungen nicht erfolgreich zu sein oder der Verlust von Macht oder Status. Breitband-Lösungen für Widerstand sind selten erfolgreich. Am Ende ist die Entscheidung, Widerstand zu leisten oder zu kooperieren sehr persönlich. Verschiedene Leute leisten Veränderungen gegenüber aus unterschiedlichen Gründen Widerstand.

Wenn Sie Widerstand durch Einschüchterungsversuche unterbinden wollen oder ignorieren, schaffen Sie auf lange Sicht weitaus größere Probleme. Kündigungen, Wechsel, Abwesenheit, Verspätungen, geringere Produktion, Verlust an Qualität, Bummelstreiks, wilde Streiks, Verdrossenheit und Streit sind alles Beispiele für Widerstand, der nicht richtig gehandhabt wurde.

Feuerwehrspritzen und nasse Decken

Wenn wir unterwegs sind, tragen wir normalerweise eine kleine Pistole bei uns. Nein, wir sind keine Waffennarren oder Asphaltcowboys. Die Waffe ist eine orangefarbene Spritzpistole, und wir verwenden sie nicht, um uns zu schützen, sondern um ein Argument anzubringen.

Wann immer wir Organisationen helfen, sich neu zu definieren, gibt es immer ein paar Leute im Raum, die es nicht erwarten können, fünf gute Gründe dafür anzuführen, warum das neue Denken nicht funktionieren wird: „Es ist nicht realistisch", „Es ist im Budget nicht drin" „Es kostet zu viel" und so weiter.

Diese Situation kann man gut anhand einer „Feuerwehr-Metapher" vergleichen: Mit einer riesigen Feuerwehrspritze wird ein winziges Feuer erstickt und dabei werden Enthusiasmus, Kreativität und Motivation gleich mit weggeschwemmt. Es handelt sich hier nicht um ganz normale Meinungsverschiedenheiten. Was der Unterschied ist? Diese „Feuerwehr-Einstellung" ist ein Reflex, der die Diskussion brüsk beendet. Wirkliche Meinungsverschiedenheiten erweitern den Dialog und führen oft zu komplexeren Lösungen.

Unser Lösungsansatz in bezug auf die „Feuerwehr-Einstellung": Holen Sie Ihre Spritzpistole heraus und verpassen Sie den Neinsagern eine Dosis ihrer eigenen Medizin. Zögern Sie nicht, holen Sie die Pistole raus. Im folgenden ein paar der üblichen Löschaktionen, auf die man achten sollte:

- *Ja, aber ...* Dies ist das Codewort für „Ich glaube, die Idee stinkt." Alles, was nach dem „aber" kommt, ist Mist.
- *Die zu's.* Es ist zu hart, zu schwierig, zu teuer, zu schnell, zu langsam, zu protzig, dauert zu lange. Jedesmal, wenn Sie das Wort „zu" hören, ist es *zu* spät.
- *Sie werden das nie kaufen.* Wer sind „sie" und warum annehmen, wie jemand anderer reagieren wird?
- *Das ist unrealistisch.* Unser Favorit. War Galilei unrealistisch? War es Einstein? Und was ist mit Alexander Graham Bell oder Ted

Die Feuerwehr-Kuh

Turner? Realismus ist nur ein anderer Name für die Denkweise
von gestern.

- *Es ist nur eine Modeerscheinung.* Ja, ebenso wie der Kompaktwagen, der Mikrowellenherd und das Faxgerät. Die Modeerscheinung
von heute ist morgen in jedem Haushalt zu finden.
- *Es wird nie funktionieren, es kann einfach nicht durchgeführt werden.* Wenn diese Neinsager so klug sind, warum tragen sie dann nie
eigene Ideen vor?
- *Wenn es noch nicht kaputt ist, dann muß man es auch nicht reparieren.* Und wenn Sie darauf warten, bis es kaputt ist, um es wieder zu reparieren, wird schließlich nichts mehr da sein, das sie reparieren können.

- *Schaukeln Sie das Boot nicht.* Riesige Wellen der Veränderung rütteln bereits am Boot, und sie werden es versenken, wenn Sie nicht auf den Veränderungskurs vorbereitet sind.

- *Gehen Sie kein Risiko ein.* Eine Vogel-Strauß-Politik, die in einem wettbewerbsorientierten Umfeld nicht funktionieren kann. Wenn Sie kein Risiko eingehen, werden Sie Ihren Kopf verlieren.

- *Das ist im Budget nicht drin.* Natürlich nicht. Das Budget für dieses Jahr wurde im letzten Jahr erstellt, als die Bedingungen noch anders waren.

- *Wir wollen abwarten.* Eine Verzögerungstaktik, die auf der Hoffnung basiert, daß die ganze Idee irgendwann in Vergessenheit gerät.

Eine Methode, wie Sie mit den Massen an Löschwasser umgehen können, ist, einen Strahl aus Ihrer zielsicheren Spritzpistole abzugeben und dabei zu lachen. Diese massiven Löschversuche sind reine Ablenkungsmanöver, um die wirklichen Gründe für den Widerstand zu verschleiern. Aber Sie können sie für ihre Zwecke benutzen – nämlich als sichere Warnsignale für tiefsitzenden Widerstand.

Von Schnecken zu Mitläufern

Als Ralston Resorts die Skigebiete Keystone und Arapahoe Basin mit der kürzlich erworbenen Breckenridge-Anlage fusionierte, gab es Widerstand. „Erstens waren Keystone und Breckenridge Erzrivalen", sagte der leitende Vizepräsident John Rutter. „Zweitens hatten die beiden Anlagen eine sehr unterschiedliche Unternehmenskultur und einen unterschiedlichen Führungsstil. Als wir versuchten, sie zu fusionieren, trafen wir auf großen Widerstand."

Nachfolgend haben wir ein paar typische Widerständler aufgelistet, die Rutter und andere Manager häufig antreffen, wenn sie Veränderungen einführen, sowie ein paar kurze Tips, wie man mit diesen Widerständlern umgeht.

Schnecken

Dies sind die Leute, die Veränderungen im stillen Widerstand leisten, indem sie nicht kooperieren. Sie nicken zustimmend mit dem Kopf, handeln aber entgegengesetzt. Jeder Manager hat Vertreter diesen Typs schon gesehen, obwohl es aus offensichtlichen Gründen schwierig sein kann, sie zu entdecken. Achten Sie auf Zeichen für Widerstand wie Verspätungen bei der Fertigstellung von neuen Verfahren oder ein Übermaß an Fragen, nachdem Sie gerade spezifische, detaillierte Anweisungen gegeben haben.

Ein kurzer Tip: Bringen Sie Widerstand ans Tageslicht. Führen Sie Meckersitzungen durch, in denen alle Mitarbeiter ermutigt werden, offen ihre Kritik auszusprechen, um diese Leute aufzuscheuchen.

Saboteure

Saboteure sind ebenfalls Leute, die im stillen Widerstand leisten, aber ihre Aktionen sind aggressiver. Sie lassen sich nicht einfach nur Zeit, sie legen Ihren Plänen Steine in den Weg. Sie halten zum Beispiel Informationen zurück, bauen Programmierfehler in die neue Software ein oder verlieren gelegentlich wichtige Daten – „Es tut mir so leid." Saboteure sind gefährlich, weil sie ein wahres Chaos anrichten können, und Sie werden sie nie sehen; dies sind vielleicht die gefährlichsten aller Widerständler.

Kurzer Tip: Die gleiche Strategie wie bei den Schnecken. Scheuchen Sie sie auf, indem Sie ihnen erlauben, Kritik zu üben und ihre Wut auszulassen. Wenn der Widerstand erst einmal offen ausgesprochen wurde, kann man sich damit auseinandersetzen. Es ist beinahe unmöglich, versteckten Widerstand zu beseitigen.

Mitläufer

Sie sind vorsichtig. Es braucht sehr lange, bis sie sich eine Meinung gebildet haben. Sie möchten keine Fehler begehen oder sich gegen Kollegen stellen. Bevor sie Position ergreifen, prüfen sie, woher der Wind weht.

Kurzer Tip: Überrumpeln Sie sie mit schlagenden, überzeugenden Informationen, um sie dazu zu zwingen, Stellung zu beziehen. Ein beruhigendes Gefühl und Vertrauen aufzubauen ist ebenfalls wichtig, aber Sie müssen an sie herankommen, bevor die Antagonisten sie rumkriegen.

Vogel-Strauß-Politik-Anhänger

Manche Menschen schaffen Veränderungen, manche reagieren darauf, wieder andere tun so, als ob nichts passiere. Das sind diese Jungs. Sie sind nicht informiert, passen nicht auf oder wollen nicht aufpassen. Sie stecken ihre Köpfe in den Sand und tun, als ob Veränderungen von selbst wieder vergehen, wenn man sie einfach ignoriert. Wir sind immer wieder erstaunt, wieviele Leute sich entscheiden, etwas zu ignorieren, das Auswirkungen auf ihre Zukunft hat.

Kurzer Tip: Informieren Sie sie ganz spezifisch (unter vier Augen). Bringen Sie sie dazu, sich aktiv zu beteiligen. Beauftragen Sie sie, mehr Informationen zu sammeln und sich um die Ideen des Personals zu kümmern.

Andersdenkende

Sie sagen ehrlich, daß sie Ihren Plänen nicht zustimmen und bieten logische Gründe für den Widerstand. Ihre Argumente sind berechtigt und basieren auf einem anderen Ansatzpunkt.

Kurzer Tip: Schließen Sie sie nicht aus, nützen Sie ihre besten Ideen. Dadurch landen Sie vielleicht einen Hit. Lassen Sie sie wissen, daß Sie ihre neuen Ideen schätzen. Begegnen Sie ihren rationalen Einwänden mit rationalen Antworten.

Antagonisten

Sie sind gesprächig, laut und lästig. Diese Vereinsjuristen reißen das Mikrophon an sich und werden es nicht mehr hergeben. Argumente können sie nicht umstimmen. Sie sind nicht bereit, Kompromisse einzugehen oder zu verhandeln. Sie widersetzen sich Veränderungen, egal wie klein sie auch sein mögen, einfach, weil es sich um Veränderungen handelt (mehr zu ihren Motiven siehe unten).

Kurzer Tip: Ignorieren Sie sie. Saugen Sie ihnen die Energie ab. Erlauben Sie ihnen nicht, Volksreden zu halten. Wenn alles andere fehlschlägt, befreien Sie sich von ihnen.

Vier Widerstand-Katapulte

„Feuerwehrmänner" und Widerständler bringen Ihnen deutlich die tieferen persönlichen Motive, die Widerstand antreiben, zu Bewußtsein. Wir haben vier davon aufgedeckt:

- *Angst –* „Was ist ... wenn ich meinen Job verliere, vor den anderen dumm dastehe, mich nicht anpassen kann?" etc.
- *Das Gefühl von Machtlosigkeit –* „Keiner hat mich gefragt!"
- *Trägheit –* „Das ist zu anstrengend, zu unbequem."
- *Fehlen von Eigennutz –* „Was ist für mich dabei drin?"

Jedes dieser Motive spricht sehr für den Status quo. Jedes ist ein Hindernis für Veränderungsbereitschaft. Und Sie müssen auf jedes eingehen, wenn Ihre Pläne für Veränderungen verwirklicht werden sollen.

Katapult #1: Angst – „Was ist ... wenn ich meinen Job verliere, vor den anderen dumm dastehe?" etc.

Das Wort mit „A". Wie heißt das Wort mit fünf Buchstaben, das mit „A" anfängt und das Sie nie offen aussprechen? Wir sprechen von Angst, einem Gefühl, das jeder hat, und niemand gibt es zu.

Der Unternehmensleiter hat Angst davor, wie der Vorstand auf den neuen Umstrukturierungsplan reagieren wird. Die Managerin hat Angst, daß sie ihre Machtstellung verliert, wenn das Unternehmen verkleinert wird. Arbeiter haben Angst, daß sie durch Maschinen ersetzt werden. Die Schreibkräfte haben Angst davor, daß sie vor den anderen dumm dastehen, wenn sie die neue Software erst mühsam erlernen müssen. Und so geht es weiter bis hin zum Nachtwächter, der Angst davor hat, durch einen Videomonitor oder einen Dobermannpinscher ersetzt zu werden.

Angst ist die üblichste und die mächtigste Ursache für Widerstand.

Die Besten von uns fürchten sich davor, auch wenn wir versuchen, es zu verbergen. „Harte Männer" haben schließlich keine Angst. Bogey und Cagney hatten keine Angst. Cagney & Lacey hatten keine Angst, Arnold hat sicherlich keine Angst. Unsere Vorbilder, so sagt man, haben keine Angst. Sie rechnen mit allen ab.

Blödsinn! Jeder, sogar der größte Machosportler, bekommt es mit der Angst zu tun, wenn er unter Druck steht. Der Basketballer Bill Russel, der in der Hall of Fame verewigt ist, einer der härtesten Spieler in diesem Sport, mußte vor jedem Spiel erbrechen. Edwin Moses, der mehr als hundert 440-Hürden-Läufe hintereinander gewann, einschließlich drei Goldmedaillen bei Olympischen Spielen, gab zu, daß er sich vor jedem Rennen „fühlt, als ob ich zu meiner Hinrichtung geführt werde."[3]

In einer Welt, die sich so schnell verändert und in der nichts für lange vorhergesagt werden kann, ist Angst natürlich und normal. In der Tat, wenn Sie überhaupt keine Angst empfinden, spielen Sie vielleicht zu sehr auf der sicheren Seite. Und das ist ein Grund, Angst zu haben.

Der Teufelskreis der Angst

Gelegentlich leisten die meisten von uns hervorragende Arbeit, wenn wir uns fürchten. Aber meistens hält uns die Angst davon ab, Spitzenleistungen zu erbringen. Sie ist die Ursache für viele Fehler, die die Qualität unserer Arbeit ruinieren, und größtenteils verantwortlich für den Streß, der unsere Lebensqualität ruiniert.

Was Angst so übermächtig macht, ist, daß sie sowohl selbstverwirklichend als auch selbstverstärkend ist. Sie verursacht genau das, vor dem Sie Angst haben, daß es passiert. Wenn die Angst erst einmal ausgelöst wurde, dann gewinnt sie an Boden, wird äußerst ansteckend und verbreitet sich durch die Organisationen wie ein Lauffeuer.

Um Ihr Team in die Lage zu versetzen, Veränderungen zu begrüßen, müssen Sie sich Coaching-Fähigkeiten aneignen, um diesen mächtigen Widerstandskatapult zu durchbrechen. Das Verstehen, wie der *Kreis der Angst* funktioniert, ist das Geheimnis dafür, Angst zu beseitigen. Je eher Sie Angstzustände aufdecken, desto eher können Sie dagegen ankämpfen – dies ist nicht unähnlich dem Kampf gegen ein Krebsgeschwulst, bei dem Chancen auf Heilung vor allem dann bestehen, wenn man es in einem frühen Stadium entdeckt. Wenn Sie zu lange warten, setzt sich von Angst getriebener Widerstand fest.

Eine visuelle Darstellung des Kreises der Angst ist auf den folgenden Seiten zu sehen. Es werden zwei Situationen angewandt, die auftreten könnten, wenn Veränderungen eingeführt werden:

- *Situation 1:* Eine erste Präsentation für das neue Managementteam.
- *Situation 2:* Sich auf eine bereichsübergreifende Teamstruktur einstellen.

Bindeglied #1 – Vorgestellte Konsequenzen: Das Szenario des Jüngsten Gerichts

Wenn ein einzelner Angst verspürt, wird ein Teufelskreis ausgelöst. Zuerst kommen die negativen Gedanken. Plötzlich wird eine schwierige Situation tatsächlich katastrophal. Eine Herausforderung wird zu einer Katastrophe. Mit anderen Worten, man stellt sich die schlimmsten nur möglichen Konsequenzen vor. In Situation 1 stellen Sie sich vor, daß Sie schlecht dastehen oder Ihren Job verlieren. In Situation 2 werden Sie sich nicht in das neue Team einfügen können, und Sie werden dumm dastehen, wenn Sie es versuchen.

Der Kreislauf der Angst

Situation Nr. 1
Eine erste Präsentation für das neue Managementteam

Bindeglied #1
Vorgestellte
Konsequenzen

„Ich werde schlecht dastehen."
„Ich werde nicht in der Lage sein,
alle Fragen zu beantworten."
„Ich werde meine Stelle verlieren."

Bindeglied #5
Angst wird Wirklichkeit

„Ich hatte recht, sie trauen mir nicht."
„Ich wußte, ich würde es vermasseln."

Bindeglied #2
Wahrnehmung

Die Zuhörer sehen aus wie die
Kritiker bei einer Premiere

Bindeglied #4
Verhalten/Leistung

Redet zu schnell
Vergißt die Schlüsselpunkte
Stottert, strauchelt, stümpert

Bindeglied #3
Körperliche Reaktionen

Maulsperre
Überhitzung

Der Kreislauf der Angst

Situation Nr. 2

Sich auf eine bereichsübergreifende Teamstruktur einstellen

Bindeglied #1
Vorgestellte Folgen

„Es wird nicht funktionieren."
„Ich werde auf die Nase fallen."
„Ich kann nicht in diese Gruppe
hineinpassen."
„Sie werden mich ablehnen."

Bindeglied #5
Angst wird Wirklichkeit

„Ich hatte recht, sie mögen mich
nicht."
„Ich wußte, daß ich nicht in einer
Gruppe arbeiten kann."

Bindeglied #2
Wahrnehmung

Das Team sieht unfreundlich aus,
und so, als ob es einen schon
vorab beurteilen würde

Bindeglied #4
Verhalten/Leistung

Zieht sich zurück
Bringt keine Beiträge

Bindeglied #3
Körperliche Reaktionen

Herzrasen
Kopfschmerzen
Verspannter Nacken
Schwitzende Hände

Wenn diese negativen Gedanken erst einmal begonnen haben, verlieren Sie Ihre Fähigkeit, den richtigen Überblick über die Situation zu bekommen. Alles wird übertrieben.

„Wenn ich es nicht schaffe, unter dem Budget zu liegen, könnte das schlechte Neuigkeiten bedeuten", erzählte uns ein Manager in einem klassischen Beispiel für Katastrophendenken. „Mein Boß ist ein richtig mieser Kerl. Er könnte entscheiden, meine Aufgaben an jemand anderen zu vergeben, und ich würde meinen Job verlieren. Ich habe ein schulpflichtiges Kind, eine Hypothek, Ratenzahlungen für das Auto – den ganzen Mist." Bis er sein Szenario des Jüngsten Gerichts durchgespielt hatte, sah er sich schon in der Gosse sitzen und billigen Fusel trinken.

Das ist es, was Angst erzeugt. Aus einer einfachen Situation wird ein Kampf ums Überleben. Ihr Job hängt daran, Ihr Selbstwertgefühl, Ihr Überleben. Wow. Das ist sehr viel Druck. Und je vager die Situation, desto größer der Raum für negatives Denken. Große Transformationen innerhalb einer Organisation wie Umstrukturierung oder Reengineering sind durch Vieldeutigkeit und Unsicherheit charakterisiert, und sie sind die Ursache für die Vorstellung von Konsequenzen, die dann mit einem vollkommen durchgehen.

Erinnern Sie sich daran, als Sie als Kind in Ihrem Bett in einem abgedunkelten Zimmer lagen? Im Schatten waren die Dinge nicht so klar, und alles wurde gruselig. Die Baseball-Kappe auf dem Stuhl wurde lebendig, die Puppe in der Ecke wurde zu einem Geist. In einer unsicheren Situation geschieht das gleiche.

Bindeglied #2 – Angst verzerrt die Wahrnehmung

Als ich in New York lebte, habe ich mir gelegentlich eine Brille mit rosaroten Gläsern aufgesetzt. Durch diese Gläser sah alles wunderschön aus. Hat man Angst, ist es, als ob man eine Brille mit dem gegenteiligen Effekt aufsetzt. Durch diese dunklen Gläser konzentrieren Sie sich auf alles, was einschüchternd wirkt. Sie verzerren alles, was Sie sehen, und alles erscheint noch schlimmer. Bei der Präsentation für das Management sehen Sie finstere Gesichter, Godzillas in dreiteiligen Anzügen. Wenn Sie Ihren neuen Teammitgliedern gegenüberstehen, lesen Sie die Ablehnung in ihren Augen.

Die meisten Sportler wissen, daß Angst die Wahrnehmung verzerrt: Für den ängstlichen Skifahrer sieht ein Steilabhang plötzlich aus wie das Gesicht des Mount Everest. Die empfindsame Golfspielerin denkt, sie puttet in ein Loch von der Größe eines Stecknadelkopfes. Der bange Tennisspieler schwört, daß das Netz um zehn Zentimeter höher ist, als es sein sollte.

Aber das gleiche kann jedem passieren, der irgend etwas Neues bei der Arbeit angeht, wo das Instruktionshandbuch aussieht wie der ungekürzte *Brockhaus,* die neue Darstellung der Organisationsstruktur einem wie ein Kreuzworträtsel vorkommt, und dieser neue Bericht, den Sie bis morgen durchgelesen haben sollen, anscheinend in Hieroglyphen geschrieben ist.

Und um die Sache noch etwas schlimmer zu machen, wenn Sie im Teufelskreis der Angst gefangen sind, dann werden Ihre Augen magisch von jenen Dingen angezogen die Sie vermeiden möchten, wie zum Beispiel von dem Gesicht der kritischsten, unsympatischsten Person im Raum.

Bindeglied #3 – Körpersignale

Die Angst schleicht sich an Sie heran. Die Menschen erkennen nicht das Ausmaß, in dem sie ihre Wahrnehmung und ihre Leistung beeinträchtigt. Körperliche Reaktionen oder Körpersignale sind gute Anzeichen dafür, daß Sie im Teufelskreis der Angst gefangen sind.

Eine Frau erzählte uns, wenn sie zu viele Termine habe und sich Sorgen um die Einhaltung einer Frist mache, fühle sich ihr Bauch wie ein Drahtseil an, so verkrampft sei er. Andere bekommen Kopfschmerzen und können fühlen, wie ihr Herz hämmert. Jemand anderer klagt über trockenen Mund und einen Kloß im Hals, jedesmal, wenn er eine Präsentation macht.

Ein paar der eher üblichen Signale des Körpers, die ein Zeichen für Angst sind: ein mulmiges Gefühl im Magen, trockener Mund, Schmetterlinge im Bauch, leichte Reizbarkeit, Atemnot, feuchtkalte Hände.

Bindeglied #4:
Sieg oder Niederlage: Panik oder
Verzögerung

Verzögerung. Als ich den Vertrag für mein erstes Buch unterzeichnete, war alles, woran ich denken konnte, daß ich 75.000 Wörter schreiben mußte. So stürzte ich mich in allerlei Aktivitäten: ich rief Freunde an, ging zum Essen aus, joggte viel. Alles, nur nicht auf den leeren, *blanken* Computerbildschirm starren zu müssen. Und je länger ich wartete, desto schwieriger wurde es … zu beginnen.

Verzögerung ist eine der üblichsten Reaktionen auf Angst. Die Leute polieren ihre Münzen oder beantworten ihre unbeantwortete Post – sie tun alles, nur um sich nicht mit der furchtbaren Aufgabe auseinandersetzen zu müssen, obwohl sie wissen, daß es früher oder später gemacht werden muß.

Ich habe Verkäufer gesehen, deren Lebensunterhalt davon abhing, daß sie ungebetene Vertreterbesuche machten, und die lieber Stunden damit verbrachten, ihre Formulare mit den Ausgaben auszufüllen und anderen bedeutungslosen Papierkram zu erledigen, nur um dieser gräßlichen Aufgabe zu entgehen. Und Leute, die eine Frist einhalten mußten … vergessen Sie es. Wie oft kann man die Wettervorhersage anrufen?

Von Verzögerung zu Panik. Vielleicht existiert irgendwo in unserem Kopf die Hoffnung, daß, wenn wir das aufschieben, von dem wir denken, daß es zu schwierig oder zu schrecklich für uns sei, es vorbeigehen oder einfacher wird.

„Ich arbeite am besten, wenn ich unter Druck stehe", lautet die übliche Erklärung. Blödsinn! Was die Leute meinen, ist, daß sie die Arbeit schließlich *erledigen,* wenn sie unter Druck stehen. Mit anderen Worten, sie können es nicht mehr länger verschieben, ansonsten haben sie schwerwiegende Konsequenzen zu befürchten. Zu diesem Zeitpunkt mündet die Verzögerungstaktik schon in Panik.

In Panik erzielt man keine Höchstleistungen. Sie können sich nicht konzentrieren, Sie vergessen wichtige Dinge, Sie machen Fehler, Sie machen sich verrückt. Wenn Sie in Panik sind, ist Ihre Kommunikation schlecht, Sie denken an das, was Sie tun müssen (siehe Kapitel 4: „Die Tempo-Kuh") und verlieren jede Hoffnung darauf, kreativ zu sein.

Bindeglied #5:
Der Kreislauf schließt sich: Die Angst
wird Wirklichkeit

Wenn man in Panik gerät oder etwas verzögert, führt dies dazu, daß man Leistungen weit unter seinen Fähigkeiten erbringt, und so werden Ihre ursprünglichen Ängste Wirklichkeit. Nur daß sie jetzt gerechtfertigt sind.

Das Traurige daran ist, wenn man im Teufelskreis der Angst gefangen ist, spiegelt die Leistung nicht die wirklichen Fähigkeiten wider. Es ist nicht so, daß Sie unfähig sind, sich auf Veränderungen einzustellen, aber die Ängste haben ihre Leistung gefährdet.

Wie können Sie also aus dem Teufelskreis der Angst ausbrechen? Es gibt zwei Möglichkeiten:

- Man reduziert die Angst auf ein Normalmaß, indem man „Realitäts-checks" durchführt.
- Man baut Selbstvertrauen auf, um sich mit neuen Situationen erfolg-reich auseinanderzusetzen.

Dem Monster in die Augen schauen. Ein Indianerstamm im Südwesten Amerikas pflegte zu sagen, daß Angst wie eine riesige Schlange mit zwei Köpfen sei, so lang und so dick wie ein riesiger Roter Sandholzbaum. Man kann vor solch einer Bedrohung nicht davonlaufen – das wäre vollkommen sinnlos. Das Monster kann einen leicht fangen und überwältigen. Um es zu besiegen, sagt der Schamane, muß man standhalten und ihm ins Gesicht, direkt in die Augen schauen. Wenn es näherkommt, wird es sein eigenes Spiegelbild in Ihren Augen sehen, Angst bekommen und sich fortstehlen.

Diese Weisheit funktioniert. Wenn man vor der Angst davonläuft, wird man von ihr wie von einem Feuer verschlungen. Wenn man die Angst ignoriert, wird sie einen wie eine Schlange angreifen und zwar dann, wenn man es am wenigsten erwartet. Wenn man der Angst ins Auge schaut und sie als das erkennt, was sie wirklich ist, dann schwächt man dadurch den Teufelskreis der Angst.

Realitätschecks – die Angst auf ein Normalmaß reduzieren

Da beinahe alle Ängste übertrieben und irrational sind, kann man ihnen mit einer starken Dosis Realität entgegenwirken. Was ist an der Situation *wirklich* wahr, an Ihrer Fähigkeit, damit umzugehen und an den Konsequenzen, wenn Sie sie nicht bewältigen? Ihre schlimmsten Alpträume oder Ihre größten Sorgen sind eine Sache, aber *was würde tatsächlich passieren?*

Realitätschecks beenden das Nachdenken über Katastrophen, Horrorphantasien und übertriebene Folgen.

Das Szenario des Jüngsten Gerichts – die Vorstellung, man könnte gefeuert werden und Gefühle von Scham – muß untersucht und entschärft werden. Und so wird es gemacht:

Eine erfolgreiche Bauunternehmerin wollte ihre Tätigkeit auf Bürobauten erweitern, fühlte sich aber nicht in der Lage, den nächsten Schritt zu unternehmen. „Jedes Mal, wenn ich über eine Erweiterung nachdenke, gerate ich in Panik", sagte sie. „Es würde bedeuten, daß ich neue Ausrüstung kaufen, neue Leute einstellen und die Art und Weise, wie ich mich selbst vermarkte, ändern müßte. Wer weiß, ob all das überhaupt funktionieren würde. Und der Gedanke an einen Fehlschlag, gerade jetzt, wo das Geschäft so gut läuft, macht mir solche Angst, daß ich überhaupt nicht darüber nachdenken möchte."

„Was ist das Schlimmste, das passieren könnte, wenn es nicht funktioniert?" fragten wir (die erste Frage bei einem Realitätscheck).

„Ich habe Angst, daß ich irgendeinen schrecklichen Fehler mache und pleite gehe. Wenn das passieren würde, würde ich alles verlieren, meinen ganzen Fuhrpark, meine Ausrüstung, vielleicht sogar mein Haus, ganz zu schweigen von dem Ruf, den ich mir in zwanzig Jahren aufgebaut habe. Vergessen Sie es. Es ist einfacher, so weiterzumachen wie bisher."

„Auf einer Skala von eins bis zehn – wenn zehn gleich Gewißheit ist – wie hoch sind die Chancen, daß Ihre Ängste Wirklichkeit werden?" fragten wir (die zweite Frage).

Sie hielt einen Moment inne, um über diese seltsame Frage nachzudenken. „Hmmm, ich habe das nie von dieser Warte aus betrachtet. Es ist vielleicht nur eine vier, allerschlimmstens eine fünf." Ihr ganzer Körper schien sich zu entspannen, als sie diese Zahlen aussprach. „Das ist nicht so schlimm, wie ich glaubte. Noch vor einer Minute sah ich mich wegen Verschuldung im Gefängnis sitzen", lachte sie.

„Aber eine vier oder eine fünf? Das ist ein Risiko, das ich bereit bin, auf mich zu nehmen. Sogar wenn das Schlimmste passierte, nehme ich an, daß ich einen Job bei einem anderen Bauunternehmer bekommen könnte. Meine Konkurrenz wäre sicher froh, würde ich den Laden schließen. Die Chancen sind groß, daß sie mich vom Fleck weg engagieren. Ich brächte ja nicht nur alle Fähigkeiten, sondern auch Kontakte mit."

Durch dieses einfache Gespräch wurde der Teufelskreis der Angst unterbrochen. Alles veränderte sich, als sie erkannte, daß die Folgen eines Fehlschlages, obwohl ernst genug, nicht annähernd so katastrophal wären, wie sie es sich vorgestellt hatte. Innerhalb von drei Wochen legte sie ihrem Bankier einen Geschäftsplan vor.

Wir haben haben den „Realitätscheck für den schlimmsten Fall" bei den unterschiedlichsten Leuten in den unterschiedlichsten Situationen angewandt, und die Ergebnisse waren alle ähnlich. Die Leute erkennen, daß die Chance, daß das Unglück, das sie sich vorstellten, wirklich eintritt, meistens sehr viel geringer ist, als sie anfangs dachten. Durch Angst wird das wahrgenommene Risiko übertrieben, und es erscheint sehr viel höher als es tatsächlich ist. Realitätschecks korrigieren die Verzerrung.

Wenn all die Dinge, von denen wir denken, daß sie Leben und Tod ausmachen, Wirklichkeit werden, witzelte einmal ein Coach, „dann gäbe es sehr viel mehr Tote."

Der Test für das Jüngste Gericht

Unsere Nachforschungen bei Leuten, die Spitzenleistungen erbringen, zeigen, daß die meisten, die erfolgreich Veränderungen durchgeführt haben, üblicherweise eine Überprüfung der schlimmsten Befürchtungen durchführen, bevor sie etwas Neues machen. Sie stellen sich das Szenario des schlimmsten Falls vor, bewerten, wie groß die Chancen sind, daß es wirklich passiert und welche möglichen Konsequenzen auftreten könnten. Dann entscheiden sie, ob sie damit leben können.

Ein äußerst erfolgreicher Unternehmer erzählte uns, daß das Erstaunliche bei der Durchführung des Szenarios des Schlimmsten – so nannte er den Test für das Jüngste Gericht – war, „daß ich dadurch immer mehr Vertrauen gewann und in der Tat meine Motivation erhöht wurde, weil ich meistens herausfand, daß das Schlimmste nie so schlimm war, wie ich gedacht hatte."

Und so funktioniert der „Test für das Jüngste Gericht" bei Veränderungssituationen in einer Organisation. Wir stellten einem Manager, der sich Sorgen darüber machte, seine Stelle aufgrund von Kürzungen zu verlieren, die Frage, was das Schlimmste wäre, das passieren konnte. Seine Antwort war ziemlich typisch.

„Ich könnte meinen Job verlieren und auf der Straße sitzen. Für jemanden, der bald sechsundvierzig Jahre alt wird, ist es schwierig, einen Job zu finden. Und ich habe eine Menge Schulden abzuzahlen."

Also baten wir ihn, die Chancen zu beurteilen, daß das geschehen wird – Frage zwei. Er begann zu lächeln. „Ich muß verrückt sein", sagte er. „Ich meine, ich habe eine der besten Leistungen in dieser Abteilung gebracht, und das Feedback, das ich bekomme, ist immer positiv. Ich würde die Wahrscheinlichkeit mit vier bewerten. Sogar wenn ich meinen Job verlieren würde, habe ich immer noch andere Möglichkeiten. Ich würde eine ziemlich gute Abfindung bekommen, und ich kenne viele Leute in dieser Branche. Ich würde eine andere Stelle finden. Vielleicht würde ich meine eigene Unternehmensberatung starten."

Und wieder wurde der Teufelskreis der Angst durchbrochen, als der Manager erkannte, daß sein Szenario des Jüngsten Gerichts nicht wahrscheinlich war und daß er andere Möglichkeiten hatte. Indem wir Leute bitten, das Risiko, daß ihr schlimmster Alptraum Wirklichkeit wird, zu quantifizieren, verlagert sich die Art und Weise, wie sie die Dinge betrachten, von einer auf Angst basierenden Reaktion zu einer auf Realität basierenden Perspektive. Diese Verlagerung macht den ganzen Unterschied aus, wie jemand auf die Situation reagiert. Wenn erst einmal eine Erklärung gefunden wurde, folgt die Problemlösung, und die Planung für Eventualitäten kann in Betracht gezogen werden. So lange man in seiner

Angst gefangen ist, sieht man nichts anderes außer das Verhängnis und die Hoffnungslosigkeit.

Sogar wenn die Situation desjenigen wirklich schrecklich ist (er wird wahrscheinlich entlassen), kann die Verlagerung von der Angst weg zu einer produktiven Diskussion über andere Möglichkeiten und Gelegenheiten führen.

Aber was, wenn...

Auch wenn Sie Realitätschecks anwenden, um den Teufelskreis der Angst zu durchbrechen, macht es Sinn, einen Plan für Eventualitäten bei der Hand zu haben. Egal, wie gut Sie eine Situation bewerten, manchmal passiert das Schlimmste wirklich. Ihre Ängste werden Wirklichkeit. Es ist möglich, daß Sie die Umstände nicht beeinflussen können – die Wirtschaft oder die Zukunftspläne des Unternehmens –, aber Sie können beeinflussen, wie gut Sie darauf reagieren. Das einzige, das schlimmer ist als das Szenario des Jüngsten Gerichts, ist, auf dieses Szenario nicht vorbereitet zu sein.

Bei einem Bekleidungsunternehmen, das uns beauftragte, bei der Reorganisation zu helfen, erzählte uns ein Manager, daß er auf Nummer Sicher gehe. „Sie planen größere Entlassungen, und es ist Zeit für mich, daß ich mich unsichtbar mache", sagte er. „Ich tue mich nicht mehr hervor und übernehme kein Risiko mehr. Ich mache einfach meine Arbeit und lenke die Aufmerksamkeit nicht auf mich. Ich möchte nächstes Jahr immer noch da sein."

Jeder in seiner Gruppe stimmte zu. Auf Nummer Sicher gehen, den Job machen und auf das Beste hoffen.

„Und was, wenn Sie gefeuert werden?" fragten wir. „Was würden Sie dann tun?" Die Frage brachte jeden aus der Fassung. Niemand wollte diese Möglichkeit wirklich in Betracht ziehen, obwohl es sehr wahrscheinlich war, daß manche von ihnen in ein paar Monaten nicht mehr da sein würden. Die meisten hofften, daß es ihnen nicht passieren würde.

„Nehmen wir an, Sie werden entlassen. Entwerfen Sie einen Aktionsplan", forderten wir eine nun nervöse Zuhörerschaft auf. Nach einer unangenehm langen Pause wurden sie geschäftig. Als die Pläne fertig waren, baten wir sie, diese der Gruppe vorzutragen. Viele hatten die üblichen Strategien wie den Lebenslauf aufzupolieren, bei Veranstaltungen innerhalb der Branche Kontakte zu knüpfen oder einen Headhunter anzurufen.

Aber was uns überraschte, war, daß ein paar Pläne hatten, wie zum Beispiel der Verkäufer aus Dallas, der sagte: „Ich habe genug davon, hausieren zu gehen. Ich wollte schon immer nach Arkansas zurückgehen und Schweine züchten." Oder die Managerin der Personalabteilung erzählte uns: „Mein Mann und ich haben schon immer davon geträumt, eine kleine Pension in der Nähe von Mendocino zu eröffnen." Oder der Leiter der EDV-Abteilung, der sagte: „Ich habe mich in den letzten Jahren wirklich mit Fitneß und Gesundheit beschäftigt, und es würde mir sehr gefallen, in dieser Branche etwas zu machen."

Viele dieser Angestellten verloren tatsächlich ihren Job. Aber unsere Nachfolgebesprechung ergab, daß die Pläne für Eventualitäten mitgeholfen hatten, auftretende Krisensituationen zu bewältigen. Dadurch wurden sie mobilisiert, schneller zu handeln als jene, die nicht in der Gruppe waren.

Das Interessante daran war, daß eine ansehnliche Zahl der Leute tatsächlich eine andere Laufbahn einschlug. Jene Managerin eröffnete eine Pension, wenn auch nicht in Kalifornien. Der Leiter der EDV-Abteilung bekam eine Stelle auf einer Gesundheitsfarm in der Karibik. Und eines Tages bekamen wir einen Anruf von dem Verkäufer aus Dallas, der uns folgendes erzählte: „Ich bin nun wieder zu Hause in Arkansas mit fünfhundert Schweinen, und es geht mir großartig. Ein Traum ging in Erfüllung. Ich bin im Schweinehimmel."

Wenn Sie sich auf das Schlimmste vorbereiten, könnte Ihnen das den Weg zu unerwarteten Möglichkeiten weisen oder zu solchen, von denen Sie noch nie geträumt haben.

Die Freizeitbeschäftigung der Amerikaner. Die meisten Leute sind besser darin, sich das Szenario des Jüngsten Gerichts vorzustellen als darin, sich Pläne für Eventualitäten zurechtzulegen. Sich Sorgen machen – nicht Baseball – ist die wahre Freizeitbeschäftigung der Amerikaner. Wir bringen Managern, die sich mit dem Widerstand der Angestellten beschäftigen, einen semantischen Trick bei, der hilft, Energien zu mobilisieren, und der Sorgen in Pläne umwandelt.

Sorgen fangen immer mit den beiden Worten *was, wenn* an, und dann beginnt der Horrorfilm. Sie können diesen Film anhalten und aus Angst wird Erwartung, wenn sie „was, wenn" in „wenn ... dann" umwandeln.

Zum Beispiel:

- „*Was, wenn* ich gefeuert werde?" wird umgewandelt in „Wenn ich gefeuert werde, dann werde ich ..."
- „*Was, wenn* ich das Flugzeug verpasse" in „Wenn ich es verpasse, *dann* werde ich ..."

Wir machten etwas Ähnliches, als wir die Angestellten des Bekleidungsunternehmens baten, Pläne für Eventualitäten zu erstellen. Durch uns kamen sie von der Strategie ab, auf Nummer Sicher zu gehen, und sie legten sich eine aktive Denkweise zu.

Wenn man aufhört, sich Sorgen zu machen und statt dessen auf Eventualitäten vorbereitet ist, erhält man dadurch mehr Macht. Dadurch werden Energien freigesetzt, die blockiert sind, wenn man alles als Katastrophe betrachtet, und dadurch ist man in der Lage, sich neue Möglichkeiten zu eröffnen. Dadurch wird auch das Selbstvertrauen erhöht. Sie machen sich weniger Sorgen, weil Sie eine Strategie haben, auf die Sie zurückgreifen können.

Eine Unternehmerin mit einem erfolgreichen Juweliergeschäft hatte immer ein Sicherheitsnetz, das sie beruhigte. Vor Jahren hatte sie als Kellnerin in einem Restaurant in Santa Fe gearbeitet. Wann immer die Dinge eng wurden, stellte sie sich vor, wie sie auf dieses einfache Leben zurückgreifen und als Kellnerin arbeiten könnte. Selbstverständlich passierte das nie, aber es gab ihr Trost, zu wissen, daß sie immer überleben würde, egal wie schlecht alles liefe.

Kreative Sorgen. Manchmal ermutigen wir Leute dazu, sich Sorgen zu machen. Nein, das ist kein Druckfehler. Wir möchten, daß sich die Leute Sorgen machen. Wir möchten, daß sie über alles nachdenken, beispielsweise, daß etwas bei einem Veränderungsplan schiefgehen könnte. Und wir meinen *alles,* bis dahin, wer das Papier in den Kopierer legt. Es hört sich verrückt an nach all dem Gerede über Realitätschecks, aber wir haben herausgefunden, daß dieser paradoxe Kunstgriff gelegentlich Wunder bewirken kann.

Nachdem alle möglichen Katastrophen aufgezählt wurden, betrachten wir jede einzeln und entwerfen eine Strategie, wie man damit umgeht. Zu diesem Zeitpunkt haben wir dann alle Eventualitäten erforscht. Es ist eine Problemlösungsübung, aus der unglaublich viel Energie und Optimismus hervorgeht und die die Leute mit zwei verschiedenen Eindrücken zurückläßt: wie sehr ihre Sorgen außer Kontrolle geraten können und wie man für jedes Problem eine Lösung findet, wenn man nur lange genug danach sucht.

Wir nennen dies, sich auf kreative Art und Weise Sorgen zu machen, und es kann dem Widerstand aus Angst Einhalt gebieten.

Vertrauen aufbauen

Realitätschecks reduzieren die Angst auf ein Normalmaß, aber das ist nur die halbe Miete. Die andere Hälfte besteht darin, das Vertrauen der Leute aufzubauen und ihnen dabei zu helfen, daran zu glauben, daß sie die Veränderungen bewältigen können, ohne fehlzuschlagen.

Sogar wenn die Mitarbeiter glauben, daß eine Veränderung gut für das Unternehmen ist, werden sie dagegen Widerstand leisten, wenn sie das Gefühl haben, der Aufgabe nicht gewachsen zu sein. Wenn sie der Meinung sind, ihre Fähigkeiten und Fertigkeiten seien geringer als das, von dem sie glauben, daß es erforderlich ist, um die Veränderungen umzusetzen, dann werden ihre Ängste immer größer, und ihr Selbstvertrauen schwindet. Um von Angst getriebenen Widerstand Veränderungen gegenüber zu brechen, braucht man Manager, die den Leuten helfen, an sich selbst zu glauben. Vertrauen zerstört die Angst.

Neufokussierung der Aufmerksamkeit

Eine Technik, um Vertrauen aufzubauen, ist, die Aufmerksamkeit neu zu fokussieren. Vor Jahren, als ich Skilehrer war, bemerkte ich, daß

Skischüler eine schwierige Abfahrt mit einer dritten und vierten Tasse Kaffee hinauszögerten. Manche verspürten den unwiderstehlichen Drang, ihre Skier zu wachsen oder ihr Reisebüro anzurufen – sie taten alles, um nicht auf die Piste zu müssen.

Um sie dazu zu bringen, sich in Bewegung zu setzten, lenkte ich ihre Aufmerksamkeit auf etwas anderes: Ängstliche Skifahrer schauen immer den Berg hinunter oder auf die Felsen oder Unebenheiten, mit denen sie nicht umgehen können. Dadurch, daß ihre Augen auf die Dinge fixiert waren, die sie erstarren ließen, bekamen sie noch mehr Angst.

So lenkte ich ihre Aufmerksamkeit auf etwas anderes, indem ich fragte: „Können Sie einen Bogen fahren?" Diese Anweisung brachte sie dazu, genau vor sich zu blicken und sich auf das zu konzentrieren, was sie *konnten,* anstatt auf das, was sie *nicht konnten.* Sie fuhren diesen einen Bogen, den sie konnten, hielten inne und fuhren dann einen weiteren Bogen. Nach ungefähr fünf oder sechs Bögen stieg ihr Vertrauen, und sie waren meistens in der Lage, den Rest der Strecke zurückzulegen.

Wenn Sie auf die Abhänge und Felsen schauten, bekamen die Skifahrer eine verzerrte Ansicht von der Aufgabe, die vor ihnen lag. Sie sahen nicht den einfachen Teil der Piste. Indem wir ihre Aufmerksamkeit auf etwas anderes lenkten, bekamen sie eine realitätsnähere Perspektive der Herausforderung.

Eine einfache Regel, sich selbst oder irgend jemand anderen zu coachen, lautet folgendermaßen: *„Ich kann es" baut Vertrauen auf; durch: „Ich kann es nicht" wächst die Angst.*

„Ich kann es"-Training

Um die Angst am Arbeitsplatz zu zerstören und Vertrauen aufzubauen, teilen Sie die Aufgaben in einzelne Schritte auf, die Sie bewältigen können. Wenn Sie den ersten Schritt zurückgelegt haben, gehen Sie zum nächsten über, bis Sie eine ganze Reihe von Schritten bewältigt haben. Der Teufelskreis der Angst kann nicht in Schwung kommen, wenn man schon zu Beginn des Veränderungsprozesses „machbare" Aufgaben einbezieht (siehe dazu Katapult #3: „Trägheit" später in diesem Kapitel).

Mein erstes Software-Programm lernte ich dadurch, daß ich „machbare" Schritte zurücklegte. Als ich am Anfang das Bedienungshandbuch öffnete, konnte ich nicht glauben, wie komplex das Ganze war. Ich war der Meinung, daß das Programm benutzerfreundlich sein sollte, aber ich fühlte mich, als ob ich mich in einem Kriegsgebiet befände, umgeben von Feinden. Wie sollte ich all diese Befehle lernen? Wie sollte ich vermeiden, die falschen Tasten zu drücken und alles zu löschen, was ich geschrieben hatte? Die Antwort, so sagte ich mir selbst, war immer nur ein machbarer Schritt auf einmal. Ich las jeden Tag eine neue Seite und übte, was ich während des Tages gelernt hatte. Es stellte sich heraus, daß die Software ziemlich einfach war. Nach einem Monat beherrschte ich das Programm.

Diese positive Erfahrung half mir nicht nur dabei, Textverarbeitung zu lernen, dadurch wuchs auch mein Vertrauen und meine Begeisterung für den Computer. Ich begann nach anderen nützlichen Programmen zu suchen. Ich ertappte mich sogar dabei, daß es mir gefiel, mysteriöse Befehle zu beherrschen. Hier trifft die alte Weisheit zu: *Viele kleine Schritte führen schneller zum Ziel.*

Mehr „machbare" Schritte. Nicht alle Veränderungen sind so klar gegliedert wie ein neues Softwareprogramm. Das Verkaufspersonal eines Pharmaunternehmens hatte immer an die Verkaufsabteilungen von Krankenhäusern und anderen Organisationen, die mit der Gesundheitsvorsorge zu tun haben, verkauft. Um mit den Veränderungen in der Branche Schritt zu halten und um die Kundengespräche kosteneffektiver zu gestalten, beschloß das Unternehmen, die Verkaufstaktik zu ändern. Laut der neuen Strategie mußten die Verkäufer Präsentationen für Verkaufskomittees machen, die sich aus Ärzten, Krankenschwestern, Pharmazeuten und Finanzfachleuten sowie aus Leuten vom Einkauf zusammensetzten. Das Unternehmen setzte darauf, daß diese Taktik die Verkaufsmitarbeiter sofort ohne Umwege mit allen Entscheidungsträgern zusammenbrachte.

Panik setzte ein. Die Verkäufer hatten Angst, daß sie in dieser neuen Situation nicht erfolgreich wären und Geschäfte verlieren würden. Sie äußerten Besorgnis darüber, wie sie auf all die unterschiedlichen Sorgen und Bedürfnisse in einer Gruppensitzung eingehen könnten. Sie fürchteten sich davor, daß die persönlichen Beziehungen, auf die sich ein Verkauf stützt, untergraben würden. So leisteten sie weiter Widerstand, so lange sie konnten, und sie fanden immer irgendeinen Grund, die Veränderung zu verschieben.

Unsere Strategie lautete, nur einen Schritt auf einmal zu machen. Zuerst machten wir ein Rollenspiel mit jedem Komiteemitglied und diskutierten über die individuellen Bedürfnisse jedes einzelnen. Der Schwerpunkt des Arztes auf Wirksamkeit der Medikamente und Forschung, die Belange der Krankenschwestern bezüglich einfacher Handhabung, der Leiter der Finanzabteilung, den der günstigste Preis interessierte.

Der zweite Schritt war, strukturierte Präsentationen zu entwickeln, um auf jedes dieser Bedürfnisse einzugehen. Wir erstellten Overheadfolien, Dias und Handouts für die Präsentation. Dann machten wir eine Probe mit wirklichen Kunden und bekamen Feedback – Schritt drei. Wir nahmen die Präsentation auf Video auf, damit wir sie nochmals anschauen konnten. Wir machten immer nur einen Schritt auf einmal. So wurde keiner in den Teufelskreis der Angst gedrängt, und alle konnten leicht und schnell „den neuen Berg bewältigen".

Überfordern Sie niemanden. Während der ersten Jahre von Joe Montana bei den San Francisco 49ern saß der legendäre Quarterback auf der Bank. Gelegentlich, wenn das Team sehr weit vorne oder hinten lag, setzte ihn Trainer Bill Walsh im Spiel ein.

Es war nicht so, daß Walsh nicht an Montanas Fähigkeiten glaubte. Er wollte einfach Montanas Vertrauen aufbauen, indem er ihn Situationen aussetzte, in denen er nicht sehr unter Druck stand. Ganz offensichtlich funktionierte die Strategie. Montana zeichnete sich aus, und er bekam eine Menge Selbstvertrauen. Und, wie man so schön sagt, der Rest ist Geschichte.

Gute Trainer in jedem Bereich bringen Leute in Situationen, in denen sie Erfolg haben können. „Wenn es möglich ist, fange ich mit den Spielern erst einmal langsam an", erzählte uns ein Coach. „So können sie durch ein paar Siege den Glauben an sich selbst aufbauen."

Wenn die Menschen das Gefühl haben, daß das geforderte Ergebnis über ihre Fähigkeiten hinausgeht, geben sie entweder auf, oder sie strengen sich zu sehr an. Beginnen Sie mit etwas weniger, und sie werden sehr viel mehr erreichen. Fangen Sie etwas langsamer an, und Sie werden sehr viel schneller besser werden. Halten Sie die Latte hoch, aber nicht so hoch, daß man die Hoffnung verliert, sie jemals zu überspringen.

Auf Stärken aufbauen

Vertrauen ist der Schlüssel zu Leistung. Wenn man sich auf die Schwächen der Leute konzentriert – auch wenn es aus dem Wunsch heraus geschieht, daß man den Leuten helfen möchte – wird das Vertrauen geschwächt. Wenn man Stärken betont, entsteht Achtung, und die Leute werden ermutigt, in allen Bereichen bessere Leistungen zu bringen, einschließlich in jenen Bereichen, die ihnen Schwierigkeiten bereiten.

Wenn Sie Veränderungen einführen, erinnern Sie die Leute an ihre Fähigkeiten. Zeigen Sie ihnen, wie ihre bereits vorhandenen Fertigkeiten ihnen helfen, sich in der neuen Aufgabe auszuzeichnen. Aber kommen Sie nicht mit zu viel heißer Luft und allgemeinen Redensarten. Stellen Sie spezifisch dar, wie geeignet ihre Fertigkeiten zur Übernahme der Verpflichtungen sind. Und seien Sie ehrlich, erzählen Sie es so, wie es ist.

Erinnern an frühere Erfolge

Wenn Mitarbeiter Angst vor Veränderungen haben, vergessen sie oft, wie gut sie in der Vergangenheit darauf reagiert haben.

„Erinnern Sie sich noch daran, wie unsicher Sie sich gefühlt haben, als Sie mit diesem Job anfingen?" brachten wir den Verkäufern in dem Pharmazieunternehmen in Erinnerung. „Und wieviel Angst haben Sie empfunden, als Sie Ihr erstes Kundengespräch führten? Und nun denken Sie daran, wie Sie das geschafft haben. Wie Sie auf Touren kamen. Wie Sie gelernt haben, erfolgreich zu sein. Sie haben es damals geschafft, warum nicht auch heute!"

Wenn man in der Gegenwart an Erfolge in Veränderungssituationen der Vergangenheit erinnert, ist dies eine Methode, Vertrauen aufzubauen. Als ich zum Beispiel Skifahrer trainierte, habe ich bemerkt, daß sie oft mitten auf einer schwierigen Piste anhielten und sich selbst in Angst versetzten, indem sie den Berg hinunterschauten, auf das, was noch vor ihnen lag. Also ließ ich Sie den Berg hinauf, also zurückschauen, anstatt hinunter, so daß sie sehen konnten, woher sie gekommen waren. Die Reaktion darauf war fast immer: „Ich kann nicht glauben, daß ich hier herunter gefahren bin!" Und wir konnten sehen, wie sich die Angst vor unseren Augen in Luft auflöste.

Als sie den Berg zurück hinaufschauten, wurde dadurch ihr Selbstvertrauen aufgebaut. Wenn sie dann wieder die Piste hinunterschauten, taten sie dies mit mehr Selbstsicherheit. Wir sprechen nicht von positivem Denken. Wenn man sich auf Erfolge in der Vergangenheit konzentriert, ist dies *Realitätsdenken*. Sie haben es in der Vergangenheit geschafft, und Sie können es wieder.

Sogar wenn Sie eine Aufgabe in Angriff nehmen, mit der Sie vorher noch nie konfrontiert waren, wird es immer vertraute Aspekte geben und Fertigkeiten, die sich auch hier anwenden lassen. Nichts ist vollkommen neu.

Filme über Highlights. Übungen, bei denen wir auf Erfolge in der Vergangenheit aufbauen, haben wir mit Hunderten von Sportlern durchgeführt, und wir fingen an, Filme über persönliche Highlights – eine neue Strategie – zusammenzustellen, damit man sie sich in Mußestunden ansehen konnte. Wir ließen zum Beispiel einen Profibaseballspieler, der sich in einem Formtief befand, ein dreiminütiges Video seiner besten Leistungen zusammenstellen. Nachdem er das Video, das sich über eine Periode von 80 Spielen erstreckte, gesehen hatte, machte er um 41 Prozent mehr Punkte pro Spiel, und er ergatterte den Ball um 55 Prozent öfter.

Eine weitere Technik ist, schriftliche Aufzeichnungen über frühere Siege und Errungenschaften zu führen. Peter Thigpen, der ehemalige Präsident der US-Operationen von Levi Strauss, beobachtete: „Wenn ich mir all diese kleinen Erfolge aufzeichne und sie mir dann ansehe, wenn ich frustriert bin, hilft mir dies, mich an meine Leistungen und an meinen Erfolg zu erinnern. Es ist eine große Hilfe, um Frust und Zweifel zu beseitigen und mein Selbstvertrauen zu stärken."[4]

Der Baseballspieler Dave Winfield, ein künftiges Mitglied der Hall of Fame, glaubt fest daran, daß Filme über persönliche Highlights wichtig sind. Er pflegte seine Teamkollegen dazu zu ermutigen, Videos über ihre eigenen besten Spiele aufzuzeichnen. „Mein Video enthält nur Hits und gute Bälle. Wenn man nämlich den Ball gut geschlagen hat, macht man technisch und mental im wesentlichen alles richtig", sagt Winfield.[5]

„Ich erinnere mich, als ich in New York (bei den Yankees) spielte, hatte der Besitzer George Steinbrenner eine sehr negative Einstellung. Er wollte, daß alle Spieler Videos erstellten mit all den Fehlern, die sie gemacht hatten. Vor Beginn der Saison sollten wir uns alle diese Fehler und schlechten Spiele ansehen."

„Auf keinen Fall, sagte ich zu den Trainern. Ich werde nicht in diesen Raum gehen und mir dieses Video ansehen. Legen Sie The Three Stooges ein oder irgend etwas. Ich möchte keine negative Beeinflussung."[6]

Dies ist Winfields persönliche Philosophie in einem Satz. „Man kann es sich nicht leisten, sich durch negative Gedanken beeinflussen zu lassen", sagt er. „Ich versuche und analysiere die Dinge nicht von einem negativen Standpunkt aus. Wir versuchen, die Jungs positiv zu bestärken, ihnen das einzuimpfen und einzuprägen."[6]

Mit anderen Worten, betonen Sie das Positive und ignorieren Sie das Negative.

In etwas Positives einbetten

Der Baseballmanager Tony LaRussa ist einer der Besten, wenn es darum geht, ehrliches Feedback zu geben, das Selbstvertrauen aufbaut. Er tut dies, indem er alles in etwas Positives einbettet, sogar Probleme und Fehler. Wenn ein Werfer ein schlechtes Spiel gemacht hat, könnte LaRussas Feedback ungefähr so klingen: „Dein Fastball hatte gute Ansätze; wenn du etwas mehr Kontrolle darüber bekommst, wirst du unschlagbar sein."

Vergleichen Sie dies mit: „Du warst heute ziemlich durcheinander. Du mußt lernen, deinen Fastball zu kontrollieren, ansonsten wirst du hier nicht sehr weit kommen."

In beiden Fällen wird das „Kontroll"-Problem des Werfers betont. Aber im einen Fall wird die Information verwendet, um Vertrauen aufzubauen, während im anderen die Informationen dazu dienen, zu kritisieren und zu drohen. Was würden Sie lieber hören? Was würde Ihnen ein besseres Gefühl geben, bevor Sie ins nächste Spiel gehen?

Wir sagen nicht, daß man es vermeiden sollte, über die Fehler der Mitarbeiter zu sprechen. Aber wenn man einen Fehler in etwas Positives einbettet, ist es für sie leichter, ihn zu korrigieren.

À la LaRussa. Wenn ich gebeten werde, CEOs darin zu schulen, wie man erfolgreich vor einem großen Publikum spricht, verwende ich immer den Lösungsansatz von LaRussa und bette das Negative in etwas Positives ein.

Es ist typisch, daß die meisten dieser Führungskräfte hölzern hinter dem Podium stehen und eine vorbereitete Rede ablesen. Auch wenn sie gute visuelle Hilfen haben, neigen sie dazu herumzustottern und richten ihre Energie auf das Blatt Papier, das vor ihnen liegt, und nicht auf die Zuhörer. Und ihre Körpersprache, die so wichtig ist, um entscheidende Punkte zu betonen, ist verborgen hinter dem Rednerpult.

Ich fange immer damit an, daß ich sie ein Video ihrer Vorstellung ansehen und sich selbst Feedback geben lasse. Wie die meisten von uns bemerken sie meistens nur das Negative: „Meine Stimme war monoton." „Es dauerte zu lange." „Ich hatte keinen Blickkontakt mit dem Publikum." „Ich war nicht sehr überzeugend." Und so weiter.

Diese Art von Feedback, ob es stimmt oder nicht, kann das Vertrauen und die Energie zerstören. Um mich an LaRussa zu halten, könnte ich die gleichen Informationen mit einem positiven Kick vermitteln. Ich könnte ihnen sagen: „Sie haben eine so großartige Stimme. Sie ist stark und tief, aber wenn Sie Ihren Kopf nach unten halten und auf Ihre Notizen blicken, klingt sie dumpf."

Oder: „Sie haben einen umwerfenden Sinn für Humor, und die Leute haben wirklich das Gefühl, daß Sie sich Gedanken machen, aber wenn Sie sich nicht bewegen und versuchen, Blickkontakt aufzunehmen, wird es nicht rüberkommen."

Oder: „Sie sind sehr leidenschaftlich und haben eine umwerfende Gestik, aber das Podium blockiert Ihre Energie."

Ich lüge nicht, beschönige nichts oder spiele herunter, was nicht funktioniert. Aber ich bette das Negative in etwas Positives ein, um Vertrauen aufzubauen, und mitzuteilen, was geändert werden sollte.

Auf Fehlern aufbauen

Wie auch immer die Veränderungen aussehen – downsizen, reorganisieren oder einfach nur phantasieren – die Leute werden Fehler machen.

Neue Situationen bedeuten neue Fehler. Rechnen Sie damit. Wie Sie mit diesen Fehlern umgehen, wird große Auswirkungen darauf haben, wie groß der Widerstand der Mitarbeiter ist.

Der veränderungsbereite Manager geht mit Fehlern so um, daß das Vertrauen der Mitarbeiter in sich selbst nicht untergraben wird. Wie in Kapitel 11: „Die Keine-Fehler-Kuh" besprochen, können Fehler Sie in größere Höhen katapultieren. Aber nur, wenn Sie aus ihnen lernen. Ob Sie ein erfolgreicher Manager in einem dynamischen Umfeld sind, hängt nicht damit zusammen, *ob* Ihre Leute Fehler machen, sondern *wie* Sie auf diese Fehler reagieren.

Keiner hat ein gutes Gefühl dabei, wenn er Fehler macht. Wenn es sich um schwerwiegende Fehler handelt, entstehen dadurch meistens Selbstzweifel, Mangel an Selbstachtung und Verlegenheit. Dadurch wird oft die Kreativität untergraben und Widerstand dagegen aufgebaut, etwas Neues zu versuchen.

Viele Coachs, die es gut meinen, versuchen, das Vertrauen zu stärken, indem sie den Leuten sagen, sie sollen die Fehler abschütteln oder sie vergessen. So einfach ist es nicht. Wie können Sie vorgeben, nichts sei passiert, wenn das ganze Büro hinter Ihrem Rücken darüber spricht? Vielleicht gelingt es Ihnen, es eine Zeitlang zu vergessen, aber wenn eine ähnliche Situation auftritt, werden Ihre alten Gefühle wieder hochsteigen.

Einen meiner ersten Coaching-Jobs hatte ich bei einer in der Gesundheitsvorsorge tätigen Organisation, die sehr viel negative Schlagzeilen gemacht hatte. Das Unternehmen hielt mehrere Pressekonferenzen ab, um seine Seite der Geschichte darzulegen. Meine Rolle war es, dem neuen CEO zu helfen, diese Pressekonferenzen zu bewältigen, ohne ins Fettnäpfchen zu treten.

Na ja, das Fettnäpfchen konnte noch so klein sein, er tappte immer voll hinein, denn sobald eine feindselige Frage offen gestellt wurde, war er verloren. Er war nervös und wütend, und so reagierte er defensiv.

Nach der Konferenz kochte er. Und wie ein guter, aber naiver Coach, riet ich ihm, er solle es abschütteln und weitermachen. Aber als bei der nächsten Pressekonferenz eine weitere feindselige Frage gestellt wurde, reagierte er genau gleich. Er hatte ganz offensichtlich nicht aus der ersten Situation gelernt und wiederholte seinen Fehler.

Ich änderte meine Taktik. Ich ließ ihn an die verpatzten Reaktionen während der Besprechungen denken, anstatt ihn zu ermutigen, sie zu vergessen. „Gehen Sie zurück zu dem Moment, an dem man Ihnen die feindselige Frage gestellt hat", wies ich ihn an. „Was dachten Sie?"

„Ich dachte an zwei Dinge", sagte er. „Das erste war: dieser Bastard versucht, mir eine Falle zu stellen. Das machte mich wütend. Das andere war, daß ich nicht die richtige Antwort parat hatte. Das machte mir angst."

Wir dachten über die Fragen nach, die die Reporter möglicherweise stellen könnten und konzipierten die effektivsten Antworten darauf. Die allerletzte Möglichkeit, die wir parat hatten, war, darauf zurückzugreifen, zuzugeben, daß er neu in dem Job war und die Antwort nicht wüßte, sie aber herausfinden und wieder auf den Fragesteller zurückkommen würde.

„Was hätten Sie für ein Gefühl dabei, diese Antwort zu geben?" fragte ich.

„Ein gutes Gefühl", sagte er. „Es ist die Wahrheit. Verdammt, ich bin erst seit zwei Monaten hier. Man kann nicht von mir erwarten, daß ich alles weiß."

Bei der nächsten Pressekonferenz, ganz klar, stellte jemand eine Fangfrage, eine, die wir vorher nicht besprochen hatten. Aber der CEO machte seine Sache großartig. Er lachte beinahe, als er sagte: „Ich bin hier ziemlich neu. Sie können nicht erwarten, daß ich alles weiß." Dann warf er den Ball wieder dem Reporter zu: „Wie lange dauerte es, bis Sie alles über Ihren Job wußten?"

Überlegen, Überdenken, Üben

Der Trick ist, aus Fehlern zu lernen, indem man nochmals *überlegt,* was passiert ist, ncue Antworten *überdenkt* und sie *übt.* Durch diesen dreifachen Ü-Einsatz können Sie das Problem anders anpacken und das Vertrauen wieder aufbauen, das durch den Fehler zerstört wurde. Das Selbstvertrauen des CEOs wurde dadurch wieder gestärkt; seine negative Erinnerung wurde durch eine positive Strategie ersetzt.

Wenn Sie die Erinnerung als inneres Videoband betrachten, das Erfahrungen aufzeichnet, dann bedeutet:

Überlegen, das Video anzusehen, um zu erkennen, was Sie dachten und fühlten.

Überdenken, herauszufinden, welche Veränderungen in die Erfahrung des Mißerfolges eingefügt werden müssen, damit sie positiv wird.

Üben, das neue positive Band in Ihrem Kopf laufen zu lassen, bis Sie es automatisiert haben.

Katapult #2: Das Gefühl der Machtlosigkeit – „Keiner fragte mich!"

Treten Sie nicht auf mir herum. „Die Menschen leisten den Veränderungen gegenüber nicht so viel Widerstand wie der Tatsache, daß sie verändert werden sollen", sagt der Unternehmensberater und Autor Christopher Hegarty. Wenn Veränderungen von oben aufgezwungen werden, fühlen sich die Leute machtlos, schikaniert, und sie sind oft zornig und aufgebracht. Jede aufgezwungene Veränderung ruft Widerstand dagegen hervor. In der Tat wurde Amerika aus solchen Umständen heraus geboren. Die erste koloniale Flagge hatte die Inschrift: TRETEN SIE NICHT AUF MIR HERUM. Und der Ruf der Revolution zu den Waffen war: „Besteuerung ohne Vertretung in der Regierung ist Tyrannei."

In einer jetzt klassischen Studie teilten Lester Coch und John R.P. French Jr. (1948) Arbeiter einer Bekleidungsfabrik in vier Gruppen. Zwei der Gruppen beteiligten sich an der Veränderung von Arbeitsprozessen, während man der anderen Gruppe die Veränderungen aufzwang. Die letzte Gruppe bestellte Vertreter ab, die zu der Schaffung der Veränderungen beitrugen.

Das Produktionsergebnis der Gruppe, die nicht beteiligt war, sank um zwei Drittel. Der Widerstand entwickelte sich beinahe unmittelbar. „Charakterisierende Ausdrücke von Aggressionen gegenüber dem Management traten auf, wie zum Beispiel Konflikte mit dem für die Methoden zuständigen Techniker ... Feindseligkeit gegenüber dem Vorarbeiter, absichtliche Einschränkung der Produktion und ein Mangel an Kooperation mit dem Vorarbeiter", schrieben die Forscher. „In den ersten 40 Tagen kündigten 17 Prozent."[7]

Die Produktivität in den Gruppen, die direkt an den Veränderungen teilnahmen, übertraf alle Erwartungen. Es gab keine Anzeichen von Feindseligkeiten und keine Kündigungen.[8]

Wenn die Menschen in den Veränderungsprozeß involviert sind, ist es kein Verfahren des Managements mehr, es ist ihr eigenes. Sie arbeiten mehr, weil sie wollen, daß die Veränderungen funktionieren.

Heutzutage heißt das Schlagwort für die Teilnahme am Veränderungsprozeß *Empowerment,* ein Begriff, der immer wieder gleichermaßen von Fließbandarbeitern und CEOs genannt wird. Jedermann zollt ihm ein Lippenbekenntnis. Verschreiben sie sich dem Konzept oder nur seinem Auftreten, einfach dem guten Klang des Wortes?

Nicht nur Lippenbekenntnisse. Cindy Ransom, eine Managerin der mittleren Ebene bei Clorox gibt nicht nur Lippenbekenntnisse in bezug auf Empowerment ab. Vor vier Jahren bat sie ihre Arbeiter, den Betrieb in der Anlage von Fairfield, Kalifornien, neu zu planen. Sie gab ihnen freie Zügel, um Trainingsprogramme aufzubauen, Regeln für Abwesenheit aufzustellen und um die Fabrik in fünf auf den Kunden konzentrierte Geschäftseinheiten zu reorganisieren. Es handelt sich nicht nur um eine Beteiligung am Rande, und die Ergebnisse waren auch nicht einfach nur Randerscheinungen. Clorox bezeichnete die Anlage von Ransom als diejenige, deren Ergebnisse sich im Bereich Haushaltsprodukte am meisten verbessert hatten.

Ransom sagt: „Wenn ich lese, daß Amerika seinen Wettbewerbsvorsprung verliert, habe ich wirklich die Schnauze voll. Es motiviert mich, hier bei mir in meinem kleinen Bereich einen Unterschied zu machen ..."[9]

Bei Johnsonville Foods, einem im Familienbesitz befindlichen Unternehmen mit Sitz in Wisconsin, das Wurstwaren herstellt, sind es die Fließbandarbeiter, die das Sagen haben. Sie führen jeden Tag Veränderungen durch, passen Gewinnvorgaben an, stellen Leute ein und entlassen sie, kaufen die Ausrüstung, schreiben Haushaltspläne – und all das, während sie Würste stopfen.

„Jeder schaut darauf, was wir tun, und sagt, ‚mein Gott, das ist ziemlich verrückt, irgendwie toll, wirr und gefährlich‘“, sagt Ralph Stayer, Besitzer und CEO. „Es handelt sich nicht um irgendein sanftes oder verrücktes Geschäft. Ich bin wirklich ein abgebrühter und pragmatischer Mensch ... Bringen Sie den Leuten bei, daß sie etwas für sich selbst tun – das ist die Methode, um weitaus bessere Leistungen zu erzielen.“

Bei Stayer gibt es das Beteiligungsmanagement nun schon seit 14 Jahren, und die Ergebnisse können sich sehen lassen: Kooperation unter den Mitarbeitern, was eine jährliche Umsatzsteigerung von 20 Prozent mit sich brachte, seit er das Ruder übernommen hat, und eine 50prozentige Steigerung der Produktivität.[10]

Management, indem man die Mitarbeiter wie Erwachsene behandelt. Das gleiche gilt für Chapparal Steel, einer klassenlosen Organisation, die witzelt „die Firma werde gemanagt, indem man die Leute wie Erwachsene behandelt“ – das heißt, die Arbeiter haben wie erwachsene Menschen volle Befugnis, die Produktion zu verwalten. Man gibt den Mitarbeitern außergewöhnliche Freiheiten, und man erwartet, daß sie die Initiative ergreifen. Ihr Gehalt basiert sogar teilweise auf neu erlernten Fertigkeiten, und 85 Prozent sind in Kurse eingeschrieben, wie zum Beispiel Metallurgie und Elektronik, so daß sie sachkundige Entscheidungen treffen können. Widerstand Veränderungen gegenüber ist dort kein Thema.[11]

Das hört sich wie ein Experiment aus den späten sechziger Jahren an, oder? Die utopische Fabrik der Zukunft. Die Wahrheit ist, es macht wirtschaftlich absolut Sinn. Chapparal produziert Stahl sehr viel effizienter als jedes andere Hüttenwerk im Land. In der Anlage in Texas braucht man 1,6 Stunden für eine Tonne gegenüber 2,4 bei anderen kleinen Hüttenwerken und 4,9 bei größeren, zusammengeschlossenen Produzenten.[12]

Als Chapparal ein neues Hüttenwerk für Breitflansch-I-Träger plante, die in Brücken und Hochhäusern verwendet werden, entwickelten die Mitarbeiter ein Verfahren, durch das man das Endprodukt in gerade mal 8 bis 12 Arbeitsschritten herstellen konnte. Bei den traditionellen Methoden waren ungefähr 50 Arbeitsschritte erforderlich.[13]

Und es waren wiederum die Mitarbeiter – diesmal zwei in der Wartung tätige Arbeiter – die eine Maschine um 60.000 Dollar erfanden, um

Rundstahl zu umreifen. Die Kosten der alten, weniger effizienten Maschine betrugen 250.000 Dollar.[14]

Der Preis des Empowerments

Trotz der offensichtlichen Vorteile lehnen Manager weiterhin Empowerment ab. Dafür gibt es verschiedene Gründe, einschließlich Verlust von Kontrolle, Macht und Einfluß. Dazu kommen Mißtrauen den Arbeitern gegenüber und Mangel an Vertrauen, daß diese die neugewonnene Verantwortung handhaben könnten.

Ein weiterer Grund ist, daß es mehr Zeit in Anspruch nimmt. Dee Zalneraitis, die für EDV zuständige Managerin bei der in Hudson, Massachusetts, ansässigen Abteilung von R. R. Donelley and Sons, der größten Druckerei des Landes, schloß sich früher immer in ihrem Büro ein und brütete über den Zahlen. Nun öffnet sie ihre Türen weit und fragt ihre Mitarbeiter, wie das Unternehmen Geld sparen könnte. Es funktioniert. Sie haben Vorschläge gebracht, die sie nicht in Betracht gezogen hatte, wie zum Beispiel das Streichen von Geschäftsreisen zu unzumutbar schwierigen Kunden.

Aber, sagt Zalneraitis, „es nimmt sehr viel mehr Zeit in Anspruch, die Dinge zu erklären. Man muß wirklich eine Freude daran haben, ihnen beim Lernen zu helfen."[15]

Implementierung von Empowerment

Die Geschäftswelt ist immer noch meilenweit von Managern entfernt, die es sich zur Aufgabe gemacht haben, ihren Leuten durch Empowerment mehr Kompetenzen zu übertragen. James Champy, Co-Autor von *Business Reengineering: die Radikalkur für das Unternehmen,* schreibt: „Es wird auch in den nächsten fünf bis zehn Jahren nicht viele davon geben. Aber die amerikanischen Unternehmen schlagen definitiv diesen Weg ein."[16]

Aber was macht man in der Zwischenzeit? Nehmen wir an, Sie sind ein Manager, der ein neues Verfahren umsetzen muß, das von oben eingeführt wird. Sie wissen, daß Ihre Mitarbeiter von Anfang an hätten eingebunden werden müssen, aber Ihr Vorgesetzter ist noch aus der alten Schule. Sein Refrain: „Mein Job ist es, Politik zu machen. Ihr Job ist es, diese auszuführen." Wie geht man mit dem Widerstand der Mitarbeiter unter diesen Voraussetzungen um?

Wir kennen einen Manager, der seine Mitarbeiter wie folgt ermunterte: „Okay, wir sind von der Reorganisation ausgeschlossen worden – auch nach meiner Meinung hat keiner gefragt – aber das ist vorbei, und wir haben nun zwei Möglichkeiten. Entweder wir lassen andere die Veränderungen umsetzen, oder wir beteiligen uns jetzt daran und können unsere Ideen für Details mit einbringen. Wir können unser Leben sehr erleichtern, wenn wir beeinflussen, wie die neue Struktur in die Praxis umgesetzt wird."

Mit anderen Worten, entscheiden Sie, wo Sie Kontrolle ausüben *können,* und bringen Sie dann Ihre Leute dazu, sich auf diese Phase des Veränderungsprozesses zu konzentrieren. Der Widerstand wird in gleichem Verhältnis verschwinden, wie die Mitarbeiter an der Umsetzung beteiligt sind.

Von Opfern zu Siegern. Hier ist ein Beispiel dafür, was wir meinen. Ein relativ großes Unternehmen an der Westküste zwang seinen Mitarbeitern eine neue Software auf. Keiner der Büromitarbeiter wurde vor der Entscheidung gefragt. Eines Tages bekam jeder ein Memo, und das war's. Das Murren fing unmittelbar danach an. Die Leute wollten das neue System nicht lernen. Sie waren der Meinung, daß das gegenwärtige System gerade richtig war. Die Fehlzeiten stiegen. Am Getränkeautomat hielten sich immer mehr unglückliche Mitarbeiter immer länger auf. Kommt Ihnen das bekannt vor?

Sogar nachdem das System mit Einschulungen und praktischem Einzelunterricht eingeführt worden war, ging der Widerstand weiter. Manche Mitarbeiter verschrieben sich geradezu der Aufgabe, Defekte und Mängel in dem neuen Programm zu finden und sich ständig darüber zu beklagen. Eine kleine Revolution nahm Gestalt an, und die Produktivität sank.

Glücklicherweise sah eine wachsame Managerin, was geschah, und drehte die Situation um. Sie rief die Gruppe zusammen und ohne jemandem die Schuld zuzuweisen, erkannte sie den Unmut eines jeden an, weil sie von dem Entscheidungsprozeß ausgeschlossen worden waren.

Dann bat sie um mündliches und schriftliches Feedback, wie die Software verbessert und besser auf den Kundenbedarf zugeschnitten werden könnte, damit sie im Büro besser funktionierte. Sie bildete Gruppen, die Empfehlungen an das Management weiterleiteten. Innerhalb weniger Monate bekamen die Mitarbeiter das Gefühl, daß sie einen Einfluß auf die Situation hatten, daß ihre neuen Ideen ernst genommen wurden. Der Widerstand verschwand.

Der erste Teil des oben beschriebenen Beispiels passierte wirklich, der zweite Teil nicht, aber es hätte so sein sollen. Und ehrlich gesagt, dies wäre *möglich* gewesen.

Egal, wie die Umstände sind, es gibt immer einen Weg, Leuten mehr Kompetenzen zu geben. Eine Wahl muß getroffen werden, Maßnahmen müssen ergriffen und Feedback muß gegeben werden. Die Mitarbeiter möchten das Gefühl haben, daß sie Teilnehmer sind, keine Ersatzmänner. Durch nichts entsteht Widerstand so schnell wie durch das Gefühl, entrechtet zu sein.

Schaffen Sie einen Dialog, keinen Monolog

Sogar wenn Entscheidungen von der obersten Führungsebene getroffen werden, ist es wichtig, den Mitarbeitern eine logische Erklärung für die Entscheidungen zu geben. Ebenso muß man ihnen sagen, mit welchen Veränderungen sowie möglichen Konsequenzen und Möglichkeiten sie rechnen müssen.

Die Art und Weise, wie Sie Veränderungen einführen, macht einen riesigen Unterschied, welche Einstellung die Leute dazu haben. Wenn Sie eine Bombe platzen lassen, müssen Sie damit rechnen, daß alle Mitarbeiter in den Schutzbunker flüchten. Wenn es ihnen zufällig zu Ohren kommt oder dadurch, daß es in der Gerüchteküche brodelt, ist das noch schlimmer.

Viele Unternehmen kündigen einfach nur ein Schema zur Kostenreduktion an, so als ob es sich um einen neuen Vorsorgeplan oder ein neues Verfahren in der Buchhaltung handle. Kein Input. Keine Fragen und

Antworten. Kein Dialog. Nicht die schlechten Neuigkeiten, sondern die Art und Weise, wie sie übermittelt wurden, bringt die Mitarbeiter aus der Fassung. Es ist kein Wunder, daß die Leute das Gefühl haben, man schikaniere sie und behandle sie ohne Respekt. Die Gerüchteküche beginnt zu brodeln, und der Widerstand beginnt zu wachsen.

Ein Gasversorgungsunternehmen kaufte einen Pipelineproduzenten auf. Das Management hatte eine Umstrukturierung beschlossen, um beide Unternehmen zu vereinigen. Anstatt die Pläne im firmeninternen Mitteilungsblatt bekanntzumachen, berief das Management eine Versammlung des ganzen Unternehmens ein und erklärte die Situation. Jeder konnte Fragen stellen und bekam direkte Antworten darauf. Sie nahmen kein Blatt vor den Mund. Nach dieser großen Versammlung gab es noch eine Reihe von Besprechungen innerhalb der einzelnen Abteilungen, in denen spezifische Veränderungen abgeklärt werden konnten.

Es wurden zwar bedeutende Veränderungen durchgeführt, aber die Mitarbeiter leisteten weniger Widerstand, weil sie die Entscheidung im Zusammenhang verstanden, und sie hatten das Gefühl, ehrlich behandelt zu werden.

Den Verlust verarbeiten

Widerstand Veränderungen gegenüber ist normal. Wenn die Mitarbeiter bei ihrer Arbeit Engagement zeigen und sich persönliche und berufliche Ziele gesetzt haben, werden durch aufgezwungene Veränderungen starke Reaktionen hervorgerufen. Verwirrung und Schock sind die typischen ersten Reaktionen darauf. Die Leute fühlen sich oft orientierungslos, und jeder braucht Zeit, sich anzupassen.

Organisationen sollten dies erkennen und den Mitarbeitern Möglichkeiten bieten, damit diese ihre natürliche Enttäuschung und das Gefühl von Verlust ausdrücken können. Viele Unternehmen engagieren Berater, um den Mitarbeitern zu helfen, die Gefühle zu verarbeiten. Es ist nicht das gleiche, wie wenn man die Leute in den Veränderungsprozeß miteinbezieht, aber es hilft etwas, um sie soweit zu bringen, daß sie die Dinge akzeptieren.

In einer privaten Stiftung, die Umweltprojekte bezuschußt, kündigte der leitende Direktor und Gründer seine Reorganisationspläne dem Führungsgremium ohne Vorwarnung an. Er wollte die Struktur der Stiftung von vorne bis hinten ändern. Die Organisation hatte sich im letzten Jahr von 30 auf 200 Mitarbeiter vergrößert, und mit der alten Struktur funktionierte es nicht mehr.

Die Mitglieder des Gremiums bekamen einen Schock. Sie waren auf diesen Schritt absolut nicht vorbereitet und wußten nicht, wie sie darauf reagieren sollten. Sie drohten zu kündigen, und es gab ständig Streit. Die Mitglieder waren praktisch mit nichts von dem einverstanden, was vorgeschlagen wurde, sogar wenn es sich um Veränderungen handelte, von denen sie wußten, daß sie konstruktiv waren. Das Arbeiten an diesem Ort wurde unmöglich. Schließlich engagierte der Direktor eine außenstehende Beraterin.

Ihr erster Schritt war, mit den obersten Führungskräften und ausgewählten Mitarbeitern zu sprechen. Sie bat jeden, einen ausführlichen Bewertungsbogen über sich selbst und die Organisation auszufüllen. Darin sollten alle ihre persönlichen Gedanken und Gefühle ausdrücken. Sie stellte Arbeitsgruppen zusammen, die das gleiche tun sollten. Der Widerstand ließ nach. Langsam begannen die Leute zu akzeptieren, daß die Veränderungen notwendig waren, und die Animositäten und die verborgene Opposition ging zurück.

Nein, es handelt sich hier nicht um ein Wunder. Es handelt sich lediglich um einen weisen Eingriff, der den Mitarbeitern erlaubte, sich zu ihren Gefühlen zu bekennen und sie zu verarbeiten.

Katapult #3: Trägheit – „Das ist zu mühsam, zu unbequem."

Haben Sie jemals eine neue Software gekauft, bei der es ewig lange gedauert hat, bis Sie sie auf ihrem Computer installiert hatten? Ich habe so eine gerade vor mir auf dem Schreibtisch liegen. Durch die Software habe ich 250 neue Schriften, aus denen ich wählen kann, und die Möglichkeit, Dokumente mit Randverzierungen und Flaggen zu entwerfen. Ich werde sogar in der Lage sein, meine eigenen Einladungen zu schreiben – natürlich in Farbe. Es ist ganz offensichtlich eine großartige Technologie, aber das Ding liegt immer noch gut verpackt vor mir.

Warum? Na ja, ich muß mir nur das Handbuch anschauen. Es hat das Gewicht eines Telefonbuchs und es liest sich, als ob es von jemandem von einem weitentfernten Planeten in einer anderen Galaxie geschrieben worden wäre. Sie wissen, was ich meine, die Art Technosprache aus *Krieg der Sterne,* die Sie in dieser intergalaktischen Bar irgendwo im Weltraum gehört haben.

Hier ist die einfache Wahrheit. Dieses Programm zu laden und zum Laufen zu bringen erfordert eine Menge Zeit und Mühe, und ich möchte diese große Hürde nicht nehmen. Es ist viel leichter, mein altes Programm mit den armseligen 16 Schriften zu verwenden.

Trägheit ist der dritte Katapult für Widerstand. Menschliche Wesen sind „träge", wir werden von dem Wunsch beherrscht, Dinge so zu belassen, wie sie sind. Von unserem Naturell her verschreiben wir uns dem Status quo, der, was ja bekannt ist, bequem und vertraut ist. Erinnern Sie sich an die benzinfressende Karre, die man nicht zum Anspringen bringenm konnte? Als Ihr Lehrer sagte, daß ein Objekt in Ruhe dazu neigt, in Ruhe zu verharren, nannte er es das erste Gesetz der Physik von Newton. Er hätte es auch das erste Gesetz des Widerstandes nennen können.

Natürlich trifft diese Beschreibung nicht auf jeden zu. Es gibt Leute, die es nicht erwarten können, das Cellophanpapier ihrer neuen Software aufzureißen, und bei denen vermehrter Speichelfluß bei dem Gedanken hervorgerufen wird, daß sie ein Handbuch von 200 Seiten durchlesen sollen. Aber ich bin keiner von ihnen, und Sie vielleicht auch nicht. Die meisten von uns ziehen es vor, in der Bequemlichkeit dessen, was wir kennen, zu leben.

Gewohnheitstiere

Wir sind alle Gewohnheitstiere. Wenn Sie anderer Meinung sind, versuchen Sie folgendes: Falten Sie Ihre Finger, und beobachten Sie, welcher

Daumen oben ist. Machen Sie es noch einmal, so daß der andere Daumen oben ist. Das ist ein seltsames Gefühl, oder? Als ob Sie Ihren Daumen verloren hätten. Nun verschränken Sie Ihre Arme. Versuchen Sie, sie anders herum zu verschränken. Wie fühlt sich das an? Klatschen Sie in die Hände. Passen Sie auf, welche Hand diejenige ist, die schlägt. Nun verwenden Sie die andere und beobachten Sie den Unterschied. Achten Sie auch darauf, wie unterschiedlich es sich anhört.

Wir werden immer wieder vom Vertrauten angezogen. Ihr Körper ist es gewöhnt, die Dinge auf seine übliche Art und Weise zu tun, und er wird Widerstand leisten, wenn Sie dies ändern möchten. Wenn Sie etwas anderes versuchen, werden Sie ein zwingendes Verlangen verspüren, auf das Bequeme zurückzugreifen.

Bei der Arbeit ist die Situation nicht anders. Man leistet Veränderungen gegenüber Widerstand, weil sie uns aus dem Gleichgewicht bringen. Veränderungen bedeuten Anstrengungen. Wenn man gebeten wird, Dinge anders zu machen, muß man besser aufpassen, neue Dinge erlernen und mit größerer Vorsicht darauf reagieren. Es ist sehr viel einfacher und sicherlich bequemer, bei dem zu bleiben, was man weiß, als das zu lernen, was man nicht weiß. Im Status quo liegt Sicherheit. Man kann auf Autopilot umschalten. Es gibt keine unangenehmen Überraschungen. Sie sind diese Strecke hundertmal gelaufen. Sie können es mit verbundenen Augen. Dies ist die bequeme Zone, der perfekte Ort, sich auszuklinken.

Auf der falschen Straßenseite fahren. Es ist schwierig, mit alten Gewohnheiten zu brechen. Wenn ich an meine erste Reise nach London denke, fällt mir nicht zuerst der Buckingham Palace ein oder Big Ben, sondern der Schrecken, daß ich so oft beinahe überfahren wurde. Wenn Sie schon einmal dort gewesen sind, wissen Sie, was ich meine – sie fahren auf der „falschen Straßenseite". Tag für Tag machte ich einen Schritt vom Bordstein und schaute in die falsche Richtung, nur um dann das Hupen dutzender zorniger Autofahrer zu hören.

Aber das war gar nichts im Vergleich dazu, auf der falschen Straßenseite Auto zu fahren. Auf gerader Straße war es okay, aber sobald ich irgendwo abbiegen mußte, war ich verwirrt, fuhr in die falsche Spur, und die Fußgänger liefen vor Angst davon. Ich bin sicher, die Briten waren froh, als ich wieder weg war.

Nun denken Sie daran, etwas so Furchterregendes einzuführen wie Veränderungen in einer Organisation, wobei sehr viel mehr Anstrengungen erforderlich sind, als zu lernen, auf der linken Straßenseite zu fahren.

Löcher in den Sohlen. Ich arbeitete mit einer talentierten Kritikerin einer größeren Zeitung zusammen, die pro Woche zwei oder drei Kritiken abliefern mußte. Das bedeutet, sehr viel Zeit bei Veranstaltungen zu verbringen und noch mehr vor dem Computer. Diese spezielle Kritikerin besaß einen scharfen Intellekt, und sie kannte sich in ihrem Bereich sehr gut aus. Auch in der Formulierung ihrer Sätze war sie gut.

Ihr Problem war, daß sie sich selbst nicht dazu überwinden konnte, die Kritiken rechtzeitig zu schreiben. Es war jedes Mal das gleiche: Die Frist, die ihr der Redakteur gesetzt hatte, kam und verstrich wieder, und sie kämpfte immer noch mit dem ersten Absatz. Sie wußte, wann der letztmögliche Zeitpunkt war, um den Text abzugeben, sozusagen die ultimative Deadline, gerade noch rechtzeitig, um in die Ausgabe zu kommen, und unweigerlich kam sie immer ein paar Sekunden vorher mit ihrem Beitrag in die Redaktion gehastet.

Aber sie war in ihrem Job so gut, daß ihr Redakteur bereit war, ihre Verzögerung zu tolerieren. Sie jedoch fühlte sich miserabel. Die langen Nächte, die Hetze in der letzten Minute, die Termine, die ihr Leben bestimmten, all dies nahm ihr die Freude an ihrer Arbeit. Sie wußte, was sie zu tun hatte, aber sie konnte es nicht ändern.

„Ich weiß, daß es ein Schmerz ist, aber es ist ein vertrauter Schmerz", erzählte sie mir. „Es ist wie ein altes Paar Schuhe mit Löchern. Man weiß, es ist Zeit, sie loszuwerden, sie halten die Füße nicht mehr warm, aber man wirft sie trotzdem nicht weg."

Viele Leute wissen, daß die alte Methode nicht mehr funktioniert, aber der mögliche Schmerz und der Aufwand, wenn sie sich vorstellen, etwas anderes zu tun, sind zu groß. Obwohl es vielleicht nicht funktioniert, scheint es einfacher zu sein, am Status quo festzuhalten.

Das Unternehmen macht dicht, keiner rührt sich von der Stelle. Das gleiche Prinzip funktioniert in jenen Fabrikstädten, wenn ein Unternehmen dicht macht und keiner sich von der Stelle rührt. Die Arbeitslosigkeit steigt dramatisch an, die Menschen verlieren ihre ganzen Ersparnisse und manchmal auch ihre Häuser, aber sie bleiben immer noch da.

Für viele trifft es zwar zu, daß sie aus familiären, gesellschaftlichen und emotionellen Gründen mit der Stadt verwachsen sind, aber bei den anderen liegt es daran, daß sie es vermeiden wollen, irgendwo anders ganz neu anzufangen – sie wollen sich nicht mit einer neuen Situation auseinandersetzen, in der es neue Regeln, Erwartungen und unbekannte Herausforderungen geben könnte.

Veränderungsmüdigkeit

Die Leute in den Unternehmen sind aufgrund der Veränderungen ausgebrannt. Im letzten Jahrzehnt sind so viele neue Verfahren und Programme eingeführt worden, daß es für die Arbeiter einfach zu viel ist. Ist es ein Wunder, daß sie nicht bereit sind, etwas aufzugeben, das vertraut und bequem ist? Wenn alles im Fluß ist, geben die Leute noch widerwilliger das Stabile und Bekannte auf. Die Kraft der Trägheit wird vervielfacht.

Die Arbeiter sind Veränderungen gegenüber abgestumpft. Peter Scott Morgan, Direktor bei Arthur D. Little, nennt es „Veränderungsmüdigkeit". Morgan sagt: „Das Endergebnis ist oft weitverbreiteter Widerstand neuen Initiativen gegenüber, wodurch das Management noch frustrierter wird..."[17]

Eine Großbäckerei an der Westküste der USA ist ein typisches Beispiel für Morgans These. Die Bäckerei schloß sich mit einem Lebensmittelgroßhändler zusammen und implementierte einen Reengineering-Plan, um den Betrieb zu rationalisieren und den Wettbewerbsvorteil zu erhalten. Das neue Unternehmen war technisch führend. Bereichsübergreifende Teams und ein Qualitäts-Programm wurden eingeführt, und die Bäckerei führte eine neue Reihe von Gourmetbroten ein, die auf einem neuen Markt verkauft werden sollten – in Reformhäusern und Spezialitätengeschäften.

Als das Unternehmen dann Veränderungen im Computersystem ankündigte, um mit den Einzelhändlern über ein Netzwerk zu kommunizieren, reichte es den Mitarbeitern.

„Meinen Sie das im Ernst?" sagte ein verärgerter Manager. „Was glauben Sie, was ich hier tue, auf meinen Händen sitzen? Wenn Sie noch eine weitere Sache ändern, werde ich nicht mehr in der Lage sein, meinen Schreibtisch zu finden. Warum kann nicht für kurze Zeit einmal alles beim alten bleiben?"

Die Wahrnehmung verändern

Wie befreien Sie Ihre Leute von den Fesseln der Trägheit? Wie gehen Sie mit dem Magnetismus des Status quo um, besonders wenn sich die Mitarbeiter gerade erst von der letzten Veränderung erholen?

Wenn den Leuten Veränderungen präsentiert werden, verzerren sie die für die Umsetzung erforderlichen Arbeiten. Sie neigen dazu, die damit verbundenen Schwierigkeiten zu übertreiben, wie lange es dauern wird, und wieviel Lernen erforderlich ist. Um mit dieser falschen Einschätzung der Lage umzugehen, ist es eine gute Idee, *konkrete und dramatische Demonstrationen anzuwenden, die Verzerrungen korrigieren und die Aufgabe auf das Normalmaß reduzieren.*

Genau das tat ein Unternehmen für medizinische Software, als es ein neues Computerprogramm für das Berichtwesen von Ärzten und Krankenhäusern einführte. Die Vorteile waren offensichtlich: weniger Papierkram, schnelleres Wiederauffinden, bessere Kommunikation, die Beseitigung voluminöser Akten. Aber es gab Widerstand vom Personal, weil man dachte, die neue Software sei zu kompliziert in der Anwendung.

Um diesen Widerstand zu überwinden, berief das Unternehmen eine branchenweite Konferenz ein. Es machte eine große, überzeugende Präsentation über die einfache Handhabung des neuen Programms. Freiwillige aus dem Publikum wurden aufs Podium gebeten, und jeder bekam die Karte eines Patienten. Alle konnten auf dem großen Bildschirm mitverfolgen, wie die Freiwilligen die Instruktionen des Programms zur Eingabe von Daten befolgten. Die Einfachheit des neuen Systems war sofort offensichtlich, besonders, wenn man es mit der alten Methode verglich, bei der die Daten noch in Langschrift in die Patientenkarten eingetragen werden mußten.

Wenn der Freiwillige die Informationen korrekt eingegeben hatte – was meistens der Fall war – dann leuchtete eine funkelnde Anzeigetafel mit grellen Lichtern und Glückwünschen auf. Ein Schild mit HERZLI-

CHEN GLÜCKWUNSCH blinkte. Zu viel Drumherum? Das Publikum emp-
fand das nicht so. Sie gingen voll mit, lachten und jubelten jedem Freiwilligen zu. Jeder wollte es einmal versuchen. Das unmittelbare Ergebnis:
die Leute standen voll hinter dem System.

„Das hat großen Spaß gemacht", erzählte uns eine der Krankenschwestern. „Ich hatte nicht erkannt, wie einfach das Ding zu bedienen ist. Es
ist schneller und fast wie ein Spiel, aber das beste daran ist, daß ich nicht
mehr das Gekritzel der Ärzte entziffern muß."

Wieviel Veränderungen eine Veränderung mit sich bringt

Die Leute verzerren auch das Bild davon, wieviele Veränderungen eine Veränderung mit sich bringt. Wir haben Angestellte erlebt, die auf eine
Umstrukturierung reagierten, als ob das Management den Arbeitsplatz in
ein fremdes Land verlegen würde, dessen Sprache sie nicht sprechen
oder das sie nicht kennen. Sie nehmen an, daß alles anders ist, angefangen von der Kaffeepause bis hin zum Arbeitsplan. Und deshalb sind sie
natürlich geneigt, der Idee zuerst einmal Widerstand zu leisten.

Um diese zweite Art von Verzerrung zu korrigieren, sollten die
*Führungskräfte nicht nur betonen, was sich ändert, sondern auch das,
was gleich bleiben wird.* Wenn man die Dinge von zwei Seiten aus betrachtet, erhält man ein ausgeglicheneres Bild von den Veränderungsplä-
nen, und die Angst wird verringert.

Als ein riesiges Telekommunikationsunternehmen eine kleine, regio-
nale Telefongesellschaft aufkaufte, gerieten die Leute am Ort in Panik. Sie
machten sich Sorgen darüber, daß sie von Tulsa weg nach Alabama umziehen müßten, wo sich der Sitz des Unternehmens befand. Diesen
Schritt wollte keiner machen. Sie fürchteten sich davor, sich an die Kultur
des neuen Unternehmens anpassen zu müssen, die konservativer und
stärker von Autorität geprägt war. Und sie waren besorgt, daß man ihre
Organisationsstruktur änderte, ihre Arbeitsgruppen neu einteilte und sie
dadurch von ihren Freunden getrennt würden. Mit anderen Worten, sie
machten sich um alles Sorgen.

Ein mit der Umstellung betrauter Vizepräsident war clever genug, bei der sogenannten Umorientierungsbesprechung ihre Sorgen zu erkennen und auszuschalten. Anstatt sich auf die neue Politik und die neuen Verfahren zu konzentrieren, begann er damit, das zu betonen, was konstant bleiben würde: keiner würde umziehen müssen, der Betrieb würde selbstverständlich wie bisher erhalten bleiben, die Arbeitsteams würden die gleichen bleiben, und die Manager und Örtlichkeiten würden ebenfalls dieselben bleiben.

„Der Grund, warum das Unternehmen aufgekauft wurde", sagte der Vizepräsident, „ist der, daß es während der letzten Jahre so profitabel gearbeitet hat. Sie haben gute Arbeit geleistet, und niemand möchte ein Siegerteam auseinanderbringen. Das einzige, das wirklich anders sein wird, ist, daß wir jetzt Teil eines großen Unternehmens sind und sich unser Firmensitz in einem anderen Staat befindet."

Der allgemeine Seufzer der Erleichterung war bis nach Alabama zu hören.

Je mehr Veränderungen es gibt, desto mehr bleibt gleich. Bei den meisten Veränderungen in der Geschäftswelt ist es eine Tatsache, daß viele Dinge *tatsächlich* gleich bleiben. Bei einem Workshop über Veränderungsbereitschaft bei einer Firma für Lehrmittel trafen wir Verkäufer, die über Umgestaltungen in ihrem Job murrten. Mit dem wachsenden Bedarf an Kostenreduzierung und Einsparungen setzten nun viele staatliche Universitäten – ihre besten Kunden – Einkaufskomitees ein, die sich aus den Anwendern der Produkte zusammensetzten, anstatt daß sich eine zentrale Einkaufsabteilung darum kümmerte. Kein Mitarbeiter des Verkaufs begrüßte diesen Trend.

„Das macht uns das Leben sehr viel schwerer", sagte eine Frau, die ein alter Hase im Verkauf war. „Früher sprach ich mit jemandem, den ich seit Jahren gekannt hatte. Wir hatten eine richtige berufliche Beziehung und Verständnis füreinander aufgebaut. Nun muß ich an einen Haufen Leute verkaufen, die ich noch nie zuvor gesehen habe. Sie haben alle unterschiedliche Interessen und Bedürfnisse. Das erfordert sehr viel mehr Zeit und Energie."

Ihre Empfindungen wurden von den anderen nachgebetet. Wir konnten die Situation nicht ändern, aber wir konnten deren Wahrnehmung ändern. Also baten wir jeden, darüber nachzudenken, was sich in seiner Arbeit nicht verändert hatte. „Na ja, sie brauchen immer noch Radierer“, witzelte einer der Teilnehmer. „Die Produkte, die wir verkaufen, sind immer noch die gleichen.“

„Die Art und Weise, wie sie verwendet werden, bleibt ebenfalls gleich“, sagte ein anderer. „Und das Verkaufen selbst hat sich auch nicht geändert. Es geht im Grunde darum, eine Beziehung aufzubauen und die Probleme der Leute für sie zu lösen. Und so fuhren sie fort, bis sie ungefähr zwanzig Dinge aufgelistet hatten, die sich kein bißchen geändert hatten.

Als die Übung beendet war, hatte ein raffinierter Umschwung in deren Wahrnehmung stattgefunden. Jedermann bevorzugte die alten Umstände, aber sie hatten eine andere Sichtweise von dem bekommen, was die Veränderungen bedeuteten. Ein paar sprachen sogar darüber, daß das neue System höhere Verkaufszahlen möglich machen könnte.

Veränderungen, die ineinander übergehen

Eine andere Art und Weise, mit Veränderungen umzugehen, ist, die *Veränderungen mit der bestehenden Struktur zu vermischen.* Dies ist nicht immer möglich, aber wenn es der Fall ist, ist der Effekt, daß Widerstand verringert wird, indem Veränderungen leichter umzusetzen sind.

Als Paine Webber eine neue Software einführte, bauten sie das alte Programm, das die Makler so gut kannten, in das neue mit ein, anstatt es wegzuwerfen. Die Leute hatten noch die Möglichkeit, das alte System zu verwenden, während sie sich langsam mit den neuen Dingen vertraut machten. Die Konsequenz war, daß das Arbeitstempo konstant blieb, während die Mitarbeiter während der Arbeit mit ihrer eigenen Geschwindigkeit lernten.

Es war eine *gute* Strategie, um alle auf Trab zu bringen, ohne daß die Geschäfte eingeschränkt wurden, aber es war eine *brillante* Strategie, um den Widerstand zu bekämpfen, der mit der Einführung von etwas Neuem einhergeht.

Anstatt von ganz von vorne anzufangen, brachte das Unternehmen den Lernprozeß auf ein Normalmaß, indem man den Mitarbeitern erlaubte, das alte System weiterzuverwenden. Wenn die Makler auf Probleme stießen, wurden dadurch ihre Geschäfte nicht gefährdet, weil sie auf das zurückgreifen konnten, was sie bereits kannten.

Das Lerntempo wurde wiederum in die Hände der Makler gelegt. Sie konnten es sich einteilen, *wann* sie lernten, wie zum Beispiel während der Stunden, in denen nicht viel los war, und dies gab jedem das Gefühl, daß die Integration des neuen Programmes keine große Sache war.

Schnelle, „machbare" Aufgaben

Involvieren Sie Ihre Leute schnell in Ihre Veränderungspläne, indem Sie Ihnen „machbare" Aufgaben übertragen. Je länger sie den Berg betrachten, desto höher scheint er zu werden. Je schneller Sie sie auf den richtigen Weg bringen, besonders wenn es der einfachere Weg ist, desto mehr werden Sie Widerstand verringern.

Das klingt logisch, aber oft werden Leute zu Trainingsprogrammen geschickt, wo sie Wochen damit verbringen, einen Überblick über das System zu bekommen, und dies Monate bevor sie es tatsächlich anwenden. Und es wird im allgemeinen erwartet, daß sie den ganzen Kram auf einmal verdauen. Wenn sie wieder zurück an ihrem Arbeitsplatz sind, haben sie viele der Informationen vergessen, und sie müssen sich auf Nachschlagematerial verlassen, das ihnen das System wieder in Erinnerung bringt.

Eine Alternative: Finden Sie spezifische Tätigkeiten, die sie sofort tun können, und setzen Sie die Veränderungen Schritt für Schritt um. Dies verringert die Intensität des Lernens, und die Veränderungen erscheinen weniger schwierig zu meistern zu sein. Dadurch wird Vertrauen aufgebaut (siehe „Katapult #1: Angst" am Anfang dieses Kapitels), und es wird die Botschaft vermittelt: „Es ist nicht so schwierig wie Sie denken."

„Vor einem Wettkampf sage ich meinen nervösen Läufern, ‚zieh einen Turnschuh an, das ist alles, nur einen Turnschuh'", sagt ein uns bekannter ehemaliger Leichtathletiktrainer. „Wenn sie das tun, dann bewegen sie sich, und das ist der wirkliche Beginn des Rennens."

Ein Hemdenhersteller aus New York, der den Übergang zur Computerisierung in Angriff nahm, sah sich der Aufgabe gegenüber, ein komplexes computerunterstütztes Zeichenprogramm einzuführen, durch das man direkt mit der Fabrik verbunden war. Die Designer, die daran gewöhnt waren, ihre Kreationen auf Papier zu zeichnen und sie an die Fabrik in Tennessee zu schicken, waren entsetzt darüber, was sie alles lernen mußten. Die meisten hatten niemals zuvor einen Computer benützt, und sie machten eine Menge Fehler. Das neue System machte es auch erforderlich, sich mit nicht vertrauten Dingen zu befassen, wie zum Beispiel Inventar, Kostenanalyse und Lieferanten. Das Management hatte Schwierigkeiten, sie zur Zusammenarbeit zu bewegen.

Die Lösung war, ihnen „machbare" Aufgaben zu übertragen, nur einen Schritt des Systems auf einmal einzuführen. In der ersten Woche arbeiteten sie nur im Bereich Design – Manschetten, Knöpfe, Kragen und Schnitt. Diese Aufgaben erledigten die Designer mit Leichtigkeit, weil sie mit den grundlegenden Aufgaben vertraut waren. Am Ende der Woche experimentierten sie mit neuen Methoden, um etwas am Computer zu entwerfen, und zeigten wirkliche Begeisterung für das System, dem sie zuvor Widerstand geleistet hatten.

In der zweiten Woche lernten sie den Teil über Lieferanten, Inventar und Einkauf. Die vom Computer gestellten Aufgaben waren wiederum einfach und unkompliziert, und aufgrund ihrer anfänglichen positiven Erfahrungen gab es weniger Widerstand als erwartet.

Sie führten den Lösungsansatz mit den „machbaren Aufgaben" noch ein paar Wochen lang fort, und am Ende der Umstellung war die neue Technologie mit einem Minimum an Bauchschmerzen erfolgreich eingeführt worden.

Anders als viele Programme für Veränderungen, wo zwischen Einführung und Umsetzung eine Pause liegt, wurden sie „sofort ins kalte Wasser geworfen". Einführung und Umsetzung verliefen beinahe gleichzeitig.

Wenn man die Zeit zwischen Einführung und Umsetzung reduziert, wird das Potential für Gerüchte, Klatsch und Kopfzerbrechen darüber, wie schwierig die Veränderung sein wird, minimiert.

Den Veränderungen die Schmerzen nehmen

In einem großen Unternehmen im Südosten der Vereinigten Staaten nimmt man Widerstand nicht ernst. Sie lachen darüber. Na gut, beinahe. Als das Unternehmen neue Dienstleistungen einführte, hielt es eine Konferenz ab und verwendete Zeichnungen, um die Probleme mit den derzeitigen Programmen als Satire darzustellen.

Alle schüttelten sich vor Lachen. Aber als sich der Präsident in einem Kostüm zeigte, waren sie nicht mehr zu halten. Mit dem Zepter in der Hand vermachte er ihnen eine neue Serie von Dienstleistungen, während alle ihre Zustimmung zuriefen. Der Widerstand gegenüber Veränderungen löste sich in dem Moment auf, als er seinen Mitarbeitern zuwinkte.

Humor ist der Schlüssel. Dadurch schmilzt Widerstand wie Butter auf einer heißen Herdplatte. Die Leute werden dadurch von ihrer engstirnigen Sichtweise befreit, und sie können die Dinge in einem anderen Licht sehen. Der Präsident konnte ihnen zeigen, welche Verbesserungen das gegenwärtige Service brauchte, ohne jemanden zu kritisieren oder zu tadeln.

Durch Humor wird die Verteidigungshaltung in Luft aufgelöst. Verbringen Sie einen Abend in einem Kabarett, und sie werden feststellen, daß die Leute, die am lautesten lachen, Zielscheibe der Witze der Darsteller sind. Humor motiviert auf magische Art und Weise. Es ist eine großartige Methode, um Widerstand zu verringern, indem man den Veränderungen den Schmerz nimmt.

Eine Krise schaffen

Wenn es mit Spaß nicht funktioniert, die Leute zu motivieren, versuchen Sie es mit dem Gegenteil.

„Schocktherapie, das ist es, was sie brauchen", erzählte uns eine Führungskraft aus dem Silicon Valley. Er bezog sich auf die Selbstgefälligkeit seines Managementteams, und er schlug vor, sie mit einer sehr schrillen Alarmglocke aufzuwecken.

Wenn die Leute weiter an der Bequemlichkeit festhalten, und Sie alles andere versucht haben, müssen Sie vielleicht ihre Angst erhöhen.

Genau das taten Lawrence Bossidy bei Allied Signal und Craig Weatherup bei PepsiCo. Sie behandelten Trägheit, indem sie eine Krise schufen, unheilvolle Vorhersagen machten, predigten, daß der Jüngste Tag kommen werde, wenn keine Veränderungen durchgeführt würden. Sie trieben ihre Leute an, auf die Herausforderung zu reagieren, indem sie ihnen weismachten, daß sie keine andere Wahl hätten, wenn das Unternehmen überleben sollte. Das ist nicht angenehm, aber es funktioniert.

„Die meisten Organisationen wie auch die meisten Leute werden sich nicht grundlegend ändern, wenn sie nicht unbedingt müssen", schreibt Brian Dumaine in *Fortune*.[18]

Wenn man eine Krise schafft, ist es nicht nur wünschenswert, daß man handelt, es ist notwendig. Dadurch wird in einer bereits modrigen Struktur ein Feuer entfacht. Jeder Psychologe hat eine Sammlung von Geschichten über Leute, die das Rauchen erst dann aufgegeben haben, als sie einen Herzanfall erlitten oder sich Lungenkrebs zugezogen hatten. Jetzt hatten sie ein Motiv dazu.

Bei einer Studie von 40 Unternehmen fand der Professor für Management Gibb Dyer heraus, daß jedes Unternehmen schlechte Zeiten durchmachen mußte, bevor es in der Lage war, sich zu ändern, und in vielen Fällen mußte ein neuer CEO engagiert werden, bevor die Dinge wieder in Ordnung gebracht wurden.[19]

Wenn nichts anderes gegen Trägheit funktioniert, dann erhöhen Sie den Einsatz, indem Sie den Blutdruck erhöhen. Aber seien Sie vorsichtig: diese Strategie hat nur eine kurze Halbwertszeit. Wenn die Angst zu groß ist oder zu lange andauert, wird die Leistung verringert. Heben Sie sich diese Taktik dafür auf, die Leute auf Trab zu bringen. Wenn Sie über den Berg sind, hören Sie wieder damit auf.

Katapult #4: Kein Eigennutz – „Was ist für mich dabei drin?"

Wo ist der Kuchen? „Ich kann nicht verstehen, warum er so gegen die Veränderungen ist", wunderte sich ein CEO einer großen im Umweltbereich tätigen Firma. Er sprach über den Widerstand seines EDV-Leiters gegenüber dem Plan des Unternehmens, von einem Zentralrechner auf PCs umzusteigen.

„Dadurch wird sein Job leichter werden. Die Leute müssen nicht mehr zu ihm kommen, um Informationen zu erhalten. Und wir sparen dadurch Geld. Unsere Leute werden produktiver sein. Sie werden leichteren und schnelleren Zugang zu Daten haben. Das bedeutet mehr effektive Kommunikation. Ich kann einfach nicht verstehen, warum einer, der sich mit EDV auskennt, sich gegen einen solchen Schritt wehrt."

Die meisten Führungskräfte sind ähnlich verblüfft, wenn sie Widerstand auf Veränderungen wahrnehmen, die dem Unternehmen ganz klare Vorteile bringen würden. Und genau das ist der Punkt. Sie betrachten die Veränderungen nur von dieser Seite aus. Sicher, das Unternehmen wird davon profitieren. Aber was ist mit mir, denkt sich der Mitarbeiter. Wo ist der Kuchen?

„WIFMDD" – Was ist für mich dabei drin?

Was *war* im Fall des widerspenstigen EDV-Leiters für ihn drin? Von seinem Standpunkt aus brachte die neue Technologie einen Verlust an Macht, Prestige und Einfluß mit sich. Mit derm Zentralrechner saß er am Steuer. Die Leute mußten in seine Abteilung kommen, um Informationen zu erhalten. Ja, die Veränderung war gut für das Unternehmen. Aber sie war nicht so gut für ihn.

Einer der mächtigsten Motoren für Widerstand ist „WIFMDD", ein Akronym für *„Was ist für mich dabei drin?"*. Ein selbstsüchtiges Motiv? Ja. Kein Teamspieler? Ja. Aber wie würden Sie sich fühlen, wenn Sie an der Stelle des EDV-Leiters wären? Oder wenn Ihre Position, Ihre Macht oder Ihr Job durch eine bevorstehende Veränderung bedroht würden? Es mag vielleicht gut für das Unternehmen sein, aber man läßt Sie im Regen stehen. Wenn das der Fall wäre, würden Sie dann die Veränderungen selbstlos unterstützen und ruhig nach Hause gehen? Seien Sie realistisch!

„Kein Arbeiter ist jemals durch eine Veränderung motiviert worden, die den Aktionären etwas bringt", sagte uns ein leitender Angestellter.

Und doch sind Führungskräfte genau dieser Ansicht. Sie haben eine andere Tagesordnung und eine andere Perspektive als die breite Masse. Wenn sie auf die Interessen der Aktionäre nicht eingehen, sind sie Geschichte.

Die Arbeiter haben eine andere Tagesordnung als die Aktionäre, und sie haben nicht die Möglichkeit, ihren Vorgesetzten abzuwählen. Aber sie können es dem Unternehmen sicherlich schwer machen, wenn man nicht auf ihre Interessen eingeht.

Die Wahrheit ist, wenn Veränderungen eingeführt werden, werden die Leute automatisch aus ihrem engstirnigen Eigennutz heraus darauf reagieren. Wenn man auf ihre Interessen nicht eingeht, wird es Widerstand geben.

Die Kosten-Nutzen-Rechnung

Veränderungen hängen vom Engagement und der Begeisterung der Arbeitskräfte ab, die diese Veränderungen umsetzen müssen. Ob es sich um ein Auto oder ein Schloß handelt, wenn Sie irgend etwas kaufen, dann bewerten Sie es, indem Sie die Kosten und den Nutzen abwägen. Bei Veränderungen tun die Leute das gleiche. Sie wägen ihren persönlichen Vorteil durch die Veränderungen gegenüber dem Preis dafür ab.

Nehmen wir an, die Firma, bei der Sie einen Managerposten innehaben, zieht um, und die Unternehmensführung will, daß Sie weiterhin für sie arbeiten. Sie sind bereit, sowohl Ihr Gehalt als auch Ihre Verantwortung zu erhöhen. Aber es bedeutet, nach Katmandu umzuziehen. Ihre Frau müßte ihren Job aufgeben und die Chance, daß sie dort einen Arbeitsplatz findet, ist ziemlich gering. Ihre Kinder haben in den letzten fünf Jahren bereits zweimal die Schule gewechselt, dies würde einen dritten Wechsel für sie bedeuten. Und sie sprechen die Sprache nicht. Und in dieser Höhe würde Ihr Asthma vielleicht wieder ausbrechen. Und so weiter.

Es ist ganz sicher eine großartige Gelegenheit, und Sie bekommen mehr Geld und werden befördert. Aber werden durch diese Vorteile die Kosten aufgewogen? Die Kosten-Nutzen-Rechnung wird jeden Tag angewandt, 365 Tage im Jahr. Manchmal ist sie offensichtlich, manchmal versteckt, aber sie ist immer da. Und wenn Sie Veränderungen einführen, müssen Sie Verständnis haben und sich darauf einstellen.

Meilenweit in der Luft. Ein großer Hersteller von Einrichtungsgegenständen bedachte diesen Punkt nicht, als an die Mitarbeiter neue Kreditkarten für Reisen und andere Ausgaben verteilt wurden. Kein großer Aufwand – eine einfache Veränderung in der Verwaltung, stimmt's? Es war nicht ganz so. An der Sache war ein kleiner Haken. Bei den neuen Kreditkarten gab es für Vielflieger keine Vorteile wie bei den alten Karten. Die Angestellten konnten jetzt keine kostenlosen Flugmeilen mehr ansammeln, die sie für ihre Ferienflüge verwenden konnten. Ein kleiner Haken, der für sie sehr viel bedeutete.

„Im letzten Jahr bin ich kostenlos in den Urlaub nach Asien geflogen, indem ich die Vielflieger-Meilen verwendete. Nächstes Jahr wird es eine Woche auf Staten Island sein", beklagte sich ein Manager.

Die Kreditkarten zu ändern war vielleicht eine gute Maßnahme, um die Kosten zu senken. Der Fehler war, nicht die Kosten der Veränderung für jeden persönlich in Betracht zu ziehen.

Langfristige Gewinne gegenüber kurzfristigen Schmerzen

Oft sind die Vorteile für den einzelnen nicht unmittelbar, sondern langfristig erkennbar.

„Durch das neue System, die neue Strategie oder die neue Struktur wird unser Unternehmen nach einer gewissen Zeit profitabler werden", sagt ein CEO. „Und das wird jedem von Ihnen sehr viel mehr Möglichkeiten öffnen. Aber jetzt müssen wir unsere Gürtel enger schnallen und uns tüchtig ins Zeug legen."

Sie denken sich jetzt sicher: Halt, warten Sie einen Moment! Ich arbeite schon 60 Stunden pro Woche, ich kann nicht zusehen, wie meine Kinder groß werden, ich verbringe null wertvolle Zeit mit meinem Ehepartner. Und in meiner Abteilung wurden im letzten Jahr enorme Kürzungen durchgeführt. Ich bin nicht sicher, ob ich bereit bin, weiterhin auf meine Belohnung zu warten.

Bei einem Unternehmen, das eine Reorganisation durchführte und auf bereichsübergreifende Teams umstellte, beklagten sich mehrere Leute: „Wir sind überzeugt, daß das Bilden von Teams uns hilft, die Produkte schneller zu vermarkten, aber es bedeutet auch, daß wir an mehr Besprechungen teilnehmen und neue Leute integrieren müssen. Offen gesagt, wir haben genug von Besprechungen. Keiner von uns hat Zeit für die Arbeit, die wir jetzt schon zu erledigen haben."

In beiden Situation überwiegt der kurzfristige Schmerz, den die Veränderungen mit sich bringen, den langfristigen Gewinn von Rentabilität und neuen Möglichkeiten. Ergebnis: Widerstand. Wenn die persönlichen Kosten in bezug auf Zeit, Mühe und Opfer als groß betrachtet werden, dann müssen die in der Zukunft liegenden Vorteile schon sehr unwiderstehlich sein, damit die Leute mit Begeisterung dabei sind.

Einige der erfolgreichsten Unternehmer sind bereit, ihr Privatleben und ihre Ersparnisse aufzugeben, sie legen alles auf eine Karte, um ihre strahlenden und leuchtenden Träume zu erfüllen. Kurzfristige Schmerzen werden ertragen, weil der langfristige Gewinn so verlockend ist.

Eine allgemeine Regel: *Langfristige Gewinne müssen kurzfristige Schmerzen sehr aufwiegen, damit die Veränderungen erfolgreich durchgeführt werden können.* Wenn die Vorteile abstrakt sind und weit entfernt in der Zukunft liegen, dann müssen sie äußerst unwiderstehlich sein, damit man zu ihren Gunsten entscheidet.

Maslows Hierarchie

Alle Manager wollen, daß ihre Leute Teamspieler sind. Aber ganz gleich, wie altruistisch Ihre Leute Ihrer Meinung nach sein sollten, die harte Wahrheit ist, daß das Verhalten meistens durch Eigennutz motiviert wird. Vor vielen Jahren schuf der Humanpsychologe Abraham Maslow das, was er eine „Hierarchie der Bedürfnisse" nannte.

Er sagte, daß menschliche Wesen Bedürfnisse in einer gewissen Reihenfolge entwickeln und daß erst „niedrigere" Bedürfnisse befriedigt werden müssen, bevor das in der Reihenfolge am nächsten stehende Bedürfnis in Erscheinung treten kann.

Maslow stellt es wie folgt dar: *physiologische Bedürfnisse* (Hunger, Durst), gefolgt von *Sicherheit* (Sicherheit, Ordnung), *Zugehörigkeitsgefühl* (Liebe, Zuneigung), *Achtung* (Prestige, Selbstachtung) und *Selbstverwirklichung* (Selbsterfüllung).[20]

Wenn man diese Liste betrachtet, sieht man, daß Teamgeist und Loyalität – eine Folge des Bedürfnisses, dazuzugehören – an Bedeutung verlieren, wenn man sie mit dem Bedürfnis nach Sicherheit vergleicht. Mit anderen Worten, wenn der Job in Gefahr ist oder das Einkommen gekürzt wird, ist von Teamgeist und Loyalität nichts mehr zu spüren. Jeder denkt dann nur noch an sich selbst.

Vorteile, Vorteile und nochmals Vorteile

Können Sie sich vorstellen, daß ein Versicherungsvertreter Ihnen erzählt, wieviele Vorteile sein Unternehmen dadurch hat, wenn Sie eine Police kaufen? Oder daß der Verkäufer einen Wettbewerb gewinnt, wenn Sie ein Auto kaufen? Absurd! Aber unterscheidet sich das so sehr von dem CEO, der Ihnen sagt, daß das Unternehmen durch eine Umstrukturierung einen Vorsprung gegenüber der Konkurrenz erhält? Oder daß ein Qualitäts-Programm hilft, die Dienstleistungen zu rationalisieren? Sicher, auf lange Sicht liegt darin ein Nutzen für die Mitarbeiter, aber für die meisten stellt sich dadurch die WIFMDD-Frage.

Das erste, was den meisten Leuten einfällt, wenn Veränderungen angekündigt werden, sind die Kosten – zusätzliche Zeit, zusätzliche Mühe, Unsicherheit, zusätzliche Reisen. Und wie bereits bemerkt, werden die Kosten meistens übertrieben.

Deshalb müssen Manager die Vorteile der Veränderungen so stark wie möglich betonen – das, was für die Leute drin ist. Man muß sich auf die persönlichen Vorteile konzentrieren, um die Wahrnehmung, was es an persönlichen Kosten für die Mitarbeiter bedeutet, auszugleichen.

Der Schlüssel, jemand dazu bringen, etwas zu kaufen, von Software bis zu Wer-weiß-was, ist, sich auf *Vorteile, Vorteile und nochmals Vorteile* zu konzentrieren. Wenn man sich für die Veränderung einsetzt, auf welche Weise trägt dies dazu bei, daß die Leute das bekommen, was sie wirklich wollen?

Machen Sie die Vorteile nicht abstrakt, indem Sie ihnen etwas erzählen wie: „Dieses neue Programm wird für Ihre Karriere sicher etwas bringen." Sagen Sie ihnen, auf *welche Art und Weise* dies der Fall ist. Sagen Sie nicht: „Dieses neue System wird ihre Leistungsfähigkeit erhöhen." Sagen Sie ihnen, *wie* es die Leistungsfähigkeit erhöht, und wieviel besser es für sie sein wird, wenn in ihren Abteilungen die Dinge effizienter durchgeführt werden. Mit anderen Worten, machen Sie die Vorteile real, konkret und persönlich.

Seien Sie kein Gedankenleser

Machen Sie nicht den Fehler, anzunehmen, daß Sie wissen, welche Vorteile für Ihre Leute attraktiv sind. Keiner von uns kann Gedanken lesen. Etwas, das Sie als wichtig betrachten, bedeutet den Leuten vielleicht überhaupt nichts.

Eine neue Kantine mit sehr günstigen Preisen und eine Tagesstätte waren die Köder, die vom Manager einer Druckerei ausgelegt wurden, um seinen Arbeitern ein Reorganisationsprogramm zu verkaufen.

„Ich bringe mein eigenes Mittagessen mit, verdammt noch mal", sagte ein Vorarbeiter. „Und wenn ich das nicht tue, bin ich trotzdem nicht wirklich scharf darauf, drinnen zu bleiben und dort zu essen. Ich möchte aus der Fabrik hinaus und frische Luft einatmen."

Was die Arbeiter wirklich wollten, war eine flexible Arbeitszeit und die Möglichkeit, Arbeitsgruppen zu bilden, die ihren eigenen Zeitplan festlegen können. Interessanterweise war das, was sie wollten, eigentlich sehr viel weniger teuer als das, was das Unternehmen anbot.

Persönliche Personalbesprechungen. Eine im Finanzbereich tätige Managerin bei AT&T traf sich mit den Mitgliedern ihres Teams einzeln, um über die Prioritäten sowohl in bezug auf ihre Arbeit als auch in bezug auf die bevorstehende Umstrukturierung zu sprechen. Sie erlebte ein paar Überraschungen. Mehrere Leute sagten, sie hätten gerne die Chance, im Bereich Verkauf und Kundendienst zu arbeiten. Ein paar erwähnten, sie wünschten sich die Gelegenheit, die Schule zu beenden und ihren Abschluß zu machen. Einer wollte einen Abendkurs zum MBA machen. Eine weitere hoffte, zurück in den Süden gehen zu können, wo sie aufgewachsen war. Andere wollten mehr Zeit mit ihren Familien verbringen.

„Ein paar dieser Dinge hätte ich erraten können", berichtete uns die Managerin. „Aber sicher nicht alle. Als ich mit jedem einzeln sprach, bekam ich wirklich eine Vorstellung davon, wie sehr sie sich doch voneinander unterscheiden. Ich dachte immer, sie seien eine ziemlich homogene Gruppe. Nun ist mir klar, daß sie alle Individuen sind, und jeder seine eigenen Bedürfnisse hat."

„Und das hat mir geholfen, mit diesen Veränderungen besser umzugehen. Ich kann mit den Mitgliedern der Gruppe über die Umstrukturierung sprechen und mich speziell darauf konzentrieren, welche Vorteile es für sie bringt. Ich weiß, was bei jedem einzelnen Anklang findet."

Vorteile sichtbar machen

Erinnern Sie sich an den EDV-Leiter, dessen im Umweltbereich tätige Firma vom Zentralrechner auf PCs umstellte? Alles, was er sehen konnte, war sein eigener Verlust an Status und Macht. Die zahlreichen Vorteile des neuen Systems bedeuteten nichts im Vergleich dazu, daß seine eigenen Interessen bedroht waren.

Um ihn zur Zusammenarbeit zu gewinnen, wandten wir eine Visualisierungstechnik aus unseren Sitzungen zum Coaching von Führungskräften an. Ursprünglich wurde diese Technik für Sportler als eine Form mentalen Trainings entwickelt. Heute verwenden wir sie, um die Leistung in vielen verschiedenen Bereichen zu verbessern, auch am Arbeitsplatz.

Die Technik ist einfach. Entspannen Sie sich und denken Sie an positive, erfolgreiche, meisterhafte Bilder, um die negativen Gedanken und Gefühle, die mit der Angst einhergehen, auszutauschen. Es ist ungefähr so, als ob man in einem inneren Videorecorder einen schlechten Film durch einen guten austauscht. Die Hochspringerin sieht sich, wie sie eine neue Bestleistung erbringt. Der Vizepräsident sieht sich, wie er eine perfekte Präsentation macht. Der Schlüssel ist, das positive „Videoband" so realistisch wie möglich zu machen.

Wir baten den EDV-Leiter, sich vorzustellen, wie seine Abteilung aussehen würde, wenn sie sich von einer *Informationsquelle* – die Rolle unter dem alten Zentralrechner – in eine *Quelle der Innovation* für das Unternehmen verwandeln würde. Wir mußten ihn nur ein wenig anspornen, und er stellte sich vor, daß sein Team neue Produkte und Verfahren entwickelte, neue, interaktive Software erstellte, um den künftigen Bedarf herauszufinden. Er sah sich sogar, wie er Joint-ventures mit anderen High-Tech-Herstellern gründete, um innovative Anwendungen zu entwickeln.

Dann baten wir ihn, sich vorzustellen, wie all das vor sich gehen werde. Ohne zu zögern präsentierte er einen schrittweisen Aktionsplan. Die ganze Erfahrung war beeindruckend. Nicht nur aufgrund des Umfangs seiner Ideen, sondern aufgrund der Änderung der Einstellung, die stattgefunden hatte. Indem er in die Zukunft blickte und sich vorstellte, was geschehen könnte, konnte er sich vorstellen, was für ihn dabei drin wäre.

Die wirklichen Kosten

Bei all dem Gerede über Vorteile gibt es noch weitere Kosten, die man erwähnen und wirklich betonen sollte: *die Kosten, wenn keine Veränderungen durchgeführt werden.* Man muß die Folgen daraus, daß keine Veränderungen durchgeführt werden, nicht übertreiben. Tatsache ist, daß riesige Firmen in den verschiedensten Bereichen zu Dinosauriern geworden sind, weil sie weiterhin nach den alten Spielregeln gespielt haben, als sich das Spiel schon geändert hatte.

Maslow sprach darüber, daß Überleben das erste Bedürfnis sei. Widerstand verschwindet schnell, wenn die Leute verstehen, daß das Überleben des Unternehmens, und als natürliche Folge davon ihr eigener Job, in Gefahr ist, wenn sie an den alten Methoden festhalten.

19

Wie man Leute für Veränderungen motiviert

Vier Schlüssel

Als das Keystone Ski Resort Breckenridge erwarb, war es der erste Schritt zur Schaffung einer einheitlichen Kultur, den Widerstand der Mitarbeiter zu verringern. Aber das war nur der erste Schritt. Wenn man Widerstand neutralisiert, bringt uns das wieder ganz an den Anfang. Dadurch werden die Leute empfänglich für Veränderungen. Um in der Skiindustrie vorne zu bleiben, mußte Keystone mehr tun als das. Sie mußten ihre Leute so weit bringen, daß sie von den neuen Möglichkeiten, die ihnen die Fusion bot, begeistert waren.

Wenn man Widerstand überwinden möchte, muß man die negative Einstellung der Mitarbeiter ausschalten. Motivation bedeutet, ein Feuer zu entfachen. Wenn die Leute vor Begeisterung brennen, nehmen sie Risiken auf sich, sind zu Spezialaufgaben bereit und engagieren sich voll für die Veränderungen.

Wenn man Menschen motivieren möchte, geht es nicht *nur* darum, sie zu ermahnen, „für das Heimteam zu gewinnen", oder die Gelegenheit wahrzunehmen, „es dem Rest der Welt zu zeigen". Es geht darum, eine sehr gute logische Erklärung zu präsentieren, damit die Leute sofort handeln, und jedem Spieler einen klaren Verantwortungsbereich für die Ausführung zu übertragen. Es geht auch darum, daß man weiß, was jeden Spieler im Team bewegt, und daß man dieses Wissen dazu verwendet, Vertrauen und Engagement aufzubauen. Und um Menschen zu motivieren, muß man ein lebendiges und fesselndes Bild davon zeichnen, was möglich ist, wenn alle am gleichen Strang ziehen.

Die vier Schlüssel, um einen Feuersturm in Ihrem Unternehmen, Ihrem Team oder Ihrer Organisation zu entfachen, sind:

1. *Dringlichkeit*
2. *Inspiration*
3. *Eigentum*
4. *Belohnung und Anerkennung*

1 . Dringlichkeit

„Um umfassende Veränderungen in Gang zu bringen, kann es sein, daß Sie intern den Bedarf für dringendes Handeln schaffen müssen", sagt Lawrence Bossidy, CEO von Allied Signal. „Sie müssen den Leuten einen Grund dafür geben, etwas anders zu machen."[1]

Wenn Sie Leute bitten, Veränderungen umzusetzen, müssen Sie ihnen zeigen, daß es einen wichtigen und aktuellen Grund dafür gibt. Dringlichkeit wird geschaffen, indem man eine überzeugende logische Erklärung dafür gibt, warum Veränderungen *jetzt* unerläßlich sind. Dafür ist es erforderlich, die gegenwärtigen Verhältnisse in die Zukunft zu projizieren und die schrecklichen Konsequenzen darzustellen, wenn das Geschäft wie bisher weiterläuft – die Kosten, wenn keine Veränderungen durchgeführt werden. Ohne Dringlichkeit welkt die Motivation oft wie eine empfindliche Rose in der Wüstensonne. Jeder Autoverkäufer wird Ihnen sagen, daß es Ihre „letzte Chance" ist, dieses Auto zu diesem Preis mit diesen Extras zu kaufen. Genauso weiß jeder Arzt, daß die Motivation, eine Diät zu beginnen, nach dem ersten Herzanfall deutlich steigt.

Fast food-Notfall. Manchmal wird schon durch die Zahlen die Dringlichkeit geschaffen, und alles, was Sie zu tun haben, ist, sie mutig zu präsentieren. Als wir ein national tätiges Fast food-Unternehmen berieten, das noch Wasser trat, während die Konkurrenz sich schon auf der anderen Seite des Pools befand, sammelten wir die Daten, entwickelten ein paar Overhead-Folien und projizierten sie an die Wand, so daß jeder sie sehen konnte.

Die Dringlichkeit war unstrittig schwarz auf weiß gegeben. Im Konkurrenzkampf der sieben besten Unternehmen rangierte diese Kette am Ende, was qualitativ hochwertige Nahrungsmittel, Sauberkeit und Attraktivität der Gebäude, „ein Ort, an den ich meine Familie mitnehmen würde," und höfliche Mitarbeiter anbelangt.

Sie befanden sich auf dem *letzten Platz,* was die oben genannten Punkte anbelangte, und auf einem der letzten Plätze bei vielen anderen Punkten. Die Daten schrien geradezu nach Aufmerksamkeit. Wir mußten nichts mehr sagen. Es gab keine einzige Person im Raum, die nicht der Meinung war, daß es Zeit war, die Notrufnummer zu wählen.

Levi's gibt sich selbst schlechte Kritiken. Als Levi Strauss sich darauf vorbereitete, den Betrieb umzustrukturieren, wählten sie einen unorthodoxen Weg, um Dringlichkeit zu schaffen. In einem der Rundschreiben an die Mitarbeiter veröffentlichte das legendäre Bekleidungsunternehmen vernichtende Kritiken seiner Kunden.

Federated Department Stores wurde dahingehend zitiert, daß die einzigen Gründe, warum das Unternehmen nicht wirklich „schrecklich" sei, die Qualität der Produkte und seine Popularität seien. Ein Sprecher der Warenhauskette Mervyn's betete es nach: „Wärt Ihr nicht Levi's, hätte man Euch schon abgeschrieben."[2]

Solche bitteren Kommentare würde man von der Konkurrenz erwarten, wenn sie darum kämpft, Marktanteile zu gewinnen. Und doch kritisierte sich Levi's hier selbst in der eigenen Zeitung, so daß jeder erkennen mußte, daß die Notwendigkeit für Veränderungen gegeben war.

Nicht den einfachen Weg gehen. Wenn die Daten nicht überzeugend sind oder die Kritik weniger dramatisch, muß der Manager die zur Verfügung stehenden Informationen so wiedergeben, daß die schrecklichen Konsequenzen klar werden, sollte man am Status quo festhalten. Vor ein paar Jahren erlebte Toyota eine ähnliche Situation. Sie verloren schnell Marktanteile, und der Umsatz stagnierte. Die Großen Drei aus Detroit waren auf dem aufsteigenden Ast, nachdem sie während der achtziger Jahre einen fürchterlichen Fall erlebten hatten. Trotz dieser bedenklichen Trends dachten die Toyota-Händler, daß alles in Ordnung wäre. Aufgrund größerer Effektivität und Kürzungen im Marketing und anderer Kosten waren ihre Gewinne um 150 Prozent gestiegen.

Wie kann man bei Händlern, die sich glücklich und gesund fühlen, ein Gefühl von Dringlichkeit hervorrufen? Wie bringt man sie so weit, daß sie erkennen, daß der blaue Himmel von heute schon morgen mit Regenwolken bedeckt sein kann?

Beginnen Sie, indem Sie Ihr Team davon überzeugen, daß der Weg, der vor ihnen liegt, nicht einfach ist, egal wie es gerade aussieht. Sie befinden sich auf gefährlichem Terrain, weil die Konkurrenz danach trachtet, Sie vom Markt zu drängen, oder ihre eigene Selbstgefälligkeit bedroht sie von innen. Sie müssen ihnen helfen, daß sie die Situation nicht nur flüchtig, sondern als Ganzes betrachten; sie müssen über ihren Sandkasten hinaus auf die ganze Arena schauen. Es geht immer darum, die Daten so aufzuaddieren, daß es nur eine mögliche Schlußfolgerung gibt: Veränderungen, oder ernsthafte Auswirkungen sind die Folge.

Wir schlagen nicht vor, daß sie persönliche Drohungen aussprechen sollten. CEO Bossidy warnt: „Die Antwort ist nicht, den Leuten Angst zu machen. Sie müssen versuchen, bei ihnen Anklang zu finden. Je mehr sie verstehen, warum Sie Veränderungen einführen möchten, desto leichter ist es für sie, sich dafür zu engagieren.[3]

Tod oder Leben bei PepsiCo. Craig Weatherup, Präsident einer Abteilung von PepsiCo mit mehr als 7 Milliarden Dollar Umsatz, hatte das gleiche Problem wie Toyota. Die Zahlen waren beeindruckend. Sie konnten einen Zuwachs von bis zu 10 Prozent verzeichnen, und die Erträge in den Vereinigten Staaten waren höher als die der anderen Colasorten. Und doch blickte Weatherup in die Zukunft und sah eine Sackgasse. Bei mehreren drei Tage dauernden Intensivbesprechungen schilderte er seinen 30.000 Mitarbeitern die Situation in geradezu apokalyptischen Bildern und verwendete dabei Metaphern wie lichterloh brennende Ölbohrinseln.

Weatherup erzählte folgende Geschichte: Ein Arbeiter auf einer Ölplattform in der Nordsee sah sich einem nicht beneidenswerten Dilemma gegenüber. Er war darauf trainiert, auf Hilfe zu warten und nie in das eisige Wasser 50 Meter unter ihm zu springen. Er stand am Rande der Bohrinsel, als eine Feuerwand auf ihn zukam. Was sollte er tun? Ohne zu zögern sprang er in die tödliche See, und wie ein Wunder überlebte er. Danach fragte man ihn, warum er gesprungen sei. Die Antwort: „Ich habe den wahrscheinlichen Tod anstatt den sicheren Tod gewählt."

Weatherup erkannte das gleiche für PepsiCo. In dieser Situation gehe es für das Unternehmen um Leben und Tod, argumentierte er. Wenn die Geschäfte wie bisher weitergeführt würden, bedeutete dies den sicheren Tod. Er dramatisierte viel und verstärkte es noch. Jene Geschichte erregte jedermanns Aufmerksamkeit.

Aber das war nur der Anfang. Weatherup erzählte seinen Mitarbeitern von einem persönlichen Gespräch mit David Glass, CEO von Wal-Mart, der ihm in schonungsloser Offenheit gesagt hatte: „An der Art und Weise, wie Ihr Unternehmen mit uns Geschäfte macht, gibt es nichts, das ich mag." Hier handelt es sich nicht um die Meinung irgendeines Süßwarenhändlers, der zwei Kisten im Monat kauft; hier spricht die Nummer eins der Einzelhändler. „Wir sind weg vom Fenster, wenn wir nicht aufpassen", ist die nicht so schwierige Folgerung von Weatherups Botschaft, und in der Tat verwendete er die Geschichte weiter, um einen sorgfältigen und ausführlichen Plan zur Umstrukturierung des Unternehmens darzulegen.

Was geschah? Die Mitarbeiter sahen die Dringlichkeit ein und „veränderten die Organisation mit Begeisterung." Die Erträge gingen im ersten Quartal nach der Umstrukturierung um 22 Prozent in die Höhe.[4]

Suchen Sie nach geborenen Anführern

Eine weitere Strategie, um zu veranlassen, daß Veränderungen sofort durchgeführt werden, ist, nach geborenen Anführern innerhalb der Organisation zu suchen und sie für die Dringlichkeit der Situation zu gewinnen. Die geborenen Anführer sind Menschen, an denen sich andere orientieren, wenn es darum geht, wie man auf Veränderungen reagieren soll. Den formellen Führungskräften, die aufgrund ihrer Position Autorität ausüben, vertraut man und respektiert sie, oder auch nicht. Bei den geborenen Anführern ist es anders. Ihre Meinung zählt. Wenn Sie sie also auf Ihre Seite bringen, könnte dies den Unterschied zwischen Erfolg und der eher düsteren Alternative bedeuten.

Nirgendwo ist dies offensichtlicher als bei Mannschaften im Profisport, wo „Vereinsführer" eine gewinnende Einstellung und stabilisierendes Vertrauen verströmen. Wenn sich diese Spieler zur Ruhe setzen oder verkauft werden, werden sie schmerzlich vermißt. Oft sinkt die Spielqualität des Teams. Das passierte bei den Oakland Athletics, einer Baseball-Mannschaft, mit der wir jahrelang zusammenarbeiteten. Ein Jahrzehnt lang war das Werfer-As Dave Stewart ihr natürlicher Anführer. Als Stewart mit zunehmendem Alter nicht mehr ganz so gut spielte, hatte er immer noch eine Führungsrolle von immensem Ausmaß inne. Sein mutiges und gewaltiges Spiel war legendär. Als er Oakland verließ, war den Athletics das Glück nicht mehr hold.

Man hat in verschiedensten Organisationen versucht, mit natürlichen Anführern die anderen zu motivieren. Sportmannschaften organisieren Minicamps für ihre „Anführer". In manchen Schulen gibt es Führungsprogramme, durch die man Schüler mit Charisma identifiziert und ihre Kenntnisse in bezug auf Führung trainiert. Programme für Heranwachsende in inneren Bezirken der Städte haben so ziemlich die gleichen Ziele. Man versucht dadurch mittels der Anführer, mit denen man arbeitet, andere Kinder für Programme nach der Schule zu interessieren.

Schlagen Sie keinen blinden Alarm

Es gibt Grenzen für das Schlagen der Dringlichkeits-Alarmglocke. Wenn man sie zu oft als Argument verwendet oder wenn man sie nicht durch überzeugende Daten belegen kann, verliert sie ihre Wirkung. Wenn man blinden Alarm schlägt, kann dies zu einer Katastrophe führen. Der Anführer, der ständig eine Krise heraufbeschwört oder der in allem nur das Unglück sieht, verliert schnell seine Glaubwürdigkeit. Die Mitarbeiter sind so klug, daß sie diese Schwarzseher durchschauen, weil die Alarmglocke schon so oft zuvor geläutet hat. Führungskräfte, die laufend Katastrophenschutz anfordern, ernten von ihren Angestellten blanken Zynismus.

Wenn Sie Dringlichkeit schaffen wollen, stellen Sie sicher, daß sie auf Tatsachen basiert und nicht auf Erfindungen. Und verwenden Sie diese Strategie sparsam. Wenn die Plattform immer brennt, verzögern die Leute die Löschung des Feuers.

2. Inspiration

Das Feuer schüren

Dringlichkeit entfacht das Feuer. Sie entzündet den Funken und schafft Einstellung und Atmosphäre, die notwendig sind, um die Menschen anzuspornen. Dringlichkeit schafft einen Adrenalinschub an Tatkraft. Wir haben alle schon Geschichten von jener Großmutter gehört, die wie ein Wunder die Kraft aufbringt, ein Auto hochzuheben, unter dem ihr Enkelkind gefangen ist.

Aber dieser Funke wird sehr schnell wieder verglühen, wenn er nicht geschürt wird. Und genau da kommt die Inspiration zum Tragen. Nach der anfänglichen Explosion wird dieses Feuer durch Inspiration zu einer Dauerflamme. Durch Dringlichkeit ohne Inspiration entsteht Angst und dann Panik. Die Inspiration hebt den Geist und bietet eine Richtung.

Um Ihre Leute für Veränderungen zu begeistern, müssen Sie sie durch eine erbauende Vorstellung inspirieren. Bringen Sie sie dazu, ungeahnte Höhen anzustreben, über Grenzen hinauszugehen und dem „unerfüllbaren" Traum nachzujagen.

Leidenschaft

Durch Inspiration werden ganz gewöhnliche Menschen leidenschaftlich. Sie bekommen den Mut, Risiken einzugehen, alte Regeln in Frage zu stellen, Träumen nachzujagen und nie wieder aufzugeben. Dadurch entsteht ein Feuer im Bauch, das Neugier, Ausdauer und Ressourcen schürt.

Leidenschaftliche Menschen haben eine ungewöhnliche Glut, ein intensives und gespanntes Interesse. Sie sind genau jene Menschen, die Sie in Ihrem Team für Veränderungen brauchen. Sie werden Überstunden machen, sich durch Ihre schwierigsten Probleme durchkämpfen und jeden in Ihrer Organisation mit dem Veränderungsfieber anstecken.

Durch Leidenschaft wird Wissen entfacht. Ein leitender Angestellter in Silicon Valley stellte es so dar: „Im Geschäft mit der Information muß Ihr Herz engagiert sein, damit Ihr Gehirn optimal funktioniert. Durch Leidenschaft erzielen Sie den Vorsprung."

Begeisterung

Begeisterung ist ein fast zu unscheinbares Wort, das verwendet wird, um jene Leute mit Leidenschaft zu beschreiben. Forschungen haben ergeben, daß dies der einzig wichtige Faktor ist, der „herausragende" von „guter" Leistung unterscheidet:

- Eine vor kurzem landesweit branchenübergreifend durchgeführte Studie ergab, daß das, was den Unterschied zwischen „Spitzenumsätzen" und „guten" Umsätzen ausmacht, Begeisterung, d. h. *Leidenschaft,* ist.
- Der renommierte *Endicott Report* bestätigte, daß eine der drei wichtigsten Eigenschaften für Erfolg im Beruf, besonders in dynamischen Zeiten, „Begeisterung, ... Leidenschaft ... Enthusiasmus" ist.
- Die Nummer eins der TV-Sportanalytiker, John Madden, der selbst einmal als Trainer Super Bowl-Gewinner war, sagt, der Unterschied zwischen denjenigen, die gewinnen, und denjenigen, die es nicht schaffen, sei Begeisterung. Und Madden selbst ist ein großartiges Beispiel für diese Eigenschaft.

Nicht Knute. Große Trainer haben die Fähigkeit, die Mannschaft zu inspirieren und ihnen Auftrieb zu verleihen. Sie haben anscheinend ein intuitives Talent dafür, ihre Spieler anzuheizen. Dadurch ermöglichen sie es ihnen, frühere Leistungsstufen zu übertreffen und mehr zu tun, als sie für möglich gehalten hätten.

Halt, warten Sie eine Minute. Sie denken vielleicht: Ich bin in dem, was ich tue, ziemlich gut, aber ich bin kein Rockne oder Riley oder King oder Kennedy. Ich versuche nur, meine Leute dazu zu bringen, daß sie den bevorstehenden Veränderungen und den sich dadurch bietenden Möglichkeiten gegenüber eine positivere Einstellung haben.

Wir können nicht behaupten, es wäre nicht hilfreich, die Leidenschaft eines Martin Luther King zu haben, das Charisma von JFK, den eisernen Willen von Margaret Thatcher, oder den Elan von Eleanor Roosevelt. Aber es ist nicht notwendig. Die Fertigkeiten und Strategien, um andere zu inspirieren, kann man lernen. Man kann alles auf zwei Dinge reduzieren: *die Botschaft* und *das Beispiel*. Manche Führungskräfte inspirieren einfach durch die Macht ihrer Worte, andere durch die Macht ihrer Taten.

Die Botschaft: Möglichkeiten, nicht Wahrscheinlichkeiten

Wie sehr inspiriert Sie es, wenn Sie über Reengineering, Total Quality Management oder Umstrukturierung nachdenken? Genau das dachten wir. Diese Verfahren sind vielleicht notwendig und geeignet, aber sie sind nicht aufheiternd, ansteckend oder aufbauend.

Um Leidenschaft zu entfachen, müssen Sie Veränderung in etwas übersetzen, das das Beste in den Leuten anspricht, den Teil, der nach größeren Höhen strebt. „Inspiration beinhaltet das englische Wort *spire*, welches Spitze bedeutet", erzählte uns einmal Larry Wilson, der Gründer von Wilson Learning und des Pecos River Training Center und Autor des Buches *Das 01 Minuten-Verkaufstalent*: „Eine Spitze – der obere Teil eines zugespitzten oder konischen Objektes, wie ein Berggipfel oder ein Kirchturm, bringt Leute dazu, nach oben zu schauen. Um die Spitze ganz oben auf der Kirche zu sehen oder den Gipfel des Berges, muß man nach oben blicken, und genau dies wird durch Inspiration bewirkt."

Der zweifache Nobelpreisträger Albert Szent-Györgyi behauptet, daß alle menschlichen Wesen den natürlichen Trieb haben, sich zu entfalten und das meiste aus ihrem Potential zu machen. Jeder ist in der Lage, nach höheren Werten zu handeln. Jeder ist in der Lage, nach oben zu blicken. Die Herkunft des Wortes Inspiration – *spirare* – bedeutet „einhauchen". Wenn Sie Leute inspirieren, hauchen Sie ihnen Energie, Leben und Mut ein. Sie flößen ihnen Entschlossenheit und Hoffnung ein.

Bei der Inspiration von Menschen geht es nicht darum, Wahrscheinlichkeiten anzubieten. Es geht darum, *Möglichkeiten* anzubieten. Und wie der dänische Philosoph Kierkegaard einst sagte: „Kein Wein ist berauschender als der Wein der Möglichkeit."

Heldenhafte Vorstellungen. Mit anderen Worten, bei der Inspiration geht es darum, Ambitionen zu schaffen. Sie müssen die Menschen dazu bringen, daß sie über das Endergebnis, das nächste Quartal oder den nächsten Gehaltscheck hinausblicken. Aber wie macht man das?

Eine Methode ist, eine gemeinsame Vorstellung zu schaffen, ein lebendiges Bild von etwas, nach dem die Leute streben können. Es muß die Vorstellungskraft mit heldenhaften Zielen fesseln, die den tiefsten Ausdruck dessen widerspiegeln, was die Leute sein möchten. Oder was Ihre Organisation sein könnte.

Je heldenhafter, desto fesselnder. Nehmen Sie Lincolns Vorstellung, die er in Gettysburg äußerte: „Eine neue Nation, ersonnen in Freiheit, und dem Grundsatz verpflichtet, daß alle Menschen gleich sind." Sogar wenn man diese Worte schon so oft gelesen hat, ist es schwierig, sie zu sehen, ohne daß es einem heiß und kalt den Rücken hinunterläuft. Diese inspirierende Vision drückt eine geistige und idealistische Seite von uns aus. Sie kommt aus dem Herzen, nicht aus dem Kopf. Sie ist ein Leuchtturm, der uns die Richtung weist, nicht ein bestimmtes Ziel.

Als William Paley im Alter von 27 Jahren CBS übernahm, hatte das Unternehmen weder Geld noch eigene Radiostationen. In einer Branche, die vollkommen von NBC dominiert wurde, war CBS unbedeutend.[5] Aber Paley hatte eine inspirierende Vorstellung, die ihn und seine in den Anfängen befindliche Organisation vor dem bevorstehenden Bankrott bewahrte und sie zu einem der mächtigsten Unternehmen in der Welt der Medienbranche machte.

Paley stellte sich ein Publikum vor, als es noch kein Publikum gab. Er sah all jene Heime im Herzen Amerikas, voneinander isoliert, manche ohne Elektrizität, viele ohne Zugang zu Zeitungen, verbunden durch einen gemeinsamen Faden. Er sah ein Land, das verbunden wurde durch das elektronische Netzwerk mit Namen Radio.[6]

Einen nicht weniger fesselnden Traum träumten die Gründer von Apple, Steve Wozniak und Steve Jobs. Zu einer Zeit, als Computer ausschließlich von und für Unternehmen verwendet wurden, sahen sie schon einen Computer in jedem Heim voraus. Und ihr Traum wurde

Wirklichkeit. 1994 überstieg die Zahl der verkauften Personal Computer erstmals die Zahl der verkauften Fernseher.

Die Jobs der Leute sind zu klein für ihren Geist

Die Leute werden inspiriert, wenn sie auf irgendeine Art und Weise das Gefühl haben, daß sie die Welt oder ihr Umfeld zu einem besseren Ort machen. Das ist einer der Gründe, warum Unternehmen wie Patagonia, Ben & Jerry's, Body Shop und anderen solch fanatische Loyalität und aufopfernde Mühe von seiten ihrer Mitarbeiter entgegengebracht wird. Der Grund dafür ist nicht, daß sie das Eis oder die farbenprächtigen Pullover so gerne mögen. Der Grund ist, daß sie einen Unterschied bewirken, indem sie zu etwas beitragen, das größer ist als sie selbst, wie zum Beispiel den Hungernden etwas zu Essen geben, denjenigen helfen, die kein Zuhause haben oder die Umwelt schützen.

Den Obdachlosen etwas zu Essen geben. Um die „Papier-Kühe" loszuwerden, vernichtete die Firma Alabama Power and Lights die Akten und Berichte, die nicht mehr aktuell bzw. nicht mehr nötig waren. Aber dies war mehr als nur eine Jagd auf Papier-Kühe. Für jedes Pfund vernichteten Papiers versprach das Unternehmen ein Pfund Lebensmittel für die Birmingham Food Bank.

„Diese Kampagne machte riesigen Spaß", sagte Clifford Capps, Manager für allgemeine Dienstleistungen. „Die Kampagne sollte die Aufmerksamkeit auf ein wichtiges Thema lenken. Indem wir Lebensmittel für einen guten Zweck spendeten, geben wir den Mitarbeitern einen Anreiz, ihre Aktenschränke zu säubern ..."

Das Ergebnis war tatsächlich inspirierend. Alabama Power konnte *106.415 Pfund* Papier zum Abfall bringen, umgerechnet waren das *50 Tonnen an Lebensmittel für die Food Bank.* Dies bedeutet einen Unterschied im Leben der Menschen.

„Ein großartiges Programm zur Gewichtsreduktion" – so nannte es der leitende Vizepräsident Bob Buettner, eines, das dazu beitrug, daß das Unternehmen besseres Service zu einem wettbewerbsfähigeren Preis anbot.

Buettner hat ausgerechnet, daß durch das Programm „Pfund für Pfund" genug Papier vernichtet wurde, um *2.723 Aktenschränke mit je fünf Schubladen* zu füllen, dies entspricht ungefähr *1.640 m²*. Das bedeutet eine Menge Einsparungen bei den Lagerkosten.

Die Kampagne war so erfolgreich, daß Alabama Power nochmals 20.000 Dollar an die Food Bank spendete.

Hoffnungen, Träume und Ambitionen

Eine Vision muß sich nicht auf das gesamte Unternehmen beziehen, es kann sich hierbei auch um die persönlichen Hoffnungen, Träume und Ambitionen der einzelnen Leute handeln. Auch die Mitarbeiter der Postabteilung oder des Schneiderraums haben Träume. Träume inspirieren, sie beflügeln den Geist. Martin Luther King verkündete: „Ich habe einen Traum!" Er sagte nicht: „Ich habe vierteljährliche Ziele."

Ziele sind nicht das gleiche wie Träume. Ziele inspirieren nicht. Es handelt sich um rationale, spezifische, kurzfristige Zielvorgaben, die einem helfen, dorthin zu gelangen. *Träume sind Ziele mit Flügeln!* Sie steigen auf und beleben. Wenn Sie wissen, wovon Ihre Leute träumen, können Sie ihr tiefstes Innerstes ansprechen.

Wenn die Leute inspiriert werden und Leidenschaft für etwas zeigen, ist nichts unmöglich. Sie erschließen innere Ressourcen, Stärken, Kreativität, die früher unerreichbar schienen. Sie erreichen Dinge, von denen Sie früher glaubten, sie lägen außer Reichweite. Und während des Prozesses entdecken sie das Wichtigste: die wirklichen Grenzen befinden sich in unserem Kopf.

Nahrung für das Feuer

Wenn wir in unseren Programmen die Leute fragen, was sie bei ihrer Arbeit inspiriert, bekommen wir folgende Antworten:

- „Teil von etwas Großem zu sein."
- „Etwas zu tun, was ich noch nie vorher gemacht habe."

- „Etwas zu tun, von dem ich dachte, ich könnte es nicht."
- „Etwas zu tun, was für die Menschen, die Gemeinschaft, die Welt, die Umwelt etwas bedeutet.
- „Etwas Neues und Interessantes zu lernen."

Beachten Sie, daß es bei keinem einzigen dieser Motive um Geld geht oder um reinen Eigennutz. Sie gehen alle über die selbstauferlegten Grenzen hinaus, und in manchen Fällen sogar über das „Ich".

Um Leute zu inspirieren, wenn Sie Veränderungen einführen, greifen Sie auf das Beste in ihnen zurück. Stellen Sie das Projekt in einen breiteren Kontext, der einen höheren Sinn und Zweck hat. Anstatt Ihrem Team etwas auf der Basis von Gewinnen zu verkaufen, die durch Ihre neue Ohne-Fett-Reihe zu machen sind, inspirieren Sie sie mit der Vorstellung, daß dadurch das Leben verlängert und die Gesundheit Amerikas verbessert wird. Anstatt Ihren Technikern zu erzählen, daß die Einführung neuer technologischer Verfahren ihnen einen Vorsprung im Rennen um den Aufbau des Informationssuperhighways gibt, inspirieren Sie sie mit der Vorstellung, wie ihr Beitrag zu diesem Highway den Lebensstil des Landes für immer verändern wird. Oder daß dadurch elektronische Gemeinschaften in einer Welt geschaffen werden, in der sich die Leute immer mehr voneinander entfremden.

In allen unseren Vorträgen und Seminaren reden wir die Leute *nach oben*. Wir versuchen, ihre Erwartungen an sich selbst zu erhöhen, indem wir das Beste in ihnen ansprechen. Wir wissen, daß jeder von uns zu sehr viel mehr in der Lage ist, als wir tatsächlich tun. Wir nützen vielleicht nur 30 Prozent unserer Leistungsfähigkeit. Wir versuchen, die Art und Weise, wie die Leute definieren, *was sie sein könnten* und *was sie tun können* zu erweitern, indem wir die Grenzen hervorheben, die sie sich weitgehend selbst auferlegt haben, und betonen, daß das Überwinden dieser Grenzen uns eine Chance gibt, all unsere natürlichen Begabungen zu nützen.

Wir sprechen über die Bedeutung, unseren Träumen nachzujagen und sich nicht durch Ängste und dadurch, was andere Leute für möglich und machbar halten, einschränken zu lassen. Vor allem sprechen wir das Potential der Menschen an, nicht ihre früheren Leistungen.

Ihre Vergangenheit ist nicht Ihr Potential.

Die Latte höher legen

Eine andere Art und Weise, Leute zu inspirieren, ist, sie herauszufordern.

Fast jeder Trainer, mit dem wir zusammengearbeitet haben, von den Profis bis hin zu den unteren Ligen, verwendet Herausforderungen, um das Beste aus seinen Spielern herauszuholen. „Die Latte höher legen", was immer auch die Latte sein mag, motiviert die Sportler dazu, mehr zu versuchen, auf irgendeine innere Reserve zurückzugreifen, die es ihnen ermöglicht, sich selbst zu übertreffen.

Dies ist der Grund, warum Mannschaften gegen einen schwachen Gegner auf niedererem Niveau spielen. Darin liegt keine Herausforderung, die sie inspiriert. Und deshalb bringt eine Mannschaft, die gegen einen herausragenden Gegner spielt, oft ihre besten Leistungen.

Auch außerhalb des Spielfelds ist an einer Herausforderung irgend etwas dran, das die Menschen veranlaßt, zu reagieren. Erinnern Sie sich noch daran, als Sie ein Kind waren und ein Freund Sie herausforderte, etwas Risikoreiches zu tun? Ob Sie die Herausforderung annahmen oder nicht, die Worte hatten einen seltsamen und gewaltigen Effekt. Sie hatten das Gefühl, Sie müßten reagieren, um zu beweisen, daß Sie den Mut, die Energie, das Bestreben oder das Engagement hatten.

Eine Herausforderung beinhaltet einen inneren Anspruch, sich selbst zu testen. Es ist eine Möglichkeit, zu sehen, aus welchem Holz Sie geschnitzt sind, eine Gelegenheit, Ihr ganzes Potential zu erkennen. In ihrer unglaublich erfolgreichen Werbekampagne sprach die amerikanische Armee dieses innere Verlangen mit der Herausforderung: „Sei alles, was Du sein kannst." an. Viele junge Leute reagierten darauf.

Eine „mistige" Herausforderung. Eine körperliche Herausforderung fesselt unsere Aufmerksamkeit und stärkt unseren Willen. Dadurch steigt der Adrenalinspiegel, und vorher verborgene Stärken und Ressourcen werden freigegeben. Aber solche Reaktionen sind nicht auf körperliche Herausforderungen beschränkt.

Anstatt neue Verbrennungsöfen und Anbaufläche für eine Mülldeponie zu kaufen, wollten die Gouverneure von sieben Staaten in Neu-England die Unternehmen, die in ihren Staaten angesiedelt sind, dazu brin-

gen, ihren Abfall zu reduzieren. Sie wußten, wenn sie neue Gesetze ver-
abschiedeten, gäbe es nur Proteststürme, daß sich die Gewinne verringern würden. Deshalb versuchten sie es in den vergangenen Jahren mit
einem anderen Lösungsansatz.

Unter der Bezeichnung „die grüne Herausforderung" führen sie einen
Wettbewerb durch, der Unternehmen herausfordert, ihre Abfallmenge
wesentlich zu reduzieren. Das Ergebnis war überwältigend. Sechsundvierzig Unternehmen, sowohl große als auch kleine, haben ihren Abfall seit
1990 um insgesamt 500.000 Tonnen reduziert.

Procter & Gamble erhöhte den durchschnittlich recycelten Anteil
seiner Verpackungen auf 36 Prozent. Dies beinhaltete zu 100 Prozent
recycelbaren Kunststoff in Behältern von Ultra Downy und Lemon Comet
und zu 50 Prozent recycelbaren Kunststoff in Verpackungen von Tide,
Bold und Dash. Die Firma Campbell Soup verringerte den Metallanteil
ihrer Suppendosen um 2.000 Tonnen und ihrer Saftdosen um 550
Tonnen.

Baxter Healthcare, Hersteller medizinischer Produkte, der einen jährlichen Umsatz von 8,5 Milliarden Dollar erzielt, reduzierte sein Ver-
packungsmaterial um 5.800 Tonnen. Für dieses Jahr plant er eine Gesamt-
reduzierung um 15 Prozent. Das Unternehmen beabsichtigt auch, bei seinen Versandbehältern aus Wellpappe mehr recycelte Fasern sowie weniger mit Chlor gebleichtes Papier und Pappe in seinen Verpackungen zu
verwenden.[7]

Freundschaftliche Herausforderungen. Viele Unternehmen veranstalten sogenannte freundschaftliche Herausforderungen oder Wettbewer-
be zwischen Abteilungen oder Teams, um zu sehen, wer in der Lage ist,
mehr Produkte zu verkaufen, mehr Geld zu sparen oder unter der Bud-
getgrenze zu bleiben. Diese Art von Herausforderung ist für die Mitarbeiter äußerst spannend. Oft werden sie dadurch veranlaßt, mehr und produktiver zu arbeiten.

Aber die meisten Leute werden durch eine Herausforderung nur motiviert, wenn sie in ihrem eigenen Interesse liegt oder wenn sie für sie von
Bedeutung ist. Eine Herausforderung, die für die Leute nicht persönlich
von Bedeutung oder unerreichbar ist, wird sie nicht nur nicht motivieren,
sondern sie zehrt auch ihre Energie auf.

Das Beispiel als Botschaft –
Gehen Sie mit gutem Beispiel voran

Ich erinnere mich noch gut an eine schwierige Klettertour, die wir mit John Barry, einem pensionierten 60jährigen Ingenieur, in den Schweizer Alpen unternahmen. Das Wetter war schon drei volle Tage lang schlecht gewesen, und jeder von uns hatte Probleme. Wir waren müde, hatten Schmerzen, und viele wollten umkehren. Das Meckern und Jammern über alles, angefangen von Blasen bis hin zu Rückenschmerzen, wurde mit jedem Schritt schlimmer.

Als wir zum Mittagessen eine Pause machten, saß John, der besonders ruhig gewesen war, etwas abseits. Nachdem er schnell ein Sandwich gegessen hatte, zog er seine Stiefel aus und wir sahen, daß er auf jeder Zehe seines einen Fußes Blasen hatte, die offen waren und bluteten. Wenn das einem von uns anderen passiert wäre, hätten wir nach einer Trage geschrien. Aber er flickte sich ruhig wieder zusammen, zog seine Stiefel wieder an, hievte sein Gepäck hoch, das beträchtlich schwerer war als das unsere, und fragte, ob wir fertig seien. Damit hatten unsere Klagen ein Ende.

Die Leute schauen zu ihrem Anführer auf, damit er ihnen die Richtung weise, sowohl in bezug darauf, wohin sie gehen sollen als auch als Beispiel für das Verhalten, das erforderlich ist, um dorthin zu gelangen.

„Wir brauchen mehr Taten statt Worte", sagt der leitende Vizepräsident von Prudential, Ken Jenny. „Heutzutage wird zu viel geredet – Aussagen über Aufträge, Besprechungen ad nauseam. Nur Taten bringen uns ans Ziel. Wenn man nur redet, kommt man nicht über den Zwischenstopp hinaus."[8]

Es ergibt sich von selbst. Als der Basketballstar Charles Barkley verkündete, er werde kein Vorbild sein, nur ein Spieler, hat er das Wesentliche nicht begriffen. Es liegt nicht an ihm. Jeder, der eine Führungsposition innehat, ist ein Vorbild. Das ergibt sich von selbst.

Ob Sie es mögen oder nicht, die Leute verhalten sich Ihnen gegenüber von Natur aus anders, wenn Sie im Rampenlicht stehen oder Autorität ausüben. Ihre Worte haben mehr Gewicht. Das, was Sie tun, wird etwas sorgfältiger gemustert. Tugenden oder Fehler werden auf Sie projiziert. Sie werden etwas größer als im wirklichen Leben. Barkley ist der

Rolle vielleicht ausgewichen, aber das stört die Kinder auf dem Spielfeld nicht – sie beobachten immer noch jede seiner Bewegungen – in- *und* außerhalb des Spielfelds.

Das ist der Grund dafür, daß der Einfluß inspirierend sein kann, wenn die Anführer die Botschaft durch ihr Handeln und ihre Einstellung *vorleben*. Wenn die Vorgesetzte bis spät in die Nacht arbeitet, um ein Projekt fertigzustellen, sprechen ihre Bemühungen für die Mitarbeiter Bände. Sie werden sehr viel eher bereit sein, ebenfalls lange zu arbeiten.

Führungskräfte müssen die Botschaft vorleben. Sie können von den Leuten nicht erwarten, daß sie ein Risiko übernehmen, wenn Sie selbst auf Nummer Sicher gehen. Sie können nicht erwarten, daß sie innovativ sind, wenn Sie selbst an Standardbetriebsverfahren festhalten.

Inspiration durch Schmutz und Toilettenpapier. „Ich verdiene meinen Lebensunterhalt mit Schmutz", sagt Pat Shappert, erste Hauswirtschaftsleiterin im Tagungshotel von Opryland mit 1900 Zimmern. Ihre Leidenschaft und ihr Eifer für ihren Job inspirieren die Leute so, daß ein intensiver Wettbewerb unter den Hotelmitarbeitern in Nashville ausgebrochen ist. Das Reinigungsteam, das eine Badewanne am schnellsten schrubben oder ein Bett am schnellsten machen kann, ist eine Quelle des regionalen Stolzes geworden.[9]

Als Vizepräsident der Einkaufsabteilung bei Service Merchandise, Inc., kauft Larry Krieder alles von Kassetten bis hin zu Toilettenpapier. Er ist jedoch mit soviel Leidenschaft und Eifer bei der Sache, daß selbst sein „glanzloser" Job bei seinen Kollegen Hochachtung hervorruft. Mitarbeiter von Service Merchandise wetteifern um eine Stelle in Larrys Abteilung. Wenn sie erst einmal dort sind, „steigen sie in seine Fußstapfen" und machen sich seine Arbeitsethik und seine Haltung zu eigen. Krieders inspirierende Haltung und seine unermüdliche Energie haben zu beträchtlichen Gewinnen geführt. Seine Abteilung hat dem Unternehmen beinahe 2 Millionen Dollar pro Jahr gespart. Dieser Betrag entspricht den Gewinnen von vier der Einzelhandelsgeschäfte des Unternehmens.[10]

Wir wissen, daß der alte Spruch „Wenn ich es kann, kannst du es auch" banal und abgedroschen klingt. Das mag sein, aber er hat immer noch eine unglaubliche Wirkung, besonders auf Menschen, die im allgemeinen nicht vorausschauend denken. Eine solche Botschaft, besonders wenn sie auf fürsorgliche Art und Weise übermittelt wird, kann unglaublich inspirierend sein.

Substanz, nicht Stil

Profi-Basketballtrainer mit ihren italienischen Anzügen, dem zurückgekämmten Haar und den Designerhemden und -krawatten sehen so aus, als ob sie in die Hochglanzseiten von *GQ* gehörten, nicht in die Sporthalle. Jeder scheint es dem Supercoach Pat Riley gleich tun zu wollen, der es einst schaffte, auf die Titelseite von *GQ* zu kommen.

Und darin liegt das Problem. Sie versuchen, Rileys Stil zu imitieren. Aber wenn Sie die besten Trainer und Manager im Sport betrachten, werden Sie feststellen, daß sie alle unterschiedlich sind. Tony LaRussa ist ein stiller Taktiker. Der Manager der Dodgers, Tommy Lasorda, ist genau das Gegenteil: laut und emotionell. Bill Walsh war professionell und distanziert. Mike Ditka war grob und impulsiv. Aber diese Großen haben eines gemeinsam: einen sicheren Führungsstil. Ihre Fähigkeit zu inspirieren kommt daher, daß sie sind, wie sie sind, und dies maximieren.

Genau das sagen wir den Führungskräften während unserer Coaching-Sitzungen: Seien Sie Sie selbst. Finden Sie Ihren eigenen Weg, wie Sie die Leute inspirieren können. Feuern Sie nicht an, wenn Sie es nicht können. Der Schlüssel dazu, ein inspirierender Anführer und Vorbild für andere zu sein, ist, so gut wie möglich *Sie selbst* zu sein.

Die Leute möchten, daß ihre Anführer außergewöhnlich sind. Picken Sie sich also den Bereich heraus, in dem Sie sich bereits auszeichnen, und werden Sie darin so gut wie nur möglich. Leute, die Spitzenleistungen erbringen, sind nicht in allen Bereichen gut, aber in einem Bereich sind sie großartig. So gut zu sein, wie Sie nur können, inspiriert andere, das gleiche zu tun.

3 . E i g e n t u m

Untersuchungen zeigen, daß der Besitz einer eigenen Firma einer der drei motivierendsten Faktoren ist, gleich hinter Reisen und finanzieller

Unabhängigkeit. Bei unseren Workshops sind die Gründe, die die Leute dafür angeben, daß sie ihre eigene Firma haben möchten, unter anderem: „Ich möchte meine eigenen Entscheidungen treffen", „Ich möchte mein eigener Chef sein", „Der Lohn soll in direkter Relation zum Ergebnis stehen", „Ich will nicht, daß mir jemand über die Schulter blickt", „Ich möch-, te meine Zukunft selbst in die Hand nehmen".

Aus diesen Antworten geht ganz offensichtlich hervor, daß das, was die Leute am meisten an Eigentum fasziniert, die Kontrolle über das eigene Schicksal ist. Darum sieht man immer wieder Leute, die ihre eigene Firma besitzen, bis spät in die Nacht schuften. Für jemand anderen würden sie nur die nötigen acht Stunden arbeiten und dann nach Hause gehen.

Abgesehen von der Gewinnaufteilung ist die beste Art und Weise, das Gefühl von Eigentum zu vermitteln, den Mitarbeitern so viel Kontrolle über ihr Schicksal wie möglich zu geben. Mit anderen Worten, sie können vielleicht nicht Eigentümer des Unternehmens sein, aber „Eigentümer" ihrer Jobs.

Dies bedeutet, ihnen durch Informationen, Verantwortung und die Befugnis, Entscheidungen zu treffen, mehr Kompetenzen zu übertragen. Und sie für die Ergebnisse zur Rechenschaft zu ziehen.

Wie wir bereits betont haben, wird durch die Beteiligung der Mitarbeiter am Veränderungsprozeß der Widerstand verringert. Es trifft ebenso zu, daß diese Art von Eigentum eine großartige Methode ist, die Leute dazu zu bringen, Begeisterung für Veränderungen zu zeigen. In der Tat gilt: je mehr Eigentum, desto mehr Motivation.

Die wesentlichen Zutaten

Sal Runfola, Vizepräsident der Abteilung betriebliche Prozesse bei Electronic Measurements, Inc. (EMI), behauptet, den Mitarbeitern mehr Kompetenzen zu übertragen, sei der wesentliche Bestandteil einer jeglichen Umstrukturierung, die erfolgreich abgeschlossen werden soll. Bei EMI, einem Hersteller von Stromrichtern für medizinische Zwecke, geben die Produktionsteams routinemäßig Anordnungen zur Veränderung der Technik. Sie erstellen ihre eigenen Produktionspläne und bewerten ihre eigene Leistung. Sie entscheiden sogar, wer neu eingestellt wird.

Runfola sagt: „Sie haben direkten Kontakt zu den Kunden. Sie rufen die Kunden an und fragen: ‚Wann versandten wir das Teil, und wann erhielten Sie es? Entsprach es Ihren Erwartungen?'"

„Im Bereich Eisenkerntransformatoren bemühen sich die Teams sogar um Arbeit von außen. Sie entwerfen die Verkaufsbroschüre, und sie bekommen eine Provision ..."[11]

Das Ergebnis ist ein motiviertes und unabhängiges Arbeitsteam, dessen Leistung meistens 150 bis 160 Prozent über den Schätzungen liegt.

„Anführer sind diejenigen, die anderen mehr Entscheidungsspielraum geben", sagt Bill Gates voraus. „Führung mit Übertragung von Kompetenzen bedeutet, die Energie und die Fähigkeiten der Leute ans Licht zu bringen. Es bedeutet auch, sie dazu zu bringen, so zusammenzuarbeiten, wie sie es sonst nicht tun würden."[12]

Wenn das Team den Ton angibt. „Unsere Verkaufsgruppe war ein Team, das selbst den Ton angab. Ich war der Coach, aber ich stand nicht einmal am Spielfeldrand, sondern saß eher auf der Tribüne", sagt Brian Casey, ein ehemaliger Gebietsleiter der Abteilung für Sicherheit bei Fisher Scientific. „Abgesehen von den Quoten, die von oben vorgegeben wurden, traf das Team alle seine Entscheidungen selbst. Sie setzten sich nicht nur das Gesamtziel, das 110 Prozent der Quote betrug, sie entwarfen auch Strategien, um dieses zu erreichen."

„Jeder im Team hatte eine bestimmte Aufgabe. Derjenige, der gut in der Produktion war, war der Kapitän, leitete einen Teil der Besprechungen und zog jeden für die persönlichen Quoten zur Rechenschaft. Eine Mitarbeiterin, die gut im Marketing war, hatte die Aufgabe, neue Strategien für die Werbung zu entwickeln. Sie zeichnete sogar das Logo des Teams. Ich hatte die Rolle eines Beistandes. Ich diktierte nichts", betont Casey. „Ich förderte."

„Da das Team die Quote festlegte, hatte jeder das Gefühl, daß er etwas dazu beitragen mußte. Die Mitglieder teilten die Aufgaben zu und entwickelten Arbeitspläne basierend auf der Erfahrung und dem Fachwissen jedes einzelnen. Wenn jemand neu war, gab man ihm eine niedrigere Quote vor, und man nahm ihn zu ein paar unangemeldeten Vertreterbesuchen mit, bevor er seine eigenen Erfahrungen machen mußte. Wenn ein Teammitglied eine Werbekampagne durchführen wollte, beriet die ganze Gruppe über die Strategie."

„Das Erstaunliche war das Niveau des Teamworks. Es gibt immer Konkurrenz, aber diese Konkurrenz war positiv, und die Leute halfen sich wirklich gegenseitig. Wir hatten das Gefühl, in einem Boot zu sitzen, und das machte den ganzen Unterschied aus."

Ergebnis: Das Team übertraf seine Zielvorgaben im Jahre 1993 um 110 Prozent. Das war mehr als jede andere Abteilung des Unternehmens erzielte. Und das in Kalifornien, in einem Jahr der Rezession.[13]

Der Krampf beim Loslassen

Es gibt eine Unmenge von Papier darüber, wie und wann man den Leuten mehr Kompetenzen übertragen sollte. Jeder sagt, es sei eine gute Idee, eine Methode, um den Mitarbeitern mehr Eigentum zu übertragen. Aber dies ist nur ein weiterer Punkt, über den man sich im Prinzip einig ist und der in der Praxis mißbraucht wird. Oft handeln Manager so, als ob sie den Mitarbeitern mehr Entscheidungsspielraum ließen, während sie sich immer noch an Kontrolle klammern. Stellen Sie sich einen Quarterback vor, der den Ball zwar wegstößt, ihn aber nicht losläßt, wenn er und der Runningback kopfüber auf der Ziellinie zusammenstoßen.

Beispiele dafür, daß man noch an etwas festhält, während man es schon wegstoßen sollte: Manager kritisieren ihre Untergebenen, schauen ihnen ständig über die Schulter, überprüfen ständig die Arbeit, geben ihnen für jeden Arbeitsschritt Ratschläge, fordern regelmäßige, auf den neuesten Stand gebrachte Versionen oder regeln alles bis ins kleinste Detail auf Millionen andere Arten.

Nichts ist demotivierender als wenn einem die Befugnis übetragen wird, eine Wahl oder Entscheidung zu treffen, und dann diese Kompetenz von einem ängstlichen Vorgesetzten beschnitten wird, der kein Vertrauen hat.

Halbherzige Bemühungen. Der CEO von Scitor, Roger Meade, ist der Joe Montana des Silicon Valley. Wenn er einem den Ball zuwirft, kann man davon ausgehen, daß er den Punkt genau trifft. Und er wird ihn nicht zurücknehmen. Meade betont, ja, er werde über die Strategie mit jedem seiner Angestellten sprechen, aber nein, er werde sie weder kontrollieren noch ihnen Entscheidungen abnehmen. Er fragt auch nicht nach Statusberichten oder fordert sie. Er läßt die Arbeitsteams vollkommen eigenständig ihre eigenen Ziele setzen und fragt nicht nach, wie sie diese erreichen werden.

„Ich übergebe den Leuten die ganze Arbeit und lasse sie sie ausführen. Wir müssen nur wissen, was Sie tun werden. Der Rest bleibt Ihnen überlassen."[14]

Als sein Manager der Immobilienabteilung Büroräume mieten wollte, las Meade den Vertrag nicht durch. Er weigerte sich schlichtweg und sagte ihm: „Ich werde jeden Mietvertrag unterschreiben, den Sie mir vorlegen. Fragen Sie mich nicht: ‚Haben Sie ihn durchgesehen?' Ich werde ihn nicht lesen. Sobald ich das tun würde, würden sich die Mitarbeiter (unbewußt) entspannen, weil sie wissen, daß Roger es ja lesen wird. Wenn zu viele Leute involviert sind, dann weiß niemand, wer die Befugnis oder die Kontrolle hat, also möchte keiner die Verantwortung übernehmen ..."[15]

Seine Ansicht wird bestätigt durch den Vizepräsidenten von Prudential, Ken Jenny: „Geben Sie ihnen alles. Wirklich, die ganze Verantwortung für den Job. Wenn Sie ihnen nicht alle Informationen und die ganze Kontrolle geben, werden sich die Mitarbeiter nur halbherzig einsetzen, und keiner wird davon profitieren."[16]

Patzer vermeiden

Den Ball abzugeben ist nicht immer einfach. Nachfolgend haben wir drei Schritte angeführt, um die Möglichkeiten von Patzern zu verringern. Wir verwenden das Akronym EVR, um sie zu beschreiben:

- Erwartungen
- Verantwortung
- Rechenschaftspflicht

Erwartungen

Unser Paradebeispiel: Man ruft den Zimmerservice im besten Hotel der Stadt an. Nachdem man etwas bestellt hat, wiederholt derjenige am anderen Ende der Leitung die Bestellung. Es findet eine direkte Kommunikation statt, und zwar mit einem vereinbarten Vokabular. Die Bestellung wird rückbestätigt, so daß Fehler aufgedeckt und sofort korrigiert werden können. Auf diese Art und Weise sollte man alle Erwartungen kommunizieren.

Aber im allgemeinen läuft es so ab: Die Vorgesetzte ist in Eile. Sie legt ein paar Blätter auf Ihren Schreibtisch, gibt schnelle, knappe, verwirrende Anweisungen, ohne sich die Zeit zu nehmen, auf Rückfragen oder Feedback zu warten. Ihre letzten Worte, bevor sich die Aufzugstür schließt, sind: „Lassen Sie sich Zeit, aber legen Sie mir die Sachen bis zur Besprechung morgen um 10.30 Uhr auf meinen Schreibtisch." Es ist nicht sehr wahrscheinlich, daß sie das bekommen wird, was sie will, außer Sie können Gedanken lesen. Und die meisten von uns können es nicht.

Die erste Faustregel ist, *Erwartungen abzuklären,* um sicherzustellen, daß Sie und Ihre Mitarbeiter auf der gleichen Wellenlänge sind.

Je klarer die Erwartungen ausgesprochen werden, desto besser ist das Ergebnis. Verwenden Sie die Wiederholungstechnik, die mit dem Zimmerservice so gut funktioniert. Und bestellen Sie nicht einfach nur einen Hamburger. Sagen Sie ihnen ganz genau, wie Sie ihn möchten: halb durch mit Salat und Tomaten auf einem getoasteten Brötchen mit Butter. Das hört sich vielleicht übertrieben an, aber auf lange Sicht werden Sie Zeit sparen, wenn Ihr Auftrag nach Ihren Angaben ausgeführt wird.

Casey am Zug. Als die regionalen Büros der Verkaufsmitarbeiter von Fisher Scientific aufgelöst und in Heimarbeitsplätze umgewandelt wurden, wurde Brian Casey die Verantwortung für die Erstellung eines Handbuches für die Arbeit von zu Hause aus übertragen.

„Mein Chef sagte mir, das Handbuch solle sowohl auf die erfahrenen Computernutzer als auch auf die Neulinge in diesem Bereich ausgerichtet sein. Er erwähnte auch, welche Bereiche abgedeckt werden sollten, zum Beispiel wie man Zitate vorbereitet, Literatur organisiert, mit dem zuarbeitenden Personal kommuniziert und wie man die Papierflut bewältigt. Er hob hervor, welchen Stil er wollte – heiter und leicht zu verdauen. Er gab mir ein Budget und sagte mir, welche Ressourcen ich nutzen konnte. Nach seinen Erklärungen hatte ich schon eine ziemlich konkrete Vorstellung von dem, was er wollte."

„Aber er gab mir auch Freiraum, damit ich meine eigenen Ideen in das Projekt einbringen konnte, was ich auch tat. Ich stellte Nachforschungen auf diesem Gebiet an, sprach mit ein paar Experten und las Literatur. Mein Lieblingsteil des Handbuches war der Teil darüber, was man tun sollte, wenn die Kinder Rap-Musik hören, während man gerade mit einem Kunden sprechen muß."

Caseys Vorgesetzter gab ihm am Anfang genaue Anweisungen, aber dann gab er die Kontrolle ab. Die Ausführung und der endgültige Inhalt lagen bei Casey. Der Schlüssel, Erwartungen richtig zu formulieren, ist der richtige Zeitpunkt. Bringen Sie sie frühzeitig zum Ausdruck, stellen Sie sicher, daß alle sie verstanden haben, und dann geben Sie den Ball ab. Nachdem Sie dies getan haben, haben Sie den Weg frei.

„Dadurch, daß während unserer ersten Unterhaltung ein klarer Spielplan erstellt wurde, konnte ich beginnen. Aber nachdem ich das Projekt einmal übernommen hatte, lag es bei mir. Von dem Moment an, als ich das Büro meines Chefs verließ, blickte mir keiner mehr über die Schulter", sagte Casey.[17]

Verantwortung

Die Leute passen sich im allgemeinen dem Grad der Verantwortung an, die man ihnen übergibt. Ob es darum geht, einen Umstrukturierungsplan zu erstellen oder eine neue Geschäftsstrategie umzusetzen, Verantwortung bringt die besten Fähigkeiten der Leute ans Licht und motiviert sie zu handeln.

Wir arbeiteten mit dem Marketingdirektor einer Klinik für Sportmedizin zusammen, deren Mitarbeiterstab sich aus 20 Personen zusammensetzte. Der Direktor tanzte auf vielen Hochzeiten, wie das in kleinen Unternehmen oft der Fall ist, und die Arbeit, die er jeden Tag zu erledigen hatte, erdrückte ihn oft. Eine seiner Aufgaben bestand darin, monatlich ein Rundschreiben an alte Klienten und potentielle Kunden zu schicken. Darin wurde für die Dienstleistungen der Klinik und für die neuen Technologien geworben.

Wir rieten ihm, diese Aufgabe seiner Assistentin zu übertragen, aber er war sich nicht so sicher. Er führte die üblichen Entschuldigungen an: „Es ist zu wichtig, um es jemand anderem zu übertragen." „Ich muß ja doch noch einmal alles durchsehen, was sie macht." „Es dauert zu lange, und es ist zu kompliziert zu erklären." „Es ist einfacher, es selbst zu tun". Als ihm die Gründe ausgingen, ließ er es auf einen Versuch ankommen. Das Ergebnis überraschte selbst uns.

Ihre erste Reaktion war eine Flut von Ideen. Als wir sie fragten, warum sie diese Ideen nicht schon vorher erwähnt hatte, antwortete sie: „Er hätte nie zugehört."

Obwohl sie für ihre zusätzlichen Aufgaben nicht mehr Geld bekam, ergriff sie die Initiative. Sie las ein Buch über Guerilla-Marketing und machte einen Desktop-Publishing-Kurs an der Universität. Dann erstellte sie eine bebilderte Datei über Gesundheit und Sportmedizin. Sie setzte regelmäßige Besprechungen mit dem Personal an, um sich ihre Erfahrungen mit den Patienten anzuhören und etwas über ihre neuen Projekte und Ideen zu erfahren. Schließlich änderte sie das Design des Rundschreibens und machte es lebhafter, fortschrittlicher und attraktiver. Innerhalb von sechs Monaten gab es um 45 Prozent mehr Reaktionen auf das Rundschreiben. Das Geschäft an der Klinik boomte.

Aber das Beste daran war, daß die Assistentin wie verwandelt war. Sie trat in der Klinik mit einem neugewonnenen Stolz und sehr viel mehr Energie auf. Sie war beschwingt, neugierig, optimistisch und explodierte vor Ideen. Ihre Stimmung war ansteckend. Das ganze Gebäude schien mit ihrer neugefundenen Vitalität mitzuschwingen.

Was ist der Zauber, der hinter Verantwortung steckt? Warum wird unter den Leuten ein Feuer entfacht? Es ist ganz einfach: Wenn Sie einzelnen Verantwortung übertragen, bringen Sie zum Ausdruck, daß Sie an sie glauben. Sie sagen ihnen, daß Sie Vertrauen in sie haben, Sie glauben an sie, und Sie haben genügend Respekt vor ihnen, um Ihnen die Zügel – oder sogar die Herrschaft – zu übergeben, je nachdem, wie der Fall liegt.

In den beiden oben genannten Situationen wurde an die einzelnen Personen nicht nur einfach die Machtbefugnis delegiert. Sie wurden in eine höhere Position versetzt, was ihre Selbstachtung und ihr Vertrauen vergrößerte. Nun „besaßen" sie ihren Job, und dies motivierte sie, härter und länger zu arbeiten. Hier ist das Grundprinzip der Motivation: *Delegieren Sie nicht, versetzen Sie sie in eine höhere Position.*

Rechenschaftspflicht

Durch Rechenschaftspflicht bekommt Verantwortung eine Bedeutung. Wenn man den Leuten die Verantwortung für das Hühnerhaus überträgt, und sie nicht zur Rechenschaft zieht, wenn ein Fuchs einbricht, dann ist dies eine sinnentleerte Aktion, und das Hühnerhaus ist dann noch leerer. Ohne Rechenschaftspflicht kann es keine echte Verantwortung geben.

Denken Sie an Eltern, die von ihren Kindern nur gute Noten fordern, aber die Zeugnisse am Tag der Zeugnisverleihung gar nicht richtig anschauen. Welche Botschaft wird dadurch vermittelt? Sie können wetten, daß sich die Kinder entsprechend orientieren. Beim nächsten Mal werden sie zweimal überlegen, ob sie ihre Bücher aufschlagen.

Oder was ist mit der Managerin, die von Pünktlichkeit spricht, aber immer mit dem Beginn der Besprechung so lange wartet, bis die letzten Zuspätkommer auftauchen? Diese regelmäßige Verspätung von fünf Minuten wird zu einer regelmäßigen Verspätung von fünfzehn Minuten. Und schon bald kommt jeder zu spät.

Er ist nicht dumm. Viele Manager haben mit der Rechenschaftspflicht ihre Schwierigkeiten. Manche schüchtern Mitarbeiter ein, die keine guten Leistungen bringen. Sie übertreiben die Kritik und produzieren dadurch ein Volk von schüchternen Mitläufern. Andere, die das Gefühl von Anerkennung durch ihre Mitarbeiter brauchen, beschönigen das Feedback oder vermeiden es überhaupt. „Nächstes Mal wird er es besser machen", „Es war eine schwierige Aufgabe", „Sie lernt noch", das sind die Gründe, die sie anbringen, um zu vermeiden, Leute für etwas zur Rechenschaft zu ziehen.

Diese *Manager, die geliebt werden möchten,* sind sehr viel verbreiteter als Sie vielleicht denken. Die meisten Leute möchten nicht als die „Bösen" gesehen werden, und sie sind überzeugt, daß ein versöhnliches Feedback den Mitarbeitern eine Verlegenheit ersparen wird. In Wirklichkeit ersparen sie sich selbst die Qual der Konfrontation und die Aussicht, als Feldwebel abgestempelt zu werden, der seine Leute drillt.

Während einer Coaching-Sitzung für Führungskräfte gab ein Manager aus der Buchhaltung eines Versicherungsunternehmens zu: „Ich mag es nicht, wenn man von mir denkt, ich sei ein harter Mensch. Wenn ich

schlechte Neuigkeiten überbringen muß, merke ich, wie ich mich zurückzie-
he und versuche, der ganzen Situation ein freundlicheres Bild zu geben. Ich
habe es schon erlebt, daß Leute mein Büro verlassen haben, in der Annahme, daß sie alles gut machen, und ich eigentlich die Absicht hatte, ihnen
mitzuteilen, daß sie sich zusammenreißen müssen. Ich weiß, was ich sagen
möchte, aber ich habe die größten Schwierigkeiten, es auszusprechen."

Wenn man jemanden an einen hohen Standard bindet, kann dies sehr
viel mehr bringen, als wenn man jemanden auf eine Diät von mattem
Lob setzt.

Joe und Moe machen einen Ausflug. Sie kennen sicher die alte Geschichte von Joe und Moe, die einen Ausflug machen. Sie fahren auf der
Autobahn, als plötzlich der Motor des Autos abstirbt. Joe dreht sich zu
seinem Partner und sagt: „Das ist Nummer eins!"

Sie starten das Ding neu und setzen ihren Weg fort, bis sich der Motor
überhitzt. „Das ist Nummer zwei!" Schließlich kühlt sich der Motor wieder
ab, und sie bringen die alte Kiste wieder in Gang, aber es ist klar, daß
noch etwas passiert. Diesmal ist es ein platter Reifen.

„Das ist Nummer drei!" schreit Joe und schiebt das Auto über eine
steile Klippe, wo es in Flammen ausbricht.

„Bist du verrückt? Warum hast du das getan?" kreischt Moe. „Wir hätten das Auto gebraucht, um nach Hause zu kommen."

„Das ist Nummer eins!" sagt Joe.

Viele Manager wählen genau den anderen Lösungsansatz. Sie zählen
auf zwanzig, dreißig, vierzig, und es passiert immer noch nichts. Manche
zählen überhaupt nicht mehr. Der Standard sinkt, wenn es keine Rechenschaftspflicht gibt, und mittelmäßige Bemühungen werden nur noch verstärkt.

Ein leicht zu besiegender Gegner. Der Eigentümer einer Firma für
Beleuchtungsanlagen hatte Schwierigkeiten damit, seinen Angestellten
negatives Feedback zu geben. Er haßte es, wenn er selbst kritisiert wurde, und der Gedanke daran, jemanden zur Rechenschaft zu ziehen, war
etwas, wovon er nicht begeistert war. Er vermied formale Bewertungsver-
fahren so lange wie möglich, manchmal drückte er sich ganz vor ihnen.

„Jedesmal, wenn ich mit einer dieser Situationen konfrontiert bin", erzählte er uns, „dann schnürt sich mein Magen zusammen. Ich habe Angst,

daß meine Ansicht von irgend etwas beeinflußt worden sein könnte. Vielleicht habe ich die Situation nicht im richtigen Verhältnis gesehen oder etwas übersehen. Vielleicht habe ich das Problem überbewertet."

Seine Mitarbeiter fühlten seine Ambivalenz. Sie waren sich einig, daß der Mann ein sehr leicht zu besiegender Gegner sei. Sogar wenn sie zu spät kamen oder das Zeiterfassungssystem manipulierten, wußten sie, daß man sie damit nicht konfrontieren würde. Und wie Sie vielleicht erwartet haben, hielten sie sich nicht an Fristen und Besprechungstermine.

Noch schlimmer, sie hatten vor ihrem Chef keinen Respekt mehr, und dies spiegelte sich in der niedrigen Moral innerhalb des Unternehmens und in der chaotischen Betriebsführung wider.

Vergessene Hausaufgaben

Beim Coaching von Führungskräften geben wir Hausaufgaben auf, um das persönliche Bewußtsein zu erhöhen und die Möglichkeiten hervorzuheben, wie man eine Situation anders angehen kann. Es kann sein, daß wir die Leute bitten, zu beobachten, wie drei Personen, die ihnen unterstehen, auf Kritik reagieren. Oder wir bitten sie, sich vorzustellen, welche Position in ihrem Unternehmen sie in fünf, zehn und fünfzehn Jahren innehaben möchten.

Um das Augenmerk auf Rechenschaftspflicht zu legen, überprüfen wir manchmal die Hausaufgaben erst ein oder zwei Wochen später. Dies endet immer damit, daß Qualität und Engagement, mit dem sie die nächste Aufgabe erledigen, geringer wurden. Es ist, als ob diese Führungskräfte das Gefühl hätten, „wenn sie sich keine Gedanken darum machen, zu überprüfen, was wir tun, dann machen wir uns auch keine Gedanken darüber und stecken nicht viel Mühe in die Arbeit." In der Schule war es das gleiche. Wenn der Lehrer die Hausaufgaben nicht überprüfte, war es weniger wahrscheinlich, daß man sie gemacht hat.

Rechenschaftspflicht wird so interpretiert, daß man sich für die Leute interessiert und daß man sich mit der Sache beschäftigt. Ohne Rechenschaftspflicht sinkt die Motivation.

4. Belohnung und Anerkennung

Der naheliegendste Weg, Mitarbeiter dahingehend zu motivieren, daß sie Begeisterung für Ihre Veränderungspläne zeigen, ist, Belohnungen anzubieten. Jeder Coach kennt deren besondere Macht. Mit genügend M&Ms kann man ein sechsjähriges Kind dazu bringen, daß es das Wort „motivieren" buchstabiert.

In der Tat kann man die amerikanische Wirtschaft mit Pawlow vergleichen – Belohnungen – nun System von Anreizen genannt – in immer größere Höhen transferiert. Der jährliche Bonus für besondere Leistungen wurde ersetzt durch solch aufwendige Leckerbissen, wie zum Beispiel die Möglichkeit, in den Werbefilmen des Unternehmens mitzuwirken, Familienurlaub auf Hawaii, Belohnungen für den Mitarbeiter des Monats und Artikel darüber in der Firmenzeitung.

Robert Nelson listet 1001 Möglichkeiten, um Mitarbeiter zu belohnen, in seinem gleichnamigen Buch auf, aber die Zahl liegt wahrscheinlich eher bei einer Million. Belohnungen kommen in allen Arten und Größen vor und werden nur durch die Vorstellungskraft und den Geldbeutel des Unternehmens eingeschränkt.

„Machen Sie dies, und Sie werden das bekommen"

Aber jemanden zu belohnen, ist nicht so einfach, wie es den Anschein hat. Es gibt Grenzen für die Formel „Machen Sie dies, und Sie werden das bekommen". Wenn Manager zum Beispiel gefragt werden, ob Sie bereit wären, härter und länger für mehr Geld zu arbeiten, würden die meisten mit Nein antworten.[18]

„Belohnungen sind wirkungsvoll, wenn es darum geht, eine vorübergehende Einwilligung zu erzielen, sie zeigen jedoch auffallend wenig Wirkung, wenn dauerhafte Veränderungen in der Einstellung oder im Verhalten umgesetzt werden sollen", behauptet der Autor und Sozialkritiker Alfie Kohn.[19]

„Ungefähr zwei Dutzend Studien aus dem Bereich der Sozialpsychologie zeigen überzeugend, daß Leute, die erwarten, eine Belohnung zu erhalten, nicht so gute Leistungen erbringen wie jene, die nichts erwarten", argumentiert Kohn.[20]

Um der Sache mehr Nachdruck zu verleihen, verweist er darauf, was bei einer Produktionsfirma im mittleren Westen der USA passiert war, wo es jahrelang ein System von Anreizen für Schweißer gegeben hatte. Als das Unternehmen dieses strich, gab es anfänglich einen Produktivitätsrückgang, dem ein Anstieg der Produktivität folgte, der das ursprüngliche Niveau *überstieg.*

Für Kohn ist dies ein klarer Hinweis dafür, daß finanzielle Anreize nicht notwendig sind, um das Interesse der Leute wachzuhalten. „Je enger die Bezahlung mit dem Erreichen einer Sache verbunden ist, desto mehr Schaden wird angerichtet", argumentiert er.[21]

Kohn hat recht bezüglich der Grenzen von finanziellen Anreizen und der Verwendung von Preisen und Geschenken, um das Interesse der Leute an ihrem Job aufrechtzuhalten. Am Anfang motivieren sie, aber nach einer Weile können sie ihre Wirkung verlieren.

Zwei Arten von Belohnungen

Es gibt zwei Arten von Belohnungen: extrinsische Anreize, wie ein eigenes Büro, Geld, Geschenke und Titel, und intrinsische Belohnungen, die die mehr abstrakten persönlichen Bedürfnisse ansprechen. Die Leute machen die Dinge nicht nur, um eine Sache zu bekommen oder um das Geld zu erhalten, damit sie sich die Dinge kaufen können. Sie werden auch durch solch immaterielle Dinge wie Anerkennung, Fairneß, Flexibilität, Kreativität, Stellung und Freiheit motiviert. Diese inneren Faktoren haben mehr Einfluß auf Veränderungsbereitschaft als herkömmliche extrinsische Belohnungen.

Dinge, alles intrinsische Belohnungen, veranlaßten den Autor, die Feder anzusetzen: Freiheit, Gelegenheit und die unvergleichlichen Freuden des Ausdrucks der eigenen Persönlichkeit. Kann man dies auch von der heutigen neuen Generation von Angestellten sagen?

Als American Express Mitarbeiter befragte, fanden sie heraus, daß Flexibilität das war, was sie sich mehr als alles andere am Arbeitsplatz wünschten – einschließlich Geld. Nun können sich einige Kundendienstberater und Kreditberater ihre Arbeitszeit selbst einteilen.[22]

Oder betrachten Sie den bitteren Vertragsstreit im Jahr 1994 zwischen in der Gewerkschaft organisierten Angestellten und dem Management des San Francisco Bay Area Rapid Transit District (BART). Die Arbeiter sagten, nicht das Geld, sondern die Art und Weise, wie sie behandelt wurden, habe sie veranlaßt zu streiken. Ihre Position wurde noch durch die Tatsache bekräftigt, daß die Mitarbeiter von BART zu den bestbezahlten Transitarbeitern im Land gehören. Und trotzdem waren sie unzufrieden.

„Sie kennen dich nicht als Einzelperson", sagte Rich Streeter, der seit 17 Jahren Zugführer ist. „Sie wollen einfach nur, daß jemand im Zug ist."[23]

„Wenn sich jemand vor deinen Zug wirft und Selbstmord begeht, bringen sie dich weg und machen einen Drogentest mit dir", beklagte sich der Zugführer Manual Calderon. „Keiner fragt: ‚Sind Sie okay?' Niemand bietet dir eine Beratung an. Sie machen einfach nur einen Drogentest."[24]

Die Belohnungs-Kuh

Ein paar Arbeiter behaupteten, daß das Management sie ständig mit Disziplinarstrafen für Kleinigkeiten, die die Sicherheit der Passagiere nicht gefährden, schikaniere. Streeter berichtete, daß er aufgeschrieben wurde, weil er seinen Kopf nicht lange genug aus dem Zug gehalten habe, um zu überprüfen, ob alle Fahrgäste eingestiegen seien, obwohl ihm keiner sagen konnte, was „lang genug" bedeute.

Ein Mechaniker faßte zusammen: „Sie behandeln uns, als ob wir Menschen zweiter Klasse wären."[25]

Soziale Bedürfnisse

Soziale Bedürfnisse können ebenfalls die Basis von intrinsischen Belohnungssystemen bilden. Dazugehören, Akzeptanz, Identifizierung – gruppendynamische Motive – sind besonders wichtig bei dem neuen Schwerpunkt auf Arbeitsgruppen. Loyalität dem Team gegenüber oder der Wunsch, seinen Beitrag zu leisten, sind Ausdruck dieser speziellen Motive.

Untersuchungen zeigen, daß Angestellte eher bereit sind, ihren beschränkten Eigennutz für das vorrangige Wohlergehen der Gruppe aufzugeben, wenn sie sich als Teil eines Teams fühlen. Wir kennen Leute, die besser bezahlte Jobs ablehnten, um bei ihren Kollegen bleiben zu können. Und wir haben auch schon Leute gesehen, die sich Änderungen widersetzen, weil dadurch ihre Abteilung aufgelöst und sie dadurch von ihren Freunden getrennt worden wären.

„In vielen Situationen ist die Bildung eines Teams ein Ersatz für Gehaltserhöhungen und Sicherheit", sagt Philip Breslin, ein pensionierter Manager für Gewerkschaftsbeziehungen bei Bethlehem Steel, „weil man sich dadurch mit einer Gruppe von Leuten identifizieren kann, die alle versuchen, bestimmte Ziele zu erfüllen."[26]

Eine Managerin bei Prudential stellte es noch klarer dar: „Meine Motivation kommt von meinen Kollegen", sagt sie.[27]

Spaß auf der Kalorienbombenfarm. Die Firma Ben & Jerry's Ice Cream kennt sich mit intrinsischen Belohnungen aus. Sie schufen eine „Freudengruppe", um Wege herauszufinden, wie man den Spaß zurück an den Arbeitsplatz bringen könnte. Ihr größter Erfolg war vielleicht der „Elvis-Tag", als die Mitarbeiter als Elvis verkleidet erschienen. Es gab „blue suede shoes", Imitatoren, Einpeitscher, Overalls, Koteletten und ein oder zwei „hounddogs". Es gab sogar einen „Knurr"-Wettbewerb.

Das Unternehmen hat auch eine Gruppe von „Freude-Ninjas", die einmal um 22 Uhr „Frühstück" für die zweite und dritte Schicht servierten. Ein anderes Mal bereiteten sie den größten Milchshake der Welt zu.

Der Besitzer Jerry Greenfield sagt: „Fast alle waren sich einig, daß die Arbeit schwer genug ist und daß bei all den Aufgaben, die wir bewältigen müssen, und all dem Streß, in dem sich die Leute befinden, es eine gute Idee wäre, etwas mehr Freude in den Job einfließen zu lassen."[28]

Zwei-Drittel-Belohnungen

Wenn es darum geht, die Menschen zu Veränderungen zu motivieren, ist die beste Strategie, sowohl intrinsische als auch extrinsische Belohnungen zu kombinieren. Verwenden Sie ein Zwei-Drittel-System, um die Vorteile von beidem zu genießen: die kurzfristige einfache Macht des materiellen Anreizes und den tieferen und länger anhaltenden Einfluß der intrinsischen Verführung.

Mary Kay, das Kosmetikunternehmen mit einem jährlichen Umsatz von 613 Millionen Dollar, dessen Artikel man zu Hause kaufen kann, verwendet unverfroren funkelnde Preise, um seine 300.000 Verkaufsmitarbeiter auf Trab zu halten. Man kann Anstecknadeln mit Diamanten gewinnen, pinkfarbene Cadillacs fahren und Urlaub in Fünf-Sterne-Hotels genießen. Aber das Unternehmen ist sich auch dessen bewußt, daß Preise allein nicht ausreichen. Sie kümmern sich um intrinsische Belohnungen mit einem Wort: Anerkennung. Man könnte sagen, daß sie dies zu einer Kunst entwickelt haben.

Jeden Sommer versammeln sich ungefähr 36.000 Verkaufsmitarbeiter – oder Schönheitsberater, wie sie genannt werden – in Dallas, der Heimatstadt des Unternehmens, wo sie Anerkennung verteilen und entgegennehmen. Die erfolgreichsten Frauen werden in Kurzfilmen dargestellt, die denen ähnlich sind, die von größeren politischen Parteien verwendet werden, um einen Kandidaten vor der Wahl zu präsentieren. Egal wieviel man erreicht hat, alle spenden jedem Beifall. Durch verschiedene Farben gekennzeichnete Kleidung, Schärpen, Abzeichen, Kronen und andere Embleme werden getragen, um zu zeigen, wie weit eine Verkaufsmitarbeiterin gekommen ist. Das Niveau der Emotionen bei diesen Beifallsfesten ist erstaunlich. Die Leute schreien, applaudieren und schreien noch mehr. Aber wenn sie Dallas verlassen, gehen sie mit Begeisterung und einem Gefühl von Dazugehörigkeit.[29]

PUÖ – Persönlich, Unmittelbar, Öffentlich

Um den Einfluß extrinsischer Belohnungen zu maximieren, machen Sie sie persönlich, unmittelbar und öffentlich: PUÖ.

Persönlich

In einem Chemieunternehmen gab das Management seinen Arbeitern ein größeres Paket an Vorteilen, um die sie in der Branche beneidet wurden. Aber den Arbeitern gefiel es nicht. Warum nicht? Was sie wirklich wollten, waren flexiblere Arbeitszeiten. Das Management verpaßte die Chance, indem es nicht darauf achtete, welche Anreize für die Arbeitskräfte einen Wert darstellten.

Stellen Sie jene Situation einer anderen bei einer Produktionsanlage von Hewlett-Packard gegenüber. In diesem Unternehmen wird im Personalordner jedes Arbeiters eine spezielle Akte geführt. Darin ist eine Liste mit den besonderen Interessen des Mitarbeiters enthalten, Dinge, die für die Person eine Bedeutung haben. Wenn jemand einen Beitrag für das Unternehmen leistet, dann überprüfen die Manager die Akte und geben dem Mitarbeiter eine persönliche Belohnung. Manche bekommen Theaterkarten, andere Karten für ein Baseballspiel oder Eintrittskarten für Disneyland. Es geht darum, Anreize anzubieten, die genau auf die Person zugeschnitten sind.

Wir alle wissen, was es heißt, ein Geschenk zu öffnen und ein Halstuch zu finden, das gut zur eigenen Großmutter passen würde. Hewlett-

Packard hat dies mit seiner Akte-in-der-Akte geändert, und jede ihrer besonderen Belohnungen kostet dem Unternehmen weniger als 30 Dollar pro Stück. Wenn es etwas Persönliches ist, muß es nicht teuer sein.

Unmittelbar

Wenn ein außergewöhnlicher Beitrag sofort belohnt wird, gewinnt er noch sehr viel mehr an Bedeutung. Je länger man damit wartet, desto weniger Wirkung wird damit erzielt.

Vor einigen Jahren arbeiteten wir mit einer Firma zusammen, die Chips als Anreiz verwendete. So primitiv es auch war, die Angestellten liebten es. Jedes Mal, wenn sie einen Beitrag leisteten, der über ihre üblichen Pflichten hinausging, wurden sie mit einem Chip belohnt, den sie für Reisen und Preise einlösen konnten. Das war, wie wenn man Geschenkgutscheine vom Büro bekommt. Durch das System wurde nicht nur Begeisterung ausgelöst, und die Leute konnten sich nicht nur ihre eigenen Belohnungen aussuchen, es hatte auch den Vorteil, daß es Feedback zur rechten Zeit gab: „Mach' etwas gut, dann erhältst du einen Chip." Mehr als alles andere war es die Unmittelbarkeit der Reaktion, die es zu einem effektiven System machte.

Lehrer wissen, daß die Schüler besser lernen, wenn sie umgehend eine Rückmeldung geben, ob die Antwort richtig ist. Nach diesem Vorbild wurde Lernsoftware entwickelt. Wenn man die falsche Antwort gibt, sagt einem das System dies sofort, und die falsche Antwort erscheint nicht im Speicher. Wenn man es richtig macht, verstärkt das Programm den Lerneffekt durch großes Lob und Gratulationen.

Öffentlich

Verstecken Sie die guten Neuigkeiten nicht. Erzählen Sie jedem davon. Öffentlich bekanntgemachte Belohnungen funktionieren sowohl extrinsisch als auch intrinsisch. Man bekommt die Belohnung an sich und die Anerkennung, die durch die Publicity entsteht.

Kritiker sagen, daß die öffentliche Anerkennung einer hervorragenden Leistung Neid und Verleumdungen hervorruft, und daß die Mitarbeiter sicherlich meckern und murren, wenn einem ihrer Kollegen besondere Aufmerksamkeit zuteil wird. Darin liegt ein Funken Wahrheit. Aber die Vorteile von Aufmerksamkeit in der Öffentlichkeit sind bei weitem größer als das Risiko. Erstens wird dadurch eine konkrete Botschaft an Ihre Leute vermittelt, was für Sie wirklich einen Wert bedeutet. Zweitens entsteht dadurch oft ein positiver Wettbewerbsgeist. Bei einer großen Einzelhandelskette, die regelmäßig Jagden auf heilige Kühe veranstaltet und viel Aufhebens um „die Jäger des Monats" machte, entstand unter den Mitarbeitern eine freundschaftliche Rivalität im Kampf um den Titel. Drittens kann dadurch ein neues Denken ausgelöst werden. Wenn die Öffentlichkeit die guten Ideen erfährt, bringt das andere dazu, den nächsten Schritt zu ergreifen. In der Tat werden genau so großartige Ideen geboren.

Ziele des Informationszeitalters, Belohnungen aus der Steinzeit

Wenn Sie eine Organisation ändern, dann müssen Sie das Belohnungssystem ebenfalls ändern. Manchmal ist das das letzte, worauf geachtet wird, und ein Unternehmen kann sich tatsächlich in der Situation wiederfinden, daß es den Widerstand Veränderungen gegenüber nur noch verstärkt.

Erinnern Sie sich an die landesweit tätige Immobilienfirma, die interaktive Technologien in ihre grundsätzlichen Geschäftsverfahren einbezogen hatte? Das Problem lag darin, daß sie eine Geschäftsstrategie des Informationszeitalters mit einem Belohnungssystem aus der Steinzeit kombinierte. Das Unternehmen versuchte, seine Mitarbeiter von den traditionellen Verkaufstechniken auf ein System umzugewöhnen, das den Verbrauchern die Möglichkeit gegeben hätte, Häuser on-line zu erwerben. Während das Unternehmen mit dem Widerstand seiner Vertreter der neuen Technologie gegenüber kämpfte, gab es immer noch Belohnungen für die beste Zeitungsanzeige und die am cleversten gestaltete Broschüre. Der Widerspruch verwirrte jeden und vermittelte die Botschaft, daß das Unternehmen sich nicht vollständig für das interaktive Programm engagierte. Systeme zum Anreiz der Mitarbeiter müssen noch einmal überdacht werden, so daß Zukunftsdenken belohnt und nicht entmutigt wird.

Belohnen Sie Fehler

Das klingt verrückt, oder? Aber wenn Veränderungen notwendig sind, möchten Sie doch nicht, daß Ihre Leute mit Vorsicht agieren und Risiken vermeiden. Wenn Sie die Leute nicht ermutigen, etwas zu versuchen – und das bedeutet, Fehler zu machen – werden Sie am Ende nichts haben als den Status quo. Nicht die ehrlichen Fehler sind das Problem, sondern die Fehler der Untätigkeit. Wenn Sie keine Fehler machen, machen Sie wahrscheinlich etwas falsch. In einer Kultur, in der keine Fehler gemacht werden dürfen, ist es schwer, Veränderungen zu verkaufen.

Eine Methode, Leute dazu zu bringen, Veränderungen zu riskieren und etwas Neues zu versuchen, ist, ein System aufzubauen, in dem gute Ansätze belohnt werden, nicht nur erfolgreiche Ergebnisse. Unternehmen wie 3M, die für ihre Innovationen bekannt sind, ermutigen ihre Leute dazu, mit neuen Ideen und Konzepten zu experimentieren. Sie wissen, daß in 60 Prozent der Fälle die Idee ein Blindgänger sein wird, aber sie setzen auf die anderen 40 Prozent.

Auszeichnungen für den „Superversuch" oder „Volltreffer" funktionieren gut, um die folgende Botschaft zu vermitteln: Veränderungen produzieren Fehler; Fehler produzieren Lernprozesse, Lernprozesse produzieren Erfolg.

Belohnen Sie das Team

Eine Gebietsleiterin bei einem landesweit tätigen Lebensmittelunternehmen wurde aufs Podium gebeten, um eine Auszeichnung des Präsidenten des Unternehmens entgegenzunehmen. Ihr Team hatte das erfolgreichste neue Produkt des Jahres eingeführt, und nach ein paar Worten des Lobes übergab ihr der Präsident das Mikrophon. Ohne zu zögern forderte sie jedes Mitglied ihres Teams auf, aufzustehen und zu ihr auf das Podium zu kommen. Zweiundzwanzig Leute aus den Bereichen Produktion, Verkauf, Design und Marketing machten sich auf den Weg nach vorne, und sie erhielten warmen Applaus vom Publikum. Die Mitglieder der Gruppe strahlten über das ganze Gesicht, als sie öffentlich Anerkennung für ihre Mühen erhielten.

Was war an diesem Moment so beeindruckend? Wenn Sie Leute motivieren möchten, zusammenzuarbeiten, müssen Sie das Team belohnen, nicht nur den Kapitän. Wenn Sie Arbeitsgruppen einsetzen, um Veränderungen zu schaffen, oder wenn sich Ihre Reorganisationspläne auf das Team stützen, halten Sie sich besser an dieses einfache Prinzip. Als die Managerin ihr Team aufforderte, den Ruhm mit ihr zu teilen, tat sie wahrscheinlich mehr, um die Gruppe zu festigen, als man mit irgendwelchen Motivationsreden während des Jahres jemals erreicht hätte.

Wenn im Profisport Meisterschaftsplaketten verteilt werden, bekommt jeder eine, ohne Rücksicht darauf, ob der einzelne in jedem Spiel spielte oder nur auf der Bank saß. Aus der Sicht des Trainers ist der Beitrag jedes Spielers wichtig und sollte auch anerkannt werden. Aus der Sicht des Spielers vermittelt einem nichts mehr das Gefühl, Mitglied eines Teams zu sein als als Teammitglied belohnt zu werden.

Eine heilige Kuh: Jeden gleich behandeln

Es ist beinahe unmöglich, einzelne Mitarbeiter zu motivieren, wenn Ihr Weg durch folgende heilige Kuh blockiert wird: „Jeden gleich behandeln." Dieses Überbleibsel aus der christlichen Rechtsethik, der amerikanischen Tradition des Fairplay und des Gewerkschaftsdenkens von Gleichheit am Arbeitsplatz hat zum Inhalt, daß der aufgeklärte Manager niemandem eine besondere Behandlung zukommen lassen darf. Jeder spielt nach den gleichen Regeln.

Es ist zwar wichtig, daß Sie sich um Ihre Leute kümmern und jeden fair behandeln, aber der Schlüssel zu gutem Coaching ist, die Unterschiede der einzelnen Spieler zu erkennen und zu maximieren – nicht zu minimieren. Man managt einen Superstar nicht so wie einen Gesellen. Man kann das kreative Talent nicht so motivieren wie einen Buchhalter. Manchmal muß man für jeden Menschen eine eigene Regel anwenden.

Ein national bekannter Footballcoach, dessen Namen wir hier nicht nennen, wurde nach seinem Geheimnis gefragt, wie er seine Spieler motiviert. Er beeindruckte uns, sowohl was seine Weisheit als auch seine Ehrlichkeit anbelangt: „Manche Jungs kickt man in den Hintern, manchen küßt man den Hintern, und manchen muß man den Hintern abwischen", sagte er nachdenklich. „Der Schlüssel ist, zu wissen, wen man wie behandeln muß."

Grob oder brillant, roh oder rar – der Coach war sich einer grundlegenden Sache bewußt: Für unterschiedliche Spieler ist unterschiedliches Handeln erforderlich. Die Strategie, die man zur Motivation des einen Spielers anwendet, kann für den anderen absolut ungeeignet sein. Während der eine vielleicht auf Dringlichkeit reagiert, wird der andere mehr durch eine Herausforderung motiviert. Darum sind unsere vier Schlüssel zur Motivation nur der Ausgangspunkt. Sie müssen den nächsten Schritt machen und fragen: Wann macht man mit wem was?

Jordans Regeln

Der Chef des Chicago Bulls Basektballteams wurde rundherum kritisiert, weil für den Superstar Michael Jordan spezielle Regeln aufgestellt wurden. Die Antwort von Coach Phil Jackson lautete wie folgt:

„Mein erstes Anliegen, als ich diesen Job übernahm, war, Michael auf dem Spielfeld so gleich wie möglich zu behandeln. Darum geht es in unserem offensiven System. Aber es gibt keine Möglichkeit, ihn wie jeden anderen Spieler auf dem Spielfeld zu behandeln."

„In einem Hotel kann er nicht die Treppen hinuntergehen, ohne daß man über ihn herfällt. Ich bin aus diesem Raum hinausgegangen und habe acht, manchmal sogar zehn Serviceleute vor seiner Tür gesehen, die darauf warteten, bis er herauskam, und sie hatten überall Blumen und Süßigkeiten. Anders als andere Spieler muß er Leute bei sich haben, damit dies etwas ausgefiltert wird."

„Es gibt einen Unterschied in der Art und Weise, wie er behandelt wird, das stimmt, aber es gibt auch einen Leistungsunterschied. Einen großen Unterschied. Und dem muß man gerecht werden. Es gibt Eifersüchteleien, die die anderen Spieler überwinden müssen. Wenn das funktioniert, werden wir ein großartiges Team sein."[30]

Wodurch motiviert man einzelne Mitarbeiter?

Als ich vor Jahren eine psychiatrische Klinik leitete, erkannte ich, daß die Mitarbeiter, die den Titel eines Magisters trugen, viel Leitung und Rückversicherung benötigten. Viele von ihnen waren sich unsicher bezüglich ihrer Fähigkeiten und mußten ständig beaufsichtigt werden, um sich mit dem hohen Grad an Verantwortung, die die Arbeit mit sich brachte, wohl zu fühlen. Ich fand heraus, daß das, was für die Leute auf der Ebene des Magistertitels galt, für die Leute mit Doktortitel absolut ungeeignet war. Sie lehnten diese Art von Führung ab, fanden es aufdringlich und anmaßend. Sie wollten als Profis behandelt werden. Unabhängigkeit und Raum zum Atmen waren für sie wesentlich, und sie ließen mich darüber nicht im unklaren.

Das gleiche gilt für Einzelpersonen. Manche werden durch einen Bonus und durch zusätzliche Leistungen motiviert, andere durch flexible Arbeitszeiten und „Freiraum für sich selbst", wieder andere durch Macht und dadurch, daß sie etwas erreichen können. Es ist so, wie der Coach es darstellte: Der Schlüssel ist, zu wissen, was bei wem funktioniert.

Der günstigste Ausgangspunkt, den wir vorher schon erwähnten (im Bereich „Fürsorge" in Kapitel 17), ist der zweite Lösungsansatz. Zu lernen, sich in die Rolle des anderen zu versetzen, sich in seine Realität hineinzudenken und hineinzufühlen ist eine Fertigkeit, die alle guten Coachs entweder haben oder erwerben müssen. Wenn es darum geht, Leute zu motivieren, ist dies so wesentlich wie das beschriebene Anfeuern.

„Als Red Auerbach in den 50er und 60er Jahren die Boston Celtics trainierte, schrie er bestimmte Spieler regelmäßig an, weil er dachte, es sei die einzige Methode, sie zu einer maximalen Leistung anzutreiben", schreibt Glenn Dickey, Sportberichterstatter für den *San Francisco Chro-*

nicle. „Aber Auerbach schrie nie Bill Russel an, weil Red den reizbaren Stolz des Mannes kannte."[31]

Auerbach, der neun Meisterschaftsteams der NBA trainierte, sagte: „Ich habe meine Gesprächspartner immer zurechtgewiesen, wenn sie mich fragten: ‚Wie gingen Sie mit so und so um?' Sie gehen mit Tieren um, sie behandeln Menschen ...!"[32]

Das grünäugige Monster zähmen

Wenn Sie Einzelpersonen unterschiedlich behandeln, besteht ein Teil des Pozesses darin, sich mit Eifersucht und Vorwürfen von Unfairneß auseinanderzusetzen. Dies sind unsere Vorschläge, das grünäugige Monster zu zähmen:

- Wichtige Nebenrolle – Lassen Sie jeden wissen, daß er etwas wert ist und daß der Beitrag eines jeden Mitarbeiters wichtig ist. Auch wenn sie nur die Rolle eines Zuarbeiters innehaben, ist ihre Rolle wesentlich. Sie haben eine „wichtige Nebenrolle" – dies ist ein Begriff aus dem Theater, um Darsteller zu beschreiben, die nur wenige Zeilen zu sprechen haben, deren Anteil aber ein Schlüssel für die weitere Handlung ist.

- Trainieren Sie Einzelpersonen – Behandeln Sie *alle* Ihre Leute als Einzelpersonen mit speziellen Bedürfnissen und Belangen. Lassen Sie jeden einzelnen wissen, daß Sie sie alle gleich respektieren und sich um sie sorgen. Setzen Sie jedem bestimmte Ziele. Je mehr Interesse Sie für die Spieler als Individuen zeigen, desto weniger Rivalität wird es unter ihnen geben.

- Grundregeln – Legen Sie für jeden eine Reihe von Grundregeln fest, ungeachtet des Status. John Madden hatte drei, als er die Oakland Raiders trainierte: „Erscheine rechtzeitig, kenne die Spiele, arbeite mit Hochdruck." Aber erstellen Sie auch übergeordnete Ziele, die für Abteilungen und Einzelpersonen gelten. Die Leute im Bereich Verkauf und Kundendienst zum Beispiel folgen vielleicht anderen Richtlinien als die Programmierer.

Drei Fallstudien

Ihr Unternehmen hat stetig Marktanteile verloren, und das Topmanagement ist nervös. Sie haben einen Umstrukturierungsplan beschlossen, der die Art und Weise, wie das Unternehmen Geschäfte macht, ändert, angefangen von der Postabteilung bis hin zu F&E. Susie, Joe und Tom wurden gerade Ihrer Arbeitsgruppe zugeteilt. Ihre Aufgabe ist es, alle drei so zu motivieren, daß sie den Veränderungsplan bereitwillig annehmen.

Susie Sturm

Alter: 37

Position: Verkaufsmitarbeiterin

Zugehörigkeit zum Unternehmen: 5 Jahre

Arbeitsgewohnheiten: Ehrgeizig bis zum Umfallen, arbeitet lange, gehört zu den Top 10 in der Verkaufsabteilung, zieht es vor, alleine zu arbeiten, reagiert auf Herausforderungen, Selbststarter.

Belohnungen: Mag gern teure Autos, schöne Hotels, teure Kleidung, fährt gerne auf der Überholspur.

Persönliche Kennzeichen: Gefühlsbetont, ausdrucksstark, zu Vorgesetzten freundlich, aber kein enges Verhältnis, unabhängig, optimistisch, reagiert gut auf Herausforderungen, hat Vertrauen in ihre Fähigkeiten.

Joe Langsam

Alter: 44

Position: Controller

Zugehörigkeit zum Unternehmen: 20 Jahre

Arbeitsgewohnheiten: Verläßlich, aber unspektakulär, gut in Details, vorsichtig, stellt den Status quo nicht in Frage, mag Routine, hat immer gespitzte Bleistifte auf seinem Schreibtisch, zieht klare, spezifische Anweisungen vor, leistet Innovation und Veränderungen gegenüber Widerstand, lehnt risikoreiche Aufgaben ab, ist am Endergebnis orientiert.

Belohnungen: an Geld interessiert, spricht davon, „nicht genug zu haben", die Meinung anderer Leute bedeutet viel für ihn, ist teamorientiert.

Persönliche Kennzeichen: Konzentriert auf seine Familie, kleidet sich konservativ, verläßlich, zuverlässig, wohnt seit 24 Jahren an derselben Adresse, logisch und rational. Nicht emotionell, traditionelle Ansichten, loyal dem Unternehmen gegenüber, hält Freundschaften zu Mitarbeitern aufrecht – geht zu ihren Hochzeiten und Feiern, geringes Selbstbewußtsein.

Tom Techno

Alter: 28

Position: Mitarbeiter der mittleren Ebene – im Bereich EDV

Zugehörigkeit zum Unternehmen: 2 Jahre

Arbeitsgewohnheiten: Auf Technologie konzentriert, verbringt Stunden vor seinem Bildschirm, ist brillant in der Lösung von Problemen, kreativ und innovativ, ergreift die Initiative in den Bereichen, in denen er Fachwissen aufweisen kann, kann ein gutes System immer verbessern. Zieht einen seltsamen Terminplan durch, arbeitet am liebsten nachts, weigert sich, Verwaltungsaufgaben zu erledigen, mittelmäßige Kommunikationsfähigkeiten, arbeitet gern allein.

Belohnungen: Nicht an Geld oder Teamwerten interessiert, schätzt Freiheit, Flexibilität und gute Ausrüstung.

Persönliche Kennzeichen: Hat wenige Freunde im Unternehmen, nimmt an Veranstaltungen des Unternehmens nicht teil. Ruhig, alleinstehend, zieht sich eher schlecht an, intuitiv und analytisch. Selbstsicher in seinem eigenen Bereich, unsicher in anderen Bereichen.

Wenn Sie den günstigsten Ansatzpunkt gewählt haben, werden Sie sehr viel mehr über diese Mitarbeiter wissen als die wenigen Informationen, die wir oben aufgelistet haben, deshalb geben wir nachfolgend allgemeine Ratschläge, um diese drei Mitarbeiter zu motivieren. Wie Sie sehen können, handelt es sich um sehr unterschiedliche Menschen mit klaren Wertvorstellungen, Arbeitsgewohnheiten, Interessen und Persönlichkeiten.

Betrachten Sie Susie Sturm. Wie würden Sie sie für eine Veränderung motivieren? Welche Sprache würden Sie verwenden, um sie zu erreichen? Welche Art von Belohnung? Welche Aufgaben würden Sie ihr übertragen? Solche Fragen sollte jeder gute Coach stellen.

Susie ist eine Selbststarterin, die auf Herausforderungen reagiert. Wenn man also Dringlichkeit produziert, dann würde das bedeuten, ihr nur die im Veränderungsplan enthaltenen Möglichkeiten zu verkaufen. Betonen Sie die persönlichen Herausforderungen. Sie muß nicht angefeuert werden – sie ist es bereits – leiten Sie also das Feuer, indem Sie ihr bilderreich schildern, wie sich ihr Ehrgeiz in den Vorstellungen des Unternehmens in bezug auf die Zukunft auszahlen wird.

Sie ist eine motivierte Person. Verwenden Sie in Ihrem Lösungsansatz hochkarätige Worte. Teurer Urlaub und teure Autos sind für sie wichtig, also sollten extrinsische Belohnungen betont und angeboten werden. Aber sie fühlt sich auch von Aufregung und Spaß angezogen. Legen Sie den Schwerpunkt darauf, wie fesselnd die neuen Möglichkeiten sein werden. Übertragen Sie ihr Aufgaben, die sie sehr beanspruchen.

Mit Joe ist es etwas ganz anderes. Er ist seit zwanzig Jahren bei der Firma und hat sich langsam und vorsichtig hochgearbeitet. Er ist konservativ und reagiert langsam auf Veränderungen, und in der Vergangenheit reagierte er auf Innovationen mit Widerstand. Sprechen Sie Joes rationale, am Endergebnis orientierte Denkweise an, indem Sie eine vernünftige Sprache und logische Argumente verwenden. Betonen Sie sowohl externe als auch soziale Belohnungen.

Joe macht sich etwas aus Geld, zeigen Sie ihm also, was er gewinnen und das Unternehmen verlieren wird, wenn die Veränderung nicht durchgeführt wird. Aber er ist auch sozial motiviert. Sprechen Sie seinen Teamgeist an, und betrachten Sie Druck von oben als ein Mittel, ihn soweit zu bringen, daß er anbeißt. Übertragen Sie ihm einfache Aufgaben, die sein Vertrauen stärken und durch die er sich mit dem Reorganisationsplan wohlfühlt.

Für Tom ist wieder ein anderer Lösungsansatz erforderlich. Geld oder Status interessieren ihn nicht. Ihn bewegen intrinsische Motive. Betonen Sie Freiheit und Unabhängigkeit. Weisen Sie auf die Möglichkeiten für mehr Zeit „an der Maschine" hin und zur Entwicklung neuer Technologien im Zuge der Reorganisation. Verwenden Sie eine analytische und logische Sprache. Übertragen Sie ihm eine Aufgabe innerhalb seines Fachbereiches, und sprechen Sie seine Fähigkeiten, Probleme zu lösen, an. Bitten Sie ihn um seine Hilfe, um Fehler im neuen System herauszuarbeiten. Spielen Sie die Interaktion der Gruppe hinunter. Betonen Sie die Möglichkeit, seinen eigenen Bereich zu vergrößern.

Wenn Sie Ihre Spieler unterschiedlich behandeln, bedeutet dies nicht, die Favoriten zu bevorzugen, es bedeutet einfach, klug zu handeln. Indem ein Manager erkennt, daß jede Person ein Individuum mit speziellen Bedürfnissen, Träumen und Werten ist, kann er den Beitrag eines jeden Mitarbeiters maximieren und sie oder ihn für Veränderungen motivieren.

Wie der IBM-Gründer Tom Watson schon riet: „Versuchen Sie nicht, Ihre Wildgänse dazu zu bringen, in Formation zu fliegen.“[33]

20

Wie man die Charakterzüge zur Veränderungsbereitschaft entwickelt

Sie müssen kein Superstar sein

Ted Turner, der die erste Fernsehstation plante, die „rund um die Uhr nur News sendet", ist ein offensichtlicher und äußerst sichtbarer Prototyp einer veränderungsbereiten Einzelperson. Turner setzte seine Werbeagentur dafür ein, um eine UHF-Fernsehstation zu kaufen. Die Station belastete er mit einer Hypothek, um zwei Profisport-Konzessionen zu kaufen – die Atlanta Braves und die Atlanta Hawks. Und dann riskierte er sein Unternehmen, das einen Umsatz von 100 Millionen Dollar im Jahr machte, um CNN aufzubauen. Ein Versuch, CBS zu kaufen, schlug fehl, und beinahe verlor er alles bei dem Erwerb von MGM. Für Turner sind Veränderungen so normal wie Cornflakes zum Frühstück. Der Status quo? Ein Fluch, den es um alles in der Welt zu vermeiden gilt. Turner ergreift neue Gelegenheiten so bereitwillig wie ein durstiger Mann ein Glas Wasser – er trinkt mit gierigen, riesig großen Schlucken.

Welche Charakterzüge verbindet veränderungsbereite Menschen? Und, was noch wichtiger ist, kann man diese lernen? Wir haben herausgefunden, daß man kein Superstar sein muß, um veränderungsbereit zu sein. Diese Charakterzüge sind in jedem von uns vorhanden. Aber so wie musikalische oder sportliche Fähigkeiten, müssen sie entwickelt werden.

Veränderungsbereitschaft bedeutet, daß man für Veränderungen Begeisterung zeigt und sie als Herausforderung empfindet. Man erwartet Veränderungen oder setzt sie in Gang, anstatt einfach nur auf Vorkommnisse zu reagieren. Die meisten Unternehmen nehmen sich nicht die Zeit, eine Kultur der Bereitschaft zu schaffen. Kurz bevor oder sogar nachdem Veränderungspläne angekündigt wurden, kommen sie mit ihren Beratern. Das ist, als ob man einen Boxer an dem Tag, an dem der Kampf stattfinden soll, darauf vorbereitet. Nicht nur, daß es nicht funktioniert, dadurch entstehen auch oft Ablehnung und Bitterkeit. Es ist kein Wunder, daß viele Berater sich darüber beklagen, daß sie Zielscheibe sind, anstatt in der Lage zu sein, die Dinge vereinfachen zu können.

Wenn Sie eine veränderungsbereite Organisation schaffen möchten, ist es erforderlich, den Glauben an und die Voraussetzung dafür zu schaffen, heilige Kühe in Frage zu stellen, ein Umfeld des Vertrauens und der Fürsorge hervorzubringen, Widerstand zu überwinden und die Leute anzufeuern. Dieses Kapitel ist der letzte Schritt: Menschen mit Veränderungsbereitschaft zu entwickeln, die die Zukunft Ihrer Organisation schaffen und Sie ins einundzwanzigste Jahrhundert bringen werden.

Um herauszufinden, welche Stärken und Schwächen Sie in bezug auf Veränderungsbereitschaft haben, wie Sie mit den unaufhörlichen Anforderungen einer sich ständig ändernden Welt umgehen, sollten Sie die Testreihe für Veränderungsbereitschaft ausfüllen. Es handelt sich um eine gekürzte Version des Tests, den wir in unseren Programmen und Workshops verwenden. (Bezüglich einer Kopie der Testreihe für Veränderungsbereitschaft und des Programmes als Ausdruck oder auf Diskette, beachten Sie bitte Seite 371.)

Machen Sie den Test

Konzentrieren Sie sich auf Ihre Leistung am Arbeitsplatz. Beantworten Sie jede Frage ehrlich. Kreuzen Sie die Zahl an, die am genauesten Ihre Ansichten und Ihr Verhalten beschreibt, und zwar so, wie sie tatsächlich sind, nicht so, wie Sie sie gerne hätten, oder wie Sie glauben, daß sie sein sollten.

Skala für Veränderungsbereitschaft

1= starke Ablehnung   6 = starke Befürwortung

1. Das Vertraute ist mir lieber als das Unbekannte. 1 2 3 4 5 6
2. Ich kritisiere mich selten im nachhinein. 1 2 3 4 5 6
3. Egal, was passiert, ich lasse mich nicht beirren. 1 2 3 4 5 6
4. Ich kann es nicht erwarten, anzufangen. 1 2 3 4 5 6
5. Es ist sehr wichtig, die Hoffnungen nicht zu hoch zu schrauben. 1 2 3 4 5 6
6. Wenn die Dinge nicht so gut laufen, finde ich einen Weg, um die Probleme zu lösen. 1 2 3 4 5 6
7. Ich befasse mich nicht gern mit Angelegenheiten, auf die es keine klare Antwort gibt. 1 2 3 4 5 6
8. Ich baue mir gerne fixe Prozeduren auf und bleibe dabei. 1 2 3 4 5 6
9. Ich schaffe es, daß jede Situation für mich arbeitet. 1 2 3 4 5 6
10. Ich verliere die Fassung, wenn etwas Wichtiges nicht richtig funktioniert. 1 2 3 4 5 6
11. Es fällt mir schwer, mich zu entspannen und nichts zu tun. 1 2 3 4 5 6
12. Wenn etwas schiefgehen kann, dann kommt es auch so. 1 2 3 4 5 6
13. Ich versuche, auch an unmöglichen Orten eine Lösung zu finden. 1 2 3 4 5 6
14. Ich bin frustriert, wenn ich eine Sache nicht in den Griff bekomme. 1 2 3 4 5 6
15. Ich bin vorsichtig, wenn es darum geht, neue Ideen zu akzeptieren. 1 2 3 4 5 6
16. Ich mache mir keine Sorgen darüber, ob ich den Erwartungen anderer Leute entspreche. 1 2 3 4 5 6
17. Wenn ich mich einmal entschieden habe, ändere ich meine Meinung nicht so leicht. 1 2 3 4 5 6
18. Ich treibe mich selbst zum Maximum an. 1 2 3 4 5 6
19. Meine erste Reaktion ist, mir Gedanken darüber zu machen, was schiefgehen kann. 1 2 3 4 5 6
20. Aus wenig mache ich viel. 1 2 3 4 5 6
21. Wenn etwas unklar ist, möchte ich es umgehend klären. 1 2 3 4 5 6

22. Ich warte ab, um zu sehen, ob sich vielleicht etwas von selbst löst, bevor ich es versuche. 1 2 3 4 5 6

23. Ich konzentriere mich mehr auf meine Stärken als auf meine Schwächen. 1 2 3 4 5 6

24. Es fällt mir schwer, etwas aufzugeben, auch wenn es nicht funktioniert. 1 2 3 4 5 6

25. Ich bin ruhelos und voller Energie. 1 2 3 4 5 6

26. Die Dinge funktionieren selten so, wie man es sich wünscht. 1 2 3 4 5 6

27. Ich bin immer erfolgreich damit gefahren, daß ich mich mehr oder weniger ehrlich durchs Leben schlage. 1 2 3 4 5 6

28. Ich hasse es, Dinge unerledigt liegen zu lassen. 1 2 3 4 5 6

29. Ich fühle mich mehr von Bequemlichkeit als von Aufregung angezogen. 1 2 3 4 5 6

30. Wenn ich einen großen Fehler mache, belastet mich das nicht. 1 2 3 4 5 6

31. Ich fühle mich unwohl in Situationen, in denen sich die Regeln ständig ändern. 1 2 3 4 5 6

32. Egal was passiert, ich gebe nie auf. 1 2 3 4 5 6

33. Ich sehe eher Probleme, als Möglichkeiten. 1 2 3 4 5 6

34. Wenn ich nach einer Lösung suche, schöpfe ich jede Möglichkeit aus. 1 2 3 4 5 6

35. Ich mag keine Situationen mit vagen Erwartungen und Zielen. 1 2 3 4 5 6

Die sieben Kennzeichen von Veränderungsbereitschaft

Die Testreihe, die Sie gerade durchgegangen sind, mißt folgendes:

- *Einfallsreichtum*
- *Optimismus*
- *Abenteuerlust*
- *Antrieb*
- *Anpassungsfähigkeit*
- *Vertrauen*
- *Toleranz in bezug auf Varianten*

Bewertung:

Einfallsreichtum

Zählen Sie die angekreuzten Ziffern bei den Fragen 6, 13, 20, 27 und 34 zusammen. Dies ist Ihr Ergebnis. Das optimale Ergebnis liegt zwischen 22 und 26.

Einfallsreiche Menschen sind effektiv darin, das Beste aus jeder Situation zu machen und alle Ressourcen, die zur Verfügung stehen, zu nützen, um Pläne und Möglichkeiten zu entwickeln. Sie sehen mehr als einen Weg, um ein Ziel zu erreichen, und sie sind in der Lage, an weniger offensichtlichen Orten Hilfe zu finden. Sie haben ein wirkliches Talent dafür, neue Wege zu schaffen, um alte Probleme zu lösen.

Als ich während meines Urlaubs an einem Swimmingpool saß, bemerkte ich zwei kleine Jungs, die mit irgendeinem Palmwedel und einer Schnur spielten. Es war klar, daß diese Kinder in der letzten Zeit nicht in einem Spielwarenladen waren. Und doch hatte einer von ihnen eine ausgeklügelte Brücke über eine enge Lagune und ein paar kleine „Boote" gebaut. Der andere hatte überhaupt nichts gebaut, er war damit zufrieden, mit einem Palmwedel Wasser auf seinen Freund zu spritzen. Der Unterschied in der Art und Weise, wie sie spielten, sagte etwas über den Grad ihres Einfallsreichtums aus – die Fähigkeit, aus nichts etwas zu machen.

Für einfallsreiche Menschen ist ein Apfel vielleicht als Briefbeschwerer nützlich; mit einem Bleistift könnte man sich den Rücken kratzen. Wenn man Dinge in solch dehnbaren Begriffen betrachtet, findet man sicher eine Vielzahl von Lösungen, wenn man sich in der Klemme befindet.

Wenn Menschen, die wenig einfallsreich sind, auf ein Hindernis treffen, laufen sie fest, stellen sich auf die Hinterbeine und gehen wieder dazu über, heilige Kühe zu füttern. Leute, die eine sehr hohe Punktzahl erreicht haben (mehr als 26), übersehen vielleicht offensichtliche Lösungen und machen sich mehr Arbeit als nötig.

Die Leute mit der optimalen Punktzahl wissen, daß es für jedes Problem eine Lösung gibt. Wenn irgend jemand diese Lösung finden kann, dann sind sie es. Sie sind sehr geschickt darin, innovative Methoden zu finden, um mit Veränderungen umzugehen. Da man auf so viele unerwartete Schwierigkeiten trifft, wenn man den Status quo in Frage stellt, werden sie mit jedem Schritt wertvoller.

Optimismus

Zählen Sie die angekreuzten Ziffern bei den Fragen 5, 12, 19, 26 und 33 zusammen. Ziehen Sie diese Summe von 35 ab, dies ist dann Ihr Ergebnis. Das optimale Ergebnis liegt zwischen 22 und 26.

Jeder hat eine ziemlich gute Vorstellung davon, was damit gemessen wird. Ist das Glas halb leer oder halb voll? Ein Geschäftsinhaber erweiterte die Definition. Er definierte den Pessimisten als jemand, der das Glas nicht nur als halb leer betrachtet, sondern der sogar sieht, daß es ein Leck hat. Der Optimist, so bemerkte er, sei froh, überhaupt ein Glas zu haben.

Unser Test mißt, ob die Leute positiv in die Zukunft blicken. Sehen Sie Regenwolken oder einen sonnigen Himmel? Optimismus steht in Wechselbeziehung zu Veränderungsbereitschaft, da der Pessimist nur Probleme und Hindernisse sieht, während der Optimist die neuen Gelegenheiten und Möglichkeiten erkennt.

Manche Leute sagen, daß man Optimismus nicht lernen kann, man muß ihn einfangen. Wie eine Volkskrankheit bekommt man ihn, wenn man mit den richtigen Leuten zusammen ist. Es kann nicht geleugnet werden, daß Optimismus höchst ansteckend ist, aber wir glauben, daß mehr daran ist. Man kann sich selbst trainieren, um sowohl das Positive als auch das Negative zu suchen. Aber bestimmt das, was man sieht, die Einstellung oder bestimmt die Einstellung das, was man sieht? Es funktioniert in beide Richtungen. Optimismus ist das Spiegelbild dessen, auf das Sie sich beziehen, und Ihr Bezugssystem wird durch Ihre Veranlagung beeinflußt. Die gute Nachricht ist, daß Sie beides ändern können.

Optimisten neigen dazu, Veränderungen gegenüber mehr Begeisterung zu zeigen, und sie haben eine positivere Einstellung. Ihr positiver Weitblick gründet sich auf einen beständigen Glauben an die Zukunft und auf die Überzeugung, daß sich die Dinge meistens zum Besten lösen. Denjenigen, die hier eine sehr hohe Punktzahl (mehr als 26) erreicht haben, mangelt es vielleicht an der Fähigkeit, kritisch zu denken.

Abenteuerlust

Zählen Sie die angekreuzten Ziffern bei den Fragen 1, 8, 15, 22 und 29 zusammen. Ziehen Sie diese Summe von 35 ab, dies ist dann Ihr Ergebnis. Das optimale Ergebnis liegt zwischen 22 und 26.

„Das Leben ist entweder ein tägliches Abenteuer oder es ist nichts", sagte Helen Keller, die sich durch ihren Elan aus ihrer Lähmung befreite und ihre Existenz zu einer erstaunlichen Reise gestaltete.

Zwei Bestandteile machen diesen Abenteuergeist aus: die Neigung, Risiken einzugehen, und der Wunsch, das Unbekannte zu verfolgen, den weniger befahrenen Weg zu gehen.

Abenteuerlustige Menschen lieben Herausforderungen. Sie neigen zu Rastlosigkeit und meiden Bequemlichkeit. Routine langweilt sie. Sie hassen Wiederholungen und haben das Gefühl, ausbrechen zu müssen? Sie suchen immer nach neuen Wegen, um Dinge zu tun. Abenteuerlustige Menschen sind großartige Innovatoren und Schöpfer, Wegbereiter und Pfadfinder, die immer nach neuen Möglichkeiten und aufregenden Dingen Ausschau halten.

Da Veränderungen immer sowohl ein Risiko als auch das Unbekannte mit sich bringen, schneiden diese Leute bei drastischen personellen Veränderungen meistens gut ab. Sie sind diejenigen, die etwas in die Hand nehmen, sie sind die Mitarbeiter, die Veränderungen initiieren und schaffen. Aber eine hohe Punktzahl (über 26) kann eine Tendenz zu Rücksichtslosigkeit anzeigen.

Antrieb

Zählen Sie die angekreuzten Ziffern bei den Fragen 4, 11, 18, 25 und 32 zusammen. Dies ist dann Ihr Ergebnis. Das optimale Ergebnis liegt zwischen 22 und 26.

Antrieb kombiniert körperliche Energie mit dem mentalen Wunsch, Leidenschaft zu schaffen. Durch ihn werden alle anderen Charakterzüge maximiert. Wenn Sie Antrieb haben, erscheint nichts unmöglich. Wenn nicht, sind Veränderungen – na ja, anstrengend.

Antrieb ist das Niveau des einzelnen in bezug auf persönliche Dynamik. Er zeigt sich durch den Grad der Intensität und Entschlossenheit einer Person.

Stellen Sie sich vor, Sie stehen am Fuße eines Berges, den Sie besteigen müssen. Es gibt mindestens vierzig Serpentinen und manch tückische Fußwege, die es zu bewältigen gilt. Plus die Höhe und das Gewicht des Rucksacks auf Ihrem Rücken. Wie reagieren Sie? Diejenigen, die wenig Punkte erreicht haben, fühlen sich schon ausgelaugt, wenn sie nur auf den Weg, der nach oben führt, blicken. Leute mit viel Antrieb sind unerschrocken, vielleicht bekommen sie sogar noch mehr Energie. Es hat weniger mit ihren bergsteigerischen Fähigkeiten zu tun als mit ihrer Energie und ihrer Hartnäckigkeit. Und ohne diese beiden Punkte ist es ein langer Anstieg.

„Ein Faktor, der in psychologischen Tests über Stärke immer wieder vorkommt, ist der Grad des Antriebs", berichtet der Sportpsychologe Jim Loehr, der mit einigen der besten Sportler der Welt zusammengearbeitet hat.

„Das ist der einzig beste Prophet von allen. Wie leidenschaftlich verfolgt die Person ein ganz bestimmtes Ziel? So viele Leute, die im Sport großartige Erfolge erzielen, haben nicht das Gefühl, daß sie genetisch bevorzugt sind ... Man schaut auf (den großartigen Basketballspieler Larry) Bird, und man glaubt nicht, daß er tatsächlich so großartig sein kann, wenn er neben all diesen Super-Ferraris steht. Offensichtlich verfügt er über Qualitäten, die es ihm ermöglichen, weit über seine genetische Veranlagung hinaus Spitzenleistungen zu erbringen."[1]

Das gleiche gilt für das Geschäftsleben. Damit irgendein neues Verfahren funktioniert, um die Unmenge an Problemen zu bewältigen, die jeder Plan für Veränderungen unabsichtlich mit sich bringt, muß man leidenschaftlich und entschlossen sein. Eine sehr hohe Punktzahl (mehr als 26) könnte jedoch bedeuten, daß Sie dickköpfig, besessen und unbedingt auf ein „Burnout" aus sind.

Anpassungsfähigkeit

Zählen Sie die angekreuzten Ziffern bei den Fragen 3, 10, 17, 24 und 31 zusammen. Ziehen Sie diese Summe von 35 ab, dies ist dann Ihr Ergebnis. Das optimale Ergebnis liegt zwischen 22 und 26.

Anpassungsfähigkeit beinhaltet zwei Elemente: Flexibilität und Spannkraft. Flexibilität schließt ein, daß man seine Erwartungshaltung leicht ändern kann. Wenn man hier eine hohe Punktzahl hat, heißt dies, daß man nicht auf bestimmte Ergebnisse fixiert ist. Wenn sich die Situation ändert, ändern sich die Erwartungen dieser Leute entsprechend. Sie passen sich an die neuen Umstände schnell und leicht an, deshalb fühlen sie sich selten enttäuscht oder im Stich gelassen.

Flexible Menschen haben Ziele und Träume wie jeder andere auch, aber sie sind nicht übermäßig darauf fixiert. Wenn irgend etwas nicht so läuft, wie sie es sich vorgestellt haben, werden sie sagen: „Plan A funktioniert nicht. Okay, laßt es uns mit Plan B versuchen." Es gibt viele Wege, die sie einschlagen können, und im allgemeinen haben Sie eine Vielzahl an Möglichkeiten, die für sie arbeiten. Leute mit Spannkraft werden durch einen Mißerfolg oder Fehler nicht zurückgeworfen. Sie grübeln darüber nicht nach und werden deprimiert, sondert fangen sich rasch wieder und machen weiter.

Spannkraft ist die Fähigkeit, sich von einer Notlage schnell wieder zu erholen und dabei ein Minimum an Trauma zu erleben. Eine Verkaufsmanagerin verlor an einem Nachmittag die Hälfte ihrer Verkaufsmitarbeiter. Zweiundzwanzig Leute wurden entlassen. Am nächsten Morgen war sie wieder im Büro und entwickelte einen neuen Plan, um die Quoten zu erfüllen. Es war nicht Gefühllosigkeit, sondern einfach nur die Bereitschaft, die neue Situation zu akzeptieren und das Beste daraus zu machen.

Wie die Managerin sind Leute mit Spannkraft geradeaus und schnell auf ihren Beinen. Sie werden vom Status quo nicht niedergehalten und klammern sich auch nicht an die Vergangenheit. Unbewegliche Menschen – Leute, die eine niedrige Punktzahl haben – können sich nicht an eine sich ändernde See gewöhnen. Sie sind in ihrer Nostalgie für die „guten alten Tage" gefangen und widersetzen sich Veränderungen, wenn nicht durch ihr Handeln, dann durch ihre Haltung. Solche Menschen sind eine schwere Bürde, wenn sich ein Unternehmen im Übergang befindet. Sie blicken immer zurück statt in die Zukunft.

Wenn man hier zu viele Punkte hat (mehr als 26), ist dies ein Zeichen für Mangel an Engagement oder dafür, daß man sich zu wenig für etwas einsetzt. Vielleicht brauchen Sie eine Infusion Rückgrat in Kochsalzlösung.

Vertrauen

Zählen Sie die angekreuzten Ziffern bei den Fragen 2, 9, 16, 23 und 30 zusammen. Dies ist Ihr Ergebnis. Das optimale Ergebnis liegt zwischen 22 und 26.

Wenn Optimismus bedeutet, daß man sicher ist, daß eine Situation ein gutes Ende finden wird, ist Vertrauen der Glaube in die eigene Fähigkeit, damit umzugehen. Es gibt Vertrauen für bestimmte Situationen – „Ich weiß, daß ich über diesen Kanal schwimmen kann, dieses Programm lernen kann, diesen Bericht schreiben kann" – und *Selbst*vertrauen – „Ich kann alles bewältigen, egal was auch auf mich zukommt." Das letztere ist die Art von Vertrauen, die in dieser Skala für Veränderungsbereitschaft gemessen wird.

Diejenigen, die hier eine hohe Punktzahl erreicht haben, sind im allgemeinen Leute mit einem starken Gefühl von Selbstachtung. Aber noch spezifischer gesehen sind sie der Meinung, daß sie jede Situation für sich arbeiten lassen können. Psychologen nennen diesen speziellen Glauben einen „inneren Ort von Kontrolle."

Während andere das Gefühl haben, von den Umständen, über die sie keine Kontrolle haben, erdrückt zu werden – Glück, Schicksal, Rezession, schlechtes Timing, ein tyrannischer Vorgesetzter –, betrachten Personen mit Selbstvertrauen die gleichen Situationen als von ihnen beeinflußbar. Wenn sie die Dinge nicht verändern können, machen sie das Beste daraus. Sie wissen, sie werden sich auf die eine oder andere Art behaupten, deshalb fühlen sie sich durch Veränderungen nicht bedroht.

Ein weiterer Grund, warum Leute mit viel Selbstvertrauen Veränderungen nicht als unmöglich betrachten: Sie haben keine Angst vor Fehlschlägen. Ihr Glaube an sich selbst basiert nicht auf einer bestimmten Leistung.

Ihr Ego wird nicht jedes Mal aufs Spiel gesetzt, wenn sie sich für etwas einsetzen. Wenn sie einen Fehlschlag erleiden, sehen sie sich nicht selbst als „Fehlschlag", sondern als jemand, der noch etwas lernen muß. In der Tat ist für denjenigen, der Selbstvertrauen hat, ein Fehlschlag ein Schritt zur Überlegenheit – genau dadurch wird man besser.

Es gibt eine direkte Wechselwirkung zwischen dem Grad des Vertrauens und der Empfänglichkeit für Veränderungen. Wenn die Menschen Vertrauen in ihre Fähigkeiten haben, eine neue Aufgabe zu bewältigen, sind sie dafür empfänglicher und haben eine positivere Einstellung dazu. Aber es kann sein, daß Sie zuviel Vertrauen haben. Eine Punktzahl über 26 kann ein Zeichen für eine anmaßende, besserwisserische Haltung und Mangel an Empfänglichkeit für Feedback bedeuten.

Toleranz in bezug auf Varianten

Zählen Sie die angekreuzten Ziffern bei den Fragen 7, 14, 21, 28 und 35 zusammen. Ziehen Sie diese Summe von 35 ab, dies ist dann Ihr Ergebnis. Das optimale Ergebnis liegt zwischen 22 und 26.

In einer perfekten Welt gäbe es keine Unsicherheiten. Alles wäre so klar wie der Vollmond in einer sternenlosen Nacht. Aber wir leben nicht in einer solchen Welt. Ein großer Teil der Planung, des Marketing und der Forschung basiert auf auf Sachkenntnis gestützten Vermutungen und Gefühlen darüber, wie der Markt in drei, vier oder zehn Jahren aussehen wird.

Das einzige, was von Veränderungen sicher behauptet werden kann, ist, daß sie Unsicherheit hervorbringen. Ganz gleich, wie sorgfältig Sie etwas planen, es gibt immer ein Element der Unbestimmtheit oder Vieldeutigkeit. Sie wissen nicht, was die Konkurrenz tun wird oder wie man auf dem Markt reagieren wird. Manchmal erscheinen Lösungen erst, wenn man sich schon mitten im Prozeß befindet.

Wenn die Dinge vage sind, sich im Fluß befinden oder unklar sind, dann werden Leute, die sich mit mehreren Varianten nicht wohl fühlen, ungeduldig und gereizt. Sie möchten schnelle Antworten, und sie möchten sie sofort. Das Ergebnis ist, daß Entscheidungen erzwungen und zu schnell getroffen werden.

Wir haben festgestellt, daß es besonders bei denjenigen wenig Toleranz in bezug auf Varianten gibt, die nur auf das Endergebnis fixiert sind und dazu neigen, die Dinge nur in Schwarz und Weiß zu sehen. Sie wollen Ergebnisse und regen sich auf, wenn Dinge nicht klar ausgesprochen werden.

Ohne eine gesunde Toleranz in bezug auf Varianten sind Veränderungen nicht nur unbequem, sie machen einem geradezu angst. Aber zu viel Toleranz kann Sie ebenfalls in Schwierigkeiten bringen. Sie haben vielleicht Schwierigkeiten, Aufgaben zu beenden und Entscheidungen zu treffen. Wenn Sie mehr als 26 Punkte haben, fallen Sie in diese Kategorie.

Ihr Profil

Sie stellen vielleicht fest, daß Sie bei einigen Kennzeichen mehr Punkte haben als bei anderen. Dies ist für manche Profile typisch und ein Zeichen dafür, daß einige Ihrer Züge zur Veränderungsbereitschaft mehr entwickelt sind als andere.

Welches sind Ihre Stärken? Wo sind Verbesserungen erforderlich? Sind Sie von einem der Ergebnisse überrascht? Die Skala ist nicht nur für Ihre persönliche Messung wertvoll, um Ihre eigene Veränderungsbereitschaft auszuwerten, sondern auch als Trainingswerkzeug für Manager, um ihre Spieler zu coachen.

Wir empfinden es als effektiv, diesen Test zu verwenden, um ein 360-Grad-Feedback für Mitarbeiter auf allen Ebenen in einer Organisation zu liefern. Die Mitarbeiter beantworten alle Fragen in bezug auf eine bestimmte Person, und die Ergebnisse werden dann mit demjenigen besprochen. Das Feedback ist phantastisch, und üblicherweise gibt es einige Überraschungen, wenn Mitarbeiter herausfinden, daß andere sie nicht immer so sehen wie sie sich selbst.

Die Skala für Veränderungsbereitschaft ist ebenfalls nützlich im Bereich Teamcoaching, um herauszufinden, welche Spieler man wählen und welche Aufgaben man ihnen übertragen soll. Abenteurer sind großartige Initiatoren, einfallsreiche Menschen sind exzellente Problemlöser, Optimisten sind gute Einpeitscher, und ihre Ideen sind besonders hilfreich, wenn die Leute sich mutlos fühlen.

Veränderungsbereitschaft ist ein kontinuierlicher Prozeß. Es ist immer noch Raum, um zu wachsen und sich zu verbessern. Man hört eigentlich nie auf, seine Fähigkeit, mit Veränderungen umzugehen, auszuweiten.

Training für Veränderungsbereitschaft

Nachfolgend finden Sie eine Sammlung von Übungen aus unseren Trainingsprogrammen, um Leuten zu helfen, veränderungsbereiter zu werden:

Wie man Einfallsreichtum trainiert

• *Wann ist ein Apfel kein Apfel?* Um Einfallsreichtum zu entwickeln, bitten wir die Leute, sich zehn nicht übliche Verwendungen für ein gewöhnliches Objekt auszudenken. Was könnten Sie zum Beispiel mit einer Knoblauchzehe tun, außer sie zu essen? Manche Leute haben vorgeschlagen: ein Amulett, um Krankheiten fernzuhalten, ein Ohrstecker, ein Stöpsel für den Abfluß, man kann die Zehen damit spreizen, um die Nägel besser lackieren zu können, ein Abwehrmittel gegen Insekten.

Wenn man den Leuten erlaubt, über die konventionelle Denkweise hinauszugehen und sie dazu ermutigt, reicht das manchmal schon aus, um Einfallsreichtum zu entwickeln. Wir sind immer von der Erfindungsgabe überrascht, wenn die mentalen Barrieren einmal gefallen sind.

• *Mit einem Faden ein Floß bauen.* In unseren Programmen teilen wir die Gruppe in Teams auf, die miteinander einen Wettkampf austragen. Wir geben jedem das erforderliche Material zum Bau eines Floßes, um damit einen kleinen See zu überqueren. Manchen Gruppen geben wir keine Anweisungen. Manchen geben wir das Material, ein wichtiger Bestandteil fehlt jedoch, wie zum Beispiel ein Seil zum Zusammenbinden. Manchmal lassen wir ein Werkzeug aus, das man sich dann von der Konkurrenz „borgen" muß. Es gibt immer eine Herausforderung, die die Teams zum Improvisieren zwingt. Eine Gruppe verwendete zusammengebundene T-Shirts als Seil, um die Baumstämme zusammenzubinden. Sie überquerten das Wasser sicher und trocken und gewannen den Wettbewerb, aber die Rückkehr war etwas kalt und feucht.

• *Ein magisches Wochenende.* Was würden Sie tun, wenn Sie zwei Tage lang von zu Hause weg wären und nur fünf Dollar in der Tasche hätten? Wir baten Leute, sich so ein Wochenende lang mehr oder weniger ehrlich durchs Leben zu schlagen, ohne ihre Kreditkarte zu verwenden oder ihre Freunde um Hilfe zu bitten. Nachfolgend ein paar Strategien, die sich ergaben: Teller waschen, Touristen Tips zu je einer Mark geben, sich etwas zu essen verdienen, indem man in der Wäscherei Kleidung zusammenlegt, für ein Abendessen einen Laden kehren.

All diese Übungen stützen sich auf einen gesunden Sinn für Humor, Abenteuergeist und auf einen Spruch, den Sie vielleicht als Kind gehört haben: „Not macht erfinderisch."

Wie man Optimismus trainiert

Vor vielen Jahren stand in einem landesweit erscheinenden Magazin ein Artikel, der ungefähr folgenden Titel hatte: „Ist das Leben im wesentlichen gut oder schlecht?" Zwei prominente Autoren mit gegensätzlicher Einstellung schrieben dazu je einen Beitrag. Ich las beide und hatte die klassische Erfahrung von „kognitiver Dissonanz". Jeder Autor überzeugte mich. Aber wie konnten beide recht haben?

Als ich die Artikel analysierte, erkannte ich, daß die Schlußfolgerungen, zu denen Sie kamen, davon abhingen, welche Tatsachen sie in Betracht gezogen hatten. Beide Autoren projizierten Sicherheit, weil die Artikel nur Material enthielten, das ihre Perspektive unterstützte.

Ihr Gefühl in bezug auf die Zukunft hängt davon ab, welche Aspekte Sie betrachten. Optimisten konzentrieren sich auf etwas Positives, Pessimisten auf Negatives. Ihre Einstellung wird durch das vorbestimmt, was sie zufällig bemerken. Und wie sie interpretieren, was sie sehen.

Wenn Sie bei den Leuten Optimismus entwickeln wollen, bringen Sie ihnen bei, positive Informationen und Perspektiven herauszufiltern und zu betonen, und das, was sie sehen, in einem positiven Licht zu sehen.

- *Rosarote Brille.* Wir lassen die Leute üben, etwas positiv zu sehen, indem wir sie bitten, uns mitzuteilen, was an diesen typisch negativen Dingen gut ist:
  - Den Job verlieren;
  - Einen neuen Vorgesetzten bekommen;
  - Die Abteilung wechseln;
  - Nach Grönland versetzt werden;
  - Die Wirtschaft geht den Bach hinunter;
  - Ihre Firma reduziert das Personal.

Es ist unmöglich, das oben Genannte von einer positiven Warte aus zu betrachten? Ein Manager sagte, den Job zu verlieren gebe den Menschen die Gelegenheit, etwas Neues und ganz anderes zu versuchen, vielleicht etwas, das sie schon immer tun wollten. Für einen anderen Manager bedeutete ein neuer Vorgesetzter die Möglichkeit, neu anzufangen und die perfekte berufliche Beziehung zu schaffen. Ein Dritter war der Meinung, die Versetzung nach Grönland sei eine Chance, etwas über eine andere Kultur zu lernen und den eigenen Horizont zu erweitern.

- *Positive Umrahmung.* Im folgenden eine Variation der oben genannten Übung. Machen Sie eine Liste von allem, was in Ihrem Leben nicht funktioniert. Nun drehen Sie es um und umrahmen es positiv. Beispiele: „Nicht genug Geld zu verdienen" wird zu „Motivation, sich einen besser bezahlten Job zu suchen"; „Eheprobleme" werden umgewandelt in „Großartige Möglichkeit, wieder mehr Romantik in die Beziehung zu bringen"; „Unzumutbare Arbeitsbedingungen" werden zu „Dadurch erscheint der nächste Job großartig".

Wir behaupten nicht, daß diese mentalen Manöver wirkliche Lösungen für die Probleme des Lebens darstellen. Nichts wird so einfach gelöst. Aber sie helfen den Leuten zu üben, die Dinge mit einem positiven Hintergrund zu sehen, und dort neue Möglichkeiten zu erkennen, wo vorher nur Elend war.

- *Imitation.* Da Optimismus etwas ist, das man sich aneignen kann, bitten wir die Leute, sich drei Personen aus Ihrem Unternehmen herauszusuchen, von denen sie denken, sie seien besonders optimistisch. Dann schlagen wir vor, jeden Tag ein paar Stunden mit jeder dieser Personen zu verbringen. Was ist der Effekt? Was machen Optimisten, das sich von dem, was andere machen, so sehr unterscheidet? Wie halten sie ihre Perspektive aufrecht, wenn die Situation düster aussieht? Imitation ist nicht nur die am meisten aufrichtige Form von Schmeichelei, es ist vielleicht auch der einfachste Weg, etwas zu lernen.

Wie man Abenteuerlust trainiert

• *Schaffen Sie sich Ihr eigenes Abenteuer.* Wir bitten Teilnehmer, an eine risikoreiche Erfahrung zu denken, der sie ausgewichen sind. Etwas, das sie schon immer wollten, das Ihr Innerstes festigt und wodurch ihre Schrittmacher zu flattern beginnen. Dann geben wir ihnen 24 Stunden Zeit, es zu tun. Sie wären überrascht darüber, was den Leuten alles einfällt. Einer machte bei Vollmond einen Kajaktrip auf dem San Francisco Bay. Ein anderer versuchte sich als Komödiant auf der Bühne eines Clubs für Nachwuchstalente. Es gab auch jemanden, der sich für eine Radtour nach Südfrankreich anmeldete. Wieder ein anderer sang eine Stunde lang Balladen vor einem Kaufhaus mitten in der Stadt.

Wenn sie zurückkommen, sprechen wir darüber, was passiert ist. Was empfanden sie dabei? Was war das Aufregende daran? Was stand ihnen im Weg? Welche Zweifel und Vorbehalte kamen ans Licht? Dann fragten wir die Leute, wie sie Abenteuerlust an ihren Arbeitsplatz und in ihr Privatleben bringen könnten und welches ihre nächsten Abenteuer sein würden.

Am Ende entdeckten die meisten einen Teil von Indiana Jones in sich. Meistens hatte dieser Teil nur darauf gewartet, hervorzutreten, aber zu viele Ängste, Zweifel und Verpflichtungen hatten ihn unterdrückt. Abenteuergeist ist in jedem von uns vorhanden. Er braucht nur die Erlaubnis, herauszukommen und zu spielen.

Eine weitere Sache, die die Leute erkennen, ist, daß Abenteuer genauso viel mit Einstellung zu tun hat wie mit Action. Ein Spaziergang alleine am Strand um zwei Uhr nachts kann ein genauso fesselndes Abenteuer sein wie ein Sprung mit dem Fallschirm aus 10.000 Fuß Höhe. Es kommt nur darauf an, von welcher Seite aus Sie es betrachten.

Risikobereitschaft üben. Damit Sie eher bereit sind, ein Risiko zu über-nehmen, müssen Sie üben. Das hört sich verrückt an? Nicht wirklich. Je mehr Sie riskieren, desto eher erkennen Sie, daß die katastrophalen Fol-gen, mit denen Sie rechnen, selten eintreten. In unseren Programmen verwenden wir Übungen zur Risikobereischaft in der Gruppe, aber nach-folgend haben wir ein paar aufgeführt, die auf Einzelpersonen anzuwen-den sind:

- Äußern Sie eine unpopuläre Meinung.
- Handeln Sie entgegen allen Erwartungen.
- Machen Sie etwas, wovor Sie bisher Angst hatten.
- Stellen Sie sich jemandem, vor dem Sie bisher Angst hatten.
- Stellen Sie sich einem absolut Fremden vor.
- Heben Sie Ihre Stärken gegenüber jemandem hervor, der Sie unter-schätzt.
- Führen Sie eine heilige Kuh zur Schlachtbank, bei der Sie früher Angst hatten, sie einzutreiben.

Wie man Antrieb trainiert

Betrachten Sie sich selbst einmal kurz als Energiesystem. Um rei-bungslos zu funktionieren, brauchen Sie regelmäßig Nahrung, Einstellung und Pflege. Je mehr Aufmerksamkeit Sie diesen Voraussetzungen schen-ken, desto mehr Energie werden Sie haben, wenn es darum geht, ein hartes Stück Arbeit zu bewältigen. Genügend Schlaf, richtige Ernährung, Entspannung, Bewegung, keine Drogen – dies alles sind Elemente, die ein dynamisches Energiesystem am Laufen halten. Und Energie ist die Grundlage, auf der Antrieb aufgebaut ist.

Aber menschliche Wesen sind komplizierter als eine durchschnittliche Maschine. Ihr Antriebsgrad wird in erster Linie durch psychologische Fakto-ren beeinflußt, wie zum Beispiel Verlangen, Ambitionen und Angst. „Folge Deinem Glück" ist nicht nur das neueste Credo, das uns von der Selbsthil-fe-Revolution angeboten wird, es macht auch Sinn in bezug auf Motivation. Es gibt eine direkte Verbindung zwischen Begeisterung und Energieniveau, zwischen Körper und Geist. Wenn wir für etwas Leidenschaft empfinden, dann verschwindet die Müdigkeit wie durch ein Wunder.

Antrieb hängt davon ab, wieviel Leidenschaft Sie für das, was Sie gerade tun, empfinden, und wie gut Sie Ihr Energiesystem instandhalten. Die folgenden Übungen wurden entworfen, um Leidenschaft hervorzurufen.

● *Leidenschaftstabelle.* Wir verwendeten diese Technik erstmals bei Management-Trainingsprogrammen für Hewlett-Packard. Wir baten die Manager, ein Projekt zur Veränderung für Ihr Team zu erstellen.

Nachdem diese ihre Ziele gesetzt und Strategien entwickelt hatten, baten wir sie, ihr Projekt auf einer Leidenschaftstabelle von 1 bis 10 zu bewerten. Zehn bedeutete glühende Begeisterung, eins stand für kalte Asche. Wir bekamen ein breites Spektrum an Antworten.

Versuchen Sie diese Übung einmal selbst mit den verschiedenen Projekten, an denen Sie arbeiten. Meistens finden wir heraus, daß ein Projekt nicht abgeschlossen wird, wenn die Leute es unter sieben bewerten. Ohne Begeisterung für eine Aufgabe tun Sie nur so als ob. Ein Manager erklärte es so: „Auf meinem Teller sind zu viel heiße Sachen als daß ich noch etwas Lauwarmes dazugeben könnte."

● *Das Niveau anheben.* Fragen Sie sich, wie Sie Projekte, die Sie mit weniger als sieben Punkten bewerten, über dieses Niveau bringen. Die Manager von Hewlett-Packard sagten Dinge wie: das Projekt „mit mehr Herausforderungen schmücken", es „risikoreicher" machen, „ihm den Charakter eines Durchbruchs geben", es „kreativer" gestalten.

Welchen Stellenwert hat Leidenschaft in Ihrem Job? Und noch wichtiger, wie können Sie ihr mehr Bedeutung verleihen, so daß man einen Unterschied erkennen kann? Suchen Sie nach persönlichen Herausforderungen, die Sie begeistern, nach kreativer Arbeit, durch die Ihre Säfte ins Fließen kommen, nach Dingen, die Sie einfach gern tun.

Nachdem Sie all Ihre Aufgaben auf Ihrer Tabelle eingestuft haben, suchen Sie nach einem Weg, den Aufgaben Priorität zu geben, die über der sieben liegen. Oder Sie beginnen Ihren Tag mit Aufgaben, die ganz oben rangieren. Das wird Sie auf Neues bringen und Ihnen helfen, den ganzen Tag vor Leidenschaft zu brennen.

Eine andere Methode, um sich sogar für ganz normale Arbeiten anzuspornen, ist, sich selbst herauszufordern, jeden Tag etwas Neues zu lernen. Etwas Neues zu lernen ist aufregend. Das erweitert Ihre Fähigkeiten, Ihre Möglichkeiten und Sie selbst.

- *Traummaschinen.* Leidenschaft ist auf Träumen gebaut. Also, wovon träumen Sie? Manche Leute haben das Träumen vor langer Zeit aufgegeben und betrachten Träume als Kinderkram. Manche haben Angst davor, sich mit der Distanz zwischen ihren Hoffnungen und ihrem Alltag auseinanderzusetzen. Wieder andere sind so damit beschäftigt, kurzfristige Ziele zu erfüllen, daß sie niemals über den Horizont hinausblicken.

- *Vervollständigen Sie die Sätze wie die folgenden:*
1. Wenn ich unbegrenzten Reichtum hätte, würde ich . . . .
2. Wenn Lernen und Training kein Thema wären, würde ich . . . .
3. Wenn ich all die Zeit der Welt hätte, würde ich . . . .
4. Wenn ich anders angefangen hätte, hätte ich . . . . gemacht.
5. Wenn in den nächsten fünf Jahren alles perfekt funktionieren würde, .
. . . .
6. Ich wollte schon immer . . . .
7. Wenn ich nicht all diese Rechnungen bezahlen müßte, würde ich . . .
. . . .

Wenn man auf Fragen wie diese antwortet, wirkt sich das auf die Phantasie aus und bringt die Leute dazu, über Möglichkeiten nachzudenken. Wenn die Phantasie erst einmal angeregt ist, ist alles möglich.

- *Mentale Movies.* Schließen Sie Ihre Augen und stellen Sie sich folgendes vor. Sie sind zu Hause oder im Büro und schauen sich ein Video an. Das Band beginnt mit Ihrem Namen und zeigt Ihre Idealvorstellung von Ihrem Leben, so wie Sie es sich in Ihren Träumen immer vorstellen. So könnte es in fünf Jahren aussehen. Sie haben alle Ihre großen Ziele erreicht, und alle Ihre Wünsche haben sich erfüllt. Sie leben Ihren Traum.

Lassen Sie das Band laufen ohne darüber nachzudenken, ob diese Vorstellungen möglich sind oder nicht. Es sind keine Filmschnitte erlaubt, auch kein Kommentar.

Schreiben Sie nun ein paar Schlüsselwörter auf, die das Wesentliche dessen, was Sie gesehen haben, einfangen. Verwenden Sie diese Worte, um den Traum auszulösen und das Feuer wieder zu entfachen, wann immer Sie das Gefühl haben, lustlos oder leidenschaftslos zu sein.

Wie man Anpassungsfähigkeit trainiert

Flexibilität und Spannkraft sind die Schlüssel zur Anpassungsfähigkeit. Die unten aufgeführten Übungen helfen den Leuten, mental agil zu bleiben und nicht in Trott und Routine zu verfallen, sowohl an ihrem Arbeitsplatz als auch im Privatleben. Starres Denken und Handeln sind mit Veränderungsbereitschaft nicht zu vereinbaren.

● *Die Regeln ändern:* Diese Technik kann auch verwendet werden, um Toleranz in bezug auf Varianten zu trainieren. Zwei Teams sollen ein Spiel spielen. Wir nehmen Volleyball, weil es Spaß macht und beinahe jeder weiß, wie es geht. Nach ein paar Minuten ändern wir die Regeln, zum Beispiel ist das Ziel nun, den Ball so lange wie möglich im Spiel zu halten, ohne daß eine der beiden Mannschaften einen Punkt macht. Ein paar Minuten später ändern wir die Regeln nochmals: Bevor man den Ball übers Netz wirft, muß man ihn jedem Mitspieler zuwerfen. Eine dritte Änderung: kein Weitergeben erlaubt, und so weiter. Wir gingen sogar über Regeländerungen hinaus und variierten die Zusammensetzung der Mannschaften. Nach acht oder zehn dieser Änderungen waren die Teams ziemlich gut darin, sich an neue Regeln anzupassen.

● *Mit Gewohnheiten brechen.* Gewohnheiten sind der Feind der Anpassungsfähigkeit. Je mehr Sie dazu neigen, starre Verhaltensmuster zu setzen, desto schwieriger wird es sein, anpassungsfähig zu bleiben. Wir empfehlen, sich anzugewöhnen, mit Gewohnheiten zu brechen. Hier sind ein paar Methoden, wie man dies angehen könnte:

- Nehmen Sie einen anderen Weg zur Arbeit.
- Servieren Sie Abendessen zum Frühstück.
- Tragen Sie Ihre Armbanduhr am anderen Handgelenk.
- Schlafen Sie auf der anderen Seite des Bettes.
- Ändern Sie die Art und Weise, wie Sie Ihren Namen schreiben.
- Essen Sie mit der anderen Hand.

Hier sind ein paar Übungen, um Ihren wichtigsten Muskel – ihr Gehirn – flexibel zu halten:

● *Beschreiben Sie eine wichtige Situation (sie kann persönlich, politisch oder gesellschaftlich sein) aus Ihrer eigenen Perspektive.* Wunderbar.

Und nun beschreiben Sie sie aus dem Blickwinkel eines siebenjährigen Kindes, eines Besuchers von einem anderen Stern, eines Haustiers. Mentale Sprünge wie diesen zu machen hält das Gehirn beweglich. Es erfordert etwas Beweglichkeit, wie eine Springmaus zu denken. Aber dadurch wird auch die übliche und bequeme Art und Weise, wie man Dinge wahrnimmt, in Frage gestellt.

- *Was haben X und Y gemeinsam?* Stellen Sie zwei Dinge nebeneinander, die anscheinend unmöglich etwas gemeinsam haben können und finden Sie heraus, wie man zwischen den beiden eine Verbindung herstellen könnte. Zum Beispiel ein Hund und ein Briefkasten. Beide tragen Post und haben einen großen Mund. Wie steht's mit einem Telefon und einer Blume? Sie können durch beides sprechen. Jedes ist nützlich, um sich zu verstehen, wenn es das ist, was Sie wollen, und beides kann man auf den Schreibtisch stellen. Nun sind Sie an der Reihe. Was ist mit einer Posaune und Sonnenöl? Pyjamas und Vergaser? Aspirin und Leuchttürme?

- *Verwenden Sie Rätsel, um die mentalen Muskeln vom Schubladendenken abzubringen.* Um Vermutungen und Paradigmen, die unsere Denkweise bestimmen, zu zerstören, beantworten Sie die folgenden Fragen:

- Was wird nasser, je mehr es trocknet?
- Was kann man in ein Faß tun, um es heller zu machen?
- Wo kommt der Donnerstag vor dem Mittwoch?
- Was kann fressen, ohne jemals zu schlucken?

Antworten: ein Handtuch, Löcher, im Wörterbuch, Rost.[2]

Wenden Sie diese Übungen vor einer Besprechung oder vor einer Brainstorming-Sitzung an. Sie können mit durchschlagendem Denken rechnen.

Wie man Vertrauen trainiert

Siehe hierzu den Teil „Vertrauen aufbauen" in Kapitel 18. Hier finden Sie zahlreiche Methoden, wie man Mitarbeiter trainiert, Selbstvertrauen zu gewinnen.

Wie man Toleranz in bezug auf Varianten trainiert

Leute, die hier eine niedrige Punktzahl erreicht haben, neigen zu Angst und haben eher ein unangenehmes Gefühl, wenn die Dinge unsicher oder nicht vorhersehbar sind. Es zählt nur das Heute. Es ist der Mangel an Kontrolle, den die Leute als schwierig zu tolerieren empfinden. Die folgenden Übungen helfen aufzuzeigen, was Sie beeinflussen können und was nicht.

• *Kontrolle.* Wählen Sie eine neue Situation am Arbeitsplatz, bei der Handeln erforderlich ist. Schreiben Sie auf der linken Seite eines Blattes Papier alles auf, was Sie in dieser Situation unter Kontrolle haben. Auf der gegenüberliegenden Seite listen Sie alle Faktoren auf, die Sie nicht kontrollieren können. Schauen Sie sich diese Listen sorgfältig an. Können irgendwelche Punkte ausgetauscht werden? Ignorieren Sie, was Sie nicht beeinflussen können, und konzentrieren Sie sich auf Dinge, bei denen es möglich ist. Entwerfen Sie jeweils einen Aktionsplan und plazieren Sie ihn rechts neben jeden Punkt. Was passiert, wenn Sie sich auf Dinge konzentrieren, bei denen Sie etwas tun können? Wie ändert sich Ihre Stimmung? Was geschieht mit dem Grad Ihrer Klarheit? Was sagt Ihnen dies über mehr Entscheidungsspielraum und Hilflosigkeit? In jeder Situation gibt es mehr, das Sie unter Kontrolle haben, als Sie zuerst erkennen.

• *Außer Kontrolle.* Wiederholen Sie die Prozedur wie oben, aber konzentrieren Sie sich dieses Mal nur auf die Dinge, die Sie nicht unter Kontrolle haben. Wie reagieren Sie, wenn Sie nur an das denken, was Sie nicht beeinflussen können? Was geschieht mit Ihrem Urteilsvermögen? Beachten Sie, wie einfach es ist, die Folgen zu übertreiben. Es gibt eine offensichtliche und direkte Verbindung zwischen dem Gefühl von Panik und der Konzentration auf Dinge, an denen man nichts ändern kann.

Die folgenden Übungen helfen Leuten, mit Variationen umzugehen, indem man die Kontrolle abgibt.

• *Loslassen.* Bringen Sie Leute mit verbundenen Augen in einen Raum mit Schaumgummi oder aufblasbaren Hindernissen und bitten Sie sie, ihren Weg durch das Zimmer zu finden. Das klingt nach viel Rempelei im Dunkeln, aber das wirklich Erstaunliche daran ist, daß die Leute berichten, daß sie Dinge besser „sehen" können, wenn sie sich der Dunkelheit unterwerfen, anstatt gegen sie anzukämpfen. Man kann feine Schattierungen, Wärme, die von nahen Gegenständen abstrahlt, und sogar einen Luftzug fühlen, wenn man entspannt bleibt und nicht darum kämpft, die Kontrolle zu übernehmen.

Wir wenden diese Übung an, um das Paradoxe zu demonstrieren, wie man größere Effektivität gewinnt, indem man losläßt. Es ist für die Leute schwierig, diese Lektion zu lernen, weil die natürliche Tendenz dahin geht, daß man eine Situation unter Kontrolle haben möchte, anstatt sich ihr zu unterwerfen. Besonders dann, wenn man herumstolpert.

● *Skifahren auf Eis*. Ihr Skifahrer, wart Ihr jemals in der Situation, daß Ihr auf einem großen Eisstück geschlittert seid? Erfahrene Abfahrer aus Vermont wissen, je mehr man versucht, die Kontrolle über eine eisige Oberfläche zu erlangen, desto wahrscheinlicher ist es, daß man ausrutscht. Also bieten wir Ihnen diese Übung an: Wenn Sie das nächste Mal auf Eis treffen, schlittern Sie einfach dahin, versuchen Sie nicht, es zu kontrollieren. Wenn Sie sich dabei entspannen, fühlen Sie allmählich die Feinheiten, die Sie vorher nicht gespürt haben, wie Knoten und Spuren, rauhe Punkte und Schneeflecken, durch die Sie Ihre Skier in den Griff bekommen, so daß Sie einen Bogen fahren können. Und noch einmal können wir hier das Paradoxe erkennen: Dadurch, daß Sie loslassen, bekommen Sie mehr Kontrolle.

Veränderungsbereite Teams

Die bessere Seite wählen

Als Bill Clinton Ex-Präsident Jimmy Carter, den ehemaligen Generalstabschef Colin Powell und Senator Sam Nunn zu Verhandlungen mit dem Führer des Militärs von Hawaii, Raoul Cedras sandte, bildete er ein Team, das in seiner Erfahrung und seinem Fachwissen bemerkenswert war. Carter hatte nachweislich Erfahrung als Friedensstifter und Krisenmanager. Als ehemaliger Chef der mächtigsten Streitkräfte der Welt sprach

Powell die Sprache von Cedras. Und Sam Nunn, ein Verhandlungsführer mit einer harten Sprache ohne Umschweife, konnte den Eindruck vermitteln, daß der Kongreß die Politik Clintons unterstützte. Es war das richtige Team für den richtigen Job. Dadurch wurden zwei grundlegende Prinzipien veranschaulicht, die zur Bildung eines Teams erforderlich sind: Gleichgewicht und Zweck.

Eine der wichtigsten Aufgaben des Coachs in der Funktion eines Managers ist es, die Spieler auszuwählen. Sie müssen einen siebten Sinn dafür haben, wer zusammenarbeiten kann, weil die falsche Chemie eine Gruppe zerstören kann, bevor die Mitglieder sich noch hingesetzt haben, um die erste Tagesordnung auszuarbeiten. Sogar wenn die Wahl, welches Team verwendet wird, um ein spezielles Ergebnis zu erzielen, sorgfältig getroffen wurde – wenn die Spieler nicht die richtigen Fertigkeiten haben, dann ist das Team zum Scheitern verurteilt. Man kann keinen Runningback einsetzen, um dem Gegner den Ball aus der Hand zu schlagen, oder einem Buchhalter die Aufgabe zuweisen, ein neues Produkt zu konstruieren.

Viele Leute sind der Meinung, wenn man nur ein paar Leute mit einem gemeinsamen Ziel zusammenbringt, dann werden sie sich schließlich irgendwann einmal einigen. Manchmal ist dies der Fall, aber meistens entstehen dadurch Meinungsverschiedenheiten, wie man sie in einem Komitee des italienischen Parlaments antrifft.

B a l a n c e a k t

Das Modell zur Veränderungsbereitschaft bietet eine andere Möglichkeit an, sich die bessere Seite auszuwählen. Anstatt sich auf „Chemie" zu verlassen, ein chaotisches Konzept, das so sorglos ist wie die Bowling-Liga eines Gymnasiums, verwenden Sie veränderungsbereite Profile, um Ihr Team zu bilden.

Nehmen wir an, Sie beginnen mit einer Auswahl von Teilnehmern, die die notwendigen Fertigkeiten haben, um die Aufgabe zu erfüllen. In so einem Fall ist es eine gute Strategie, um Gleichgewicht innerhalb des Teams herzustellen, die Mitglieder, die bei einem Kennzeichen schlecht abschneiden, durch jene, die beim gleichen Kennzeichen eine hohe

Punktzahl erreicht haben, auszugleichen. So können die Schwächen eines bestimmten Mitglieds minimiert werden. Zum Beispiel kann man einen vorsichtigen Menschen, d. h. jemanden mit weniger Abenteuerlust, mit jemandem in einer Gruppe kombinieren, der abenteuerlustig und risikobereit ist.

Balance hat noch einen anderen Vorteil: Es hält Teams davon ab, zu sehr in eine Richtung zu tendieren. Wenn sich in einer Gruppe nur äußerst abenteuerlustige Spieler befinden, könnten diese zu viele Risiken übernehmen und sich dadurch auf den sprichwörtlichen absteigenden Ast manövrieren. Oder das Team, das aus zu vielen Optimisten besteht, könnte zu gutgläubig sein und naive Lösungen produzieren. Wir haben Teams gesehen, in denen zu viele zuversichtliche Mitglieder anmaßend wurden und Gefahrensignale einfach aus purer Prahlerei ignoriert wurden.

Die speziellen Gefahren bei einem Team, das nicht ausgeglichen ist, sind ähnlich wie bei Personen, die bei einem Kennzeichen zu viele Punkte erzielt haben.

Zuviel	**Gefahr**
Abenteuerlust	zu viele Risiken, rücksichtslos
Optimismus	gutgläubiges Denken, man sieht alles durch eine rosarote Brille, Mangel an kritischer Urteilsfähigkeit
Einfallsreichtum	übersieht offensichtliche Lösungen
Anpassungsfähigkeit	Mangel an Engagement
Selbstvertrauen	unüberlegt, anmaßend, engstirnig
Antrieb	dickköpfig, kurzsichtig, ausgebrannt
Toleranz/Varianten	Schwierigkeiten, etwas zu beenden und zu einem Abschluß zu bringen

Natürlich gibt es Zeiten, die ein Ungleichgewicht im Team erfordern, damit es seine Ziele erfüllt. Bei manchen Teams, besonders bei denen, die äußerst kreative Funktionen erfüllen, sind seitens der Mitglieder sehr viel Einfallsreichtum und Toleranz in bezug auf Varianten erforderlich. Ein guter Manager wird die Aufgaben der Gruppe in Betracht ziehen, bevor er die Spieler auswählt.

21

Die veränderungsbereite Zone

Zu viel, zu schnell

„Wir haben einfach keine Zeit mehr", erzählte mir eine Organisationsplanerin eines international tätigen High-Tech-Unternehmens während einer Planungssitzung für die jährliche Verkaufsbesprechung. „Wir sind in einer Branche, in der die Konkurrenz unheimlich groß ist. Wir können morgen eine Innovation einführen und Sie können wetten, daß uns zwei Wochen später ein Konkurrent übertrumpfen wird. Wir haben gerade mit einem TQM-Programm angefangen, um unseren Betrieb zu verbessern, und wir befinden uns inmitten eines größeren Umstrukturierungsprozesses. Außerdem führen wir innerhalb der nächsten zwei Wochen zwei neue Produkte ein."

„Und kurz bevor Sie einen Vortrag halten, bekommen die Verkaufsmitarbeiter die neuen Quoten für das kommende Jahr. Sie sind astronomisch! Bei manchen verdreifacht sich die Quote! Bei den meisten hat man sie verdoppelt. Ich weiß nicht, wie sie es schaffen werden", sagte sie mit einem verzweifelten Blick. „Oder ob Sie es überhaupt schaffen. Es ist einfach zu viel."

Ich war nicht überrascht, daß diese Frau und der Vizepräsident für den Verkauf sich so verhielten, als ob das Jüngste Gericht gekommen sei. Sie fühlten sich beide unter enormem Druck, und sie zeigten es, indem sie hektisch herumrannten, Telefonanrufe nicht erwiderten oder Vereinbarungen nicht weiterverfolgten. Sie sahen aus, als ob sie eine Woche lang nicht geschlafen hätten.

Der Fehler des Unternehmens lag darin, daß es versuchte, zu viel auf einmal zu schaffen. Einzeln betrachtet, oder vielleicht paarweise, wäre keine der Veränderungen nicht durchzuführen oder unmöglich gewesen. Aber alle auf einen Schlag umsetzen zu wollen gefährdete ernsthaft den Erfolg jeder einzelnen Maßnahme. Ich war auch nicht überrascht, daß sich das Unternehmen ein Jahr später in ernsthaften Schwierigkeiten befand und dem Abgrund näher war als der Wall Street.

Warum Veränderungen fehlschlagen

Die Tendenz, daß Topmanagements versuchen, zu viel zu schnell zu verwirklichen, ist typisch für die verrückten neunziger Jahre.

Wenn Sie Veränderungen zu sehr und zu schnell vorantreiben, werden Sie nicht wettbewerbsfähiger oder machen mehr Gewinn, sondern verminderte Qualität, schlechte Kommunikation und überhaupt keine Innovation sind die Folge. Und das einzige, was ansteigen wird, sind Streß und das Gefühl, ausgebrannt zu sein. Sehr selten führen solche massiven Versuche zu Erfolg.

Man kann höchst motivierte, veränderungsbereite Mitarbeiter haben, aber wenn die *Herausforderung* der Situation die *Ressourcen* weit übersteigt, dann werden die Bemühungen, Veränderungen durchzusetzen, fehlschlagen.

Die Leistungszone

Der nachfolgende Leistungszonen-Plan wurde während unserer Pionierarbeit mit Weltklassesportlern und später mit Leistungsträgern aus vielen anderen Bereichen entwickelt. Aber er liefert auch ein wertvolles Beispiel, um die Effektivität einer Organisation oder eines einzelnen in einem sich schnell ändernden Umfeld zu maximieren. Hätte die High-Tech-Firma ihn verwendet, dann stünden die Chancen gut, daß sie ihre Probleme vermieden hätten.

Maximale Effektivität tritt in der Zone für Veränderungsbereitschaft auf, wenn die Herausforderung der Situation und die zur Verfügung stehenden Ressourcen sich ungefähr das Gleichgewicht halten. Der Grad der Herausforderung wird daran gemessen, wie hoch der Bedarf an Veränderungen ist und am Lernen, an den Anstrengungen und an der Geschwindigkeit, die erforderlich sind, um diese Veränderungen umzusetzen. Ressourcen werden an der Kompetenz des Teams oder des einzelnen gemessen, was wiederum sowohl Energie, Motivation und Fertigkeiten als auch zur Verfügung stehende Zeit und Technologie einschließt.

Durch zu große Herausforderungen, gepaart mit zu wenig Ressourcen, landen Sie in der Panikzone. Durch zu viele Ressourcen, kombiniert mit zu wenig Herausforderungen, entsteht Lethargie, und man befindet sich in der Sicherheitszone.

Herausforderungen und Ressourcen eng beieinander zu halten ist entscheidend, wenn man Veränderungen einführen möchte. Das scheint offensichtlich, aber unsere Erfahrung hat gezeigt, daß auf der Suche nach schnellen Lösungen diese Beziehung oft mißverstanden, übersehen und unterbewertet wird. Das Management konzentriert sich typischerweise auf seine Veränderungsstrategie, ohne das Arbeitskräftepotential wirklich zu berücksichtigen. Das ist, als ob ein General Schlachtpläne macht, ohne der Fähigkeit oder Bereitschaft seiner Truppen Rechnung zu tragen.

Die Panikzone

Die international tätige High-Tech-Firma, die zu viel in zu kurzer Zeit umsetzen wollte, zeigt, was passieren kann, wenn die Herausforderungen der Veränderungen die zur Verfügung stehenden Ressourcen übersteigen. Auf dem Plan sind sie genau in der Mitte der Panikzone.

Wie sieht der Arbeitsplatz aus, wenn sich die Mitarbeiter in der Panikzone befinden? Er gleicht sehr einem Hühnerstall, wenn ein Fuchs in der Nähe herumlungert. Alle rennen in heller Aufregung herum und versuchen, zu viel in zu wenig Zeit zu erledigen. Die Menschen sind nervös, stehen unter Druck und haben Angst. Sie können sich nicht konzentrieren und nicht klar denken. Vergessen Sie Qualität. Leute, die ständig in Eile sind, machen mehr Fehler.

Kreativität? Aber woher denn. Die Menschen reagieren, sie denken nicht nach. Wenn sie unter Druck stehen, ist es unwahrscheinlich, daß sie mit einem brillanten oder erfinderischen Plan ankommen. Sie machen einfach nur immer die gleiche alte Geschichte, nur etwas schneller. Die Kommunikation leidet. Es ist schwierig, klar, konkret und rational zu sein, wenn man von einer Krise in die andere rennt. Den Grad der Herausforderung anzuheben, als Mittel, um die Ziele einer Organisation bezüglich Veränderungen zu erfüllen, wird ins Auge gehen, wenn die Latte zu hoch gelegt wird. In der Panikzone erkennen die Leute keinen Bruch ihrer Fähigkeiten.

Dr. Kenneth Pelletier, Professor an der San Francisco Medical School der University of Califonia und Experte im Bereich Leistung am Arbeitsplatz, stimmt zu:

„In seinem Eifer, die Dinge so schnell wie möglich zu erledigen, reagiert (der Mitarbeiter in der Panikzone) vielleicht rein mechanisch auf Herausforderungen, wodurch ihm Fehler in der Beurteilung unterlaufen. Und da er sich nie die Zeit nimmt, neue Lösungsansätze oder Folgewirkungen einer Situation in Betracht zu ziehen, wird er in seiner Kreativität behindert sein."[1]

Die Zeitprüfung

Oft stellen die Veränderungen, die eingeführt werden, keine Herausforderung dar, was die erforderlichen Anstrengungen oder neuen Fertigkeiten anbelangt. Aber durch den Terminplan gerät das Projekt in die Panikzone.

Wenn Sie einen Plan entwickeln sollen, um die Kosten für die Krankenversicherung für Mitarbeiter zu kürzen, liegt das vielleicht im Rahmen Ihrer Fähigkeiten. Es ist jedoch etwas ganz anderes, wenn der Plan bis Ende der Woche erstellt werden soll und es bereits Donnerstag nachmittag ist. Obwohl Sie die Fähigkeit haben, den Plan zu entwickeln, hat die Frist die Gleichung Herausforderung-Ressourcen aus dem Gleichgewicht

Die Zone der Veränderungsbereitschaft

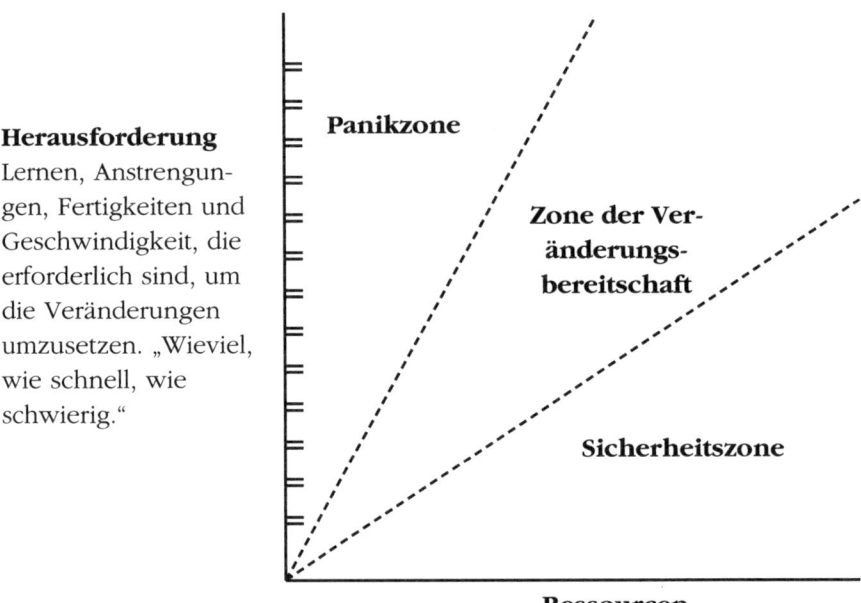

Herausforderung
Lernen, Anstrengungen, Fertigkeiten und Geschwindigkeit, die erforderlich sind, um die Veränderungen umzusetzen. „Wieviel, wie schnell, wie schwierig."

Panikzone

Zone der Veränderungsbereitschaft

Sicherheitszone

Ressourcen
Kompetenz des Teams oder des einzelnen, zur Verfügung stehende Zeit und Technologie.

gebracht und Sie in die Panikzone gedrängt. Manager, die versuchen, die Kosten niedrig zu halten, beauftragen zu wenig Leute mit einem Projekt oder betrauen Mitarbeiter damit, denen die nötige Erfahrung fehlt.

Als zwei der größten Lebensmittelkonzerne des Landes fusionierten, mußte das neue Unternehmen die Verkaufsprozesse und Verfahren vereinheitlichen. Es war eine herausfordernde Aufgabe, da jedes Unternehmen seine eigene Software und Hardware sowie unterschiedliche Kontroll- und Berichtssysteme hatte. Eine harte Herausforderung, besonders mit einer Frist von einem Monat.

Was das Projekt in die Panikzone drängte, war nicht die Frist, sondern die Verfügbarkeit von Personal. Jeder arbeitete nur teilzeitmäßig an der Vereinheitlichung. Sie alle hatten andere, vorrangige Aufgaben, die ebenso wichtig oder sogar noch wichtiger waren. Nach der ersten Woche hatte das Team immer noch Schwierigkeiten, einen Termin für eine erste Besprechung zu finden, zu dem jeder Zeit hatte!

Die Sicherheitszone

Am anderen Ende der Leistungskarte befindet sich die Sicherheitszone, in der die Ressourcen bei weitem die Herausforderungen überragen. Denken Sie an die Großen Drei von Detroit, die in den fünfziger Jahren ganz oben waren, mit ihren Benzinfressern mit den Seitenflossen und dem übergroßen Kühler. Sie blieben in der Sicherheitszone gefangen, spielten auf Nummer Sicher, indem sie jedes Jahr die gleichen Autos produzierten, während sich die Welt um sie herum änderte.

Unternehmen enden schließlich in der Sicherheitszone, wenn ihre Führungskräfte Herausforderungen vermeiden und sich weiterhin am Status quo festklammern.

Die Firmen in Detroit sind nicht allein. Die Liste der Unternehmen, die in der Sicherheitszone ihren Tiefpunkt gefunden haben, liest sich wie ein „Who's Who" der amerikanischen Wirtschaft. Giganten aus allen Bereichen sind durch ihre Langsamkeit in bezug auf Veränderungen verletzt und blutig geschlagen worden. Namen, die in jedem Haushalt bekannt sind, wie IBM, Digital und Macy's, nur um ein paar zu nennen, landeten gefährlich nah am Abgrund, weil sie weiterhin nach den alten Regeln spielten und sich auf vergangene Erfolge verlassen hatten, als sich das Spiel schon geändert hatte. Und nicht nur Unternehmen bleiben in der Sicherheitszone gefangen. Das gleiche gilt auch für Einzelpersonen, und zwar aus den gleichen Gründen.

In der „Zone" spielen

Irgendwann einmal hatte wohl jeder von uns eine dieser phantastischen Erfahrungen, daß alles zusammenpaßte, und beinahe ohne Anstrengungen oder Nachdenken brachten wir sehr viel bessere Leistungen als üblich. Diese Spitzenmomente sind so magisch, daß wir uns wünschen, sie würden niemals enden.

Es geschieht beim Golf, wenn sich Ihr Schlag natürlich und leicht anfühlt und der Ball gerade den Fairway entlangfliegt. Oder im Tennis, wenn Sie anscheinend genau wissen, wo der Ball des Gegners landet, bevor er noch dort ist. Beim Skifahren sind es diese wunderbaren Abfahrten, wenn Ihr Körper im perfekten Rhythmus ist und Sie die Harmonie mit dem Berg fühlen.

Sportler nennen diese Spitzenerfahrungen „in der Zone sein", wenn das ganze innere Potential eines Menschen in maximale Leistung umgewandelt wird.

„In der Zone spielen" kommt meistens dann vor, wenn man unter Druck steht oder auf eine Herausforderung reagiert.

Spitzenleistungen sind selbstverständlich nicht auf den Sport beschränkt, sie kommen auch am Arbeitsplatz vor. Wie zum Beispiel bei Ihrer Präsentation für das Topmanagement, wenn Sie die Zuhörer völlig im Griff haben, die Fragen schon erwarten und darauf perfekte Antworten parat haben.

Emmy-Preisträger und Fernsehreporter Doug Kriegel beschreibt seine Aufenthalte „in der Zone" folgendermaßen: „Manchmal, wenn ich mich beeile, um einen Termin einzuhalten, steigere ich mich so in das hinein, was ich tue, daß ich mir dessen, was um mich herum vorgeht, nicht bewußt bin. Ich fühle mich ruhig und kann mehr erledigen. Alles scheint zu fließen. Es ist unglaublich. In solchen Momenten habe ich meine besten Arbeiten gemacht."[2]

Zone der Veränderungsbereitschaft

Wenn man lernt, in der Zone zu spielen, maximiert dies die Effektivität im Umgang mit dem Druck, der im Zuge von Veränderungen entsteht. Sie werden schneller lernen, sich leichter anpassen und bessere Leistungen erbringen, wenn Sie sich in der Zone für Veränderungsbereitschaft befinden. Unsere Nachforschungen für das Buch *The C-Zone: Peak Performance under Pressure* zeigten, daß die Leute meistens dann in die Zone kommen, wenn der Grad der Herausforderung mit dem Grad der Ressourcen übereinstimmt.

Erinnern Sie sich an die Lebensmittelriesen, die sich zusammengeschlossen haben und ihre Verkaufssysteme vereinheitlichen mußten, aber nicht einmal einen Plan für Besprechungen zusammenbrachten? Unsere Aufgabe war es, das Team aus der Panikzone heraus in die Zone für Veränderungsbereitschaft hineinzuführen, indem wir entweder die Herausforderung verringerten oder die Ressourcen vergrößerten.

Zuerst betrachteten wir die Deadline, weil wir wissen, daß Zeitrahmen notorisch willkürlich gesetzt werden. Dieser hier nicht. Die Verkaufsmitarbeiter beider Firmen waren draußen bei den Kunden, also mußte ein System entwickelt werden – und zwar schnell. Und laut einem der Manager war ein Monat eigentlich schon zu viel: „Ich würde es gern in einer Woche haben; aber ich gehe von einem Monat aus", so stellte er es dar. Als nächstes überlegten wir, die Aufgabe zu verringern. „Auf keinen Fall! Wir können nicht mit zwei Systemen arbeiten", sagte man uns.

Als wir die Seite der Gleichung mit den Ressourcen studierten, liefen wir wieder gegen eine Wand. „Wir können bei dem Projekt nicht noch weitere Leute entbehren", versicherte uns der Manager. Also schlugen wir vor, dem Projekt eine höhere Priorität zu geben: weniger Leute – die aber dafür Vollzeit! Auf diese Art und Weise gäbe es mehr Arbeitsstunden, die nur dem Projekt gewidmet würden, und das Team wäre engagierter. Das Management stimmte zu, und das Projekt wurde noch vor dem Termin abgeschlossen.

Wenn Sie ein Projekt in der Panikzone haben, versuchen Sie die gleiche Strategie. Verringern Sie entweder die Herausforderungen oder vergrößern Sie die Ressourcen.

Veränderungsbereite Personen

Ein Franchisenehmer einer bedeutenden Immobilienfirma wollte einen Vorsprung erzielen, indem er seine Mitarbeiter, wie er es nannte „auf den Highway brachte". Das Problem war der große Unterschied im technischen Fachwissen unter seinen 300 Vertretern.

„Manche von ihnen arbeiten bereits on-line. Andere haben nicht einmal einen Pager und schreiben ihre Korrespondenz noch in Langschrift. Sie glauben, eine Schreibmaschine ist schon High-Tech. Wie kann ich jeden in die Zone der Veränderungsbereitschaft bringen, wenn ihre Fähigkeiten so unterschiedlich sind?" beklagte er sich. Unsere Antwort war, eine schrittweise, kontinuierliche Serie von Fertigkeiten von Low- zu High-Tech auszuarbeiten. Low-Tech begann mit „verwendet Pager" gefolgt von „verwendet Voice-Mail, Computer, verschiedene Softwareprogramme, E-Mail, interaktive Datenbanken" und so weiter, bis hin zu absoluter Beherrschung des Systems. Die Vertreter trugen sich in diese Liste ihren Fähigkeiten entsprechend ein.

Dann wurde jedem die Aufgabe übertragen, den nächsten Schritt in der Entwicklung zu machen. Als sie diesen gemeistert hatten, machten sie in ihrem eigenen Tempo weiter. Dadurch wurde ihnen ermöglicht, ihre eigene Lerngeschwindigkeit zu kontrollieren. Wenn jemand an einem Punkt steckenblieb, standen zusätzliche Ressourcen zur Verfügung, wie Extrazeit zum Lernen oder spezielles Training.

Die Vorstellung war, jeden in der Zone der Veränderungsbereitschaft zu halten, indem man die beiden Faktoren Herausforderung und Ressourcen im Gleichgewicht hielt. Der Plan funktionierte. Innerhalb eines Jahres hatten es die meisten Mitarbeiter geschafft, das System zu beherrschen, und sie waren bereit, sich mit der nächsten Technikveränderung auseinanderzusetzen.

Zonenprüfung

Eine einfache Methode, um herauszufinden, wo Sie oder Ihre Leute sich auf dem Plan für Veränderungsbereitschaft befinden, ist, eine „Zonenprüfung" zu machen. Bewerten Sie auf einer Skala von 1 bis 10 die Herausforderung der Situation, einschließlich dem Grad der Veränderung, Steilheit der Lernkurve, erforderliche Anstrengungen und nötige Geschwindigkeit für die Umsetzung. Als nächstes bewerten Sie die zur Verfügung stehenden Ressourcen, um die Herausforderung zu erfüllen, wie zum Beispiel Größe des Teams, Fähigkeiten, Energie, Motivation, zur Verfügung stehende Zeit, Technologie und Informationen.

Damit Sie sich in der Zone der Veränderungsbereitschaft befinden, sollte die Herausforderung nicht mehr als zwei Punkte höher oder niedriger rangieren als die Punktzahl für Ressourcen.

Da sich die Bewertung des Vorgesetzten bezüglich der Gleichung Herausforderung-Ressourcen von der des Teams unterscheiden könnte, ist es hilfreich, wenn man die Punktzahl beider vergleicht. Dieser Prozeß, in dem Unterschiede in der Wahrnehmung diskutiert werden, schafft einen Dialog, der mehreren Zwecken dient: Dadurch haben alle die gleichen Voraussetzungen, und es zeigt den Teammitgliedern, daß das Management sich dafür interessiert, wie sie die Situation sehen. Es führt auch oft dazu, daß kreative Methoden entwickelt werden, um ein Problem zu lösen oder um eine Veränderung umzusetzen.

Die Batterien wieder aufladen

Um „Veränderungs-Burnout" zu vermeiden – die Nachwirkungen eines zu langen Aufenthalts in der Panikzone – wird ein guter Coach das tun, was die Profis tun. Lassen Sie die Spieler ausruhen, geben Sie ihnen eine Chance, sich wieder aufzuladen. Ein Basketballspiel dauert 48 Minuten. Das ist viel Zeit, wenn man in ständiger Bewegung immer das Spielfeld hoch und runter läuft. Sogar mit Auszeiten und anderen Pausen spielen Superstars selten das ganze Spiel durch. *Sie können nicht, wenn sie effektiv bleiben wollen.*

Ihre Spieler bei der Arbeit ausruhen zu lassen macht ebenfalls Sinn. Wenn eine Mitarbeiterin gerade ein schwieriges, zeitaufwendiges Projekt abgeschlossen hat, betrauen Sie sie nicht mit einem anderen Projekt, bevor sie Zeit hatte, sich zu erholen. Wir alle müssen unsere Batterien wieder aufladen, besonders, wenn wir eine Zeitlang auf Hochtouren liefen. Viele Unternehmen geben ihren Mitarbeitern alle paar Jahre Ferienjahre. Das ist großartig, aber Sie können den Leuten auch helfen, ihre Batterien wieder aufzuladen, indem Sie der Versuchung widerstehen, sofort wieder ein anderes schwieriges Projekt in ihren Schoß fallen zu lassen.

Im Sport wie zum Beispiel im Hockey, Fußball und Lacrosse wird ein Platoon-System verwendet. Eine neue Reihe von Spielern wird ins Spiel gebracht, bevor das erste Team erschöpft ist. Das ist eine gute Methode, um Ihre Teams frisch zu halten. Bewahren Sie ihre Ressourcen, indem Sie sie gelegentlich von der Front abziehen. Wechseln Sie ab, welche Teams die schwerste Last tragen müssen.

Lassen Sie Ihre müden Spieler eine kurze Zeit lang ausruhen. Übertragen Sie ihnen etwas, das nicht so große Anforderungen an sie stellt. Schicken Sie sie irgendwo nach draußen, wo sie Golf spielen können. Aber erklären Sie ihnen, warum das für sie wichtig ist. Die Stars unter den Sportlern und Leute, die Spitzenleistungen bringen, sitzen nicht gern auf der Bank.

Wenn man einen Spielenachmittag veranstaltet, eine Party oder ein Treffen außerhalb der Firma hilft dies den Leuten, sich zu entspannen, sich zu regenerieren und zu erholen. Zu Spitzenzeiten veranstaltete Apple Computer genau zu diesem Zweck „Biersaufereien".

Diese Maßnahmen sollten umgesetzt werden, *bevor* Sie eine Gruppe von Nervenbündeln aus der Panikzone vor sich haben. Wenn Sie einen Nachmittag lang vorbeugen, wirkt dies Wunder, um die Motivation und Energie zu erhöhen und die Leute in der Zone der Veränderungsbereitschaft zu halten.

22

Rückblick auf Veränderungsbereitschaft

Die Menschen sind die Weichensteller für Veränderungen.

Sie haben die Macht, die Tür für Veränderungen zu öffnen oder sie Ihnen vor der Nase zuzuschlagen.

Säen Sie nicht in harten Boden.

Wenn Sie versuchen, die Leute dazu zu bringen, Veränderungen mitzutragen, sind Sie schon zu spät dran. Sie müssen zuerst ein veränderungsbereites Umfeld schaffen.

Gute Unternehmen reagieren schnell auf Veränderungen, großartige Unternehmen schaffen Veränderungen.

Erwarten Sie die Dinge, reagieren Sie nicht nur. Bewegen Sie sich bevor die Welle kommt. Setzen Sie selbst Veränderungen in Gang bevor Sie müssen.

Wenn Sie durch Veränderungen durch sind, sind Sie durch.

Veränderungen sind ein Prozeß, kein Ziel, eine Reise, nicht eine Richtung.

Nichts ist heilig – stellen Sie alles in Frage.

Heilige Kühe stürmen in jeden Konferenzraum, in jedes Büro und in jeden Gang. Treiben Sie sie nicht nur einfach zusammen, sondern entwickeln Sie eine Organisation aus Jägern.

Nur weil zwanzig Leute in einem Raum sind, bedeutet das noch lange nicht, daß sie ein Team sind.

Teams entstehen nicht zufällig. Sie müssen entwickelt, gefördert und motiviert werden.

Tempo zerstört...

Qualität, Innovation, Kommunikation, Service und Sie. Lassen Sie nicht zu, daß Sie vom „müssen" gefangen werden.

Wetteifern Sie nicht, ändern Sie das Spiel.

Kippen Sie das Spielfeld in Ihre Richtung. Umgehen Sie die Regeln. Erfinden Sie die Regeln neu.

Das größte Risiko ist, keines einzugehen. Der größte Fehler ist, keinen Fehler zu machen.

Wenn Sie keine Fehler machen, gehen Sie auf Nummer Sicher. Sie werden niemals gewinnen, wenn Sie nur spielen, so daß Sie nicht verlieren.

Stellen Sie die Kunden nicht nur zufrieden, überraschen Sie sie.

Bieten Sie ihnen etwas, mit dem sie nicht rechnen. Leiten Sie sie, folgen Sie ihnen nicht.

Technologie ist keine Zauberkugel.

High-Tech muß richtig dosiert werden, um wirklich erfolgreich zu sein.

Kürzen Sie Ihre Besprechungen, behalten Sie Ihre Croissants.

Besprechungen sowie heiße Luft weiten sich aus, um den zur Verfügung stehenden Raum zu füllen. Kürzen Sie sie um die Hälfte.

Seien Sie ein Coach, kein Cop.

Schaffen Sie Vertrauen, nicht Angst. Konzentrieren Sie sich auf Möglichkeiten, nicht auf Einschränkungen, auf Stärken, nicht auf Schwächen.

Wandeln Sie Widerstand in Bereitschaft um.

Überwinden Sie Ängste, betonen Sie „was für den einzelnen drin ist", machen Sie die bequeme Zone unbequem, und machen Sie aus jedem einen Vertreter für Veränderungen.

Feuern Sie sie an, und bringen Sie sie auf Trab.

Schaffen Sie Leidenschaft durch inspirierende Vorstellungen und brennende Themen, Mitarbeiter mit mehr Kompetenzen und persönlich ausgerichtete Belohnungen.

Behandeln Sie jeden anders.

Jeder marschiert nach einem anderen Takt. Sie müssen darüber Bescheid wissen, was jeden Spieler Ihrer Mannschaft motiviert.

Spielen Sie in der veränderungsbereiten Zone

Gleichen Sie Herausforderungen mit Ressourcen aus. Zu große Herausforderungen bedeuten Panik, zu geringe Gleichgültigkeit.

Veränderungsbereitschaft kann man lernen.

Die sieben Züge sind: Einfallsreichtum, Optimismus, Abenteuerlust, Antrieb, Anpassungsfähigkeit, Vertrauen, Toleranz in bezug auf Varianten.

Veränderungsbereit zu sein bedeutet, Risiken zu übernehmen, Herkömmliches in Frage zu stellen und Träumen hinterherzujagen. Es bedeutet zu wachsen, zu lernen und das Leben bis ins Äußerste zu leben, Fertigkeiten, Stärken und Ressourcen hervorzubringen, von denen Sie niemals wußten, daß Sie sie besitzen.

Wenn Sie veränderungsbereit sind, werden Sie mehr *tun* als Sie zu glauben wagten, Sie werden mehr *sein,* als Sie zu sein glaubten. Wenn Sie Veränderungen zu Ihrem Verbündeten machen, nicht zu Ihrem Feind, dann werden Sie eine Zukunft unbegrenzter Möglichkeiten vor sich haben, und Ihr Leben wird dadurch bereichert, es wird lohnender und es macht sehr viel mehr Spaß.

Für weitere Informationen bezüglich unserer Programme und Produkte zu Veränderungsbereitschaft oder zu Heiligen Kühen, wenden Sie sich bitte an:

Kriegel[2] Inc.
Star Route Box 284
Muir Beach, CA 94965
Telefon: 001-415-388-7388
Fax: 001-415-381-0518

Anmerkungen

Kapitel 1

1   *Fortune* (4. Oktober 1993), S. 18.
2   16th annual Cape Cod Institute brochure, 1995, S. 28.
3   Rede vor der Tandy Users Group, Tagung 1993, Orlando, Florida.
4   *Newsletter for Organizational Psychologists,* 1995, S. 7.
5   *Fortune* (18. Oktober 1993), S. 66.
6   *USA Today* (25. Oktober 1993), S. 2b.
7   *Fortune* (12. April 1995), S. 122.
8   16th annual Cape Cod Institute brochure, 1995, S. 28.
9   *Fortune* (22. August 1994), S. 93.
10 *Fortune* (4. Oktober 1993), S. 82.
11 *Wall Street Journal* (14. Mai 1994), S. A1.
12 *San Francisco Examiner* (12. September 1993), S. E3.
13 *Fortune* (17. April 1995), S. 22.
14 *Fortune* (17. April 1995), S. 128.
15 *Fortune* (17. April 1995), S. 124.
16 *Fortune* (17. April 1995), S. 122.

Kapitel 2

1   *Fortune* (11. Juli 1994), S. 60.
2   Greyhound Financial Conference, 16. Februar 1994.
3   *Wall Street Journal* (23. Juli 1992), S. 1.

Kapitel 3

1   *New York Times* (20. Juli 1994), S. D1.
2   *Fortune* (10. April 1989), S. 86.
3   *The New Yorker* (10. Jänner 1994), S. 59.
4   *San Francisco Chronicle* (6. Oktober 1993), S. D7.
5   *San Francisco Chronicle* (6. Oktober 1993), S. D7.

Kapitel 4

1   *San Francisco Examiner* (11. Januar 1993), S. C7.
2   *Wall Street Journal* (16. November 1994), S. B4.
3   *Wall Street Journal* (16. November 1994), S. B4.
4   *USA Today* (6. April 1992), S. 5B.
5   *Fortune* (1. Juni 1992), S. 135.

6   *Fortune* (22. August 1994), S. 93.
7   *Fortune* (22. August 1994), S. 93.
8   *Fortune* (22. August 1994), S. 93.
9   *Fortune* (22. August 1994), S. 93.
10 *Fortune* (30. November 1992), S. 71.
11 *Fortune* (30. November 1992), S. 71.

Kapitel 5

1   *San Jose Mercury News* (20. November 1988), S. 1PC.
2   *Fortune* (24. Februar 1992), S. 78.
3   *New York Times* (17. Januar 1994), Business Day section.
4   *New York Times* (17. Januar 1994), Business Day section.
5   *Fortune* (24. Feruar 1992), S. 79.
6   *The New Yorker* (21. März 1994), S. 80.

Kapitel 6

1   *Fortune* (17. Oktober 1994), S. 204.
2   Peter Drucker: „A Turnaround Primer", 2. Februar 1993.
3   *Wall Street Journal* (28. Oktober 1993), S. B7.
4   *New York Times* (18. September 1993), S. 17.
5   *San Francisco Examiner* (4. Juli 1993), S. B1.
6   *New York Times* (19. Juli 1993), S. C5.
7   *Wall Street Journal* (28. Oktober 1993), S. B4.
8   PepsiCo 1989 Annual Report, S. 30.
9   *New York Times* (3. November 1994), S. C1.

Kapitel 7

1   *Success* (Januar/Februar 1994), S. 42.
2   *Wall Street Journal* (15. Oktober 1993), S. B1.
3   *Wall Street Journal* (15. Oktober 1993), S. B1.
4   *Success* (Januar/Februar 1994), S. 42.
5   *Fortune* (10. Januar 1994), S. 106.
6   *New York Times* (16. Januar 1994), S. F7.

Kapitel 8

1   *Fortune* (19. April 1993), S. 118.
2   *Fortune* (Herbst/Winter 1993), S. 39.
3   *Fortune* (Herbst/Winter 1993), S. 39.
4   *Fortune* (Herbst/Winter 1993), S. 53.
5   *Fortune* (1. Mai 1995), S. 121.

6   *Fortune* (Herbst/Winter 1993), S. 41.
7   *Fortune* (Herbst/Winter 1993), S. 41.
8   *Fortune* (9. August 1993), S. 42.
9   *Fortune* (Herbst/Winter 1993), S. 22.
10 *Fortune* (Herbst/Winter 1993), S. 52.
11 *Fortune* (Herbst/Winter 1993), S. 52.
12 *New York Times* (20. Februar 1994), S. 11.
13 *New York Times* (20. Februar 1994), S. 11.
14 *New York Times* (20. Februar 1994), S. 11.
15 *New York Times* (20. Februar 1994), S. 11.

Kapitel 9

1   *Fortune* (Herbst/Winter 1993), S. 10.
2   *Fortune* (Herbst/Winter 1993), S. 8.
3   *San Francisco Esaminer* (21. November 1993), S. E1.
4   *Nation's Restaurant News* (1. Januar 1994), S. 122.
5   *Nation's Restaurant News* (1. August 1994), S. 126.
6   *Fortune* (Herbst/Winter 1993), S. 24.

Kapitel 10

1   *Harvard Busines Review* (Juli/August 1991), S. 85.
2   *Harvard Busines Review* (Juli/August 1991), S. 85.
3   *Harvard Busines Review* (Juli/August 1991), S. 85.
4   *Success* (April 1992), S. 161.

Kapitel 11

1   *Fortune* (1. Mai 1995), S. 49.
2   *Fortune* (1. Mai 1995), S. 49.
3   *Harvard Business Review* (Juli/August 1991), S. 90, 91.
4   *Fortune* (24. Januar 1994), S. 85.
5   Rede vor der Washington Business Group on Health, Washington, D.C., 18. September 1981.

Kapitel 12

1   *San Francisco Chronicle* (27. September 1994), S. 81.
2   *San Francisco Chronicle* (27. September 1994), S. 81.
3   *San Francisco Chronicle* (27. September 1994), S. 81.
4   *Wall Street Journal* (6. Dezember 1993), S. 1.
5   *Wall Street Journal* (6. Dezember 1993), S. 1.
6   *Wall Street Journal* (1. Oktober 1993).

7 *Wall Street Journal* (2. Oktober 1991), S. A12.
8 *Fortune* (23. August 1993), S. 54.
9 *Fortune* (22. Februar 1993), S. 44.
10 *Wall Street Journal* (2. Oktober 1991), S. A12.
11 *Fortune* (25. Juli 1994), S. 44.
12 *Wall Street Journal* (6. Dezember 1993), S. A1.
13 *Wall Street Journal* (6. Dezember 1993), S. A1.
14 Persönliches Gespräch mit Peller Marion, 8. November 1993.
15 *Wall Street Journal* (6. Dezember 1993), S. A6.
16 *Wall Street Journal* (6. Dezember 1993), S. A6.
17 *Wall Street Journal* (6. Dezember 1993), S. A6.
18 *Time* (22. November 1993), S. 36.
19 „MacNeil/Lehrer" (2. November 1993), New York Show 4789.

Kapitel 13

1 *USA Today* (28. September 1994), S. 1A.
2 *Fortune* (15. November 1993), S. 122.
3 *Fortune* (5. September 1994), S. 9a5.
4 *Fortune* (5. September 1994), S. 9a5.
5 *Fortune* (5. September 1994), S. 9a5.
6 *Fortune* (5. September 1994), S. 9a5.
7 *New York Times* (29. September 1994).
8 *San Francisco Examiner* (5. September 1994), S. C2.
9 *Fortune* (6. September 1994), S. 98.
10 Persönliches Gespräch mit Ken Jenny, 16. Juli 1994.
11 *Fortune* (17. Oktober 1994), S. 112.
12 *Fortune* (Herbst 1993), S. 112.
13 *Fortune* (Herbst 1993), S. 112.
14 *Computerworld* (November 1991), S. 70.
15 *Computerworld* (November 1991), S. 70.

Kapitel 14

1 *Fortune* (5. September 1994), S. 86.
2 *Fortune* (5. September 1994), S. 86.
3 Pat Riley: The Winner Within. (New York: Berkley Books, 1994), S. 16.
4 Persönliches Gespräch mit Laura Hotzler, 26. Juli 1994.
5 *Fortune* (5. September 1994), S. 86.
6 *Fortune* (5. September 1994), S. 86.
7 *Fortune* (5. September 1994), S. 86.
8 *Fortune* (18. Mai 1992), S. 95.
9 *The New Yorker* (26. September 1994), S. 54-69.

Kapitel 15

1 *Fortune* (30. November 1992), S. 64.
2 *Fortune* (30. November 1992), S. 64.
3 *Fortune* (21. März 1994), S. 65.
4 *Wall Street Journal* (29. September 1994), S. 1.
5 *Wall Street Journal* (29. September 1994), S. 1.
6 *Wall Street Journal* (14. Juli 1994), S. B1.
7 *Wall Street Journal* (14. Juli 1994), S. B1.
8 *Wall Street Journal* (14. Juli 1994), S. B1.
9 *Wall Street Journal* (14. Juli 1994), S. B1.
10 *Wall Street Journal* (14. Juli 1994), S. B1.
11 *New York Times* (29. August 1993), S. F9.
12 *Fortune* (30. November 1992), S. 71.
13 *New York Times* (29. August 1993), S. F9.
14 *New York Times* (29. August 1993), S. F9.
15 *Wall Street Journal* (13. Januar 1994), S. B1.
16 *Wall Street Journal* (13. Januar 1994), S. B1.
17 *Wall Street Journal* (13. Januar 1994), S. B2.
18 *Wall Street Journal* (13. Januar 1994), S. B2.
19 *Wall Street Journal* (13. Januar 1994), S. B1.
20 *Wall Street Journal* (3. August 1994), S. A1.
21 *San Francisco Chronicle* (12. Januar 1994), S. E7.
22 *San Francisco Chronicle* (12. Januar 1994), S. E7.
23 *Profiles* (März 1993), S. 38.
24 Persönliches Gespräch mit Duffy Gilligan, 26. März 1994.

Kapitel 16

1 *Wall Street Journal* (26. Januar 1994), S. A1.
2 *Wall Street Journal* (26. Januar 1994), S. A1.
3 *Success* (Dezember 1994), S. 18.
4 *Success* (Dezember 1994), S. 18.
5 *Wall Street Journal* (26. Januar 1994).

Kapitel 17

1 *Fortune* (21. Februar 1994), S. 56.
2 *Industry Week* (19. September 1994), S. 28.
3 *Industry Week* (19. September 1994), S. 28.
4 *Fortune* (21. Februar 1994), S. 42.
5 *Fortune* (21. Februar 1994), S. 42.
6 *Fortune* (18. April 1994), S. 16.
7 *Fortune* (18. April 1994), S. 16.

8   *Fortune* (14. November 1994), S. 68.

9   *Fortune* (18. Oktober 1993), S. 67.

10   *Success* (Mai 1994), S. 64.

11   *Fortune* (23. Mai 1988), S. 46.

12   *Fortune* (23. Mai 1988), S. 46.

13   *Industry Week* (19. September 1994), S. 29.

14   *Industry Week* (19. September 1994), S. 28.

15   *Industry Week* (19. September 1994), S. 29.

16   *Fortune* (21. Februar 1994), S. 48.

17   *Sports Illustrated* (20. Dezember 1993), S. 19.

18   *Fortune* (13. Dezember 1993), S. 83.

19   *Fortune* (13. Dezember 1993), S. 83.

20   *Boardroom Reports* (1. Dezember 1991), S. 13.

21   *Fortune* (14. November 1994), S. 58.

22   *USAir* (Januar 1989), S. 31.

23   *Fortune* (17. Mai 1993), S. 46.

24   *Industry Week* (18. Oktober 1993), S. 1, 3.

25   *Industry Week* (18. Oktober 1993), S. 1.

26   *Industry Week* (18. Oktober 1993), S. 1.

27   *New York Times* (4. April 1994), S. A9.

28   *New York Times* (4. April 1994), S. A9.

29   *New York Times* (4. April 1994), S. A9.

30   *New York Times* (4. April 1994), S. A9.

31   *New York Times* (4. April 1994), S. 3.

32   *Fortune* (29. Juni 1992), S. 103.

33   *Fortune* (2. Mai 1994), S. 46.

34   *Fortune* (2. Mai 1994), S. 46.

35   *Independent Journal* (10. November 1994), S. D4.

36   *San Francisco Chronicle* (24. November 1994), S. E5.

37   *Sports Illustrated* (28. Juni 1993), S. 64.

38   *Wall Street Journal* (10. Mai 1993), S. 1.

39   *Wall Street Journal* (10. Mai 1993), S. 1.

40   *Wall Street Journal* (10. Mai 1993), S. 1.

41   *Wall Street Journal* (26. April 1994), S. 1.

42   *Sports Illustrated* (8. November 1993), Sonderteil Werbung.

43   *New York Times* (17. April 1994), S. 26.

44   *New York Times* (17. April 1994), S. 26.

45   *Success* (November 1994), S. 180.

46   *Fortune* (17. Oktober 1994), S. 96.

Kapitel 18

1   Gene Landrum: Profiles of Genius (Prometheus, 1993), S. 33.

2   *Harvard Business Review Classic,* 1954, S. 91968.

3 Kriegel & Kriegel: The C Zone (Doubleday, 1984), S. 64.
4 Kriegel & Kriegel: The C Zone (Doubleday, 1984), S. 75.
5 *Toronto Star* (20. September 1992), S. G-10.
6 *Toronto Star* (20. September 1992), S. G-10.
7 „Overcoming Resistance to Change", *Human Relations* (Coch and French, vol. 1, 4. November 1948), S. 512.
8 „Overcoming Resistance to Change", *Human Relations* (Coch and French, vol. 1, 4. November 1948), S. 512.
9 *Fortune* (22. Februar 1993): S. 81.
10 *San Francisco Examiner* (2. Dezember 1990), S. D1.
11 *Fortune* (18. Mai 1992), S. 88.
12 *Fortune* (18. Mai 1992), S. 88.
13 *Fortune* (18. Mai 1992), S. 88.
14 *Fortune* (18. Mai 1992), S. 88.
15 *Fortune* (18. Mai 1992), S. 82.
16 *Fortune* (18. Mai 1992), S. 82.
17 *Fortune* (14. November 1994), S. 53.
18 *Fortune* (28. Juni 1993), S. 123.
19 *Fortune* (28. Juni 1993), S. 123.
20 Maslow: „A Theory of Human Motivation", *Psychology Review,* 1943.

Kapitel 19

1 *Fortune* (13. Dezember 1993), S. 84.
2 *San Francisco Examiner* (12. Juni 1994), S. D1.
3 *Fortune* (13. Dezember 1993), S. 84.
4 *Fortune* (28. Juni 1993), S. 123-126.
5 Bennis and Nanus: Leaders (New York: Harper & Row, 1985), S. 87.
6 Bennis and Nanus: Leaders (New York: Harper & Row, 1985), S. 87.
7 *San Francisco Examiner* (29. Mai 1994), S. C3.
8 Persönliches Gespräch mit Ken Jenny, 26. September 1994.
9 *Success* (März 1994), S. 44.
10 *Success* (März 1994), S. 44.
11 *Sky* (Januar 1995), S. 28.
12 *Entrepreneur* (Januar 1994), S. 224, 225.
13 Persönliches Gespräch mit Brian Casey, 25.Januar 1995.
14 *Industry Week* (18. Oktober 1993), S. 2.
15 *Industry Week* (18. Oktober 1993), S. 2.
16 Persönliches Gespräch mit Ken Jenny, 26. September 1994.
17 Persönliches Gespräch mit Brian Casey, 25.Januar 1995.
18 *New York Times* (17. Oktober 1993), S. 11.
19 *New York Times* (17. Oktober 1993), S. 11.
20 *New York Times* (17. Oktober 1993), S. 11.
21 *New York Times* (17. Oktober 1993), S. 11.

22 *Fortune* (13. Januar 1994), S. 52.
23 *San Francisco Chronicle* (20. Juli 1994), S. A16.
24 *San Francisco Chronicle* (20. Juli 1994), S. A16.
25 *San Francisco Chronicle* (20. Juli 1994), S. A15.
26 *Fortune* (13. Juni 1994), S. 50.
27 *Fortune* (13. Juni 1994), S. 50.
28 *Inc.* (Juli 1989), S. 53.
29 *Fortune* (20. September 1993), S. 68-77.
30 *Sports Illustrated* (11. November 1991), S. 118.
31 *San Francisco Chronicle* (10. Dezember 1994), S. D2.
32 *USA Today* (27. Dezember 1994) S. 2C.
33 *Sports Illustrated* (14. September 1992).

Kapitel 20

1 *Sports Illustrated* (14. Februar 1994), S. 147.
2 Karen C. Anderson: Kids Big Book of Games (New York: Workman Publishing, 1987), S. 100.

Kapitel 21

1 Kriegel & Kriegel: The C Zone (Garden City, New York: Doubleday, 1994), S. 14.
2 Kriegel & Kriegel: The C Zone (Garden City, New York: Doubleday, 1994), S. 2.

Laurie Beth Jones
JESUS CHRISTUS, MANAGER
Biblische Weisheiten für visionäres Management
ISBN 3-85436-202-1   336 S., 1996
DM 48,– / öS 350,– / sFr 44,50

99 Welche Qualitäten machten Jesus Christus zu einem so erfolgreichen Unternehmensgründer? Wie konnte er in drei Jahren sein Team so motivieren, daß es in die Welt hinauszog und diese komplett veränderte? Laurie Beth Jones zeigt, wie erfolgreiche Manager von Jesus bis Walt Disney ihren Mitarbeitern eine Vision mitgeben, die größer ist als sie selbst. **66**

Kazuo Inamori
ERFOLG AUS LEIDENSCHAFT
Das Credo von Japans führendem Unternehmer
ISBN 3-85436-190-4   192 S., 1996
DM 48,– / öS 350,– / sFr 44,50

99 Sehen Sie die Welt aus der Sicht eines der größten Unternehmensgründer (Kyocera) unserer Zeit. Es erwartet Sie eine erfrischende Verschmelzung von Inspiration und unvergleichlichem Geschäftssinn. Dieses Buch ist ein Muß für jeden Geschäftsmann, der sich bei weitreichenden Entscheidungen nicht nur von harten Fakten, sondern von innerer Weisheit und dem Wohl des Unternehmens und seiner Mitarbeiter leiten läßt. **66**

Mike Davidson
DER MEISTERSTRATEGE
Eine Idee revolutioniert
Ihr Management
ISBN 3-85436-192-0   128 S., 1996
DM 39,80 / öS 291,– / sFr 37,–

99 Der Meisterstratege führt Sie in die Kunst ein, Ihr Leben effizienter, erfolgreicher und glücklicher zu gestalten. Schritt für Schritt läßt Sie der Meister erkennen, wie Sie die Regeln des Strategischen Managements auf alle Bereiche Ihres beruflichen und privaten Lebens anwenden können. – 60 Minuten Lesegenuß, die sich lohnen! **66**

Dale Dauten
DIE MAX-STRATEGIE
Wie ein Geschäftsmann in einem Flughafen festsaß und dadurch
seine Karriere zum Abheben brachte
ISBN 3-85436-203-X 144 S., 1996
DM 29,80 / öS 218,– / sFr 27,50

,, Festgehalten in einem Flughafen erklärt Max, ein berühm-
tes Wirtschaftsgenie, einem total frustrierten Geschäftsmann den Weg zum Erfolg – wie man auch an lähmender
Routinearbeit Freude empfinden und sich den Ruf eines vor
Ideen überschäumenden Problemlösers erwerben kann. ,,

Barbara Bailey Reinhold
ARBEIT · DROGE ODER ELIXIER
Von Überlastung, Streß und Burnout-Syndrom zum Rundum-
Glücklichsein
ISBN 3-85436-204-8 288 S., 1996
DM 39,80 / öS 291,– / sFr 37,–

,, Dieses Buch ist ein Vitaminpräparat für alle, die ihre
Arbeit krank macht. Psychisches, physisches oder spirituel-
les Unbehagen sind keine endgültigen Diagnosen. Sie sind die
Symptome eines Stadiums, in dem Veränderung noch möglich ist.
Barbara Bailey Reinhold gibt Ihnen mit ihrem Buch den
Anstoß, sich zu verändern. ,,

Jeffrey G. Allen
DER TRICK MIT DEM KARRIEREKNICK
Wege zum beruflichen Durchstarten
ISBN 3-85436-194-7 224 S., 1996
DM 48,– / öS 350,– / sFr 44,50

,, Dieses Buch beschreibt, wie Sie aus Ihrer derzeitigen
Situation das Optimale herausholen können. Es zeigt auf,
warum Sie stagnieren und wie Sie Ihre Karriere auf professionelle
Art und Weise auf Vordermann bringen, um endlich den
Sprung ins Neue und Unbekannte zu wagen. ,,

John Naisbitt
MEGATRENDS ASIEN
8 Megatrends, die unsere Welt verändern
ISBN 3-85436-179-3   448 S., 1995
DM 60,– / öS 438,– / sFr 54,50

" Über eine Million weltweit verkaufter Exemplare beweisen:
Was gegenwärtig in Asien passiert, ist die bei weitem
wichtigste Entwicklung unserer Zeit. „Megatrends Asien" bietet den
idealen Einstieg in eine Region, deren Wirtschaftskraft schon in
wenigen Jahren Europa, Amerika und Japan überflügeln
wird. – Sind wir für diese Herausforderung gerüstet? "

William Knoke
KÜHNE NEUE WELT
Leben in der „placeless society" des 21. Jahrhunderts
ISBN 3-85436-200-5   448 S., 1996
DM 54,– / öS 394,– / sFr 49,–

" Countdown für eine neue Gesellschaft! Noch nie dage-
wesene gesellschaftliche Umwälzungen – digitale
Kommunikation, eine Welt ohne Grenzen, Internet-Terrorismus
und wuchernde internationale Konzerne – stellen jeden einzelnen
vor ungeheure Herausforderungen. Werfen Sie einen Blick
in die Ihnen bevorstehende Zukunft – Ein Buch, das unter
die Haut geht! "

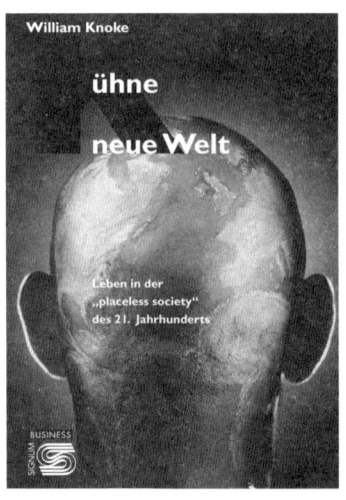

Allan S. Boress
**ICH WILL UND KANN MICH NICHT
VERKAUFEN!**
Mit einer neuen Einstellung zu mehr Freude
und Erfolg beim Verkauf
ISBN 3-85436-195-5   272 S., 1996
DM 48,– / öS 350,– / sFr 44,50

" Sie bieten hochqualifizierte Dienstleistungen an – sind
Rechtsanwalt, Architekt, Designer oder Berater – hassen
es, sich zu verkaufen, und wissen, daß es unerläßlich ist? Boress
bietet Ihnen eine maßgeschneiderte Methode, Ihren Kundenstock
rasch und „schmerzlos" aufzubauen. – Ein Ansatz mit
erstaunlichen Erfolgsquoten. "